대학교육 혁신의 길

대학교육 혁신의 길

2023년 6월 15일 초판 인쇄
2023년 6월 20일 초판 발행

지은이 | 손동현
펴낸이 | 이찬규
펴낸곳 | 북코리아
등록번호 | 제03-01240호
전화 | 02-704-7840
팩스 | 02-704-7848
이메일 | ibookorea@naver.com
홈페이지 | www.북코리아.kr
주소 | 13209 경기도 성남시 중원구 사기막골로 45번길 14
우림2차 A동 1007호
ISBN | 978-89-6324-118-0 (03370)

값 23,000원

대학교육 혁신의 길

메가트렌드를 이끌어 갈 대학교육의 새로운 패러다임

손동현 지음

북코리아

머리말

'새로운 천년'이라는 말로 21세기를 맞으며 시대적 긴장을 체험했던 것도 벌써 20년이 훌쩍 넘었다. '문명사적 전환'이라는 말도 이젠 새로울 것이 없을 만큼 '디지털 전환'이 문명 생활 곳곳에서 벌어지고 있다. 신체적 제약을 극복하려던 기술이 물리적 세계를 뛰어넘어 정신 활동의 영역까지 석권하려 들고 있다. 인간의 본질로 여겨왔던 사유활동을 기계가 대신하기 시작했고, 그 능력이 인간을 압도하는 데까지 이르러 인간의 정체성을 위협하는 지경이 되었다.

대학은 이 거대한 메가트렌드의 선두에 서서 새 시대를 열어가는 첨병이 되어야 하지 않을까? 또한 이런 전환기에 그 소용돌이의 중심에서 문화사적 책임을 온몸으로 떠안아야 하지 않을까? 다소 과장된 물음인지 모르지만, 평생 대학에서 배우고 가르치는 일밖에 한 일이 없는 사람으로서 불편한 마음으로 이런 자문을 하게 된다. 대학들이 그런 모습을 보여주지 못하는 것이 불만스럽기도 하고, 나의 본분인 연구와 교육에서 이렇다 할 성취를 이루지 못한 것이 부끄럽기도 해서 그렇다.

우리나라는 오직 인적 자원만으로 뒤늦게 근대화의 흐름에 합류하여 성공한 나라인데, 대학의 고등교육이 지금의 수준에 머물러서는 한 차례 더 도약해 대망의 선진국이 되기 어렵지 않겠냐는 우려가 나만의 기우는 아닌 것 같다. 평소 이런 우려의 심정으로 이런저런 기회가 생길 때마다 주변에 제안과 당부와 호소를 해왔던 내용을 모은 것이 바로 이 책이다.

교수-학습의 방법, 대학교육의 평가, 대학 행정, 대학 재정, 대학의 거버넌스, 대학의 산학협력 등등 대학의 발전을 구상하고 기획하려면 숙고하고 연구해야 할 주제가 방대하기 짝이 없다. 이런 주제들을 대상으로 대학의 고등교육 전반을 다룰 만큼 나의 경륜이나 전문적 학식이 출중했더라면 좋았겠으나 사정은 전혀 그렇지 못했다. 내 생각과 주장은 주로 교육내용과 그 주변에 관한 것에 머물렀다. 교육내용이 가장 중요한 주제라고 의미를 부여하기도 해봤지만, 그런 자기 위로가 식견의 빈약함을 덮진 못했다.

20년 전에 쓴 글도 있고 엊그제 쓴 글도 있을 만큼 시간적 거리가 있음에도 불구하고 문제 삼았던 현실이 오늘에도 큰 변함 없이 여전하다고 판단돼, 이들을 한자리에 모아볼 용기를 냈다. 생각의 중심은 내내 한 가지고, 이 글들이 처음부터 체계를 잡아 작성한 것들이 아니어서, 그 중심 생각의 '변주'에 되풀이되는 내용이 있음을 미리 자백한다. 첫머리에 나오는 '총론'은 본론에 대한 개괄로서 중복되는 부분도 있으므로 이 책을 다 읽을 만큼 시간 여유가 없는 독자라면, 이 총론 부분만 읽어도 될 것이다.

대학교육이 직업교육으로 기울어지는 세태에 불만을 품는 독자가 있다면, 그리하여 대학교육에서 더 고양된 학술적 수월성을 기대하는 독자가 있다면, 이 책에 담긴 나의 생각을 단초로 삼아 더 깊은 연구를 해주기 바란다. 기초학문교육을 강화해야만 세계로 뻗어나갈 한국의 젊은이들이 경쟁력 있는 식견을 가질 수 있고, 아울러 한국의 학문 발전을 기약할 수 있기 때문이다.

후학 중에 나의 주장에 동조하는 분이 많이 나오기를 기대하는 것은 나도 이젠 스스로 세월을 의식하지 않을 수 없는 연배가 되었기 때문인지 모르겠다. 이런 자백을 하는 나에 대해 독자의 너른 양해를 부탁할 뿐이다.

2023년 6월
우송학원 연구실에서

차례

총론 신문명의 도전과 한국대학의 응전: 기초학문교육 보편화의 시대적 요구

인류의 문명이 전환기에 처해 있다고들 한다. 문명의 기틀과 패턴이 새로운 것으로 전변(轉變)하고 있다는 것이다. 그 변화의 폭과 깊이가 광범 · 심대하고 그 속도 또한 급속하여 이 변화는 이제까지와는 전혀 다른 새로운 세계를 열어가고 있다는 것이다. 이 전변은 일시적이거나 국지적인 것이 아니고 지속성을 갖는 전면적인 것이어서 사람들은 '메가트렌드'라는 말로 이 새로운 조류를 표현하기도 한다.

한국이라는 국가공동체의 행로도 이 전환의 와중(渦中)에서 벗어날 수 없다. 벗어날 수 없을 뿐만 아니라, 이 변화를 능동적으로 주도해야 할 위치에 있다. 화려했던 문화적 전통을 시대상에 맞게 되살리지 못하고 세계사의 주류에서 빗겨나 망국의 수난을 겪었던 한국이 지난 반세기 동안 오랜 침체에서 벗어나 세계사의 중심권에 근접하는 데 성공한 것은 참으로 다행스러운 일이다. 그러나 이제 그 중심권에 진입해 들어가 소위 선진국의 반열에 당당히 참여하지 못한다면, 한국은 다시 역사의 주류에서 밀려나 변방으로 떨어져 나갈 위험이 있다. 21세기의 문명은 그 시공간적 압축으로 인한 획일성 때문에 본성상 선두와 후미 사이에 다양한 위상의 다양한 권역을 허용하는 성격의 것이 아니어서, 선두그룹에 들지 못하는 국가공동체는 곧바로 후미에 쳐지고 마는 형국이기 때문이다.

지난 반세기 동안 한국이 산업화와 민주화를 두 축으로 해 근대화에 성공한 데에는 교육의 힘이 절대적이었다. 이 진단은 널리 공인되는 바다. 자원이라곤 우수한 인재밖에 없는 나라가 한국이라는 사실을 시인한다면, 이는 너무나 당연한 일이었다. 그런데 이 점은 21세기에 들어서서 한국이 새로운 문명을 개척해야 하는 상황에서도 여전히 타당하다. **문명사적 전환기**에 처한 한국인은 또 다시 교육에 국운을 걸어야 한다. 그럴 수밖에 다른 길이 없다. 문명의 근본 패턴이 전변한다는 것을 진지하게 받아들여 그에 걸맞은 새로운 교육기획을 모색하고 실현해야 한다.

초중등교육이 국가공동체의 존속과 번영에 필수적인 기본 능력 — 지적 정서적 사회적 도덕적 능력 — 을 함양하는 교육이라면, 대학의 고등교육은 그 토대 위에서 문자 그대로 높은 수준의 **문화 창조의 능력과 자질**을 배양하는 교육이다. 그런 의미에서 21세기 신문명의 도전에 응전하는 한국 대학의 고등교육은 그 과제의 의의가 지대하고 그 성과의 영향이 심대하다.

인류의 문명이 전환기를 맞고 있다는 인식은 이제 상식이다. '제3의 물결', '메가트렌드' 등의 표현은 이제 낡은 것이 되었고, 바야흐로 '4차 산업혁명'이라는 신조어가 회자(膾炙)되는가 하면, 'post-human'의 등장이 실감나는 것이 오늘의 현실이다. 한국의 대학교육은 이러한 새로운 상황을 맞아, 이를 문명사적 도전으로 인식하고 이에 맞서는 응전의 자세를 갖추어 왔는가? 이 막중한 문제에 대해 진지하고 심각하게 숙고하지 않을 수 없다. 눈을 들어 멀리 근본적인 문제부터 재고해 보아야 할 것이다.

인간은 자연적 존재로서 자연적 여건 속에서 그의 삶을 영위할 수밖에 없다. 그런데 자연적 여건은 인간에게 매우 불리한 것이어서, 인간은 제2의 자연, 즉 문화세계를 스스로 구성하여 이를 삶의 둥지로 삼아야 한다. 그 불리한 정도는 매우 심하여, 문화세계라는 둥지 없이는 생존조차가 불가능한 것이 인간존재이다. 달리 말하자면, 인간은 자연적 상태에서 문화적 상태로 고양되어야만 생존할 수 있는 존재다. 이렇듯 문화적 존재로 고양되어야 하는 것은 인간에게 부여된 생물학적 과제이다. 비무장 상태의 결함을 무장을 통해 스스로 보완해야 하며, 미정형의 행동방식을 정형화할 수 있는 행동의 원리를 스스로 구성해야 한다. 그리하여 내외 자연성의 괴리(乖離)를 메꾸어 부정합성(不整合性)이 주는 부담을 스스로 덜어내야 한다. 이 과제를 수행할 수 있는 능력을 기르는 일이 곧 교육이다. 자연적 상태의 인간을 문화적 상태의 인간으로 끌어 올려 인간다운 인간으로 성장케 하는 활동이 곧 교육이라는 믿음은 동서고금을 막론하고 보편적이다.

자연적 제약을 극복하여 문화적 상태로 고양하는 데는 **기술과 규범**이라는 두 가지 요소가 필수적으로 요구된다. 우선 자연과의 교섭-대결에서 자연을 활용하여 생존의 물질적 요건을 확보하기 위해서 인간은 공작적(工作的) 활동을 해야 하는데 여기서 요구되는 것이 기술이다. 다른 한편 인간은 공동생활을 할 수밖에 없는 사회적 존재인데 여기서 인간 스스로 형성해내야 하는 것이 규범이다. 교양(culture/Bildung)의 핵심에 이 규범이 자리잡고 있는 것은 우연이 아니라 인간존재의 실존적 요청이다. 자연을 토대로 하되 인간 고유의 문화세계를 형성해 내는 데 있어 가장 기초적인 것이 이렇듯 기술과 규범이라는 이 두 가지의 인위적 산물이요, 이는 문화를 구성하는 두 가지 핵심요건이다. 이렇게 보면, 기술을 습득하고 규범을 익히도록 이끌고 돕는 것이 곧 교육의 근본이다.

기술은 물론 인간의 행동이 목적으로 하는 바를 실현하기 위한 수단의 성격을 갖는다. 그리고 이 기술의 힘은 있는 사실의 세계에 그 원천을 갖고 있다. 이미 있는 사실의 세계는 인과적인 힘이 작용하는 세계다. 원인이 결과를 불러오고 따라서 시간적으로 앞서간 것이 뒤따라오는 것을 결정하는 세계다. 기술의 힘은 결국 물리적 자연세계의 인과관계를 잘 파악하고 활용하는 데서 얻어지는 것이다.

이에 반해, 규범은 있어야 할 이상과 가치의 세계를 지향한다. 그것은 장차 이룩해 낼 행동의 목적을 설정하게 하는 것으로서, 주어져 있는 기존의 사실세계에 내재해 있는 인과관계에서 나오는 것이 아니다. 그

것은 오히려 이런 사실의 세계를 뛰어넘는 데서 오는 것이다. 그런데 신기한 일은 사실로 주어져 있지 않은 이 이상과 가치가 이미 주어져 있는 사실의 세계를 이끌어간다는 것이다. 인간 행동의 고유성이 여기에 있고 그 의미가 여기에 있다. 우리가 이상과 가치를 목적으로 세우고 그것의 실현을 위해 기술의 힘을 동원하는 것을 보면, 이는 지극히 당연한 일이다. 교양의 핵심을 이루는 규범이란 이상과 가치를 반영하는 것으로서 기술의 힘에 의존하는 우리의 행동을 이끌어 간다는 말이다.

이렇게 보면 기술의 힘도 중요하지만, 그 못지않게 교양의 힘도 중요한 것이다.

그간 한국에서 학교교육은 무엇을 지향해 왔는지, 특히 대학의 고등교육에서는 무엇이 우선적으로 강조되어 왔는지 되짚어 볼 일이다. 인과관계가 지배하는 사실의 세계에 대한 지식이 더 중시되어 왔는지, 아니면 목적관계를 중시하여 목적으로 설정할 가치에 대한 지혜가 더 중시되어 왔는지 되물어볼 일이다. 급격한 산업화의 과제를 수행하느라 분화된 전공의 틀을 벗어나지 않은 채 직업교육 지향적인 전자의 응용학문교육에만 매진해 왔지, 새로운 시각 아래서 새로운 문제를 제기하고 새로운 이론을 탐색하기 위한 후자의 기초학문교육은 크게 소홀히 해 오지 않았는가?

대학교육은 내용적으로 볼 때 전공교육과 교양교육의 두 축으로 이루어진다. 앞서 말한 후자의 기초학문교육은 곧 교양교육이다. 그런데 한국에서 그 동안 대학교육은 현실적으로 전공교육의 주된 과제를 '전문 직업교육'에 두고 여기에만 열중해 왔고, 그러다 보니 '보편 지성교육'을 지향하는 교양교육은 등한시한 것이 사실이다. 사실세계의 인과관계에 대한 지식이 어떤 교육을 통해 습득되고, 가치를 품는 목적적 관계에 대한 지혜가 어떤 교육을 통해 숙성되는지 생각해 본다면, **보편 지성교육**이 소홀히 되고 전문 직업교육이 강조돼 온 한국의 대학교육이 앞으로 어떤 방향으로 개선되어야 할지, 그 답은 분명해 보인다.

교양교육은 대학을 졸업한 후에도 평생학습을 수행해 나갈 수 있는 지적 동기와 능력을 계발하는 교육이어야 한다. 여러 전문 분야들의 근본 문제들을, 그리고 첨단지식의 영역들을 가로지르며 서로 연계시킬 수 있는 **'지적 연결 지평'**을 갖추어 주는 교육이어야 한다. 따라서 교양교육은 각 학문 분야의 전공 교육과 배타적으로 '충돌'하는 것이 아니라, 오히려 그 전공교육의 성과를 상승시켜 주는 교육이다. 기술의 힘이 선용될 수 있도록 하기 위해서라도, 그 힘이 뻗어나갈 정향(定向)을 바로 잡아줄 교양의 힘을 기르는 일이 긴요하다. 이제 한국의 고등교육은 그럴 때가 되었다.

이렇듯 새로운 전기(轉機)를 맞고 있는 한국의 대학교육은 기성의 지식을 습득하는 교육이 아니라, 지적 능력을 함양하는 교육이어야 하며, 그것도 새로운 문제를 해결할 창의적 사고능력을 함양하는 교육이어야 한다. **창의성**을 함양하기 위해 필요한 것은 곧 **균형 잡힌 융복합 교육**이다. 문과, 이과를 나누고 이를 다시 세부 전공학과로 나누어 특정 분야의 특정 지식만을 습득케 하는 특수 전문교육에만 매몰(埋沒)될 것이 아니라, 가능한 한 여러 다양한 학문분야, 특히 기초학문 분야들에서 문제를 찾고 문제의 해결을 위한 원리의 탐구를 경험하는 일반 보통(普通)[1] 교육도 대등하게 실시해야 한다.

디지털기술은 문명생활의 핵심을 이루는 의사소통 및 지식의 유통 영역에서 시공적 제약을 거의 제로에 가깝게 극복함으로써 인간의 시공 체험 양식을 획기적으로 변모시켰고, 이로 인해 문화적 욕구와 이 욕구 충족의 방식 또한 크게 변모시켰다. 단계적 부분적 욕구충족의 방식이 외면당하고 **동시적 총체적 욕구충족**에 대한 기대가 커지면서 거기에 필요한 지식도 융복합적인 것으로 변모하게 되었다. 해결을 요구하는 문제 자체가 복잡한 것이어서 이제 문제해결도 다양한 여러 접근로를 함께 아울러 종합하는 **융복합적 식견**(識見)을 요구하게 된 것이다.

이러한 융복합적 식견의 함양은 어느 한 가지의 전공 학업만으로는 달성하기 어렵고 여러 학문분야를 망라하는 지적 탐색을 통해 달성할

---

1 "두루두루 통하는", "보편적인 지적 가치를 갖는"이라는 뜻

수 있는 것이다. 여기에 필요한 것이 곧 여러 기초학문들의 기초적인 문제와 이론들을 균형있게 학습하는 학업이다. 응용학문에 앞서 기초학문을 우선시하는 이유는, 응용학문이 기초학문의 탐구 성과를 현실에 적용하고 응용하는 **소비적 학문**임에 반해 기초학문은 현실적인 이해관계에서 물러나 원리 자체를 탐구하는 **생산적 학문**이기 때문이다. 응용학문은 그만큼 현실에 밀착함으로써 인간과 세계 전체를 관조하는 대신 현실적 이해관계에 따라 특정 분야만을 분립시켜 관찰하기 때문에, 지적 시야를 넓히고 안목을 깊이 하는 데에는 아무래도 기여하는 바가 적을 것이다.

그런데 한국의 대학에는 21세기 정보사회의 시대적 요구인 이 새로운 교육 패러다임의 정착과 가동을 가로막고 있는 것이 있다. 바로 학과 중심의 **'전공주의'**가 그것이다. 교수와 학생이 함께 '전속'되어 있음으로써 '생활공동체'로까지 공고해진 '전공학과'는 교육 및 연구와 관련된 대학의 모든 활동을 주관하는 핵심 단위가 되어 왔다. 대학에 입학할 때 일단 전공학과를 정하고 나면, 이 학과를 벗어나 학생 스스로 자율적으로 필요에 따라 보다 유연하게 학업을 이행해 나가는 것은 현재의 이 제도와 관행 아래서는 매우 어렵다. 즉 '학과 커리큘럼'의 울타리를 벗어나 다학문적 · 학제적 학업을 통해 융복합적인 식견을 함양한다는 것은 매우 어려운 일이다. 전공학과 내에 머무는 학업의 폐단은, 입학시 전공학과의 결정이 많은 경우 학생의 역량과 적성 및 사회적 여건 등에 대한 종합적인 검토 아래 이루어지기 보다는 다소 피상적이고 단편적인 정보에 따라, 혹은 고교 시절의 학업성적에 맞춰 임의로 이루어지는 것이 보통이므로 더더욱 심각하다.

학과 중심의 '전공주의'가 대학교육에 더 악영향을 끼치게 하는 것은 기초학문분야와 응용학문분야를 구별하지 않고 모든 학과들은 무차별적으로 병렬시켜 놓은 채 신입생 모집과 교과과정 편성 등 모든 학사행정을 추진해 나가는 일이다. 기초학문분야의 학과들이 신입생이 준다는 이유로 '폐과' 당하는 것은 바로 이 **'불공정한' '획일주의'** 때문이다. '유감스럽긴 하나 부득이한 일'이라며 이런 사태를 당연시하는 것이 한국의 대학들인데, 이는 보기에 따라서는 대학이 스스로 '대학'이기를 포기하는 자기부정적 행태라 아니할 수 없다. 기초학문 분야의 연구와 교육이 황폐화된다면 이는 대학의 존속 여부에만 문제되는 것이 아니라, 한국이라는 국가공동체의 번영과도 긴밀히 연관되는 문제이다. 기초학문분야는 비록 그 분야의 학문을 '전공'하고자 하는 학생이 단 한 명도 없다 하더라도 다른 응용학문교육을 받는 모든 학생들에게 기초학문교육을 실시해야 하기 때문에, 그렇게 약화, 위축, 폐지되어서는 결코 안 될 일이다.

향후 5~6년 사이에 대학에 진학할 학령인구가 4분의 3으로 준다고 한다.[2] 이 인구통계학적 사실 때문에 대학이 위기에 처해 있다고들 하는데, 뒤집어 보면, 이는 한국의 대학이 획기적으로 발전할 수 있는 호기가 될 수도 있다. 종래의 잘못된 통념과 관행을 과감히 혁파할 것을 이 사태가 강요하고 있기 때문이다.

□ 문명사적 전환과 지식사회의 지형 변화

디지털 혁명의 문화적 파장

21세기에 접어들면서 인류문명이 거대한 전환을 맞고 있다는 진단은 이제 상식이 되었다. 그리고 그 격변을 정보화 및 글로벌화(=세계화)로 보는 데에는 식자들 간에 별 이견이 없는 듯하다. 그런데 주목할 것은 이 두 가지 메가트렌드가 상승적 상호작용을 하며 긴밀히 연계되어 신문명의 바탕이 되고 있다는 것이다.

뭐니 뭐니 해도 이 문명사적 변화의 진앙(震央)은 '디지털 기술'에 있다. 디지털 혁명이라고 일컬어 질만큼 엄청난 변화를 몰고 온 이 기술의 본질적 특성은 무엇일까?

---

2 대입지원자수가 2015년 53만 명에서 2019년에는 40만 명 선으로 줄어들었고, 2025년엔 30만 명 선으로 감축될 전망이다.

첫째는 이 기술이 사유와 지각의 융합 및 호환을 기계 속에서 실현시켰다는 점이다: 디지털 기술의 특징적 기능은 바이너리 코드를 이용해 음성, 문자, 영상 등 각종 정보를 그 질적 성격에 구애받지 않고 비트(bit)라는 동일 단위로 분화시켜 이의 연속된 흐름으로 '해체'했다가 이를 다시 '복원'하는 방식에 있다. 이 기술은 달리 말하자면, 어떤 정보든 그 질적 차이는 무시하고 오직 0과 1로 분석 환원시키고 이 정보자료를 동일한 수학적 방식으로 연산 처리함으로써 그 정보를 원활하게 조작 변형 가공 · 저장 · 유통하고, 이를 다시 그 질적 성격을 회복시켜 원형으로 복원하는 기술이다. 여기서 질적 성격이란 감각적 지각의 대상으로 우리의 감성 및 감정을 움직이는 것이고, 이를 바이너리 코드로 분화하여 처리하는 연산(演算) 작업은 전적으로 논리적인 수학적 사고 활동이다. 따라서 디지털기술이 '정보기술'(IT)과 '커뮤니케이션기술'(CT)을 '정보통신기술'(ICT)이라는 하나의 기술로 융합했다는 것은, 실은 기계 속에서 사고활동과 감각활동을 결합시키는 데 성공하였음을 의미한다. 왜냐하면 정보기술이란 결국 인간의 사유활동을 보강 · 강화 · 대체하는 인공지능(AI) 기술이고, 커뮤니케이션 기술이란 감각적 지각의 범위를 시공적으로 확장시키는 통신기술이기 때문이다.

디지털 기술은 결국 사유와 지각의 융합(融合) 및 호환(互換)을 비생명적 물리적 공간 속에서 현실화시켰는데, 자연종(自然種)의 하나인 영장류 동물의 '생체'에서나 가능했던 일이 이제 다량 생산되는 '기계' 속에서 가능해졌다는 것, 이 점이 혁명적인 것이다. 그렇다면 이 전대미문의 새로운 기술이 인간의 문명적 삶에 가져다 준 근본적 변화는 무엇일까?

사유와 감각의 호환기술은 이제 감각내용의 논리화, 사유내용의 감각화를 수행함으로써 정서적 감응과 수학적 사고 사이의 간극(間隙)에 다리를 놓아 이들을 연계시킨다. 이 연계의 교량이 곧 다양한 알고리즘(Algorithm)들이다. 컴퓨터 음악의 탄생, 포토샵을 이용한 사진 예술의 정교화 등이 그 좋은 예가 될 것이다. 사유와 감각의 호환이 가능해짐에 따라 일상인들은 사유 대상을 감각 대상으로 변환시켜 놓은 정보들에 의존하여 생활하기를 즐긴다. '선형적'(線形的, linear) 사유에 필요한 긴장을 피하고 '모자이크적' 지각의 이완(弛緩)을 선호하는 것이다.[3] 즉, 논리적 합리적 사고를 기피하고 감각적 지각을 선호하는 문화생활이 널리 확산된다. 감각적 지각내용을 철저히 양적으로 분절하여 수학적으로 연산 처리할 수 있는 과정을 개발함으로써 거꾸로 논리적 사유의 성과를 감각적으로 지각하는 일이 가능해졌기 때문이다. 젊은이들이 도서보다는 영상물을 즐기는 이유가 여기에 있고, 비디오 컨텐츠의 범람이 이를 말해 준다. 이런 현상은 심지어 의사소통 활동에서 (기호, 이모티콘의 활용 등) 감각적 지각에 더 많이 호소하는 문맹적(illiterate) 의사소통 방식이 사고 활동을 요하는 문해적(literate) 의사소통 방식을 점점 더 많이 대체해 나가는 데서도 드러난다.

또 다른 둘째의 혁명적 요인은 디지털 기술이 인간의 문화적 활동에서 시간적 · 공간적 제약을 최대한 약화시켜 준다는 데에 있다. 시간적 · 공간적 제약이 거의 없는 세계가 인간의 생활세계에 등장한 것이다. '유비쿼터스 커뮤니케이션'(Ubiquitous Communication)과 가상현실(Virtual Realty)을 기반으로 하여 새롭게 등장한 이 세계에서는 물리적 공간의 핵심적 원리인 공간 관계의 배타성(排他性)이 더 이상 작동되지 않음으로써 연장성(延長性), 거리(距離)가 사라지고, 그 당연한 결과로 이 공간 안에서의 사건들은 역시 자연적인 실제 시간의 흐름, 즉 시간의 순차성(順次性)에서 벗어난다.

문명의 발달은 기술의 발달에 기초해 있는데, 그 가운데서도 매우 중요한 교통 통신기술의 발달은 언제나 본질적으로 시공적 제약의 극복을 목표로 해왔다. 가급적 빨리 이동하고 가급적 멀리까지 통신하려는 노력이 바로 그것이다. 이제 디지털 기술은 이 점에서 시간적 · 공간적 제약을 거의 남김없이 극복한다. 이 기술은 시공적 제약의 토대인 공간 관계의 독점적 배타성과 시간관계의 불가역적 순차성 자체가 작동하지 않는 새로운 세계, 즉 가상현실의 세계를 구축하고 이를 일상의 생활세

3 M. McLuhan의 'linear communication', 'mosaic communication' 개념을 원용. M. McLuhan, *Understanding Media, The Extensions of Man*, London, 1994(1964); 김성기 · 이한우 역, 『미디어의 이해』, 민음사, 2002 참조.

계에 전면적으로 도입하고 있다.

그렇다면 이 전대미문의 새로운 기술이 인간의 문명적 삶에 가져다준 근본적 변화는 무엇일까?

자연적 · 물리적 세계의 시공적 제약을 극복하는 이 디지털 기술은 공간적 이격(離隔)과 시간적 간격(間隔)을 없앰으로써, 사람들로 하여금 욕구충족 과정의 순차성과 단계성을 뛰어 넘어 동시적 총체적 욕구충족의 가능성을 기대하고 이를 추구하게 만든다. 공간적 장소의 이동 없이, 시간적 대기 없이 욕구를 충족시키려는 경향이 점차 보편화되는 것이다. 제도적 절차에 따라 이루어지던 단계적 · 개별적 욕구충족의 방식이 외면당하면서 복합적인 다양한 욕구가 기성의 절차에 매이지 않고 동시적이고 총체적으로 충족되는 현상이 확산되고 있다. 욕구 자체의 속성이 이렇게 변화하고 있거니와, 기술의 융복합과 이에 기초한 산업의 융복합 현상은 이러한 욕구 및 욕구충족의 변화에 부응하기 위해 취해진 노력의 결과에 다름 아니다. 욕구의 변화와 욕구충족 기술의 변화는 상호작용하면서 상승하는 모습을 보인다.

전례 없는 이 시대적 변화가 인간의 사회적 관계와 공동체적 삶의 방식까지도 변화시키는 것은 당연한 일이다. 세계를 체험하는 근본양식인 시간과 공간의 본성이 획기적으로 변함으로써 무엇보다도 공동체를 구성하고 운영하는 방식 역시 그에 따라 변모한다. 사회를 구성하는 다양한 조직체들이 견고한 피라미드형 체제에서 유연한 유동적 네트워크형으로 변모한다. 강고한 피라미드가 지녔던 폐쇄적 독자성이 와해되고 그 자리를 개방적인 관계 형성의 양상이 지배한다. 그 결과 사회적 활동 영역의 경계가 흐려지고, 주변이 중심에 집중되는 관계가 사라진다. '탈영토화'(deterritorialization), '탈중심화'(decentralization)라는 말이 가리키는 현상이다. 이런 와중에서 개인 간의 인격적 관계는 축소되고 피상화되며, 자연히 공동체적 유대도 약화되고 심지어 와해된다. 이른바 삶의 '유목화' 현상이라는 게 이런 것이다. '세계화'란 이 유목화 현상이 가장 넓은 영역에서, 최대 규모로 전개된 것이라고 볼 수 있다.

지식사회의 지형 변화

정보화와 세계화의 문화적 파장이 미시적으로나 거시적으로나 이렇듯 문명생활의 근본 양식을 바꿔놓고 있는 마당에, 지식사회가 변하지 않고 종전대로 유지된다는 것은 생각할 수 없는 일이다. 지식의 성격 및 양태에 큰 변화가 온 것은 당연한 일이다. 새로운 산업활동에, 새로운 정치사회적 기획에 새로운 지적 활동이 요구되기 때문이다. 복합적 욕구충족에 부응하는 복합적 지식이 요구되며, 유동적인 유목적 삶에 기여할 유연한 지식이 요구된다.

고전시대 이래 지식인이 견지해 온 지적 전통 아래서는 항상 불변하는 보편적인 존재에 대한 필연적이고 보편적으로 타당한 지식, 즉 억견(臆見, doxa)을 넘어서는 '학적 지식'(episteme)이 탐구의 대상이었다. 그것은 일상적 삶의 현실적 이해관계에서 벗어나 이를 넘어설 때 얻어지는 '객관적'이고 '체계적'인 지식이었다. 지속적인 탐구를 통해서 어렵게 얻어지는 이런 지식은, 일단 공인을 받으면 그 타당성의 권위가 오래 동안 지속되며 '힘의 정당한 원천'으로서 영향력을 발휘해 왔다. 그리고 이런 지식은 다음 세대에 전수되었고 대개는 사회 상층부의 지배 엘리트에 의해 독점되는 것이 보통이었다.

종래 고전적인 의미에서의 지식은 그 산출, 보존, 공유, 전파 등이 안정된 제도적 장치에 의해 관리, 통제되었고, 이런 제도를 뒷받침하는 물리적 토대와 규제가 동반되기 마련이었다. 쉽게 변하지 않는 교육제도, 연구 시스템, 도서 출판 활동, 이에 종사하는 인력 양성의 여러 규약 등이 제도적인 것들이라면, 각급 학교, 연구소, 도서관 등의 시설과 교수 학습의 여러 수단들이 물리적 토대로서 지원과 규제의 역할을 한 것들이었다. 이들 유형 무형의 시설과 제도들은 한결같이 시간적 · 공간적 제약을 구성하는 것들이었고, 교육과 연구는 모두 이 시공적 제약 아래에서 수행되어 왔다.

그러나 오늘의 정보사회에서는 지식의 본성과 관련해 사정이 크게 달라졌다. 정보통신 기술의 혁명적 발달에 의해 세계가 하나의 촌락으로 좁아진 오늘날, 광범한 문화의 교류와 공존은 불가피한 것이 되었고 이 다문화적(multi-cultural) · 간문화적(inter-cultural) 시대의 문화적 지형(地形)은 관계성, 다양성, 상대성, 가변성으로 특징지어지게 되었다. 사회적 삶이 고정적 체계보다는 유동적인 그물망(network)의 형태 속에서 이루어지게 됨으로써, 그 자체로서 지속적 독자성을 갖는 '지식'이 수행하던 역할은 이제 더없이 유동적으로 된 현실의 삶에 '형식을 부여하는(in-formatio)' '정보'에게 넘겨진 것이다.

이러한 거시적 변화가 지식사회에 가져온 변화는 무엇일까? 먼저 외양적인 변화로는 다음 세 가지가 주목된다.

① 지식이 장기간에 걸쳐 어렵게 창출 · 전수 · 활용되던 과거와 달리 매우 용이하게 산출 · 복제 · 유통 · 소비된다.
② 산출되는 정보의 양은 천문학적으로 급증하며, 이렇게 생산되는 정보의 유통에는 시간적 · 공간적 제약이 거의 없다.
③ 정보의 효용기간, 즉 수명이 급속히 단축된다.

그러나 더 중요한 것은 그 내적인 질적인 측면의 다음 세 가지다.

④ 감각적 지각작용이 논리적 사유활동보다 우세해진다.
⑤ 문맥적 역사가 망실된, '기원(起源)이 소실(消失)된', 파편화된 정보들이 범람한다.
⑥ 지식사회의 배후에서는 융복합적 지식에 대한 수요가 급증한다.

인간의 커뮤니케이션은 오감 가운데서도 특히 청각과 시각에 많이 의존되어 있다. 시각 커뮤니케이션은 감각내용을 동시적으로 한꺼번에 받아들이는 '모자이크적'(mosaic) 커뮤니케이션이다. 이에 반해 청각 커뮤니케이션은 정보가 시간의 흐름에 따라 '순차적'(順次的, sequential)으로 주어지는 '선형적'(線形的, linear) 커뮤니케이션이다. 여기선 인과적 연결이든 논리적 연결이든 하여튼 일관성 있게 앞뒤를 연결하는 파악작용이

요구된다.[4]

모자이크적 커뮤니케이션에서는 이지적 사고 활동보다는 감성적 감응 활동, 즉 감각적 지각작용이 더 필요하겠지만, 선형적 커뮤니케이션에서는 인과적이거나 논리적인 고리를 이어나가는 강한 사고 활동이 요구된다.

그런데 글에 의한 커뮤니케이션은 말에 의한 커뮤니케이션의 선형성을 더욱 극단화시킨다. 말을 하고 들을 때는 표정, 몸짓, 어조, 음색 등 말하는 이의 언어외적 의사표현 요소가 함께 작용하지만, 글로 쓰여진 기록을 통해 의사전달이 이루어질 때는, 이러한 부차적 요소들은 모두 증발하고 오직 전달되는 사유내용만 남게 된다. 따라서 글에 의한 커뮤니케이션에서는 자연히 그 사유내용의 정합성, 일관성 등 논리적 성격이 강하게 작용한다. 이 점에서 볼 때, 구텐베르크의 활자 인쇄술 개발은 도서의 다량보급을 가능케 함으로써 다수의 보통사람들이 글을 통한 커뮤니케이션에 참여할 수 있게 하였고, 그 결과 순차적 · 논리적 · 합리적 사고에 익숙해지게 되었다. 그리하여 도서의 보급은 여러 방면에서 이성적 사유가 삶의 원리가 되는 근대를 연 문명사적 전환점이 된 것이다.

그런데 20세기 후반부터 정보화와 더불어 이 지적 지형에 새로운 변화가 온 것이다. 다른 무엇보다도 사유와 감각의 호환이 불러온 변화는 사고에 대한 감각의 우세 현상 및 지식-정보의 파편화 현상이고, 시공적 제약의 극복이 불러온 변화는 복합적 욕구충족의 기대에 부응하려는 지식 및 기술의 융복합화 현상이다.

사유와 감각의 호환이 가능해짐에 따라 일상인들은 사유 대상을 감각 대상으로 변환시켜 놓은 정보들에 의존하여 생활하기를 즐긴다. 즉 능동적인 선형적 사유의 노력을 수동적인 감각적 지각의 향유로 대체시켜 나간다. 감각이 사유를 능가하는 삶의 방식과 문화의 양식이 급속도로 확산되고 있다.

사정이 이러하니, 기원(起源)이 실종된, 문맥에서 일탈된 '파편화'된

---

4 M. McLuhan, 앞의 책 참조.

정보들이 범람하게 되고, 감각적 지각이 논리적 합리적 사고를 압도하는 새로운 현상이 등장하는 것이다. '문맥'을 짚어가는 것은 논리적 사유이지 감각적 지각이 아니기 때문이다. 모자이크적 시각 커뮤니케이션과 선형적 청각 커뮤니케이션 사이의 균형이 근대 초와는 반대방향으로 깨지고 있음을 가리키는 것이다.

이러한 현상은 지식사회가 전승된 지식의 고착과 독점에 머물지 않고 원활한 유통과 공유를 향해 개방된다는 긍정적 측면도 보이지만, 그와 더불어 다원화 및 다양화의 특성을 지니는 유동적 개방에 대한 대가로 지식이 인간의 실천적 행동을 선도(先導)하는 역할을 하지 못하고 오히려 방향감각을 상실한 채 방황케 함을 뜻하기도 한다.

인간의 지적 활동 및 그 성취물을 자료-정보-지식-지혜의 4개 층위로 이루어지는 체계로 이해하는 이른바 '지식의 층위'(Hierarchy of Knowledge) 이론에 비추어 보면, 정보사회에서의 지적 활동은 문자 그대로 '정보'의 차원에 머물러 있는 것이다. '정보'는 우리의 단편적인 행동에 잠정적으로 유용한 지침을 제공하는 앎이긴 하지만, 어떤 원리에 입각해 정당화되어 객관적 타당성을 갖는 체계적 지식은 아닌 것이다. 그것은 개개인의 일시적 행동에 기껏해야 도구적 합리성을 제공하는 파편적인 앎일 뿐, 더구나 우리의 삶 전체의 목적이나 가치에 관해 규범적 의미를 제시하는 지혜는 더더구나 아니다. 따라서 이러한 '탈맥락적' 정보에만 의존하는 삶이 행동의 '방향상실'에 빠지는 것은 사실 당연한 것으로 보인다.

□ 미래 지향 교육의 새 패러다임

인간의 욕구 내용 및 욕구충족 방식이 달라지고, 기술의 발전을 토대로 한 융복합적 산업이 이를 실현하는 오늘의 '지식기반사회'에서, 그리고 공동체적 삶의 범위가 전 지구로 확장되는 세계화의 시대에, 지식의 산출과 유통을 담당하는 대학의 연구와 교육에서 변화가 생기는 것은 당연한 일이다.

대학교육은 이제 지식 습득 및 소비의 교육에서 **지식창출 능력**의 교육으로 전환되어야 한다. 이제 교육은 기성 지식의 전달-전수가 아니라, 지식을 스스로 창출하고, 응용하고, 현실에 적용할 수 있는 기초능력을 길러주는 일이어야 한다.

방대한 양의 정보 가운데서 적실성 있는 유용한 정보를 선별할 수 있는 비판적 사고의 능력, 새로운 정보를 산출할 수 있는 창의적 사고의 능력, 그리고 무엇보다도 주어진 사태 속에서 핵심적인 문제를 찾고 그 문제를 해결하는 방향을 잡을 수 있는 폭넓고 깊이 있는 종합적 사고 능력, 즉 통찰력 등을 길러주어야 하고, 이에서 더 나아가 자신의 사유내용을 공동체 구성원과 공유할 수 있는 사회적 의사소통능력을 '필수 능력'으로 길러주어야 할 것이다.

이러한 지적 능력을 포함해 새로운 문화지형 전체에 부응하는 지성적 자질로 우리는 다음과 같은 것을 더 열거할 수 있을 것이다.[5]

① 파편화된 정보들을 비판적으로 검토하여 유기적으로 연결해 줌으로써 통일적인 의미체계를 구성해낼 수 있는 '지적 연결지평'과 심도 있는 통찰력

② 각 분과과학들의 특정 대상에 대한 전문지식들을 유기적으로 융합하여 새로운 창의적 발상을 할 수 있는 융복합적 사유 능력

③ 개인과 공동체의 관계에 대해 일관성 있는 태도를 취하여 자신과 공동체의 상호적 윈-윈 관계를 견지할 수 있는 실천적 지혜

④ 새로운 유목적 사회질서를 맞으면서, 사회적 역사적 특수성과 문화의 보편적 원리를 양립시켜 문화세계의 실질적 균형을 견지하게 하고 문화창조의 변증법적 과정을 수행해 낼 수 있는 역사의식과 공동체의식

---

5 III부 1장 참조.

①, ②항은 위에서도 말한 비판적 · 창의적 · 종합적 사고 능력과 통찰력이고, ③항은 도덕적 가치관이며, ④항은 역사의식과 사회의식이다. 이렇게 볼 때, 글로벌화된 21세기 정보사회가 요구하는 지성적 자질은 다름 아닌 심화된 '교양'이라 할 수 있다. 이때 '교양'이란 무엇보다도 세계와 인간에 대한 식견과 태도, 특히 인간적인 삶 자체를 총체적으로 성찰하는 지적 자세와 그 성찰의 내용을 실천에 옮기려는 의지적 자세를 포함하는 것이다. 다시 말하면 교양이란 첫째, 비판적이고 창의적인 사고를 토대로 총체적 · 종합적 사유를 함으로써 세분화된 분야들의 위상을 전체 속에서 헤량할 수 있는 지적 능력을 포함하며, 둘째, 이러한 지적 탐색의 성과를 바탕으로 실천적 행위를 위한 가치관을 확립하고, 이에 따라 자기 형성 및 자기 결정의 주체적 활동을 수행하는 도덕적 의지를 정련(精練)하며, 나아가 셋째, 정서적 감응도 내면화시켜, '이성과 감성을 넘나드는' 능력도 구사하는 힘을 갖는 것이다.

글로벌 정보사회가 요구하는 이 세 가지 지성적 자질에 대해 좀 더 생각해 보자.

첫째, 글로벌 정보사회가 요구하는 지적 능력이란 단순히 기성의 지식을 습득하는 데 그치지 않고 이를 비판적으로 수용하며 응용할 수 있는 능력, 나아가 스스로 지식을 창출하는 능력, 즉 비판적 · 창의적 사고의 능력이다. 이는 결국 주어진 사태 속에서 핵심적인 문제를 찾고 그 문제를 해결하는 능력인데, 정보사회에서 우리가 해결해야 할 중요문제는 대체로 여러 지식분야에 걸쳐 있는 복합적인 문제다. 따라서 문제연관 전체를 조망할 수 있는 안목이 무엇보다 중요하다. 이 총체적 조망능력이 없으면 부분에 관한 전문지식도 무력해지기 쉽기 때문이다. 각 전문분야들의 지식을 폭넓고 깊이 있는 안목 아래서 조망하고 연결시켜 주는 '지적 연결지평'이 요구되는 것이다.

둘째, 의지란 모든 활동의 동인이다. '욕구-믿음-행동'(Desire-Belief-Action)이라는 도식은 오늘날 인간의 행동을 이해하고자 할 때 받아들여지는 가장 일반적인 분석틀이다. 여기서도 욕구가 가장 먼저 등장한다. 의지가 없으면 인간에게는 자발적 행동이 있을 수 없기 때문이다. 문제는 이 의지의 발동이 극단으로 치우치지 않고 적절한 통로를 거침으로써 문제를 해결하는 원천적 힘이 되게 하는 것이다.

셋째, 그런데 정보사회에서 특별히 문제되는 것이 정의적(情意的) 작용과 지적 작용의 융합(融合)과 호환(互換)이다. 디지털 방식이란 바이너리 코드를 이용해 각종의 정보를 그 질적 성격에 구애받지 않고 수학적으로 연산 처리하는 방식이다. 그런데 질적 성격이란 감각적 지각의 대상으로 우리의 감성을 움직이는 것이고, 바이너리 코드로 처리하는 수학적인 연산은 정밀한 사고 활동이다. 따라서 이 두 영역을 넘나들 수 있기 위해서는 정서적 감응능력과 합리적 사고능력이 동시에 요구되며, 이 둘이 함께 협동하는 것이 필요하다. 사유와 감각의 호환기술은 이제 감각내용의 논리화, 사유내용의 감각화를 수행함으로써 합리성의 문명을 용해시키고 그 자리에 초합리성의 문화를 구축하려 하고 있다. 이러한 새로운 지적 지형은 한마디로 말해 우리에게 합리적인 과학적 · 수학적 사유의 능력뿐 아니라 예술적 감수성을 함께 요구하고 있다.

이상과 같은 세 가지 능력 및 자질의 함양은 곧 대학 고등교육의 필수 사항이다. 이제 대학교육은 **분과 전문교육에서 총합 일반교육으로** 눈을 돌려야 한다. 함양해야 할 지적 능력들 가운데서 특히 중요한 것은 세분화된 분야들의 위상을 전체 속에서 가늠할 수 있는 총체적 · 종합적 사유의 능력이다. 앞서 지적했듯 정보사회에서 우리에게 다가오는 중요한 문제들은 대체로 여러 지식분야에 걸쳐 있는 복합적인 문제여서 이를 전체적으로 파악하는 안목이 없으면 그 부분들에 관한 각각 유리된 전문지식은 별 쓸모가 없게 되기 때문이다. 분업, 분화가 생산성을 높이던 산업화 시대와 달리 기술과 산업의 융복합이 진행되고 있고 여기에 여러 영역의 지식과 능력이 복합적으로 동시에 요구되는 것이 오늘의 현실이다.

종래의 통념에 따르면, 대학에서의 학업은 전문분야의 고급지식을 얻는 데 있다. 따라서 각 전공 학과에서는 자과(自科)의 교육에만 관심을 갖고 노력을 기울인다. 그러나 이제 고등교육의 필수 사항으로 새로이 확인되는 지성적 자질은 이러한 전공 학과 교육만으로는 함양하기 어렵다. 두 말할 필요도 없이 이러한 새 방향의 교육과제는 실은 "자유교육"(liberal education)에서 출발하여 "일반교육"(general education)으로 변신 확장된, 전통적인 "교양교육"의 과제다. 본래의 이념 자체에 따르자면, 자유교육(liberal education)이란 특정 목적에 수단으로서 봉사하는 지식이나 기술을 습득하는 교육이 아니라 그 자체로 본래적 가치를 갖는 품성을 도야하고 자기목적적 활동을 할 수 있는 '자유인'의 능력과 자질을 기르는 교육이며, 일반교육이란 특정의 전문적인 활동을 하는 직업인이기에 앞서 한 사람의 시민으로서 기본적으로 갖춰야 할 지적 능력과 사회적 자질을 배양하는 교육이다. 오늘날 우리가 말하는 교양교육이란 진정한 의미에서 이 두 가지 교육이념을 함께 수용하여 구현하려는 교육이다. 사실 이 두 가지 이념은 개념적으로 그 내포(內包)는 다른 점이 있으나 오늘날 그것이 지향하는 교육의 외연(外延)에서는 거의 중첩되는 것들이다. 교양교육은 한 측면에서는 인습이나 관행이나 편견으로부터 자유로운 자율적 인격의 형성을 목표로 하는 교육이며, 다른 한 측면에서는 특정 전문분야의 직업활동에 요구되는 지식이나 기술을 습득하는 것과는 달리 한 시민으로서 지녀야 할 기본적이고 보편적인 지적 정서적 사회적 자질을 배양하는 교육이다. 그러고 보면, 이 두 가지는 배치되는 것이 아니라 중첩되는 것임을 알 수 있다.

교양교육을 강조한다고 해서 특정 분야의 전문지식이나 기술이 중요하지 않다는 것은 아니다. 특정 분야의 전문지식을 비판적으로 수용하고 스스로 창출하여 적실성 있게 활용하기 위해서라도 이러한 넓은 사유의 지평과 기본적인 지적 능력은 필요하다는 말이다.

급격한 산업화의 과정에서 선진 제국의 기성 지식과 기술을 습득하여 이들을 따라잡는 데에 혼신의 힘을 기울여왔던 한국의 고등교육은 이제 새로운 문명기를 맞으며 커다란 선회의 원을 그리는 가운데 새로운 방향을 모색할 때가 되었다. 고전적인 '대학'의 이념이 무색해질 만큼 대학에서도 직업교육이 중시되는 것이 오늘의 상황이긴 하다. 구체적으로 보면, 대학 진학생이 같은 학령인구의 70%를 넘어 직업교육에 대한 수요를 외면할 수 없는 것이 오늘의 상황이다. 그러나 그렇다 해도 특정분야의 전문 지식과 기술을 습득하는 직업지향적 전공교육의 질적 수월성을 위해서라도, 지적 연결지평을 확보해 주는 '종합일반교육'인 교양교육이 더 더욱 필요해진 것이 21세기 정보사회의 지적 지형이다. 무릇 기초학문교육으로 이루어지는 교양교육이 강화되어야 한다는 각성이 널리 확산되는 것은 바로 이러한 배경을 갖고 있는 것이다.

□ 한국 대학교육의 근본문제

오늘날 한국 대학의 고등교육은 우려할 만한 '골다공증' 현상을 보이고 있다. 대학 수나 학생 수, 그리고 교육내용의 다양성 등을 볼 때 외부로 드러나는 양적 팽창에 비해 그 교육 내면의 질적 밀도의 수준이 기대치 이하라는 말이다. 무엇이 문제인가? 사립대학이 전체의 80%를 차지하고 있는 한국 대학의 현실에서 대학의 교육재정 문제와 대학운영의 거버넌스 문제도 결정적으로 중요한 문제이지만, 여기서는 그런 교육 주변적인 행정, 재정적 문제는 다른 기회로 미루고, 교육의 핵심부를 이루는 교육 내용, 교육과정 및 교육구조에 관해 숙고해 보기로 하자.

표면적 현상

한국 대학교육에서 표면적으로 여실히 드러나는 문제는 **교육수요와 교육공급의 '미스매치'** 현상이다. 대학 밖의 사회, 특히 산업계에서는 대학교육이 유능한 산업인력을 양성하지 못하고 있다고 비판하고 있으며, 그런가 하면 대학 안에서는 외부로부터 오는 직업교육에 대한 요구의 압박 때문에 학문적 성숙의 교육이 방해받고 있다고 자탄한다. 사회 전체의 '인적자원 배분'을 조망해 볼 때, 교육수요와 교육공급 사이에 미스매치가 있는 것이 사실이다. 대학이 본래 직업학교가 아닌 이상, 이 미스매치는 대학의 문제가 아니라고 강변하는 '고전적' 교수가 있기도 하지만, 고교를 졸업하는 동일 학령인구 중 70% 이상이 대학에 진학하는 현실을 감안한다면,[6] 이는 합당한 현실 파악이 아니다. 한편으론 **직업능력** 함양교육이 미흡하여 산업계의 인력수요에 제대로 부응하지 못하고 있으며,[7] 다른 한편으로는 **학문적 탐구능력** 함양 교육도 미흡하여 학문후속세대 양성에도 실패하고 있다. 특히 기초학문분야는 날로 위축되어가고 있다.[8]

좀 더 내면을 살펴보면, 이런 현상의 배후에는 보다 뿌리 깊은 사태가 도사리고 있다. 대학교육에 대한 사회적 요구가 전체적으로 보면 이렇듯 이중적인데, 이 이중적인 요구를 한꺼번에 충족시킬 수 있는 종합적 교육시스템이 마련돼 있지 않기 때문이다. 그렇다면 이 이중적인 요구, 즉 학술탐구에 대한 요구와 직업능력 배양에 대한 요구를 동시에 충족시켜 줄 종합적 교육시스템은 그 자체 불가능한 것인가? 결코 그렇지 않다. 현재 한국의 대학 현실에서 구현되어 있지 않을 뿐, 그런 교육 시스템이 불가능한 것은 아니다. 아니, 그런 교육시스템이 마련돼 있지 않은 현재 한국의 대학 현실이 오히려 '비정상적'인 것이라고 할 수 있다. 왜 그런가?

배후의 실상[9]

우리는 그 원인이 ① 경직된 '전공학과' 중심의 교육, ② 기초학문과 응용학문의 차이를 존중하지 않는 획일주의, ③ 기초학문분야 교육의 편협성으로 인한 교양교육의 방치 등에 있다고 본다. 이 요인들은 오늘날 한국 대학교육의 주요 특징이기도 하다. 그 실상을 살펴보기로 하자.

---

6 한국교육개발원(KEDI) 소속 국가교육통계센터(KESS)

연도	2010	2015	2016	2017	2020	2021	2022
대학진학률(%)	72.5	70.8	69.8	68.9	72.5	73.7	73.3

7 대학교육협의회 주관의 '산업계관점 대학평가'나, 교육부 시행 'PRIME사업'(Program for Industrial Needs Matched Education/산업연계교육 활성화 선도대학 사업) 등은 이러한 불균형을 바로잡으려는 시도로 이해된다.

8 인문계 전공학과의 연이은 폐과조치가 이를 말해준다.

9 I부 3장 8절 참조.

첫째, 전공학과의 전공학업이 대학교육의 중심축을 이룬다는 점이다. 학생들은 입학할 때부터 특정 전공학과에 '전속'되어 그 특정 분야의 전공 학업을 이수해 나가는 것이 대학교육의 거의 전부를 이룬다.[10] 전공학과는 교수와 학생이 공동으로 '전속'되어 있는 교육 및 연구의 기본 단위이자, 동시에 '생활공동체'이기도 하다. 나아가 많은 경우 교무행정적으로도 중요한 대목에서는 실질적인 의사결정권을 행사하는 기본 주체이기도 하다. 따라서 전공학과는 각기 독자적인 정체성을 갖고 대학을 구성하는 실체로서, 타 전공학과의 활동이나 대학 전체의 관심사와는 거의 무관하게 독자적으로 움직이는 기구이다.

전공학과의 이런 배타적 독자성은 학문적 전문성과 연구의 자율성을 보장하는 '자유로운 탐구활동'이라는 이념에서 유래한 것이기도 하다. 대학교육이 엘리트 교육의 성격을 강하게 띠었던 환경에서는 타당시되었던 것이기도 하다. 다른 한편, 특히 급격히 산업화를 추진해야 했던 한국에서는 특정분야의 전문지식과 기술의 습득이 무엇보다도 우선적으로 필요했기에 그런 상황에서 분립적(分立的) 전공학업은 대학교육의 중심이 될 수밖에 없었다. 말하자면, 대학교육이 급격한 산업화의 교육수요에 불가피하게 구속되어 부응했다는 것이다.

둘째, 기초학문과 응용학문의 차이를 존중하지 않고 동일 평면에 놓고 학사행정을 운영하는 데서 오는 현상으로서, 전공학과들 중에서도 특히 직업활동 영역과 유관한 응용학문 분야의 전공학과들이 더욱 흥성하며 대학의 중심역할을 하고 있다는 점이다. 대학교육이 전반적으로 응용학문중심의 교육이 되었으며. 그에 비하면 구체적인 직업 활동과는 무관한 기초학문 분야의 전공학과들은 위축되고 소외되고 폐쇄되고 있다. 대학 진학률이 상승하여[11] 대학교육이 더 이상 엘리트 교육이 아니

10 물론 근래에 복수전공, 부전공 등의 학사제도가 널리 도입되어 시행되고 있는 것은 사실이지만, 그 실상을 보면 학업의 다양화라는 본래의 취지가 실현되고 있다기보다는 입학 당시에 타의적으로 택한 원치 않는 전공을 떠나 현실적 수요에 부응하는 학업을 택하는 기회가 주어진다는 데에 그 현실적 의의가 있다고 보아야 할 것이다.

11 1970년대 초만 해도 15% 미만에 머물던 대학진학률이 2000년대 들어와 한 때 80% 이

라 '대중교육'이 되었고, 따라서 대학교육의 목적은 대다수 학생의 요구에 따라 학문탐구를 위한 준비에 있다기보다는 직업능력 배양에 있게 된 것이다. 대학교육이 전반적으로 학문중심이 아니라 직업중심으로 편중되는 현상이 발생했던 것이다.

셋째, 교양교육이 소홀히 방치되어 있거나 그 본래의 이념과는 달리 그 위상이 현격히 '격하되어' 왜곡, 변질되어 있다는 점이다. 본래 교양교육은 기초학문교육이어야 하고 따라서 기초학문 분야의 학과들이 전교생을 대상으로 교양교육을 담당해야 하는데, 자과 학생들의 전공교육에만 매달려 왔기 때문에 교양교육이 부실해진 것이다. 기초학문 분야 학과들은 자과의 전공학생 수가 줄어들면서 학과 자체가 폐쇄되는 사태에까지 이르면서도, 전교생을 대상으로 하는 교양교육에 참여하는 일에는 소극적이었는데, 바로 이런 경향이 자멸을 자초한 셈이다. 기초학문 분야 학과가 이런 쇠퇴의 길을 갈 때, 응용학문 분야의 전공교육은 더욱 세분화되어 학생들의 지적 시야는 더욱 '협소'해졌으며, 이를 보완해줄 교양교육은 그 본래의 과제를 수행치 못하고 더욱 무력해져 온 것이다. 교양교육은 전공교육의 보조 역할을 하는 예비교육으로 전락하거나, 학술적 성격을 상실한 실용교육으로 변질되거나, 심지어는 고등교육의 범위를 벗어난 취미생활이나 일상 상식의 연장으로 타락하기까지 하는 실상을 보여 오기도 했다.

이렇게 되면, 대학은 더 이상 '지성의 산실'이 아니다. '대학'이라고 하기 보다는 특정분야의 기성 지식이나 기술을 교육할 뿐 가치 성찰의 지혜교육은 포기한 채 '무교양' 기능인을 양성하는 실용직업학교라고 하는 것이 더 적절하다. 학문탐구와 이의 전승을 통해 문화공동체의 핵심 주역이 되어야 할 대학이 그 '대학다움' 자체를 포기하게 되는 것이다.

상을 상회하다가 근래(2017년)에는 70% 전후로 떨어졌다. 조영태 외, 〈아동인구 변화에 따른 사회적 파급효과〉(2014.11.)에 따르면, 신생아수는 2013년 45만에서 2034년 32만으로 줄고, 대입 수험생은 2014년 66만에서 2034년 39만으로 줄어, 20년 후 대학의 40%는 폐교하게 되리라는 예측이 가능하다.

심층적 배경

한국은 교육을 중시하고 숭상하는 문화적 전통이 있는 문화국이다. 그런데 이 전통은 그 자체 바람직한 것이긴 하나, 암암리에 교육을 국가가 주관하고 책임져야 하는 '교육국가주의'와 결부되어 부작용을 낳기도 한다. 정부는 초중고교의 기본 국민교육뿐 아니라 대학의 고등교육도 국가 주도의 지원 및 통제의 대상으로 삼아 강하고도 광범한 영향력을 행사하는데, 그 기획이 비록 방향 설정에선 적절하다고 할 수 있으나 그 구체적 실행안이 교육 현장에 적합하도록 정교하게 설계되어 있질 않아 교육 지원의 내실을 의도한 만큼 거두지 못하는 실정이다.

그 가운데서도 특히 200여 개에 이르는 4년제 대학들을 '유형'이나 '특성'의 구분 없이 획일적으로 대함으로써 대학이 안고 있는 교육적 문제를 각 대학별로 현실 적합성을 갖고 해결해 나가도록 지원하는 데에 기여하지 못하고 있는 것이 가장 큰 문제다. 재정적 여유가 없는 많은 사립대학교들은 정부의 재정지원을 받는 데에 최우선의 정책적 고려를 하게 마련인데, 그 결과 정부의 공정성을 명분으로 하는 '무차별적'인 익명적 관리가 대학 나름의 고유하고 독특한 교육 기획을 할 수 없도록 그 자율공간을 박탈하게 된다. 대학의 자율성은 구두선에 지나지 않게 되고, 자생적인 지식생태계의 구축은 선언에 그칠 뿐 획일적인 정책적 지침에 막혀 그 실현은 요원한 것이 된다.

그런가 하면 정권 차원을 넘어서는 국가차원의 장기적인 교육기획도 없어, 대학들도 장기적인 발전 계획을 세우고 이를 일관되게 지속적으로 추진해 나아갈 수 있는 자세를 갖추기가 어려운 실정이다. 시대를 앞서가는 장기적인 교육기획의 부재, 그러면서도 정부가 주도하는 재정적인 지원 및 관리의 부적절성 및 비정교성은 교육국가주의가 안겨주는 부담이 되고 있다.

□ 대학교육 혁신의 방향: 기초학문교육의 강화

대학의 유형화: 대학군의 재편

아카데미즘과 직업교육, 이 두 가지 요구를 동시에 충족시킬 수 있는 방안은 없을까?

이 상충하는 요구를 충돌하지 않도록 정리하기 위해 취할 수 있는 가장 손쉬운 방법은 대학들을 두 진영으로 나누어 기초학문의 탐구와 교육을 전담하는 대학과 직업능력을 배양하여 산업인력을 양성하는 대학으로 구분하여 각기 별개로 그 과제를 수행케 하는 것이다.

사실 2년제 전문대학과 4년제 일반대학을 구분하여 고등교육을 시행해 왔던 것이 바로 이러한 발상에서 나온 정책이요, 제도였다. 산업화 과정에서 이 제도는 상당 수준 제 역할을 해 온 것이 사실이다. 그러나 근래 전문대학들이 수업연한을 자유롭게 하여 전문대학에서도 4년 이상 학업을 이수하고 졸업시 학사학위를 취득케 하자는 주장이 크게 강화되고 있는 형국이다. 한편으론 많은 대학진학자들이 직업교육을 기대하고 있다는 현실도 직시해야겠지만, 다른 한편으로는 직업능력을 배양하는 교육도 전적으로 학술성을 배제할 수는 없음을 암암리에 말해주는 사태가 아니겠는가.

400개에 달하는 고등교육기관들을 이렇게 두 가지로만 구분하여 서로 다른 교육을 담당케 하는 것은 지극히 평면적이고 일차원적이어서 고등교육의 과제를 충실히 감당해 낼 수 없게 되었음을 말해주는 것이라 할 수 있다. 그만큼 한국 사회가 복잡하고 다양해졌으며 그에 따라 직업세계의 구도도 달라졌고 요구되는 직업능력도 새로워졌다고 보아야 할 것이다.

기왕 대학들을 차별화하여 그 교육과제를 보다 더 다양하게 현실화시키고자 한다면, 차제에 대학들을 그 교육목표에 따라 두 가지보다는 많은 여러 가지 유형으로 분류하는 일이 바람직할 것이다. 직업교육성격의 응용학문 교육에 역점을 둘 것인지, 고전적인 대학교육의 이념에 따라 기초학문 교육에 더 역점을 둘 것인지, 그 정도의 차에 따라 점이적(漸移的)으로 여러 가지 유형의 대학을 구별하는 것이 필요할 것이다. 우선 실험적으로 아래와 같이 유형을 구분해 보기로 한다. 그 특성 및 해당 교육과정 등에 대한 보다 상세한 구상은 글의 말미에 제시해 본다.

① 직업교육 중심 대학
② 일반교육 중심 대학
③ 교육중심/연구병진 대학
④ 연구중심/교육병진 대학
⑤ 연구 중심 대학
⑥ 특정 전문분야 대학
⑦ 자유학예대학
⑧ 대학원 중심 자유학예대학

그 유형에 따라 대학교육의 기본 방침이 달라지고 그에 따라 교육 내용도 달라진다면, 학생들도 자신의 학업 목표에 비추어 대학을 선택함으로써 기대하는 학업을 수행하고 그 결과에 대해서 더 만족하게 될 것이다. 이렇게 되면, 이른바 교육공급과 수요 사이의 '미스매치'도 최소화될 것이다. 〔부록 1의 상세 설명 참조〕

교육과정의 재편

그러나 대학을 그 교육목적에 따라 유형화한다 해도 다수의 대학들은, 경중의 차이는 있겠지만, 이 두 가지 요구를 함께 수용하고자 할 것이요, 그중 어느 하나만을 수용하는 대학은 많지 않을 것이다. 그렇다면 대학의 교육과정에 두 요구를 적절히 균형 있게 수용하는 내부적인 대책을 모색해야 할 것이다. 대학교육 혁신의 방안은 앞서 말한 '이중적 교육수요'에 부응할 수 있는 교육과정 및 이를 제도적으로 밑받침해 줄 교육구조의 정립에 있고, 그 지향점은 응용학문교육의 수요에 위축되지 않고 기초학문교육을 널리 보편화시키는 데에 있다.

교육과정(=커리큘럼)이 어떤 형태로 재편성되면, 그것이 "산업 수요도 무시하지 않고, 학문 기반도 무너지지 않게 하여 학업의 '투 트랙'을 다 살리는" 길이 될 수 있을까? 답은 간단하다. 산업 수요에 부응하여 직업지향적 응용학문 교육을 받는 모든 학생들이 기초학문분야의 교육도 함께 받도록, 아니 받지 않으면 아니 되도록 교육과정을 편성하면 되는 일이다.

다수의 학생이 원하고 사회적 수요에도 부응하는 교육은 직업지향적 응용학문분야의 교육이다. 대부분의 학생들은 직업적 전망이 어두운 기초학문분야의 학업은 기피한다. 그러기에 기초학문분야의 교육이 위축되고, 이에 따라 기초학문분야의 학문적 기반에 대한 요구도 감축된다. 대학의 교육현장에서 보면 인문학을 비롯한 기초학문분야의 '전공학과'가 폐쇄되고, 이 분야의 학자가 교수직을 얻지 못해 이 분야의 연구와 교육이 피폐해지며, 그 여파로 소위 학문후속세대가 고갈되어가고 있다. 한마디로 말해 기초학문 분야의 학문적 기반이 총체적으로 붕괴되어 가고 있는 것이다.

이것이 정직한 현상 진단이다. 그러나 과연 기초학문분야의 학문적 기반이 붕괴되고 난 폐허 위에서 응용학문은 융성할 수 있고 응용학문분야의 교육은 성과를 거둘 수 있을까?

이러한 상황을 반전시킬 길은 과연 없을까? 있다. 직업적 전망이 밝은 응용학문분야의 학업을 하고자 하는 대다수의 학생들로 하여금 기초학문분야의 교육을 '강제로라도' 받게 하면 된다. 기초학문분야의 교육이 강화, 확대되면, 이를 담당할 이 분야의 교수진도 더 증대되고, 따라서 그 수요에 부응할 학문후속세대도 더 두터워질 것이다. 한마디로 기초학문분야의 학문적 기반이 튼튼해질 것이다.

이 방책이 실현되기 어려운 이유는 무엇일까? 문제는 기초학문분야의 '전공학과'를 설치해 운영하는 방식에 있고, 더 나아가서는 대학 전체의 교육과정 편성 및 운영 방식에 있다. 대학이 기초학문과 응용학문을 차별적으로 다루지 않고 병렬해 놓은 채 동등하게 그저 '전공학과' 중심으로 신입생도 모집하고 교과과정도 운영한다. 대부분의 학생들은 기초학문분야 학과들보다는 직업적 전망이 밝다고 보는 응용학문분야의 학과들을 선택한다. 현실적으로 당연한 일이다. 따라서 학문후속세대의 양성에 역점을 두는 일부 극소수 대학을 제외하고선, 대학교육 전체를 전공학과 중심으로 운영하는 대부분 대학들의 체제에서는 기초학문분야의 '전공학과'를 거점으로 기초학문분야의 학문적 기반을 보전, 강화시킨다는 전략은 원천적으로 성공하기 어렵다. 대부분의 대학에서 이 분야의 '전공학과'를 폐쇄하지 말라는 요구는 학생들에게 타의적으로라도 특정 기초학문을 '전공하라'는 요구가 되는 것이므로, 더 이상 교육적이지도 않다.

교육구조의 재구조화

이렇게 볼 때, 한국의 대학은, 아카데미즘과 직업교육이라는 두 마리 토끼를 함께 잡으려면, 즉 기초학문교육과 직업교육이라는 '투 트랙'의 교육을 함께 하려면, 앞서 말한 그런 교육과정을 편성 · 운영할 수 있는 구조적 장치로서 교육구조를 변화시키지 않으면 안 된다.

기초학문분야의 교육기관과 응용학문분야의 교육기관을 '전공학과'라는 동일한 형태의 것으로 획일화시키지 말고, 그 변양을 수용하는 **'교육구조의 다양화'** 방침을 채택한다면, 상충하는 교육수요를 함께 충족시켜 '투 트랙'의 고등교육을 실현시킬 수 있을 것이다. 즉, 기초학문 분야 교육기관과 응용학문 분야 교육기관을 두되, 전자는 전교생을 상대로 교육하도록 하는 것이다.

이러한 방안이 당장 실현하기 어렵다면, 현실적인 방안으로는 다음과 같은 것을 기획할 수 있을 것이다.

① 직업교육의 성격이 강한 응용학문 분야의 전공 학생에게 기초학문 분야에서 제2전공 또는 부전공을 택하도록 의무화하는 것 (복수전공, 부전공)

② 응용학문분야의 학업과 기초학문 분야의 학업을 긴밀히 '연계'시켜 복합적으로 학업을 수행토록 하는 것(연계전공)

복수전공, 부전공, 연계전공 등의 제도적 장치가 한국의 대학에도 이미 널리 활용되고 있는 것은 사실이다. 그러나 그 실상을 보면, 이들은 기초학문 분야의 학업을 필수적으로 하도록 하는 데 활용되는 게 아니라, 오히려 그 반대로 기초학업을 전공으로 하는 학생이 직업적 전망을 고려해 응용학문 분야의 학업을 추가적으로 하는 경우가 대부분이다. 따라서 그 취지가 보다 선명하고 그 성과가 뚜렷하게 나타날 방도를 찾아야 할 것이다.

우선은 기초학문교육으로 이루어지는 '교양교육'이 왜 오늘날 더욱 더 필요한지 살펴보고, 그 연후에 교육구조에 대한 논의로 되돌아오기로 하자.

ㅁ 기초학문교육 강화의 길: 교양교육의 내실화

교양교육의 새로운 위상

그동안 한국의 대학교육은 '특화된 전문직업교육'에만 열중해 왔지, 교양교육을 토대로 한 '일반적 보편지성교육'은 등한시해 온 것이 사실이다. 직업교육의 성격이 강한 응용학문 분야의 전공교육에서 학생들로 하여금 가능한 한 많은 시간을 전공학업에 투입하도록 요구해 온 것이다. 한국에서 이러한 교육이 널리 시행되었던 데에는 물론 한국의 경제사회적 여건이 그 배경을 이루고 있다. 강도 높은 산업화를 통해 급속히 국가사회를 근대화시키기 위해서는 선진 문물을 가능케 하는 특정 전문분야의 '지식과 기술'을 단기간 내에 대폭적으로 학습-수용하는 것이 절실히 요구되었기 때문이다.

그러나 21세기에 접어든 한국사회는 이제 상황이 달라졌다. 한국도 산업화를 거쳐 이제 급속히 '정보사회'로 이행한 것이 현실이고 보면, 산업화에서 요구되었던 '특정 분야의 기성 지식'을 학습하는 것만으로는 대학의 고등교육이 제 역할을 다할 수 없는 시대가 된 것이다. 한마디로 말해 교양교육이 중심이 되는 '일반적 보편지성교육'이 곧 '전문

직업교육'을 위해서도 필수적인 부분이 되었다. 오늘의 정보사회에서는 지식도, 기술도, 산업도 분화, 전문화보다는 융합, 종합화의 길을 가야 더 큰 산업적 성과를 가져온다. 각 전문 분야들의 지식도 하나의 문제 앞에서 서로 결합되지 않는다면, 문제의 해결에 도움을 주지 못하기가 쉽다. 오늘의 문화사회적 상황은 여러 문제들이 서로 결합되어 우리의 해결을 기다리기 때문이요, 이는 또 문화사회적 삶이 영역별로 분립되어 있지 않고 서로 융합되어 통합되기 때문이다. 정치와 경제가 융합됨은 물론, 산업과 문화가 융합되고 예술과 공학이 융합된다.

해결해야 할 문제들이 총체적 맥락 속에서 그 맥락과 더불어 한꺼번에 다가온다면, 문제해결의 방식도 종합적일 수밖에 없다. 각 전문분야들의 지식을 폭넓고 깊이 있는 안목 아래서 조망하고 연결시켜 주는 "지적 연결지평"이 요구되는 것이다. 교양교육은 이에 기여하는 것으로, 본래 융복합교육의 성격을 갖는 교양교육이 바람직한 전문 직업교육을 위해서도 필요한 이유가 여기에 있다.

기초학문 분야에서 균형 잡힌 학업을 수행하도록 '교양교육'을 그 본래 이념대로 정상화, 내실화, 강화하는 것이 필요해진 것이다. 기초학문분야에서는 전공교육과 교양교육을 점차 통합시켜 그 구별 자체를 없애는 방향으로 나아가고, 그 교육내용을 응용학문분야의 학생들 모두에게 제공하는 것이 필요해진 것이다. (기초학문분야에서 특정 학문을 '전공'하려는 학생은 이를 대학원 교육에 연계하여 학문후속세대 후보로 양성하도록 해야 할 것이다.)

여기서 대전제는 '교양교육'을 그 본래의 모습대로 '기초학문 분야의 균형 잡힌 융복합 교육'으로 재정립해야 한다는 것이다. 그간 한국의 대학에서는 교양교육이 크게 변질, 왜곡되어 왔기 때문에[12] 그 기본 개념에서부터 교육과정 편성 및 과목 설강에 이르기까지 획기적으로 재정

12 학술성이 결여되어도 무방한 교과, 질적으로나 양적으로나 전공 교과의 수준을 낮추어 교수-학습하는 교과, 상식의 확장이나 취미생활의 고급화를 위한 교과들로 구성된, '하면 좋지만, 안 해도 무방한 여분의 교육' 정도로 인식되어 온 경향이 있다. 이러한 왜곡된 편견을 불식시키기 위해 앞으로는 대학교육을 '교양교육'과 '전공교육'으로 구분하지 말고 '기초학문교육'과 '응용학문교육'으로 구분하는 것도 고려해 봄직하다.

비되어야 한다. 물론 그 교육 총량을 종래보다는 현격히 증대하여 적어도 기초학업을 뺀 진정한 의미의 교양교육이 전체 교육 총량의 1/3은 넘도록 해야 할 것이다.

교양교육의 강화 방책

그렇다면 그간 소홀히 다루어져 왔던 대학의 교양교육을 내실화하기 위해 해야 할 일은 무엇인가? 오늘날 한국의 대학 현실을 염두에 두고 그 강화 방책을 생각해 보자.

(1) 교육내용 관련

먼저 교양교육을 위한 교육 내용을 정비해야 한다. 교양교육의 내용은 학문적 가치의 보편성을 고려해 인문학, 기초사회과학, 자연과학 등 **기초학문분야의 연구성과**로 구성해야 한다. 특정 영역의 직업교육과 직결되는 응용학문분야의 내용은 배제되어야 함이 원칙이다. 전문 직업교육과의 관계를 고려해 볼 때, 이는 꼭 지켜져야 한다. 당해 학문의 성격은 불문에 부치고 어느 전공학과든지 교양교육과정에서 일정 '지분'을 확보하려고 하는 대학현실은 학생 교육을 생각해 볼 때 개탄스러운 일이다. 학문적 성격도 약한 '시민생활적 교양'을 위한 과목이 청산되어야 함은 두말할 나위도 없다.[13]

기초학문분야의 고전적인 연구 성과가 교양교육에 반영되어야 함은 물론이지만, 이에서 더 나아가 새로이 등장하는 문화사회적 문제 영역에 대한 창의적인 연구 성과나 이질적인 학문분야들을 가로지르며 주어진 주제를 여러 각도에서 입체적으로 논구하여 얻는 연구성과도 교육내용으로 삼아야 한다. 전자, 즉 인간, 문화, 문학, 예술, 종교, 사회, 역사, 국가, 자연, 과학, 기술 등 인간과 세계의 여러 근본적인 문제영역에 대한 고전적인 탐구 성과를 교육하는 일을 '법고'(法古)라 한다면 후자, 즉 현대문명, 환경, 인공지능, 디지털 기술, 신과학 등 새로운 주제영역

---

13 혹자는 이를 잡비학(雜卑學)이라 부르기도 한다.

을 탐구한다든지, 예술과 기술, 철학과 경제, 문학과 정치, 심리와 법 등 이질적인 문제영역에 대한 복합적 연구를 한다든지 하여 새로운 교육내용을 개척해 나가는 일은 '창신'(創新)이라 할 수 있을 것이다. 교양교육이 '일반적 보편지성교육'의 과제를 충실히 수행하기 위해서도 법고창신의 노력은 필요하다.

(2) 교육과정 관련

교양교육을 강화하고 내실화하기 위해서는 물론 교육과정에서 이 부분이 차지하는 위상을 확고히 해야 할 것이다. 이를 위해 고려해야 할 것들은 다음과 같다.

첫째, 교양교육은 해당분야 전공교육을 낮은 수준에서 시행하는 초보적인 교육으로 간주하여 교육과정상 저학년에서 완료하도록 하는 현재의 교육과정은 개선해야 한다. 교양교육은 전공교육과 더불어 대학교육의 중심축을 이루는 것으로 오히려 고학년에서 전공교육과 나란히 시행되어야 그 교육적 성과를 얻을 것이다. 이를 도표화해 보면 다음과 같다.

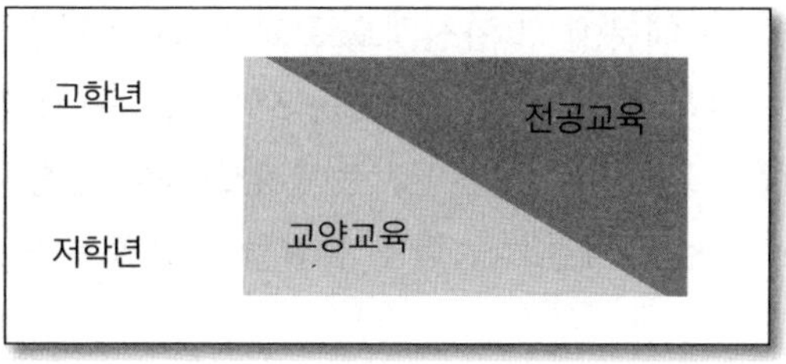

둘째, 대학교육 전체에서 교양교육이 차지하는 비중이 적어도 30%는 되도록 교육과정을 편성해야 할 것이다. 특히 직업교육의 성격이 강한 응용학문 분야에서 전공을 택하는 학생에게는 이 비율이 엄격히 적용되어야 한다.

셋째, 위에서 말한 대로 전체 대학교육 중 일반 교양교육은 기초학문 분야가 전담하도록 할 경우, 문제는 기초학문 분야에서의 깊이 있는 학술적 연구를 일반 교양교육에 어떻게 담아내느냐 하는 데 있다. 여기서 필요한 것이 기초학문 분야에서의 전공교육과 기초학문이 참여하는 일반 교양교육을 연계시키는 일인데, 이를 위해서는 우선 해당 분야 각 전공 교과과정에 교양과목으로도 활용될 수 있는 전공과목들을 선별 혹은 개발하여 전공과 교양 영역에서 '중복 설강'(Double Listing)을 할 수 있도록 하는 것이 유효한 한 방안이 된다.

(3) 교육구조 관련

교양교육을 강화하는 가장 확실한 방도는 교육구조를 개편하여 전문적인 직업교육은 전문대학원에게 맡기고 학사과정에서는 교양교육을 교육의 중심과제로 삼도록 하는 것이다. 이는 명실상부하게 '학부제'를 실행하고, 나아가 전공의 구분 없이 다양한 이질적인 여러 학문분야에서 교육받게 하는 '학부대학'을 그 본래적인 형태로 운영함으로써 실현될 것이다. (이를 위한 전 단계로, 직업교육의 성격이 강한 응용학문 분야에서 전공을 택하는 학생에게는 기초학문 분야에서 또 하나의 전공을 복수전공으로, 혹은 부전공으로 택하도록 의무화하는 것도 하나의 방안이 될 것이다.)

그러나 오늘의 대학현실에서 볼 때 이는 실현가능성이 적은 것이 사실이다. 바로 이 때문에 그 차선책으로 교양교육과정을 기초학문분야의 교육으로 충실히 채워 넣어야 한다는 것이다. 응용학문 분야의 전공교육과 기초학문 교육으로 이루어지는 교양교육이 균형을 이룰 때, 대학이 대학다우면서도 직업적 능력의 함양을 도모할 수 있게 될 것이기 때문이다.

특히 학령인구의 감소로 인해 기초학문 분야의 학과들이 전공학생들로 정원을 채우지 못하게 될 때, 그 기초학문 전공학과는 유지되기 어려울 것이므로 기초학문 교육은 교양교육의 강화로 그 교육적 의의를 실현해야 할 것이다. (학문후속세대의 양성을 목표로 하는 대학이 아닌 경우에는 현실적으로 이러한 변화가 더 절실할 것이다.)

(4) 교육행정 관련

어떤 교육이념도 제도적인 뒷받침이 없이는 실현되기 어렵다. 교양교육의 강화를 위해서도 이는 마찬가지다. 대학에 교양교육을 전담하는 독립적인 교육기관을 설치하는 것은 이런 의미에서 교양교육의 내실화를 위해 꼭 필요한 일이다. 각 전공분야마다 고유한 교육 목표를 갖고 교육내용과 교육과정을 기획하는 것은 자연스러운 일이므로, 이러한 전공교육 중심의 제도에 의탁하여 일반적인 교양교육을 시행하고자 한다면, 여기에는 근본적인 한계가 있게 마련이다. 교양교육의 고유성을 대전제로 하는 독립적인 전담 기관이 필요한 것은 이러한 현실적인 이유에서다.

독립적인 기관이 설립되었다 해도 이에 전속되는 교수진이 구성되지 않으면, 그 과제를 충실히 이행하기 어렵다. 따라서 교양교육을 전담하는 교수진의 구성 또한 이와 함께 요구된다.

□ 교육과정-교육구조의 개혁: 한국형 '리버럴아츠 칼리지'

학술성 추구와 산업계 요구 반영, 이를 위한 기초학문 교육과 직업교육, 이 '투 트랙'의 '이중과제'를 동시에 성공적으로 수행하려면, 앞서 말한 그런 교육과정을 원활히 편성 · 운영할 수 있도록 교육구조를 개편하지 않으면 안 된다.

기초학문분야든 응용학문분야든 차별하지 않고 그 교육기구를 '전공학과'라는 동일한 형태의 것으로 획일화시키지 말고, 그 교육의 목표와 내용에 있어 뚜렷한 차이가 있음을 인정하고 이를 수용하여 '교육구조'를 다양화시킨다면, 상충하는 것으로 보이는 앞서의 두 가지 교육수요를 함께 충족시킬 수도 있을 것이다. 즉, 기초학문분야와 응용학문분야에 '학과'(혹은 '트랙')이라는 교육행정 단위를 두되, 교육을 이 학과라는 조직을 중심으로 운영하지 않고 교육 프로그램 중심으로 운영하여, 후자의 학과에서는 전공학생을 대상으로 하는 교육을 수행한다 하더라도, 전자의 학과에서는 자기 학과 학생뿐 아니라 전교생을 상대로 교육하도록 한다면, 저 '이중과제'를 수행할 수 있을 것이다.

이 새로운 교육구조의 도입을 위해 전제가 될 요건으로 필자는 대학교육행정의 새로운 기본정책 중 하나로 다음 세 가지 단위를 별개로 취급하여 탄력적으로 운영할 것을 제안한다.

① 교수 소속 교무행정 및 교수활동의 단위인 학과
② (전공-부전공-복수전공-연계전공 등으로 다양한) 학생의 학업 트랙
③ (학과단위, 소계열, 대계열 등으로 다양한) 신입생 모집 단위

이제까지의 통념에 따르면 이 세 단위는 하나로 통합되어 있는 것이 당연한 일이지만, 이제는 더 이상 꼭 그렇게 되어야 할 필요가 없다는 것이다.

이 방침을 수용하면, 기초학문분야에서는 그 특정 학과에 '전속'되어 그 학문을 '전공'으로 학습해야 하는 학생이 없다 하더라도 교수가 속한 그 학과는 엄연히 존립할 수 있다. 그 대학에 그 학과의 교수들이 제공하는 기초학문분야의 교과를 배울 학생이 있는 한, 그러하다. '전공학생'이 없더라도 전교생을 상대로 기초학문분야의 교육을 해야 한다면, 교수진은 오히려 더 확충되어야 할 것이다. 응용학문분야의 교육을 받는 다수의 학생들에게 기초학문분야의 교과목을 수강하지 않으면 안 되도록 교육과정을 편성하면 되는 일이다.

'학사운영의 유연화' 방침과 더불어 **'교육과정의 성층화'** 방침을 채택, 이에 따라 기초학문 분야 학업을 토대로 하고 그 위에서 특정 응용학문분야 학업을 수행하도록 교육과정을 '성층적' 구조로 편성하면 되는 것이다. 이렇게 한다면, 산업수요에 부응하는 직업지향적 학업을 수행하는 다수의 학생들도 불가피하게 기초학문분야의 교육을 받게 되고, 이 교육의 영역이 확장됨에 따라 인문학을 비롯한 기초학문분야의 학문적 기반도 확실해질 수 있게 된다.

전공학과들 간의 구획이 엄격한 현행의 '단층형' 교육구조는 기초학문분야 전공과 응용학문분야 전공을 평면에 병렬시켜 놓고 양자 중 하나를 선택하도록 하고 있어, 앞서 말한 '투 트랙'을 오직 상호 배제하도록 할 뿐이다. 이렇게 보면 역시 대학이 '전공학과' 중심의 교육을 개

선하여 '교육과정' 중심의 교육으로 변신할 때, 기초학문분야는 그 학문적 교육적 역할을 다할 수 있는 전망을 갖게 된다.

그런 역할을 하는 가장 이상적인 교육구조로서 생각할 수 있는 것은 역시 학사과정에서는 학생을 '전공학과'에 '전속'시키지 않고 기초학문 분야에서 여러 학문을 다양하고 균형 있게 교육받게 하는 미국식 *University College*(학부대학) 또는 *Liberal Arts College*(자유학예대학) 등의 교육구조다.

미국의 *Liberal Arts College*(자유학예대학)도 미국에 독특한 것이 아니라 실은 유럽의 고전적인 고등교육 전통을 전승한 것이다. 본래 자유교육(Liberal Education)이란 전문 교육에 대립하는 교육이념으로 문자 그대로는 '자유인'으로서의 삶의 자세를 견지할 수 있는 자질과 능력을 함양하는 교육을 일컫는다. 구체적으로 그것은 직업이나 생업과 같은 특정 목적에 수단으로서 봉사하게 되는 지식이나 기술을 습득케 하는 교육이 아니라, 그 자체로 본래적 가치를 갖는 품성을 도야하고 자기목적적 활동을 할 수 있는 능력을 기르는 교육이다. 이 교육이 지향하는 바는 직업적 목표로부터 자유로울 뿐 아니라, 특정 사상이나 이념에도 사로잡히지 않는 데 있다. 자유교육의 지향은 따라서 자율적이면서도 개방적인 능동적 주체적 인격의 도야에 있으며, 이를 통한 '인간됨'(즉 인격)의 고양에 있다. 이는 인간을 '형성 가능성'이 무한히 열려 있는 미정형의 '자유인'으로 전제하기에 가능한 것으로, 이 '자유인'은 비판적 사유를 통해 이 미정형인 자신을 '형성'시켜 나아가는 존재다.

이러한 자유교육의 이념은 시민사회가 형성된 근대 이후 (특히 미국사회에서) '일반교육'(general education)의 이념과 중첩적으로 대체되어 갔는데, 그 기본정신은 자유교육과 공통되는 요소가 많다. 자유교육과 일반교육의 이념은 그 개념의 내포(內包)에서 보면 구별되나 그 외연(外延)에서 보면 거의 대부분 중첩되는 이념이다. 대학교육의 현실을 두고 말하자면, 전공교육이 특정분야의 전문인으로서 활동할 수 있는 분화된 특정 능력을 길러주는 교육이라면, 일반교육(general education)이란 이러한 특정의 능력을 갖고 특수 분야에서 특정의 전문적인 활동을 하는 직업인이기에 앞서 건전한 시민의 한 사람으로서 어떤 일에 종사하든 기본적으로 갖춰야 할 보편적인 자질과 능력을 함양하여 전인적 인격체로서의 인간을 형성케 해주는 교육이라고 할 것이다. 이 교육이 필요한 것은 인간이란 누구나 공동체의 일원으로서 사회생활을 하는 존재로서 사회적 책임을 외면할 수 없으며, 그 책임을 다할 수 있기 위해선 공동체가 공유하는 '일반적 가치와 규범'을 인식하고 실현시킬 수 있어야 하기 때문이다.

자유교육의 교과, 즉 '자유학예'(Artes Liberales)는 고전시대에는 언어적 학예인 3학(trivium: 문법, 논리학, 수사학)과 수량적 학예인 4과(quatrivium: 대수학, 기하학, 음악학, 천문학)로 이루어졌었다. 그런데 근대 이후에는 학문이 분화하고 발전함에 따라 이들은 오히려 기초학업의 내용이 되어 자유학예의 기초를 이루고, 실질적으로 자유학예는 인문학, 자연과학, 사회과학 등 기초학문의 전 영역을 아우르게 되었다.

미국 '리버럴아츠 칼리지'의 원형

학부 교육 위주의 명문 사립대학들에서 찾아 볼 수 있는 미국의 '리버럴아츠 칼리지'에서 시행하는 '리버럴아츠 교육'은 '전문교육, 직업교육, 기술교육'과는 대조적으로 인간과 세계에 대한 치우치지 않은 안목과 다양한 영역의 근본적 문제에 대한 해결의 지적 능력을 함양하는 데 그 목적 및 특장이 있다. 한국의 대학에서라면, 심화되고 강화된 '교양교육'의 이상적 형태가 곧 이에 근접하는 것으로 간주될 수 있겠다.

이들 리버럴아츠 칼리지에 관해 학사행정적 관점에서 주목해야 할 것은 ① 교육 내용이 거의 모두 기초학문분야의 것이라는 점, ② 교수는 학문분류 체계에 따라 설치된 학과에 소속되어 있지만, 학생이 특정 학과에 전속되는 일은 없으며, 자유로이 원하는 학업을 수행할 수 있다는 점, ③ 전공학업(major)을 하더라도 시기나 인원에 관한 규제 없이 오직 학생의 의사에 따라 수행할 수 있다는 점 등이다.

변형된 '한국형' 리버럴아츠 칼리지의 의미

한국의 일반적인 대학 사정과 대부분 대학인의 통념에 비추어 볼 때, 미국식 '리버럴아츠 칼리지'를 원형 그대로 설립, 운영하는 것은 어려울 것이므로, 잠정적으로 다음과 같은 '절충안'을 제시해본다.

① 원하는 학생이 있을 경우 (당분간은 많을 것이지만), 학생을 학과에 소속시키는 현 제도는 당분간 유지하며, 따라서 일정 수준의 '전공학업'을 의무적으로 수행토록 한다. 장차 여건이 성숙될 때, '학업의 유연성'을 도모할 것이며, 아울러 적절한 시기에 신입생 모집 단위를 칼리지 전체로 확대하기로 한다.

② 각 학과에 속하는 학생들은 당해 학과의 전공학업을 의무적으로 수행하되, 부분적으로는 그 전공교육과정 대신 '공통의 교육과정', 즉 '타 학문의 리버럴아츠 핵심교과'를 수강, 학습하게 한다.

③ 각 학과의 고유한 '전공교육과정'에서는 졸업생의 취업 요구를 고려하여 과도기적으로 전공교육과정의 내용을 적절한 수준에서 변용한다.

④ 각 학과에서는 리버럴아츠 칼리지 외의 대학 내 전교생에게 질적으로나 양적으로 강화된 교양교육, 즉 기초학문교육을 실시한다.

종합대학교인 중대규모 대학에서는 이런 형태의 '리버럴아츠 칼리지'를 설립하여 전교생의 교양교육을 담당케 하는 것이 학령인구가 반감되는 시기에 선제적으로 대비하여 앞서 말한 '투 트랙'의 '이중과제'를 수행하는 적절한 길이 될 것이다.

I

문명사적 전환기에 처한 한국의 대학교육

1 "디지털 유목시대"의 대학교육

1) 시대상의 변화: 물리주의적 세계상에서 생명주의적 세계상으로

후기산업사회, 탈현대사회, 정보사회라 불리는 새로운 밀레니엄에 들어서면서 이 시대의 선도적 세계상이 변전하고 있다. 근대를 주도했건 물리주의적 세계상이 물러서고 그 자리에 생명주의적 세계상이 들어서고 있다. 이 광범위하고도 급속한 변화의 실질적 동인(動因)은 소위 디지털 혁명에 힘입은 "정보화"에 있다. 사유와 감각을 등가적으로 호환(互換)하는 기술의 등장으로 말미암아 고정된 불변의 존재보다는 유동적으로 변화하는 생성과 소멸, 변화의 과정이 더 큰 관심거리가 되었으며, 현대인의 삶 자체가 이러한 새로운 시대상에 정향(定向)되어 가고 있다.

물리주의적(physicalism) 세계상 아래에서는 공간적 세계 안에 자리잡고 반복적으로 전개되는 고정 불변의 실체가 추론적 탐구의 중심에 놓였으나, 생명주의적 세계상 아래서는 부단한 시간의 흐름 속에서 창발(創發)하는 생명적 활동이 직관적 파악의 대상이 된다. 전자에서는 전체가 부분으로 분할되고 재조립되는 '객체적 대상'으로서 세계가 우리에 마주 서 있었으나, 후자에서는 '주객통합'으로서의 세계 전체가 부분으로 분할되지도 않거니와 분할된 부분들이 다시 전체를 이룰 수도 없다. 인간의 사실적 경험세계를 고정, 분석, 조작하는 것이 전자의 세계상에 어울리는 지적 활동이었다면, 후자에 어울리는 지적 활동은 인간의 삶을 포함한 세계 전체의 생명적 흐름을 조망하고 이에 조응, 적응하는 것이다.

2) 문명사적 전환의 지도리: 디지털 혁명의 파장

우연의 일치인지 모르지만 2000년대의 새 밀레니엄에 들어서면서 인류는 새로운 문명의 지평을 열어가고 있다. 이 문명사적 전환의 진원은 이른바 "디지털 기술"(Digital Technology)에 있다. 전자공학의 첨단에서 성취한 이 새로운 기술은 두 가지 영역에서 그간 불가능했던 일을 가능하게 만듦으로써 이른바 "디지털 혁명"이라 불리는 문명사적 전기(轉機)를 마련했다.

그 하나는 인간의 논리적 사유 과정을 기계의 물리적 과정으로 변환시키되, 그 정밀도, 정확도, 그리고 그 속도에서 인간의 자연지능을 크게 능가하는 기술로서, 이른바 "인공지능"(Artificial Intelligence)을 통한 "정보 산출/처리" 기술(Information Technology)이다. 또 다른 하나는 이렇게 산출/처리된 정보내용을 종전의 아날로그 방식보다 훨씬 더 신속 · 정확하게 지구 전체의 원거리에 전달하는, 이른바 "커뮤니케이션 기술"(Communication Technology), 즉 통신기술이다.

(1) 유비쿼터스 커뮤니케이션

그런데 문제의 심각성은 는 이 두 가지 기술이 하나로 융합되어 제3의 기술로 출현했다는 점에 있다. 이른바 "정보통신기술", 즉 "컴퓨니케이션"(Compunication) 기술이 그것이다. 이 정보통신기술을 통해 생명체 밖의 물리적 기계 속에서 사고활동과 감각활동이 결합하게 된 것이다. 정보(산출/처리)기능은 인간의 사고기능의 확장을, 그리고 통신기능은 감각적 지각기능의 확장을 실현한 것이다. 따라서 이 두 기술의 융합은 사유와 지각의 융합 및 호환(互換)을 비생명적 물리적 공간 속에서 현실화시킨 것이다. 이 융합기술은 의사소통 영역에서 시간적 · 공간적 · 도구적 제약을 거의 남김없이 극복하는 "유비쿼터스 커뮤니케이션"(Ubiquitous Communication)을 가능하게 만들었다.

(2) 가상현실의 현실화

사유와 지각의 융합 및 호환을 비생명적 물리적 공간 속에서 현실화시킨 이 "디지털" 기술은 다만 커뮤니케이션의 영역에서 "멀티미디어"를 개발, "유비쿼터스의 세계"를 가능하게 하는 데 그치지 않고, 이보다 더 엄청난, 이제까지 없었던 새로운 세계를 인간에게 열어 주는 성과를 가져다주었다. 사이버 공간(Cyber space)을 토대로 하는 가상현실(Virtual Realty)의 출현이 그것이다. 사이버 공간은 자연적인 물리적 공간과 존재성격을 전적으로 달리 한다. 물리적 공간의 핵심적 원리인 공간관계의 "배타성"이 더 이상 작동되지 않음으로써 연장성(延長性), 즉 거리(距離)가 사라지고, 그 귀결로 이 공간 안에서의 사건들은 역시 자연적인 실제 시간의 흐름에서 벗어난다. 한마디로 시공적 제약을 벗어나는 세계, 즉 가상세계가 여기에 출현한다.

(3) 사유와 감각의 호환(互換) 기술

디지털(digital) 방식이란 어떤 형태의 정보라도 바이너리 코드를 이용해 정보의 단위를 1과 0이라는 비트(bit)로 분절하여 이것을 연속된 흐름으로 '해체'했다가 다시 '복원'하는 방식이다. 이 디지털 방식의 정보 처리 및 전달 과정에서는 음성, 문자, 영상 등 모든 정보 형태가 등질화(等質化)되어 획일적으로 처리된다. 한마디로 말해 각종의 정보를 그 질적 성격에 구애받지 않고 오직 0과 1로 환원된 디지털 코드로 전환시킴으로써 ① 정보자료에 대한 동일한 방식의 수학적 연산처리가 가능해졌고, ② 정보의 전달이 주변 조건에 구애받지 않고 신속 · 정확해졌다는 점이 획기적인 것이다. 이른바 '멀티 미디어'의 세계가 구축될 수 있게 된 것은 바로 이 디지털 코드화에 의한 기술융합을 통해서이다.

3) 삶의 양식의 변화: 유목화(遊牧化)

"컴퓨니케이션" 기술을 통한 "유비쿼터스" 커뮤니케이션의 현실화, 가상세계의 생활세계 편입, 이런 기술적 성취는 인간의 삶의 양식을 개인 차원에서든 공동체 차원에서든 근본적으로 변화시킨다. 세계 체험의 양식이 바뀌고 공동체 구성 및 운영의 원리가 바뀐다. 가상세계는 가상(假像)의 세계이기는 할망정 오늘날 더 이상 생각뿐인 가상(可想)이거나 아무 작용력도 없는 허상(虛像)의 세계가 아니다.[1] 자연적 현실보다도 더 광범하게 '생활세계'(life-world)에 들어와 있는 삶의 현실이 되었다. 따라서 삶의 양식에 변화가 오지 않을 수 없다.

(1) 사유에 대한 감각의 우세

사유와 감각의 호환이 가능해짐에 따라, 사유 대상을 감각 대상으로 변환시켜 놓은 정보들에 의존해도 되는 일상의 삶은 사람들을 선형적(線形的) 사유를 위한 긴장(緊張)을 피하고 모자이크적 지각의 이완(弛緩)을 즐길 수 있게 만든다.[2] 젊은이들이 도서보다는 영상물을 즐기는 이유가 여기에 있고, 비디오 컨텐츠의 범람이 이를 말해 준다.

---

1 '가상'에 해당하는 구미어 virtual의 어원인 라틴어 virtualis는 "실현 가능성이 있는 잠재적인"이라는 뜻의 말이다. 도덕적 행위를 할 수 있는 인격적 능력, 즉 덕성을 가리키는 말(영어 virtue; 라틴어 virtus)도 그 어원은 여기에 있다.

2 사유란 '선'(線)을 따라가며 단절이나 비약 없이 선후관계를 논리적 고리로 차례차례 이어나가야 하기 때문에 긴장을 요하는 반면, 시각이 중심이 되는 감각적 지각이란 외부로부터 정보를 수동적으로 '한꺼번에' 총체적으로 받아들이는 것이기 때문에 이완 상태에서도 가능하다는 말이다. 이 양자의 구별은 본래 M. McLuhan의 논변에서 유래한다. Mcluhan, M., 김성기 · 이한우 역, 『미디어의 이해』, 민음사, 2007 참조.

구텐베르크의 활자 인쇄술은 도서의 다량보급을 가능케 했으며 이는 여러 방면에서 이성적 사유가 삶의 원리가 되는 근대를 연 문명사적 전환의 지도리가 되었다. 글을 통한 커뮤니케이션은 말에 의한 커뮤니케이션의 선형성을 더욱 극단화시켜, 마침내 선형적 커뮤니케이션이 (시각이 중심이 되는) 모자이크적 커뮤니케이션을 압도하기에 이르렀다. 그리고 이는 순차적 · 논리적 사고를 강화시켜 결국 교육받은 대중이 합리성을 삶의 원리로 받아들이게 함으로써 근대의 정치사회적 신질서의 토대가 되었다.

구텐베르그의 활자인쇄술이 의사소통, 정보습득의 양식을 논리의 원리에 따르게 했다면, 디지털 기술은 그와 반대로 논리를 넘어서는 총체적 지각으로 확산시켰다. 사유와 감각의 호환기술은 이제 감각내용의 논리화, 사유내용의 감각화를 수행함으로써 합리성의 문명을 해체시키고 그 자리에 초합리성의 문화를 구축하려 하고 있다. 감각이 사유를 능가하는 삶의 방식과 문화의 양식은 급속도로 광범하게 지구촌을 덮고 있다.

(2) 복합적 욕구충족의 기대

자연적 · 물리적 세계의 시간적 순차성(順次性)과 공간적 배타성을 극복하는 기술은 거리(距離)의 소멸, 시간의 증발을 결과로 가져와 사람들로 하여금 욕구충족의 순차성과 단계성을 뛰어넘어 동시적 총체적 욕구충족의 가능성을 기대하게 만들고, 이른바 지식산업은 이를 현실화시킬 수 있는 알고리즘(algorithm)의 개발에 주력한다. 이른바 기술의 융복합, 이에 기초한 산업의 융복합이 이를 말해 준다.

(3) 공동체 삶의 유목화

세계체험의 근본이 되는 시공체험 양식이 달라지고, 특히 "커뮤니케이션의" 양식이 달라짐에 따라 인간의 사회적 관계와 공동체적 삶의 방식에도 변화가 온다. 무엇보다도 공동체를 구성하는 각급의 조직이 구성되고 운영되는 방식도 달라진다. 여기에 "공동체적 삶의 유목화" 현상이 나타난다. 가장 넓은 영역에서의 이 현상이 곧 세계화다.

개인의 삶에서는 개인 간의 직접적인 인격적 · 인간적 · 사적 관계가 축소, 약화, 피상화되어 개인의 고립화 현상이 심화된다. 이렇게 사회 구성원의 개체화가 강화되면서 혈연적 지역적 연고에 의한 공동체적 유대도 약화되고 와해된다. 그 대신 익명적 "사이버 커뮤니티"의 형성과 해체가 잦아진다. 공동체 삶에서는 계층의 다원화, 분산화가 이루어지고, 사회조직의 탈위계화, 네트워크화가 진행된다.

사회조직은 점차 축소된다. 거대하고 강고한 고정적 피라미드형 체계에서 작고 유연한 유동적 네트워크로 변화한다: 중앙과 주변이 구분되고, 주변은 중앙으로만 연결되어 정보가 집중되는 중앙이 주변을 통제하고 지시하는 중앙집중적 조직이 약화된다. 그 대신 정보를 고루 공유하는 노드(node)들이 서로 연결되어 어떤 노드도 지시 통제를 하거나 받지 않는 분산적 네트워크가 등장한다. 이에 따라 사회적 활동 영역의 경계가 흐려지고, 사회 조직의 그 폐쇄적 독자성이 와해되는 가운데 개방적 관계가 지배한다. 이런 현상을 들뢰즈나 가타리 같은 프랑스의 포스트구조주의 철학자들은 탈중심화(décentration), 탈영토화(déterritorialistion)라 일컫는다.

4) 기술과 산업의 변모: 융복합화

(1) 융복합 기술의 구현

디지털 기술은 인공지능기술과 통신기술간의 융합만 가능하게 한 것이 아니라 여타의 다양한 기술들 사이에서도 융복합이 가능하게 한다. 이를 "디지털 컨버전스"(digital convergence)라 한다면, 이는 먼저 기기와 서비스가 융합하는 단계를 거쳐, 기기끼리 융합되는 단계로 나아가고, 그 다음에는 네트워크와 서비스가 융합되는 단계로 나아가며, 앞으로는 모든 기기와 서비스가 네트워크 안에서 융합되는 단계로 나아갈 것이다. 언제 어디서나 필요한 정보를 누구와도 교환할 수 있는 '초연결' '유비쿼터스'(ubiquitous)의 세계가 바로 그것이다.

정보기술과 통신기술의 융합을 가능케 한 "디지털" 혁명은 이렇게 모든 분야에서 기술의 융복합(convergence)을 촉진한다. 기술간의 경계가 약화되어 고유 영역이 붕괴되고 그 기술들이 새로운 형태로 융복합화 한다는 것이다. 근래 어떤 기술 분야에서든지 정보통신기술을 이용하지 않고 이와 연계되지 않는 기술개발이란 생각하기 어렵게 된 사정이 이를 말해 주고 있다. 기계공학 기술, 전자공학 기술, 재료공학 기술, 화학공학 기술, 광학기술 등이 융합되어 나온 반도체 기술은 대표적인 예다. 통신 기능 뿐 아니라 정보 검색-처리-관리 기능, 카메라 기능, 게임 기능 등을 함께 수행하는 휴대전화가 이를 웅변으로 말해주고 있다.

무엇보다도 머지 않은 장래에 정보기술(IT)을 중심으로 생명공학 기술(BT)과 나노기술(NT)이 융복합되어 새로운 기술이 나오리라고 예상하고 있다. 이미 BT가 IT를 활용하는 "Bio-Informatics"와 "Bio-Electronics" 기술이 개발되고 있다. 또 새로운 "연금술"이라 할 수 있는 NT의 발전은 첨단 제품에 사용되는 부품의 가공이 나노미터 단위까지 가능하게 되어 초소형화가 가속되고 있는 실정이다. 특히 생물체를 구성하는 바이오물질을 나노미터 수준에서 조작, 분석, 제어할 수 있게 됨으로써 바이오기술도 더욱 발전하고 있다. BT, NT에 의한 IT의 진화, IT와 BT의 융복합등이 현실로 나타나면서 이제 IT, BT, NT는 더 이상 독자적인 기술이 아니라 상호보완적으로 융합하며 발전하게 된 기술들이라는 것이다.

(2) 융복합 산업의 등장

기술의 융복합은 자연히 산업계에도 획기적인 변화를 가져온다. 산업간의 고정된 경계가 허물어지고 산업들의 융복합 현상이 일어난 것이다. 휴대전화의 제조산업에는 이제 통신산업만이 아니라 정보산업, 카메라산업, 게임산업, 금융산업 (그리고 조만간 운수산업, 유통산업) 등이 한 데 어우러져 융복합 현상을 일으키고 있다. 방송산업과 통신산업의 융복합; 보험산업, 금융산업과 정보통신산업의 융복합; 전력, 가스, 석유, 석탄산업등 에너지 산업의 융복합; 자동차, 철도, 항공, 선박 등 수송 및 운수 산업의 융복합이 이미 이루어지기 시작했다. 조만간 이 모든 산업들이 총체적으로 융복합하는 시대가 와서 "산업종합적"인 기업의 출현도 기대할 수 있을 것이다.

기업은 소비자의 물질적 욕구를 충족시키는 산업을 추구한다. 그 물질적 욕구가 당대인의 어떤 사회적 · 문화적 욕구와 결합되어 있는지, 그 욕구의 내용에 어떤 변화가 있는지를 간파하는 것은 기업의 성패를 좌우한다. 기술의 발달도 많은 경우 이러한 산업적 요구에 부응하려는 데서 이루어진다. 정보시대의 현대인이 융복합적 욕구충족을 요구한다면, 그리고 이에 부응할 수 있는 융복합적 기술이 개발된다면, 산업형태도 이에 걸맞는 변화를 겪는 것이 당연하다. 기업이 이를 요구할 것이다. 이런 맥락에서 오늘날 산업의 융복합 현상을 이해하는 것은 어려운 일이 아니다.

5) 지식사회의 지형변화

(1) 복합적 욕구충족에 부응하는 복합지식

산업에서의 융복합 현상은 지식사회에서의 지형변화에도 영향을 미친다: 새로운 산업의 전망과 기획에는 정치경제적 사회의 변화, 그 기초를 이루는 문화의 흐름, 현대의 역사적 위상, 시대의 사상적 기조 등에 대한 이해와 안목, 더 나아가 규범적 가치론적 문제에 대한 인문적 소양 또한 동시에 요구된다. 이는 모두, 그 근원에 들어가 보자면, 시간과 공간의 제약을 현격히 약화시키는 정보통신 기술의 등장이 인간의 복합적 욕구를 복합적으로 충족시킬 수 있는 길을 열어가기 때문이다. 인간이 넘어설 수 없는 시간적 · 공간적 제약은 인간으로 하여금 그 욕구충족에 있어 오직 순차적 단계적으로만 수행할 수 있게 해 왔는데, 이제 그 기본양식이 변모하고 있는 것이다.

(2) 에피스테메(episteme)에서 인포르마티오(informatio)로

전통적으로 지식인이 추구해 온 "학적 지식"(episteme)은 보편적 · 불변적 · 필수적 · 통일적 · 절대적 존재에 대한 보편타당한 지식이었다. 그것은 가능한 한 일상적 삶이 직접 접하는 현실로부터 한 걸음 뒤로 물러섬으로써 직접적인 이해관계를 넘어서는 불편부당(不偏不黨)한 입장에 설 때 얻을 수 있는 객관적인 진리의 체계였다. 이런 지식은 쉽게 얻어지지도 않았지만, 일단 공준(公準)을 받으면 그 타당성은 장구한 기간 동안 지속적으로 영향력을 행사하는 "힘의 원천"이기도 했다. 그리고 그런 지식은 장기간의 노력 끝에 다음 세대에 전수되었고 언제나 사회 상층부의 지배 엘리트에 의해 독점되는 것이 보통이었다.

그러나 오늘의 정보사회에서는 지식의 본성과 사회성을 둘러싼 이러한 상황은 확연히 변모하였다. 전 세계가 하나의 촌락으로 좁아질 만큼 교통과 정보통신 기술의 영향이 혁명적으로 변모한 오늘날, 광범한 문화의 교류와 공존은 불가피한 것이 되었고 이 다문화적(multi-cultural) 간문화적(inter-cultural) 시대의 문화적 지형(地形)은 관계성, 다양성, 상대성, 가변성으로 특징지어지게 되었다. 체계적 통일성을 선호하던 전통적인 지적 활동은 현대의 사회적 삶이 고정적 체계보다는 유동적인 그물망(network)의 형태로 이루어지고 있음을 깨닫고, 이러한 삶의 상황에 걸맞는 지식, 즉 우리의 현실적 삶에 상황 적응의 형식-형태를 부여하는(in-formatio) "정보"를 중시하게 되었다. 그 자체로서 지속적 독자성을 갖는 '지식'이 수행하던 역할은 이제 더없이 유동적으로 된 현실의 삶에 형식을 부여하는 '정보'에게 넘겨진 것이다.

(3) 지식 산출 · 유통 · 소비의 양식 변화

이러한 정보는 장기간에 걸쳐 어렵게 창출, 전수, 활용되던 '지식'과는 달리 매우 용이하게 산출 · 복제 · 유통 · 소비된다. 산출되는 정보의 양은 천문학적으로 급증하며, 이렇게 생산되는 정보의 유통에는 시간적 · 공간적 제약이 거의 없다. 정보의 적절한 소비가 오히려 더 어렵게 된다. 삶의 질을 고양시키는 정보를 취사선택하는 일이 어려울 뿐 아니라 삶의 질을 떨어뜨리는 저질 정보의 홍수 속에서 유혹을 물리치는 일이 어렵다. 정보의 효용기간이 급속히 단축되는 것도 심각한 문제다. 결과적으로 지식사회는 고정된 지식의 비축과 독점에 머물 수 없고 유동적 정보의 유통과 공유를 향해 개방될 수밖에 없으며, 이에 따라 부와 권력의 형성이나 작용 양상도 다원화 · 다양화하게 된다.

6) 고등교육에 대한 새로운 요구

인간의 욕구충족 기대 자체가 달라지고 기술의 발전을 토대로 한 융복합적 산업이 이를 구현하는 오늘의 사회를 '지식기반사회', '지식산업사회'라고 일컫는 이유는 이 변화 속에서 지식-정보의 역할이 그 어느 때보다도 결정적인 것이 되었기 때문이다. 지식사회의 지형이 바뀐 마당에 지식의 산출과 유통을 담당하는 대학의 연구와 교육에 변화가 생기는 것은 당연한 일이다.

(1) 지식소비 교육에서 지식창출 교육으로

지식사회의 지형변화가 가져온 교육적 상황에서 우리는 다음과 같은 두드러진 현상을 본다.

첫째, 생산되는 정보의 양이 엄청나기 때문에 교육의 목표를 지식

교육에 두는 한 대학교육은 부실할 수밖에 없다. 끊임없이 새로운 정보가 요구되긴 하지만, 그 엄청난 양으로 인해 이 요구에 대학교육이 충실히 부응하기는 어렵다는 말이다.

둘째, 지식-정보에 대한 배타적 독점이 불가능하고 접근이 누구에게나 용이하므로 교수자가 전유(專有)하고 있다고 믿는 정보를 학습자에게 전달하는 것만으로는 '교육'이 이루어지기 어렵다.

셋째, 지식-정보의 효용 기간이 짧아져 학생에게 전달되는 정보가 이미 낡아서 쓸모없는 것이 되기 쉽다.

이렇게 볼 때 이제 교육은 기성 지식의 전달-전수가 아니라, 지식을 스스로 창출하고, 응용하고, 적응할 수 있는 기초능력을 길러주는 일로 변모해야 한다. 그 능력으로 우리는 새로운 정보를 산출할 수 있는 창의적 사고의 능력, 엄청난 양의 정보 가운데서 적실성 있는 유용한 정보를 선별할 수 있는 비판적 사고의 능력, 자신의 사유내용을 공동체 구성원과 공유할 수 있는 사회적 의사소통능력 등을 꼽을 수 있다. 이러한 능력들을 함양하는 교육, 그리고 이러한 능력을 통해 핵심적인 문제를 찾고 해결할 수 있는 폭넓고 깊이 있는 안목과 통찰력을 함양하는 교육이 필요한 것이다.

비판적 · 창의적 사고능력의 함양은 앞으로의 지식산업사회, 지식기반사회에서 실로 교육의 핵심이 되어야 할 과제다. 한국의 교육은 이 점에서 대변혁을 해야 한다. "압축적인 산업화"를 위해 암기능력 중심의 지식누적 및 확장을 목표로 하는 교육이 이제까지는 불가피했다고 하더라도, 정보시대에 진입한 오늘에 와서는 이러한 방식의 교육은 더 이상 발전의 엔진 역할을 못한다.

(2) 분과 전문교육에서 총합 일반교육으로

함양되어야 할 지적 능력들 가운데서 특히 중요한 것은 세분화된 분야들의 위상을 전체 속에서 가늠할 수 있는 총체적 · 종합적 사유의 능력이다. 정보사회에서 우리가 해결해야 할 중요문제는 대체로 여러 지식분야에 걸쳐 있는 복합적인 문제다. 문제들이 함께 얽혀있어 이를 총체적으로 조망하는 능력이 없으면 부분에 관한 전문지식도 무력해지기 쉬운 것이다. 이런 문제를 해결할 수 있는 다학문적 · 학제적 능력이 요구되며 이를 바탕으로 문제연관 전체를 조망할 수 있는 안목이 무엇보다 중요하다. 이 점은 분업, 분화가 생산성을 높이던 산업화 시대와 달리 기술과 산업의 융복합이 진행되고 있고 여기에 여러 영역의 지식과 능력이 복합적으로 동시에 요구되는 오늘의 현실에서 매우 절실한 것이다.

7) 인문교양교육의 새로운 의의

(1) 교육, 교양교육, 인문교양교육

이러한 새로운 방향의 교육은 실은 전통적으로 시행되어온 "교양교육"의 이념과 통한다. 우리나라에서 "교양교육"이란 대체로 "일반교육"(general education)의 이념과 "자유교육"(liberal education)의 이념을 통합한 것으로 이해된다. 일반교육이란 특정의 전문적인 활동을 하는 직업인이기에 앞서 어떤 직업 활동을 하든 사회 구성원이 갖춰야 할 세계에 대한 기초지식과 기본적인 사유 능력, 그리고 공동체적 삶을 영위할 수 있는 기본자세 등을 함양하는 교육이다. 또 자유교육이란 문자 그대로는 "자유인"으로서의 삶의 자세를 견지할 수 있는 자질과 능력, 즉 지정의(知情意) 모든 면에서 다양하고 풍부한 삶을 살아가는 전인적 주체적 인격의 바탕을 함양하는 교육을 일컫는다. 이렇게 보면, 교양교육이란 특정 목적에 수단으로서 봉사하게 되는 지식이나 기술을 습득케 하는 교육이 아니라 그 자체로 본래적 가치를 갖는 품성을 도야하고 자기목적적 활동을 할 수 있는 능력을 기르는 교육이다.

교육이란 무엇인가? 교육(教育)이란 문자 그대로 '가르치고 기르는' 것이다. 기르되 그저 몸만 발육하게 하는 것이 아니라 자연상태에서 벗어나 정신이 문화상태로 고양되도록 가르치는 일이다. '가르치다'란 우리말은 '가로다'와 '치다'가 합해진 것으로 '말로 일러 기르다'라는 뜻을 지닌다고 한다. 어른의 본을 받게 한다는 뜻을 지닌 한자어 '교'(教)보다도 더 교육적이고 문화적인 내용을 담고 있는 말이 아닌가 싶다.

결국 교육이란 동서를 막론하고 아직 동물적 상태에 머물러 있는 어린 아이들을 끌어 올려 사람다운 사람으로 자라도록 하는 활동이다. 그렇다면 그 끌어올려진 상태란 어떤 상태인가. 동물적 상태를 자연적 상태라고 한다면, 이 사람으로 고양된 상태란 문화적 상태일 것이다. 자연적 상태에서 문화적 상태로 이끌어 올려 동물이 사람이 되게 하는 일이 교육이다.[3]

그렇다면 문화란 무엇인가? 文化라는 한자어는 "文治教化"[4], "文明開化"[5], "文飾化成"[6] 등의 어귀들을 참조하여 서양어들 culture/Kultur의 역어로 만들어진 것이다. 그런데 이 서양어들의 어원인 라틴어 cultura는 본래 "밭을 갈아 농작물을 재배 경작함, 일을 하여 농작물을 수확함"이라는 뜻을 갖는 colere라는 말의 동명사 형태이다. 그러나 이 말은 곧 이에서 전의(轉義)하여 animi culti('경작된 영혼'), cultura animi('영혼의 경작') 등의 말을 보면 알 수 있듯이 "활동을 하여 가치를 증대시킴, 가치를 창조함", 나아가 "영혼, 정신을 경작함, 갈고 닦음" 등의 뜻을 갖는 말로 사용되었다.

교육 없이 문화가 형성될 수 없고 문화 없는 곳에서 교육이 이루어질 수 없는 사태를 이해하면 될 뿐이다. 그런데 문화세계가 진전하여 역사를 이루고 난 이후로는, 즉 이른바 '문명사회'[7]가 형성되고 난 이후로

---

3 '교육'에 해당하는 서구어(education 등)의 뿌리인 라틴어 educare도, 이를 게르만화한 독일어의 erziehen도 '이끌어 올린다'는 뜻을 지니는 말이다.

4 "형벌, 완력, 군사력에 의하지 않고 말과 글로 다스려 백성을 도덕적 존재로 되게 함"

5 "글로 세상을 밝히어 사람의 생각과 삶을 열리게 함; 글이 밝아 세상에 대해 알게 되니, 세상이 열리어 스스로를 드러내게 됨"

6 "글로 꾸미어 완전함을 이루게 함"

7 '문명사회'를 뜻하는 서양어의 어원인 라틴어 civis는 변방의 사람들 또는 하층민인 야만인

는, 수준 높은 교육을 받은 '지도적 시민'들이 지녀야 할 지적 정서적 도덕적 자질, 능력, 덕성 등을 바로 이 '경작된 영혼의 수확물'이라는 개념, 즉 culture/Kultur로 총칭하게 되었다. 우리가 '교양'(敎養)이라는 역어로 일컫는 것이 바로 그것이다. 이렇게 볼 때 교육한다는 것, 문화상태로 끌어 올린다는 것은 곧 '교양'을 갖추어준다는 것을 뜻하게 되어, '교양교육'이라는 말은 실은 '교양'이라는 말에 꼭 필요하지도 않은 '교육'이라는 말을 덧붙여 만든 중첩어라고 할 수 있다.

이렇게 생각해 보면 교육의 기본은 바로 교양을 갖게 하는 교양교육인데, 이때 교양을 갖게 됨으로써 문화상태로 이끌어 올려진다는 것은 곧 인간다운 삶을 살아갈 수 있는 능력과 자질을 갖게 된다는 것이다. 그렇다면 이는 또한 다름 아닌 인문교육이 아니겠는가? 인문교육이란 무엇인가? 인문교육이란 우선 단적으로 '인간으로서' 훌륭하게 살아갈 수 있도록 도와주는 교육, 따라서 일반적인 인간적 보편가치의 실현을 도와주는 교육이라고 단순히 정의할 수 있는 그런 교육이다. 여기서 우리는 교육이란 말에 교양이란 말이 추가된 교양교육이란 말이 동어반복이듯이 교양교육이란 말에 인문이란 말이 추가된 인문교양교육이란 말도 이중으로 동어반복적인 말임을 본다.

이제 우리는 교육의 근본이 본래 어디에 있는 것인지 되짚어본 셈이다. 단적으로 말해 교육의 근본은 본래 인문교양교육에 있다. 사람이 되게 하는 교육, 사람답게 살도록 북돋아 주는 교육을 저버리고 나면, 교육의 이름으로 행해지는 활동도 결국은 무익하거나 해악이 되는 방향으로 왜곡될 것이다.

(2) 인문학의 위기, 인문교육의 위축

대학교육에서 인문학의 위축이 우려의 대상이 되기 시작한 것은 이

(barbarus/barbara)과는 다른 '도시민'을 가리키는 말이었다. 따라서 "문명"이란 시민의 현실적인 사회생활의 여건 및 상태를 가리키는 개념이다. 문화(culture)의 대조적 개념이 자연(nature)이라면, 문명(civilization)의 대조적 개념은 야만(barbarism)이다.

미 60년대의 정부주도 근대화 추진 시기로 거슬러 올라간다고 볼 수 있다. 인문적 교양을 근간으로 하는 유교적 교육 전통에 대한 자기비하적 태도가 극복되지 못한 상태에서 "능률과 실질의 숭상"이 강조되는 "경제제일주의" 국가운영 지침이 강요되다시피 하였고 인문학 내지 인문교육이 실질적으로 소홀히 다루어지게 되어도 이에 대한 비판의 소리가 큰 반향을 얻기는 어려웠던 것이다.[8] 여기서 우리는 근대화라는 문화사적 변화의 내용 자체에 이미 인문학 내지 인문교육이 위축되는 경향이 내재해 있는 것은 아닌지 철학적으로 성찰해 볼 필요가 있다고 본다. 한국의 경우가 아니더라도, 과학 기술의 획기적인 발전을 기초로 하는 근대문명의 형성과정에서 전래의 고전적인 학문상(學問像)에 변화가 생기면서 아울러 인문학의 위상에 변화가 있어 왔음은 우리가 추적할 수 있는 역사적 사실이기 때문이다.[9]

우선 이른바 '인문학의 위기'라는 것이 단순히 인문학에 종사하는 사람들의 안목과 자세, 혹은 능력에 달려 있는 우발적인 문제이거나 아니면 교육 및 학문진흥과 연관된 정책적 문제에 그치는 것이 아님을 알아야겠다. 그것은 오히려 서양학문의 본성 및 발전 방향과 관계되는 적잖이 필연적인 문제요, 이의 극복은 보다 근원적인 세계상 또는 학문관의 재정립을 모색하는 자못 심각한 지성사적인 반성을 요구하는 문제라는 인식을 갖게 한다.

필자가 보기엔 인문학이 위기에 빠지고 이와 더불어 인문교육이 무력해진 이유는 다음 두 가지로 압축된다.

① 실증적 학문의 탐구성과가 현실을 주도하는 강력한 힘이 된 근

---

8 대학의 일반교양교육에서 필수 이수과목이었던 역사, 철학, 문학 분야의 과목들이 70년대 초 그 지위를 잃고 선택과목으로 전환되었던 것은 그저 우연적인, 사소한 변화가 아니었다고 본다.

9 강영안, 「근대 지식 이념과 인문학」, 『철학』 57호(1998) 95쪽 이하 참조. 강영안, 『인간의 얼굴을 한 지식』, 서울: 소나무, 2002, 31쪽 이하에도 거의 동일한 내용 수록. 신귀현, 『서구의 전통사회와 인문학』, 경산대학교 인문학연구소 편, 『새로운 인문학을 위하여』, 서울: 백의, 1973, 69쪽 이하에도 간략한 서술이 있음.

대 이래, 학문적 탐구는 실증성 추구의 길을 가게 되었고, 이 과정에서 인문학도 전통적인 인문교육과의 유대관계를 청산하고 스스로 실증화를 통해 '인문과학'으로서의 새로운 자기정체성을 모색하는 길을 갔다.

② 역시 실증과학의 영향 아래 인간을 과학적 탐구대상으로 봄으로써 인문학적 성찰이 그 대상인 인간 자체를 상실하게 되었다.

(3) 인문교육과 유리된 인문학

인문학은 '사람다운 삶'에 대해 규범적으로 반성하고 연구하는 학문이다. 말하자면 사람다움의 이념이나 그 실현이 인문학의 중심 주제이다. 사람다운 삶의 실현을 문제삼는다고는 하지만, 인문학은 인간의 인간적인 삶 자체를 성찰하는 지적 활동이요, 그러한 삶에 요구되는 물질적 재료 내지 도구나 사회적 기구 내지 제도를 탐구하는 학문은 아니다. 이 후자는 각기 자연과학과 사회과학에 해당하는 것이라 하겠다. 따라서 인문학은 언제나 총체적 인간을 문제삼으며 인간의 활동을 총체적으로 반성하고자 한다. 인문학이 실천연관적으로 되지 않을 수 없는 이유가 여기에 있으며, 이 점 때문에 인문학은 자연과학이나 사회과학과 확연히 구별되는 다음의 세 가지 특성을 필연적으로 지니게 된다.

그 첫째는 주관연관성이다. 인문학이 인간을 문제삼을 때 그 인간은 그저 객관적으로 관찰, 기술되는 대상적 존재가 아니라 언제나 스스로 행위의 주체가 되는 존재라는 말이다. 따라서 인문학은 인간의 삶 가운데서 정량적으로 일반화시킬 수 있는 측면이나 요소에 대해서보다는 외면적인 일반적 관점에서는 파악되기 어려운 인간의 내면에 진입해 들어가고자 힘쓰고 거기서 고유한 개성의 지반이 되는 삶의 조건과 그에 대응하는 자기 형성 및 자기 결정의 활동을 이해하고자 한다. 한마디로 자유로운 주체로서의 인간이 인문학의 탐구대상이 된다는 말이다.

둘째는 가치지향성이다. 인문학은 어떤 방식으로든 평가적 내용을 담는다. 인간다운 삶의 이념에는 불가피하게 그것의 실현이라는 실천적 요구가 동반하기 마련이고 이 실천적 연관에는 가치 평가가 개입하기 마련이기 때문이다. 단순한 사실 기술만으로는 실천적 행동의 동인(動因)을 그려낼 수도 없고 또한 실천적 행동을 유도할 수도 없는 것이 인간의 삶이기 때문에, 가치 평가는 인간의 인간다운 삶을 다루는 인문학적 사고에서 제외될 수 없는 핵심적 내용이다.

셋째는 탐구의 반절성(返切性), 반성성(反省性)이다. 인간의 의식활동은 모두 "지향적"이기 마련인데, 거기에도 대상을 향해 '곧바로 나아가는' 직지향(直志向, intentio recta)적인 것과 자신에로 '휘어져 돌아오는' 사지향(斜志向, intentio obliqua)적인 것이 있다.[10] 직지향이란 주관으로부터 대상 쪽으로만 나아가는 의식활동을 가리키며, 사지향이란 의식이 다시 자기 자신에게로 되돌아오는 그런 활동이다. 사지향이란 지향 주체에 대한 의식이 직지향에 덧보태어져 나온 결과라 할 수 있다. 학문 가운데서도 사실과학들은 전자에 의해 수행되는 것인 반면 인문학은 그 탐구 대상이 무엇이든 간에 사지향적 탐구활동에서 성립하는 것이다. 인문학적 탐구의 사지향적 구조에서 다시 확인할 수 있듯이, 인문학은 주체 자신이 상황에 개입되어 구체적 실천의 맥락 속에서 의미를 부여하고 가치를 실현하는 인간의 총체적 삶 그 자체를 문제삼는 것으로, 그 자체 법칙적 일반화나 실증화의 길과는 이질적인 요인을 가지고 있는 것이요, 바로 이 요인에 그 독자성이 있다고 보아야 할 것이다.

인문학의 이 세 가지 특성을 생각해 보면 인문학이 인문교육과 불가분의 관계를 지니고 있음을 알 수 있다. 사실 인문학은 인문교육에서부터 유래한다. "인문학은 인간다운 삶을 위한 가치창조와 관련되어 있으므로, 대상을 단순히 인지하는 것으로 끝나지 않고 비판적으로 검토한다."[11] 인간다운 삶에 대한 탐구가 인간다운 삶의 실현과 무관하다면 이처럼 부조리한 것이 없을 것이다. 대비시켜 보자면 지식(episteme)과 구

---

10 N. Hartmann, *Zur Grundlegung der Ontologie*, 4. Aufl. Berlin: de Gruyter, 1965(1934), 46쪽 이하.

11 이성원, 『인문학의 특성, 인문학의 위기』, 성균관대학교 인문과학연구소 편, 앞의 책, 4-5쪽.

별되는 지혜(phronesis)를 추구하는 것이 본래 인문학이다. 합리적 지식과 구별되는 인륜적 지혜는 한 공동체를 존립시키는 문화적 · 역사적 조건들인 에토스에 의존되어 있는 것으로서 반드시 보편성을 전제로 하는 것도 아니다. 그래서 본래 고전시대의 인문학은 실은 구체적인 인문교육과 연결되어 있었지, 이론적 독자성을 갖는 학적 체계를 추구했던 것이 아니다.

그럼에도 불구하고 근대 이래 인문학이 인문교육이라는 실천연관과 유리되고 자립적 '과학'의 길로 나아간 것은 사유(事由)는 있었지만, 오늘의 시점에서 볼 때 바람직한 것이 아니었다. 문제는 보편타당성에 대한 요구를 충실히 수용하려는 학적 자세가 지적 탐구 활동의 규준으로 자리잡게 된 근대 이후, 인문학도 이 근대학문의 규준에 맞춰 '이론화'의 길을 감으로써, 그 본래의 과제를 많은 부분에서 방기했던 것이다. 합리적인 보편적 원리라는 근대 학문의 규준이 인문학의 본래의 과제 수행을 어렵게 만드는 위협이 된 것이다.

이때 근대 학문의 규준으로 역할했던 것은, ① 모든 지식은 객관적 타당성을 가져야 하고, ② 확실한 근거, 토대가 명백해야 하며, ③ 그것이 실질적 연관관계 속에서 입증되어야 한다는 사상이었다. 지식은 자연의 물리적 세계를 관장하고 활용하여 인간의 기본적 욕구를 충족시키는 데에 기여하는 실질적인 '힘'을 지녀야 하고, 그러기 위해서는 저 세 가지 규준을 충족시켜야 한다는 것이다. 그리하여 이러한 경험주의적 철학과 이에 정초한 새로운 지식관이 인문학까지도 '실증화'의 길로 가도록 알게 모르게 영향을 주었던 것이다.[12]

8) 인문교육의 기초로서의 인륜성 교육

자라나는 어린 사람들을 자연적 동물상태에서 문화적 인간상태로

---

12 강영안, 『인간의 얼굴을 지닌 지식』, 소나무, 2002, 26쪽 이하 참조.

끌어 올리는 것이 교육임을 앞에서 보았다. 그렇다면 인간을 동물적인 자연상태에서 벗어나 인간답게 만들어 주는 것은 무엇일까? 우리는 그것을 '인문적 가치 일반'이라고 통칭할 수 있으리라고 본다. 인간 존재 자체의 존엄한 가치를 정점으로 하여, 인간을 인간답게 해주는 인간적 가치, 문화적 가치들의 체계를 이렇게 부를 수 있을 것이다. 그러면 이 인문적 가치 영역에서 도덕적 가치, 또는 도덕적 규범이 갖는 가치는 어떤 위상을 지닐까?

도덕성의 본질을 이루는 가장 핵심적인 것은 다음 두 가지이다. 첫째, 인간이 자유로운 행위의 주체라는 점이다. 인간에게서 자유의 가능성이 박탈된다면 거기엔 더 이상 인간이 없다. 본능에 따라 기계적으로 동작하는 동물이 있을 뿐이다. 인간의 자유는 단적인 자연적 사실이 아니라 인간 스스로의 능동적 활동에서 나오는 것이다. 도덕적 악을 행할 수 있는 자유는 아이러니컬하지만 인간을 도덕적 존재로 고양시킬 수 있는 대전제요, 그 점에서 도덕성의 본질이다. 둘째, 인간이 개체중심적인 자연적 본성을 억제 조정하여 타자와의 공동체적 삶을 도모하는 탈이기적 지향을 갖는다는 점이다. 인간은 자연적으로 이미 도덕적 존재인 것은 아니지만, 자연상태에서 이미 이러한 지향을 갖는 존재로 고양되지 않을 수 없는 소질을 갖고 있다. 이러한 지향은 의무 또는 선(善)의 이름 아래 도덕적 가치의 발견과 이의 실현으로 달성된다. 이 지향은 도덕성의 본질이다.

이 두 가지 도덕성의 본질에 비추어 알 수 있듯, 인간이 자연적 성향을 벗어나 동물의 상태에서 인간의 상태로 고양되는 길목의 첫 관문에서 확인되는 것이 도덕성이다. 즉 인간은 "도덕적으로" 됨으로써 "인간적으로" 되기 시작한다는 것이다. 이렇듯 인간 존재의 인간됨의 가장 핵심적인 기초 요건이 도덕성이라면, 도덕적 가치나 도덕적 규범의 가치는 인문적 가치 영역에서 핵심적인 기초를 이루고 있음이 틀림없다.

인문적 가치 일반에 대한 우리의 안목과 신념과 통찰을 우리는 흔히 세계관, 인간관, 가치관이라고 부른다. 그래서 인문적 가치 일반은 이들 세계관, 인간관, 가치관에 담겨 있다고 말하기도 한다. 그러나 이들에 담겨 있는 인문적 가치가 현실 속에서 구체화 될 때, 즉 이들이 실천적 행동 가운데서 현실과 맞닿을 때, 거기서 작동되는 것은 실천적 규범체계들이요, 그중에서도 핵심이 되는 것은 도덕적 규범이다. 바로 이 때문에 도덕적 규범의 가치가 인문적 가치의 기초에 놓인다고 할 수 있는 것이다. 이렇듯 인문적 가치 가운데서도 핵심이 되는 것이 도덕적 규범과 관련되는 것이라면, 인문교육 중 핵심적인 것이 도덕윤리교육이 됨은 아주 당연한 일이다.

우리가 도덕교육의 목적을 일반적인 인간교육의 핵심이 되는 "도덕적 인문교육"으로 설정한다면, 그것이 목표로 삼는 도덕적 인간은 특수한 이념으로 정향되거나 특수한 상황에 의해 제약받는 인간이 아니라 일단 보편적인 도덕적 가치를 지향하는 존재로 상정되어야 할 것이다. 그렇다고 그러한 인간이 현실로부터 끝내 이탈되어 있어야 한다는 말은 물론 아니다. 그는 이러한 보편가치를 지향하기 때문에 오히려 특수 상황의 현실에서 최선의 도덕적 행위를 할 수 있는 그러한 존재여야 할 것이다.

도덕, 도덕적 규범 체계, 혹은 도덕성이란 다음과 같은 요소들을 포함하고 있는 것이 보통이다. 인간의 본성에 대한 어떤 믿음, 그 자체 추구할 만한 가치가 있다고 보는 바람직한 선(善)에 관한 믿음 혹은 이상, 행해야 하거나 행해서는 안 되는 것을 지시하는 준칙들, 정당한 것이나 혹은 부당한 것을 택하게 되는 어떤 동기.[13] 이 도덕성의 요인들은 대체로 사람과 사람 사이의 관계를 규제하는 것들이다. 사람들이 서로 어떻게 대해야 하는지, 이 관계를 지배하는 일반적 규칙은 어떤 것인지, 어떻게 사람들이 평화롭게 화합하여 살아야 하는지에 대한 '처방'들이 그것이다. 그리고 이 규제가 요구되는 것은 인간이 본성적으로 함께 더불어 사회생활을 하며 살 수밖에 없는 존재이기 때문이다. '어울려 함께 사는' 인간에게 당위로 다가오는 이 '처방'은 그러나 반성적 자각과 능

---

13 P. H. Nowell-Smith의 견해, Macmillan판, *Encyclopedia of Philosophy*, 1967, Vol 7-8, p. 150f 참조.

동적 자율성, 그리고 주체적 실천 의지를 동반할 때 비로소 '도덕적인 것'이 된다.

도덕성에 대한 이러한 이해는 도덕철학에서 기본적인 것으로 견해차가 없는 일반적인 상식이다. 이에 비추어 볼 때 도덕교육이란 도덕적 선 및 당위에 대한 자각을 갖도록 하며, 이를 토대로 그 선과 당위(또는 의무)를 자발적 능동적으로 행하게 하도록 인지적 · 정서적 · 의지적 능력, 즉 도덕적 덕성을 함양시키는 교육이라고 일반화시킬 수 있을 것이다.

도덕교육은 실은 초중등교육과정에서 그 바탕이 온전히 이루어져야 한다. 대학에서 고등교육을 받지 않은 사람이라도 도덕적으로 되어야 함은 그것이 인간다운 삶을 영위하는 데에 필수적인 것이기 때문이다. 그러나 대학교육 과정에서도 그 수준과 위상에 걸맞는 지적 각성 위주의 도덕교육은 필요한 것으로, 이를 통해 도덕교육은 심화, 완숙된다고 할 것이다.

9) 결어: 대학의 사명, 시대정신의 선취와 그 구현

인류는 오늘 문명사적 전환기에 처해 있다. 구텐베르크의 활자 인쇄술이 서양의 근대를 준비했듯이, 아니 그 파장에 있어 그와 비교할 수 없을 정도로 더 강하고 더 넓게 더 급속히, 디지털 기술은 인류문명에 새로운 시대를 열어주고 있다. 인간의 삶의 방식이 근본에서부터 달라지고 있다면, 이 새로운 시대를 예비하고 선도(先導)해야 할 곳은 대학이다. 대학을 '상아탑'(象牙塔)에 비유할 사람은 이제 더 이상 없을 것이다. 그건 시대착오다. 대학도 이 시대, 이 사회의 한 복판에 서서 이 사회를 호흡하는 곳이어야 한다. 대학이 현실과 유리될 수 없다는 이 사회적 요구는 어느 시대에나 정당하다.

그러나, 대학이 외면할 수도 없고 외면해서도 안 되는 현실성에 대한 이 요구에는 두 가지의 목소리가 있다. 대학이 현실을 반영해야 한다는 것이 그 하나라면, 대학은 또한 현실을 선도(先導)해야 한다는 것이 그 다른 하나다. 그래서, 대학의 사명인 학문적 탐구는 있는 현실을 파악하고 해석하는 데 그치지 않고, 있어야 할 현실을 창조하는 이론을 모색하는 데까지 나아가야 한다. "지식창출교육"과 "총합일반교육"이라는 새로운 고등교육의 이념은 시대의 요구이긴 하지만 대학인들에게 아직 현실의 필요로 체감되지 않을지 모른다. 더구나 "교양교육", "인문교육", "인문교양교육" 같은 말은 철지난 진부한 표현으로 밖에 들리지 않을지 모른다. "디지털 유목시대"에 사는 우리가 이런 낡은 교육이념에 머물러서야 되겠냐고 반문할지 모른다. 그러나 우리 모두가 가상현실(virtual reality) 속을 유영(遊泳)하는 "마음은 외로운 사냥꾼",[14] "디지털 노마드"(digital nomad)가 되어가기에 더더욱 이러한 교육이 요구된다는 것을 통찰해야 할 것이다.

그리고 '학생 중심의 교육', '현실적 수요에 부응하는 교육'이라는 명분 아래 피상적으로 이해된 '실용적 관점'을 새로운 문명이 요구하는 인간상 및 교육관과 혼동하진 말아야 할 것이다. 자칫 이러한 구호들이 그저 새로운 접근이라는 점에서 추종되다가는 고등교육을 천박하게 만들지 모른다는 우려가 현실로 나타날 가능성이 크다.

물론 대학에서의 학문적 탐구는 당대의 사회적 요구에 대해 비판적 성찰도 해야 한다. 그러나 그 성찰 끝에 얻은 통찰이 있다면 이의 구현을 통해 시대를 이끌 수 있는 용기도 필요하다. 새로운 방향의 교육을 낡은 틀 속에서 시행하긴 어렵다. 이런 뜻에서 대학사회 전체의 차원에서, 그리고 각 대학마다, 교육과정 및 교육구조의 개편이 긴절히 요구된다. 무엇보다도 전문직업교육에 몰리는 대다수의 학생들에게 기본적인 인간교육을 시킬 수 있는 구조를 갖추어야 한다. 이 기본 인간교육, 도덕성을 기초로 하는 인문교양교육이 실은 전문직업활동에서도 큰 성과를 거두게 하는 기초적 자질 교육임을 철저히 인식하는 일이 선행되어야 한다. 이를 위해선 누구보다도 인문학도들의 교육사회적 각성이 절실히 요구된다.

---

14 카슨 매컬러스(1917~1967) 의 한 소설 제목(The Heart is a Lonely Hunter, 1940)

2 변화 속의 아카데미즘과 대학의 새 과제

대학은 말할 것도 없이 학문탐구와 고등교육을 위한 사회적 제도이다. 그런데, 한편으로 학문 탐구는 그 독자적인 자율성을 가져야 하고, 다른 한편으로 이를 수행하는 사회적 제도로서의 대학은 "사회적" 영향권을 벗어날 수가 없다. 바로 여기에 풀어야 할 "문제"로서의 대학의 숙명이 놓여있다고 본다.

한 시대가 어떤 문화사회적 과제를 부여받게 되는지 그 동시대인들에게서 대체로 합의되고 나면, 즉 그 동시대가 문명사적으로 어떤 성격을 지니는지 대체로 규정되고 나면, 이에 따라 당대의 모든 문화사회적 활동의 과제가 설정되리란 것은 당연한 일이요, 대학의 사명도 이에서 벗어날 수 없음 또한 당연한 일이다. 오늘날 대학의 혁신을 말하는 목소리가 높은 만큼, 그 혁신의 방향과 내용을 말하기에 앞서 이러한 변화를 불가피하게 만드는 문화사회적 배경은 무엇인지 앞 장(章)에서 대략적으로 살펴보았다. 여기서는 보다 구체적으로 이 점에 대해서 논해보고자 한다. 우선 넓게는 문명사적 관점에서 시작하여 좁게는 한국사회의 여건에 비추어 살펴보면서 대학의 새로운 과제에 대해서 고찰해 보자.

1) 새로운 문명, 새로운 세계

"새 천년"(new millenium)이란 말은 단순한 연대기적 표현만은 아닌 것 같다. 문명의 원리가 전변(轉變)하고 문화의 기조가 변모하기 때문이다. 말하자면 새로운 문법의 언어가 출현하기 때문이다. 새로이 도래하는 새로운 문명, 새로운 세계를 우리는 다음의 세 가지 변화의 양태에서 이해해 보기로 하자.

(1) "탈근대화": 포스트모던 문화

서양의 문명이 동양의 문화를 압도하기 시작한 것은 근대 이후의 일이다. 서양의 근대성이 가지고 있는 어떤 힘이 이를 가능하게 했을까? 우리는 어려움 없이 과학의 힘, 그리고 이 과학적 탐구 성과와 결합된 기술의 힘이라고 대답할 것이다. 그러면 이 과학과 기술을 발전시켜 그것이 문명적 저력으로 작용하게 한 근본적인 사상은 무엇일까? 여기서 우리는 이른바 "근대성"이라는 이름으로 총칭하는 몇 가지 원리가 사유세계를 지배해온 것을 발견하게 된다. 합리성의 원리, 체계성의 원리, 보편성의 원리, 목적성의 원리를 전제한 발전의 이념 등이 그것이다.

인간을 포함한 세계 전체를 합리적으로 파악하고 거기서 발견된 보편적 원리에 따라 세계 전체를 하나의 완결된 체계로 이해하며, 이 체계는 어떤 궁극적 목적을 향해 발전해 나아가는 역동을 보이고 있다고 생각한 것이다. 실증적인 자연탐구도 합리적인 사회구성도 이를 통한 역사의 발전도 모두 이러한 구도 아래서 이루어진다고 믿었던 것이다. 이것이 곧 서양의 근대세계를 출현하게 한 세계관으로, 이는 서양에 머물지 않고 지구적으로 확산되어 근대 이후 인류 전체의 삶의 방식을 개편하는 힘으로 작용해 왔다. 구미 밖의 온 세계가 추구해 온 이른바 "근대화"의 이념이 기초해 있는 사상적 지반이 바로 이러한 것이다.

그러나 20세기가 지나면서 이러한 세계관에 대한 회의는 서양문명 내부에서 일기 시작했고, 이 회의는 몇몇 선구적인 철학자의 예견적 통찰로 제기되는 데서 그치지 않고 사회 문화적 현실을 관리하는 데서도 새로운 관점을 낳게 했다. 70년대 프랑스의 철학자 료타르가 현대인의 삶의 "포스트모던적 여건/조건"을 논하면서부터 "근대성"을 벗어나 이를 뛰어넘는 "탈근대적" 삶의 양태와 특성에 대한 담론이 큰 조류를 이루었던 것은 이러한 맥락에서였다.[1] 그 핵심 내용은 이런 것이었다: 합리성에 입각한 보편적 원리는 더 이상 인간과 세계를 이해하는 절대적인 척도가 될 수 없다. 세계는 그렇게 일의적으로 체계화될 수 있는 것이 아니다. 인류의 역사도 그런 원리에 따라 하나의 궁극적 목표를 실현시키는 과정이라고 볼 수 없다. 이성에 의거해서만은 우리가 이 세계를 온전히 파악할 수도 없고 진정 참되게 살아낼 수도 없다. 오히려 그러한 "이성의 원리"야말로 인간의 현실적 삶을 구속하는 전제적 질곡일 수 있다. 인간은 이로부터 해방되어야 한다.

이 새로운 "포스트모던적" 세계관은 합리성에 입각한 원리와 체계를 거부하고 오히려 비합리적 인간조건, 즉 인간의 신체성과 감성적 작용을 주목한다. 보편성에 입각한 통일적 · 획일적 이념을 경계하고 삶의 개성, 특수성, 현장성, 다양성을 중시한다. 인간의 활동이 총체적으로 지향해야 할 이른바 궁극적 목적이란 것도 의심하며 이의 달성을 향해 나아가는 "발전"이라는 이념도 외면한다. 다양하게 변양하는 삶의 과정에 관심을 가지며, 발전보다는 "지속가능한" 인간적 삶의 생존조건을 추구한다.

이러한 각성과 통찰이 널리 확산되었던 것이다.

(2) "정보화", 정보사회

"포스트모던" 문화의 생생한 실상을 우리는 "정보사회"에서 발견한다. 정보화를 촉진시킨 것은 말할 것도 없이 컴퓨터가 구현하는 인공

---

1 Jean-François Lyotard, *La Condition postmoderne : rapport sur le savoir*, Paris, Minuit, 1979. 이현복 역, 『포스트모던적 조건: 정보사회에서의 지식의 위상』, 서광사, 1992.

지능기술과 디지털 방식의 통신이 수행하는 의사소통기술의 획기적인 발달과 이 두 기술의 융합이다.

정보사회에서 우리는 무엇보다도 먼저 기억, 추론 등 사유활동의 많은 부분을 컴퓨터에 의존한다. 이로써 획일적 · 기계적 노동에 의한 소외현상은 완화될 것이다. 이제는 합리적 사유보다는 창의적인 상상에 대한 요구가 더 커진다. 이 점은 감성이 이성보다 앞서는 행동방식과도 연관된다. 이성보다 감성에 의거하려는 새로운 경향은, 미시적으로 보면 새로운 인공지능기술과 새로운 의사소통기술의 융합이 사고 영역과 감각 영역의 통합을 실현한 데서 유래한다.

신체적 감각과 이성적 사유는 하나로 통합될 수 없는 이질적인 두 가지 근본 기능으로 여겨져 왔다. 결코 상호 이행하거나 상호 환원할 수 없는 것으로 여겨져 왔다. 그러나 이제 영상 및 음향 정보가 디지털 방식으로 전달되는 곳에서는 이 두 가지가 하나로 통합되어 서로 호환가능한 것이 된다. 즉 정밀한 2진법 계산 과정을 거쳐 분해 구성되는 수학적 사유과정을 통해 시청각 지각 내용이 산출되고 또 수용된다. 이로 인해, 정보를 입수하고 이에 기초해 행동을 기획함에 있어, 현대인은 정신적 긴장을 필요로 하는 논리적 사유 대신 오히려 신체적 섬세성이 도움이 되는 직관적 감각에 의존하려는 경향을 갖는다.

결과적으로 문자문화가 영상문화로 대체되는 이러한 현상은 반성적 사유를 위축시키고 따라서 내면적인 인격적 자아를 약화시킬 위험이 있다. 정보사회에서는 더구나 직업적 업무에서나(재택 근무등), 놀이에서나(컴퓨터 게임), 소비생활 및 여가생활에서나(홈 쇼핑, 홈 뱅킹) 무엇이든 여러 사람이 공동으로 하기보다는 각자가 단말기 앞에서 개별적으로 하는 경우가 증가한다. 이 과정에서는 면대면(面對面) 접촉을 통한 인간적 교류가 줄어들어 인격적 고립, 폐쇄 등이 현실화된다. 공동생활이 줄어들어 '주변의 눈길'이 없어지는 반면, 주어지는 정보는 폭증하고 그중에는 저급정보도 많기 때문에 도덕적 자기통제의 능력이 위협받기도 더 쉽다. 또, 대면관계가 아닌 '전자적 접촉'을 통해 가상공간에서 인간관계가 이루어지는 경우가 많아짐에 따라 익명성이 크게 만연하고 그 결과로도 도덕적 자기통제력이 약화될 가능성이 크다.

그리고 이 경향은 무한정한 자유와 책임의 중압을 피하려는 도피의 경향을 야기할 수도 있다. 더욱이, 확장된 지각능력과 사유능력의 융합을 통해 구성되는 가상세계를 또 하나의 현실로 체험하게 됨으로써, 세계존재의 견고한 실재성에서 벗어나 감각적 지각의 대상이 되는 픽션과 가상의 세계에 머무르려는 경향이 이를 더 촉진시킬 수도 있다.

정보사회에서는 노력을 통해 획득하고자 하는 직접적 대상이 더 이상 물질적 재화나 정치적 권력이 아니라, 고도의 전문지식이거나 고급의 정보다. 이제는 정보와 지식이 곧 경제적 부(富)나 권력의 원천이 되기 때문이다. 정확하고 밀도 높은 고급정보나 보편성을 갖는 이론적 지식은 축적된 학문적 이론을 바탕으로 하는 창의적 사고의 결과로 얻을 수 있다. 경쟁의 대상도 정보요, 경쟁력의 원천도 정보인 만큼, '정보가 정보를 낳는' 순환성을 부인하기 어렵다.

그리고 대체로 경쟁에 동원되는 수단은 금력이나 물리력 자체가 아니라 정보통신 기술이다. 이 기술의 활용능력도 일종의 이론적 지식에 의존하는 것이므로, 경쟁의 수단 또한 넓은 의미에서 정보라고 말할 수 있다. 따라서 정보 소유의 격차에서 오는 새로운 사회적 격차가 다른 격차보다 더 클 가능성이 높다.

정보화는 사회생활의 양식도 많이 바꿔 놓는다. 직업활동의 영역 및 생활세계 자체가 지구촌화됨으로써 평준적인 생활양식이 광범하게 확산되고 이와 더불어 자연적인 소공동체는 약화되고, 그 대신 인위적인 '전자 공동체'가 생겨날 가능성이 커진다. 여기서 더 나아가, 의사결정과정에 대의제도를 통해 간접적으로 참여하는 것이 아니라 전자통신을 통해 직접적으로 참여할 수 있게 되어, 더 합리적이고 더 광범한 참여가 가능해질 수도 있다.

이러한 변화를 새로운 사회질서의 성격과 관련지어 생각해보자: 우선 새로운 사회질서는 권력이나 부를 규정 대상으로 하는 '물리적 질서'가 아니라 의미와 표상과 상징을 규정 대상으로 하는 '정보의 질서'로서, 가시적(可視的)인 외형적 질서가 아니라 가지적(可知的)인 내재적 질서가 될 것이다. 그리고 이 새로운 질서는 '생활세계'에서 '생산과정'보다는 '소비'의 과정에 규준을 제시하는 역할을 수행할 것이다. 물론 이 새로운 질서는 수직적이고 위계적인 '단절'의 질서가 아니라 수평적이고 횡적인 '연관'의 질서이므로 획일적으로 고정된 것이 아니라, 다양성과 유동성을 갖는 것이다. 따라서 이 새로운 질서는 본성상 역사성보다는 합리성에 의해 더 많이 규정되며, 그 타당 지평은 급기야 '지구촌'으로 확장되어 '세계화'된다.

(3) "세계화", 지구촌

지난 반세기 정보통신기술의 급진적 발전은 인간의 커뮤니케이션 역사에 큰 질적 전기를 마련해 주었다. "뉴 미디어"의 등장은 의사소통을 좀 더 빨리 정확히 할 수 있도록 하는 데서 멈추지 않고 인간의 삶의 양식 자체를 바꾸어 놓는 데까지 나아갔다.

우선 시간적 · 공간적 제약을 거의 완전히 벗어난 의사소통활동의 광역화는 마침내 세계 전체를 인간의 삶의 공간으로 개방시켜 놓음으로써 문자 그대로 하나의 "지구촌"을 탄생시켰다. 이것이 가능하기 위해서는 보편적 가치나 보편적 척도의 정립이 전제된다. 활동의 목적이 보편가치의 실현에 있지 않거나 활동의 방식이 특수성을 벗어나지 못한다면, 그런 활동은 세계화된 지구촌에서 수용되지 않고 따라서 소기의 성과를 거두지 못한다. 가치와 척도의 보편화를 기한다는 점에서 세계화는 더 발전된 보편문화의 창달에 기여하는 순기능을 갖지만, 다른 한편으로는 이것이 특정의 기득권 세력에 의해 강요된다면 이 과정에서 패권주의의 역기능이 찾아올 수도 있다. 따라서 세계화는 모든 영역에서 무차별적으로 이루어질 수 있는 것도 아니요, 이루어져서도 안 되는 것이다. 보편성의 원리 실현이 문화발전의 길이 되는 영역, 즉 학문적 탐구나 경제적 활동 등 그 목표가 보편적인 것이 되는 영역에서는 세계화가 바람직하지만, 특수성이 지켜져야 하는 영역, 즉 예술이나 종교 등의 영역에서는 획일적인 세계화가 꼭 바람직한 것은 아니다.

정보사회에는 경쟁의 수단이 정보통신기술인만큼, 이 기술에 의해 연결되기만 하면 누구나 경쟁의 상대가 될 수 있다. 즉 경쟁의 상대는 무제한의 익명적 다수가 된다. 마찬가지 이유로 경쟁의 범위도 적절히 축소되거나 조정될 수 없다. 세계화된 지구촌에서의 새로운 경쟁은 그 과정도 결과도 아주 냉혹하다. 모든 가능한 경쟁자가 가능한 범위 전체에 걸쳐 경쟁을 한다는 점에서 볼 때 '국지전'(局地戰)이 아니라 '전방위 전면전'(全方位 全面戰)이다. 즉 구조상 '토너먼트'전이 아니라 '리그'전이다. 더불어 이 경쟁의 과정에는 익명적 다수가 동시에 참여하므로 휴식과 활동을 구분하여 미리 약정할 수 없고, 따라서 경쟁의 과정이 순차적 · 단계적이지 않고 동시적이며 '휴지'(休止)가 있을 수 없다. 이 새로운 경쟁에서는 그 승패의 차이가 엄청나다. 승자는 '모든 것'을 얻다시피 하고, 패자는 '모든 것'을 잃다시피 한다. 말하자면 '중간항'이 허용되지 않는 'All or Nothing' 게임이다.

이러한 패권주의의 위협으로부터 자문화의 특수성을 지키려는 움직임은 "지역화"의 역습으로 나타나기도 한다. 공동체의 통일성을 지향하는 이데올로기의 퇴조는 민족, 지역의 역사와 전통이 지니는 특수성을 보존하려는 민족주의, 지역주의의 재등장을 초래하였다. 영역에 따라 세계화를 추진하면서 동시에 지역화를 꾀하려는 노력을 "Glocalisation"이라는 말로 표현하려는 것도 이러한 맥락에서이다.

2) 한국사회의 지적 지형(地形)

이상 기술한 현대 세계의 문명사적 변화 속에서 한국사회는 어떤 위상에 처해 있는가?

우리 한국사회는 이미 위에서 말한 탈현대화, 정보화 및 세계화의 흐름에서 앞장서 나아가고 있는 나라 중 하나이다. 그러나 우리 사회에는 이에 못지 않게 전근대적 요소가 그대로 온존하는 영역도 많은 것이 사실이다. 한마디로 말해 전근대, 근대, 탈현대라는 세 가지의 시대상이

병존하고 있는 것이 우리 사회의 기본 지형이라고 할 수 있으며, 많은 사회적 문제의 뿌리가 이 사실에 있다고 본다.

(1) 근대화의 성과

지난 반세기 동안 한국사회에서 일어난 사회적 변화 가운데 가장 중요하고도 심대한 것은 "정치적 민주화"와 "시민사회의 등장"이라고 말할 수 있을 것이다. 시행착오를 겪는 가운데 국민적 에너지의 불필요한 낭비도 많았지만, 변화의 기간에 비해 상당한 수준의 민주화가 이루어졌다는 것은 내외 학자들의 공통된 견해이다. 물론 민주화 과정은 시민사회의 형성과정과 병행된 것이었고 실질에 있어 후자가 전자를 가능하게 한 충분조건이 되었다고 보는 것이 온당할 것이다.

그리고 이 시민사회의 등장은 근대 서구에서처럼 산업화와 시장경제를 기축으로 하는 자본주의의 정착과 결부되어 있는 것이다. 특히 후진 사회에서 단기간에 이 변화를 일구어낸 우리 사회에서는 시민사회의 등장과 자본주의의 정착이라는 두 항이 상호인과적이었다고 보는 것이 더 합당할 것이다. 왜냐하면 시민사회의 형성도 내부로부터의 요구에 의해 자연적으로 이루어진 것이 아니고, 자본주의의 정착도 민간 경제 차원에서 자연적으로 정착되었다기보다는 국가가 주도하는 통제의 방식으로 이루어졌기 때문이다.

정치의 민주화, 경제의 산업화 외에도 가족제도, 신분제도 등 사회생활의 양식과 사회 제도가 합리적인 것으로 재정비되었고, 또 교육제도 등 문화 생활의 향유가 일부 특수층에만 머물지 않고 대중 전체에로 확산되었다는 점에서 이 시기 한국사회의 변화를 "근대화"라고 총칭하는 데에 어려움은 없을 것이다. 아무튼 이러한 사회경제적 외적 변화는 공동체 구성원의 가치관과 인생관에도 심대한 영향을 끼쳤는데, 그 가운데서도 물질주의와 개인주의의 강세는 역시 서양에서도 근대화의 과정에서 두드러진 것이었다.

(2) 전근대적 요소

급속하고도 강력하게 추진된 근대화 프로그램에도 불구하고 우리 한국사회에 잔류하고 있는 전근대적인 요소가 얼마나 강한 영향력을 행사하고 있는지는 우리 사회가 안고 있는 여러 부조리한 근본문제들에서 어렵지 않게 알아차릴 수 있다. 정치적 법적 제도나 경제 체제 및 질서는 모두 합리성의 원리에 따라 근대화되었으나, 이를 실질적으로 가동하는 도덕적 사회적 규범, 즉 사람들이 심성적으로 따르는 불문율로서의 규범적 행동양식에는 여전히 비합리적이고 전근대적인 요소가 남아 있음을 부인할 수 없다. 혈연, 지연, 학연 등을 중시하는 정감적 인간관계가 사적 생활영역뿐 아니라 공적 영역에서도 강하게 작용하는 것이 바로 그 대표적인 것이다. 전근대적 요소의 작용례로서 정감주의 외에도 형식주의가 규범적 행동양식을 규정하고 있음을 들 수 있는데, 형식적인 예절이나 체면을 지키려는 것 등이 그것이다. 사회생활의 하드웨어는 합리성의 원리에 맞춰 번듯하게 근대화되었으나 그 소프트웨어는 여전히 비합리적 전근대적 내용을 갖고 있다는 말이다.

사회생활에서 하드웨어와 소프트웨어 사이의 괴리는 곧 관념과 행동 사이의 괴리라고도 할 수 있는데, 실제 현실에서는 비합리적으로 행동하면서 관념상으로는 합리적인 규범을 타당한 것으로 주장하는 것이 그것이다. 구조적 문제라고 불리는 공공영역에서의 많은 비리와 부정이 이런 괴리에서 오는 경우가 많음을 고려한다면, 근대화된 사회에 전근대적 요소가 남아 있다는 것이 얼마나 심각한 문제인지 알 수 있다. 근대국가의 기본이 합리적 공정성의 원리인데, 일반 시민계층의 공동체의식 안에 이것이 확실하게 자리잡고 있지 못하다면, 여러 가지 법적 제도적 장치에도 불구하고 근대적 민주주의 질서가 정착하기는 어려운 일일 것이다.

(3) 탈근대화 경향

한국사회에서의 산업화 과정은 그것이 아직 사회 전반적으로 완결되기도 전에 새로운 트렌드, 즉 후기 산업사회가 대두하는 모습을 보이는 특이성을 지닌다. 고도로 발달된 기술과 산업의 결과는 한국에서도 인간의 삶의 조건을 현격하게 변화시켜 왔다. 인간의 생존을 위협하는 환경적대적인 산업, 인간의 생명 자체의 질서를 위협하는 생명공학 기술, 오늘의 문화적 사회적 삶을 해체시킬 위험이 있는 컴퓨터기술, 이런 것들은 탈현대적 삶의 조건들을 초래한 원천들로서, 근대성의 산물이면서 동시에 근대적 삶의 모습을 바꾸어 놓은 것들이다. 복지의 확산, 궁핍으로부터의 해방 등을 포기하고, 규범을 파악하고 실현하는 실천적 이성을 더 이상 신뢰하지 않으며, 사유하는 주체를 질서 잡힌 세계의 중심에 놓지도 않으며, 급기야는 인간의 존엄성마저 소홀히 여기는 경향이 생긴 것이다.

후기산업사회의 탈근대적 현실에 대해서 이렇게 몇 가지 언급해 보지만, 그 정신적 여건에 대해선 이미 위에서 상술한 바와 같다. 여기서 한 가지 첨언해 두고 싶은 것은 후기산업사회에서 문화영역이 갖는 중요성에 관해서이다. 21세기에 들어선 인류세계는 더 이상 보편적인 정치사회적 이데올로기에 의해 그 삶의 기본 구조와 오리엔테이션이 결정되지 않을 전망이다. 이 이데올로기의 퇴조와 더불어 찾아온 것이 총체적인 문화의 힘이다. 이념적 선판단(先判斷) 없이 인간의 본성을 살리는 문화의 힘이 그 역할을 광범하게 대신하게 된 것이다. 첨단의 과학에 의해 개발 발전된 기술도 문화적 배경이나 문화적 트렌드와 제휴되지 않고서는 시장을 석권하는 새로운 상품이나 지적 재산으로 등장하기 어렵게 된 것이 후기산업사회의 경제현실이다. 이런 의미에서 문화는 본래 다원적인 것으로, 특수성을 분화시켜 나가는 창의적 활동에 기초하는 것이다.

산업 영역에 있어서조차 문화적 힘의 강세를 부인하기 어렵게 된 것은 이른바 “문화산업”의 등장과 그 확산에서 실감할 수 있다. 기술지

배의 시대가 여전히 지속되고 있는 것은 사실이지만, 그 기술은 단순히 물가치적 중립적인 진공상태에서 작동되는 것이 아니라, 특정의 문화적 공간 속에서 특정의 문화적 지향을 가지고 작동되는 것이다. 기술의 이러한 문화연관적 성격을 가장 극명하게 드러내 주는 것이 바로 정보통신기술 영역이다.

3) 대학의 사명: 이중 과제

이상 살펴보았듯이 전근대적 상태에서 근대적 상태로 전진해 오고 이제는 부분적으로 탈현대의 조짐마저 보이는 한국사회에서 교육의 현실은 어떠했는지, 대학의 사명은 어떻게 이해되었는지, 중요한 점 몇 가지만 개괄적으로 조망해 보도록 하자.

(1) 교육 일반의 사정

가장 먼저 언급해야 할 것은 뭐니 뭐니 해도 “대중교육”, “국민교육”의 보편화라고 할 것이다. 초등학교의 의무교육이 중학교까지로 확대되어 왔고, 실질적으로 대학교육마저도 이제는 소수 엘리트 교육이라고 말할 수 없게 된 것이 오늘의 한국적 교육현실이다. 이는 인간의 자기실현과 자유 신장의 관점에서 볼 때 민주주의의 실현과 더불어 가장 중요한 발전 요소라고 보아야 할 내용이다.

그러나 이 과정에서 사회의 다른 부분에서와 마찬가지로 정부 중심의 중앙 집중화가 진행되었고 이 과정에서 교육 권력이 형성되어 교육적으로 부작용을 낳기도 했다. 정부에서 일원적으로 주도하긴 했으나, 여러 차원의 교육정책이 충분한 연구 없이 수립되고 시행되었으며, 그 결과 교육정책의 내실이 뿌리 내리고 실현되는 데 있어 지속성과 추진력을 결하는 사례가 많았다. 특히 학교정책, 인재 양성 정책 등이 “입시정책”이라는 하위급의 정책에 의해 그 본래의 목표를 망각하는 경우가 많았다.

정부의 일원적 주도가 야기한 폐해 가운데 하나는 교육의 평준화, 획일화 경향이었다. 교육기회의 평등한 향유를 통해 사회 정의가 실현되어야 한다는 이념이 교육성과 자체의 평준화로 오해되고 왜곡되는 비교육적 결과가 빚어지는 경향도 있었고, 교육내용의 획일화가 교육의 활력을 떨어뜨려 진정한 의미에서의 새로운 문화 창조능력의 배양을 도모하지 못했던 것도 사실이다. 중앙집중화된 교육권력의 폐단 가운데 가장 심각했던 것은 정치적 이데올로기에 의한 교육의 왜곡 현상이었다. 과도한 반공, 반일 교육이 50년대 이래의 문제였다면, 70년대 고교 및 대학에서 필수교과목으로 교수된 "국민윤리"의 등장 등이 바로 그 대표적인 사례였다.

경제적 현실과 관계 있는 것으로서, 급격한 산업화에서 요구되었던 기술과 지식의 비정상적인 공급은 교육방법에서도 왜곡 현상을 가져 왔다. 지식이나 기술의 "복사" 또는 "모방"을 통해 조급하게 추진된 산업화 과정에서 교육도 영향을 받은 것이다. 산업 현장에서 당장 활용할 수 있는 수준 낮은 지식이나 기술은 그런 방법으로 공급될 수 있고 또 그 성과가 있었던 것도 부인할 수 없지만, 지식이나 기술을 창출할 수 있는 수준 높은 지적 능력의 배양은 복사나 모방의 방법으로는 성취할 수 없는 것이다. 그리고 학교 교육에서는 바로 이러한 능력의 함양에 관심을 가져야 했던 것인데, 현실은 그렇지 못했다는 것이다. 이로 인해 우리 교육에서 주입식 기능교육이 주도적이었던 현실, 창의적 경쟁력의 함양에 미숙했던 점 등은 우리 교육의 심각한 취약점으로 아직도 문제가 되고 있는 것이다.

이러한 정치적 경제적 현실은 학교 교육에서도 인간교육, 도덕교육의 부실을 초래하는 데 큰 영향을 미쳤다. 인간으로서 인간답게 사는 길을 밝혀주는 인문교육은 각박한 현실 가운데서 한가한 사람들의 공염불이거나 구색을 갖추기 위한 체면치레의 구호 역할 밖에 못하는 것으로 취급되는 것이 일반적인 현실이었다. 정도의 차이는 있으나 이러한 경향은 아직도 우리 사회에 만연해 있다. 다행히 90년대 이후 "삶의 질",

"지속가능한 발전", "문화의 힘" 등을 화두로 하는 교육에 대한 반성이 일고 있는 것은 바람직한 일이다.

(2) 대학의 이중과제

교육이 정치, 경제적인 외부의 힘으로부터 자유롭지 못하고 그 영향을 받는 것은 다소 차이는 있지만 대학교육에서도 마찬가지였다. 그러나 특히 대학에서 문제시되어야 할 것은 대학의 사명 가운데서도 일차적인 학문 탐구와 관계되는 것이다. 학문은 그 본성상 변화하는 것 속에서 불변하는 것을 탐구하고자 한다. 그리고 이러한 학문의 본성은 학문탐구의 자율성을 요구한다. 탐구활동 자체가 변화의 와중에 휩쓸리면, 불변자의 탐구가 어려워지기 때문이다. 그러나 대학도 하나의 학문공동체로서 사회 속에서 제도화된 것이요, 따라서 사회적 요구로부터 유리될 수는 없는 일이다. 여기에 대학의 숙명이 있다.

대학의 사명은 냉엄한 현실 파악과 나란히 당위적인 이상의 실현이라는 이중성을 가진다.[2] 산업화 이래 우리의 대학사회는 대학이 현실을 반영해야 한다는 명제에 치우쳐 대학이 현실을 선도해야 한다는 명제는 소홀히 해왔던 점이 없지 않다. 특히 근자에 "수요자 중심 교육", "경영마인드 도입", "신지식 창출" 등의 슬로건들은 세계화로 인해 치열해지는 무한경쟁이라는 우리의 현실에 적응하려는 대학의 불안한 모습을 반영하는 것이라고 생각된다. 그러나 이런 적응의 노력에 근시안적인 물량주의가 도사리고 있다면 문제다. 대학사회의 비효율과 비능률을 개선해야 함은 당연하지만, 물량적 안목에서의 경영이 길게 볼 때 학문적 활동을 위축시키고 저해한다면 이는 본말이 전도된 일일 것이다. 이를테면 단순한 경영의 척도에 맞춰 인문학, 사회과학 등 기초학문을 "경쟁력 없는" 학문이라고 폄하한다면, 대학이 시대정신을 선도하여 새로운 문화를 창출한다는 것은 실로 기대하기 어려운 일이 될 것이다.

2 대학의 사명이 가지는 이중성은 앞의 1장 말미에서도 언급한 바 있음.

4) 지적 탐구의 새로운 여건

세계 문명의 기조가 바뀌고 그에 발맞춰 한국사회도 변모하며, 그런 가운데 대학사회도 이에 적응하기 위한 변화를 꾀하고 있는 마당에, 정작 탐구와 교육의 아카데미즘은 어떤 변혁을 도모해야 할 것인가? 이 물음에 답하기 위해 우리는 먼저 지적 탐구의 여건이 어떻게 변모하고 있는지를 알아보아야 할 것이다. 학문탐구의 목적과 방법에서 어떤 변화가 있는지, 그 여건에 달라진 점은 무엇인지, 어떤 새로운 지적 요구가 있는지, 교육에서는 어떤 요구가 강하며 어떤 방법이 바람직한지, 이런 문제에 대해 몇 가지 답을 던져본다.

① 보편성을 띠는 지식 그 자체와 그것의 응용을 기다리는 특수한 현실과의 거리가 현저히 가까워진 것이 정보화, 세계화로 변모한 현대적 상황이다. 즉 사회적 요구로부터 멀리 우회적으로 떨어진 지식체계란 점점 더 외면당하는 사정에 있다. 이러한 사정은 지식의 층위를 더 다층화시키지만, 결국 가장 쓸모 있는 지식은 우회로가 먼 최저층인 순수 기초학문으로부터 나온다.

② 미지의 사실을 발견해 내고 그 속에 깃든 법칙성을 찾아내고자 했던, 즉 진리를 발견하고자 했던 근대 학문과는 달리 현대의 학문은 진리를 발견하는 방법을 찾고자 한다. 이는 단순히 실재하는 존재세계를 밝히는 것보다도 그 세계의 의미연관을 어떻게 해석하고 어떻게 부여하느냐 하는 주관연관적 · 반성적 · 사지향적(斜志向的) 탐구라 할 수 있고, 부분적으로는 방법론적인 성찰이 수반되는 메타 이론의 추구라고도 할 수 있다.

③ 실증적 탐구가 주류를 이루었던 근대 학문과는 달리 현대 학문에서는 비실증적 직관적 방법도 용인되는 것이 보통이다. 다양한 접근로를 통해 대상에 접근하고 접근한 대상을 역시 다양한 국면에서 기술함으로써 같은 대상에 대한 서로 다른 성격의 앎의 체계를 종합적으로 모색한다.

④ 탐구의 대상을 구획하지 않고 가능한 한 그 경계를 무너뜨린 가운데 대상에 관해 가능한 한 총체적인 지식을 얻고자 한다. 구체적으로는 학제간, 전공횡단적 · 융합적 지식을 얻고자 하는 데에 그 목적이 있다.

⑤ 기존의 학문체계에 들어오기 어려운 새로운 대상을 찾아서 독자적인 방법을 모색해 가며 탐구한다.

⑥ 특히 첨단 학문에 있어서는 짧아진 지식의 수명을 고려하여 학생 교육에서는 그 해당 분야의 가장 기본적인 기초지식의 교육을 우선시한다. 지식이나 기술을 창출할 수 있는 수준 높은 지식, 즉 기초적인 지식의 습득은 복사나 모방의 방법으로는 얻을 수 없는 것이다. 학생 교육에서는 바로 이러한 지식의 창출에 관심을 갖는다.

5) 교수의 과제: 새로운 교수상

대학에서의 교수의 위상에 본질적인 변화가 온 것은 아무것도 없다고 본다. 인간의 세계경험을 좀 더 명료하게 밝히고, 가능하다면 거기서 법칙적인 것을 발견해내는 일이 탐구자로서의 교수의 첫째 과제이다. 문제는 이 탐구의 작업에서 그 탐구의 폭과 깊이를 어떻게 정하느냐 하는 것이다. 인간의 경험세계가 갈수록 다양해지면서 새로운 문제가 부단히 등장하고, 또 탐구영역간의 구분이 점차 흐려지는 현대의 지적 상황에 비추어 볼 때, 교수의 탐구활동도 폭을 넓혀 다양한 주제를 다룸으로써 깊이 있는 안목을 가져야 할 것이다. 학제간 연구의 필요성이 여기서 제기되는 것이다. 구획지어 유리된 “전공” 또는 “전공영역”에 대한 배타적 탐구는 점점 더 관점의 다양성 및 조망성을 해칠 것이요, 급기야는 그 시야에 대해서마저도 시력이 약해지는 결과를 가져올 것이다. 학제적 탐구는 이제 교수의 필수사항이 될 것이다.

교수는 말할 나위 없이 탐구자인 동시에 교육자이다. 교육자로서의 교수의 역할을 생각해 보더라도 학제적 연구는 바람직한 일이다. 사고의 유연성과 폭넓은 교양을 갖추지 않은 채, 특정 전문분야의 특정 전문 지식만을 가르친다면, 그 교육내용이 학생들에게 의미 있는 연관관계 속에서 이해되기 어려울 것이기 때문이다. 교수가 진정 학문적 교양을 갖추기 위해서는 자기 분야 외에서 많은 연구를 수행하여야 할 것이다. 교양 없는 전문가로서의 교수는 이제 더 이상 대학에서 환영받지 못할 것이다.

탐구자로서의 교수보다 교육자로서의 교수에게 요구되는 덕이 더 많을 것임은 쉽게 알 수 있는 일이다. 탐구활동이란 자신의 내부에 머무는 일이지만, 교육활동은 학생들과의 관계를 전제하는 것이기 때문이다. 교육자로서의 교수에게 요구되는 덕목으로, 학생을 인격적으로 존중할 것, 학생들의 미성숙에 대해 호흡을 함께 할 것, 학생들의 현실을 이해할 것, 성실성을 지닐 것 등등을 일일이 나열할 필요는 없겠으나, 한 가지, 효과적인 교육을 위해 각자에게 적합한 교수법을 익혀두는 것은 반드시 필요한 일이다.

교수의 사회봉사는 연구와 교육을 통해 간접적으로 이루어진다는 점, 교수의 인격적 성숙은 연구에서도 교육에서도 필요하다는 점 등은 새삼스럽게 언급할 필요는 없을 것이다.

3 융합의 시대정신을 외면하는 한국 대학의 분립교육

1) 서언: '융합문명'의 도래

'디지털 혁명'이 인간의 의사소통활동에 미증유(未曾有)의 변화를 초래함으로써 그 결과 인류문명의 근본 패턴이 바뀌고 있다. 한마디로 말해 그 근본 패턴이 '분화의 양태'에서 '융합의 양태'로 바뀌고 있다. 이 새로운 '융합문명'[1]의 도래는 우리에게 삶의 기획을 새로이 할 것을 요구하고 있으며, 따라서 삶의 기획에 필요한 지식의 성격과 내용이 달라지고 있다. 지식의 창출을 과제로 하는 연구와 이의 전승 및 확산을 과제로 하는 교육도 그 내용과 방법에서 종전과는 획기적으로 달라져야 할 것이다. 이런 진단이 빗나간 것이 아니라면, 한국의 교육, 특히 대학의 고등교육과 관련해 우리는 오늘의 현실에 대한 치열한 비판을 피하지 말아야 할 것이다.

'분화의 문명'을 '융합의 문명'으로 변화시키고 있다는 '디지털 혁

1 김문조 교수는 "농업혁명이 미개사회를 농경사회로, 산업혁명이 농경사회를 산업사회로, 정보혁명이 산업사회를 정보사회로 전화시켰다면, 뉴미디어에 의한 소통혁명은 융합사회, 그것도 모든 물적 · 정신적 요소들간의 자유결합을 조장하는 융합문명으로 우리를 이끌어 가고 있다"고 주장한다. '융합문명'이라는 용어를 21세기 인류의 문명을 지칭하는 개념어로 사용한다. 김문조, 『융합문명론』, 나남출판사, 2013, 20쪽.

명'이란 것은 과연 어떤 것인가? 우리는 이 근본적인 물음부터 짚어나가야 할 것이다. 따라서 우리는 디지털 기술의 일반적 속성, 지식-정보의 융합을 가능케 하는 디지털 기술의 메카니즘, 디지털 기술의 가시적 성과, 이에서 유래하는 문화사회적 파장, 이 새로운 '디지털시대'의 지식정보사회가 요구하는 새로운 사회문화적 역량, 이를 함양하기 위한 교육의 내용과 방법, 이를 위한 교육기획의 혁신 등에 관해 충분히 숙고, 검토해야 할 것이다.

2) '융합' 개념의 시원과 내포

'융합' 개념이 지식사회뿐 아니라 사회 각 부문에서 문제를 파악하는 새로운 관점이자 문제를 해결하는 새로운 기획의 방도를 표방하는 키워드로 인구(人口)에 회자(膾炙)된 지도 4반세기는 넘었다. 격변하는 시대상을 염두에 두고 볼 때 이러한 새로운 지적 모색은 분명 미래지향적 가치를 갖고 있는 것이다. 그러나 이 새로운 개념을 지적 탐구의 영역에서든 실천적 기획의 영역에서든 그 영역들의 차이점과 이질적 다양성을 진지하게 고려하지 않은 채 획일적으로 적용하다 보면, 세계이해나 미래 기획에 있어 오류와 왜곡이 생겨나 자칫 문명의 전환기에 처해 향도(向導)를 바로 잡지 못하고 혼란에 빠질 수도 있다. '융합'으로 표현되는 개념의 내포도 다양하고 그 외연도 광범하기에 더더욱 그렇다.

'융합기술'(convergent technology)이라는 개념이 처음 등장한 것은 2002년 미국의 국가과학재단(National Science Foundation)에서 발간한 『인간의 능력향상을 위한 융합기술』이라는 보고서에서였다.[2] 이 보고서에서 다루어지는 융합기술 분야는 나노과학과 나노기술, 바이오기술과 바이오의학 및 유전공학, 정보 컴퓨터과학 및 미디어이론과 기술, 그리고

---

2 M. C. Roco & W. S. Bainbridge(ed.), *Convergent Technologies to Improve Human Performance*, NSF 2002. 이하 이종관, 『공간의 현상학, 풍경 그리고 건축』, 성균관대학교 출판부, 2012, 23쪽 이하 참조.

인지신경과학 및 인지과학기술 등이다. 이 융합기술의 발원지는 물론 혁신적으로 발전한 디지털 방식의 정보기술(IT)에 있지만, 그 후 발전된 나노기술(NT)이 극소한 미시세계로 기술적 조작의 영역을 확대함으로써, 이른바 NBIC(Nano-Bio-Info-Cogno) 영역들을 그 경계에 가로막히지 않고 연속시켜 줄 공동지반을 확보케 해 주었고 이를 통해 이들 간의 융합이 가능토록 했던 것이다. 그리고 두말할 것 없이 이 모든 기술적 혁신의 원천이자 토대가 되는 것은 '디지털 기술'이다.

이 융합기술이 발전하면, 심지어 인간 자체를 개조하여 생물학적 한계까지도 극복할 수 있게 되고, 나아가 이 기술에 힘입어 능력이 증강된 인간 이후의 존재 포스트휴먼(post-human), 인간을 뛰어넘는 트랜스휴먼(trans-human)을 출현케 할 수 있다고 주장하는 이도 있지만,[3] 이러한 미래에 대한 전망의 신빙성보다도 지금 우리가 진지하게 검토해야 할 것은 이러한 융합기술의 속성과 그 성과다. 특히 디지털 기술이 어떤 점에서 이러한 융합기술의 토대가 되는지, 이에 대한 분석적 검토가 요구된다.

무엇보다도, 이 '융합'은 본래 '수렴'(收斂)이라는 의미를 강하게 지니고 있다. 사실 이 융합은 다양한 기술의 수평적 결합이 아니라 나노기술을 플랫폼으로 하는 수렴적 융합이다. 따라서 나노 수준의 물리적 구성요소로 환원될 수 있는 범위 내에서 이 융합은 가능하다. 이를테면, 인간의 인지작용이 뇌수 속 뉴런의 상호작용으로, 이 생화학적 작용은 다시 분자물리학적 작용으로, 그리고 이는 또 다시 나노기술 차원의 운동으로 환원되어 분석 조작되는 식이다.

디지털 기술의 작동 방식은 이미 앞에서(I부 1장) 살펴보았듯이, 이질적인 영역들의 질적 차이를 무시한 채 그 경계를 뛰어넘어 연속시킴으로써 이들을 동일선상에 펼쳐 놓는 데에 그 핵심이 있다. 이 기능

---

3 Ray Kurzweil, Kim E. Drexler 등. Kurzweil, Raymond, 김명남 외 역, 『특이점이 온다』, 김영사, 2016(2005) 참조.

이 바로 이질적인 영역의 요소들이 상호 간에 경계 없이 통섭(通涉)[4]하게 됨으로써 '융합'도 가능케 하는 핵심 요인이다. 이 점을 생각하면, '융합'이라는 말은 'convergence'에 대한 번역어로 다소 부정확한 점이 있다. 융합이라는 말로 지칭되는 것에는 연구 분야에서의 학제적(inter-disciplinary), 협력적(collaborative) 활동이나 통섭(統攝, consilience)을 비롯해, 문화 예술 분야에서의 혼성(hybrid), 일상에서의 퓨전(fusion), 결합(composition), 조합(combination) 등이 모두 포함될 수 있기 때문이다.[5]

철학적 관점에서 보면, 이 NBIC 융합 개념에는 물질주의라는 환원주의적 형이상학이 암암리에 전제돼 있다. 세계는 현상 너머의 그 실재에 있어서 다양하게 경계 지어진 것이 아니라 동일한 것이며, 그 동일성의 실질적 기반은 나노 차원의 물질이라는 것이다. 이 융합기술의 목표는 세계의 실재 인식, 즉 진리의 탐구에 있는 것이라기보다는 대상 세계를 활용하려는 기술적이고 도구적인 지식과 기술의 개발에 있는 것으로, 암암리에 기술지상주의적 성격이 강한 '기술미래주의'(Techno-futurism)를 전제로 하는 것이다.

'수렴'에 가까운 이러한 융합 개념을 무차별적으로 적용하는 획일성을 피하기 위해서는 개방적 안목을 갖고 융합 양상의 다양성을 진지

---

4 "서로 사귀어 오고 감으로써 널리 소통한다"는 뜻. "전체를 도맡아 다스린다"는 뜻의 통섭(統攝)이 아님.

5 국어/영어 뜻풀이를 참조.
- 통합(統合)/병합(倂合): 둘 이상의 조직이나 기구 따위를 하나로 합침.
- 연합(聯合): 두 가지 이상의 사물이 서로 합동하여 하나의 조직체를 만듦.
- 조합(組合): 여럿을 한데 모아 한 덩어리로 짬.
- 결합(結合): 둘 이상의 사물이나 사람이 서로 관계를 맺어 하나가 됨.
- 혼합(混合): 〈화학〉 두 가지 이상의 물질이 화학적인 결합을 하지 아니하고 섞이는 일.
- 화합(化合): 〈화학〉 둘 또는 그 이상의 화학종이 결합하여 본래의 성질을 잃어버리고 새로운 성질을 가진 화학종이 됨. 산소와 수소가 결합하여 물이 되는 일 따위
- 융합(融合): 다른 종류의 것이 녹아서 서로 구별이 없게 하나로 합해짐, 혹은 그렇게 만듦.
- fusion: 융합, 결합 e.g. The fusion of copper and zinc to produce brass.(황동을 만들기 위한 구리와 아연의 융합)
- hybrid: 혼성체, 혼합물 e,g, Music as a hybrid of Western pop and traditional folksong.(서구 팝과 전통 민요가 혼합된 음악)

하게 고려해야 할 것이다. 이와 관련해 이종관은 다음 네 가지의 융합을 구분하여 서술하고 있는데, 이는 융합 개념의 내용적 의미, 즉 내포(內包, intention/connotation)에 대한 상세한 설명이라 할 수 있다. 대상공유적 융합, 방법공유적 융합, 이론공유적 융합, 문제공유적 융합이 그들이다.[6]

대상공유적 융합은 상이한 영역의 연구가 연구대상의 실재성을 인정하고 그 대상을 공유하는 경우 성립하는 융합이다. 앞서 언급한 NBIC 융합에서처럼 나노스케일의 물질이라는 연구대상을 공유할 때 생물학과 정보학과 물리학이 융합하게 된다는 것이다. 혹은 범죄라는 동일한 사회현상을 심리학적 관점, 경제학적 관점, 철학적 관점 등 상이한 학문적 관점에서 연구하여 그 성과를 공유한다면 여기에 지식의 융합이 이루어지는 것과 같은 것이다.

방법공유적 융합은 연구 방법을 공유하는 경우 성립하는 융합이다. 이를테면 공학의 방법을 생물학이, 그리고 생물학의 방법을 공학이 채용할 때, 이 상이한 두 학문의 연구는 융합적 성과를 내게 된다.

이론공유적 융합이란 동일한 이론으로 다양한 학문 영역에 속하는 상이한 대상이나 현상을 설명하는 경우 성립하는 융합을 가리킨다. 이를테면, 복잡계 이론으로 미시적인 물리적 현상을 설명하기도 하고 거시적인 사회현상을 설명하기도 한다면, 여기에 사회학과 물리학이 융합하게 되는 것이다.

문제공유적 융합은 동일한 문제의식 아래 상이한 대상을 상이한 방법으로 탐구하는 경우에 이루어지는 융합이다. 환경문제의 해결이라는 문제를 두고 과소비에 초점을 맞춘 경제학 연구와 에너지의 흐름에 초점을 맞춘 공학 연구가 그 성과를 공유한다면, 이는 문제 공유적 융합의 한 예가 될 것이다.

좀 더 넓은 시야에서 21세기의 문명을 '융합문명'으로 규정하는 김문조에 따르면, 융합문명은 5개 측면, 즉 기술적 측면, 권력적 측면, 경제적 측면, 문화적 측면, 사상적 측면에서 새로운 특징적 양상들을 보이

---

6 이종관, 앞의 책, 33쪽 이하 참조.

는데,[7] 이 측면들도 또 다른 좀 더 거시적인 관점에서 융합 개념의 내포를 설명하여 명백히 드러낸 것이라 할 수 있다.

물론 이 가운데서 그 토대가 되는 것은 기술적 차원이고 그 핵심적 요인은 역시 '디지털 기술'이다. 기술적 측면에서 볼 때 융합은 한마디로 '디지털화'(Digitalization)로 압축된다. 즉 디지털 기술에 의한 의사소통 기기의 결합과 이를 통한 정보의 융합-호환을 그 주요 내용으로 한다. 이는 물론 모든 정보를 '일괄처리'하는 디지털 기술의 본질적 속성 때문에 가능한 것이요, 여기에 더하여 정보의 무한 복제, 정보 재생의 무한 반복, 정보의 온전한 복원, 자유로운 가공 등의 기술이 이를 더욱 용이하게 하는 요소들이다.

권력적 측면에서는 권력의 분산, 공동지배, 초국가적 지배구조의 형성 등이 현상적 특징이고; 경제적 측면에서는 창의성, 민첩성, 자기주도적 개발의 가치체계와 불안정성, 비연속성, 수평적 조직구도 등을 바탕으로 하는 연성적 형태가 특징적 내용이다. 문화적 측면에서는 다문화주의, 초국적주의, 혼성문화의 창출, 지구적 개방주의가 그 내용을 구성하며; 사상적 측면에서는 포스트모더니즘이 그 핵심적 특성인데, 이때 포스트모더니즘은 모호성, 단속성, 임의성 등을 함의하는 비결정성, 통합성을 거부하는 단편화 경향, 상대적 다양성을 수용하는 탈정전화(脫正典化)를 내용으로 하는 사상을 가리킨다.

3) 융합 개념의 외연

그렇다면 이 융합개념이 적용되는 영역들은 어떻게 구분될 수 있을까? 그 외연(外延, extension/denotation)을 살펴보기로 하자.

김문조는 "융합기술의 발달과 이에 따른 기술적 경제적 사회적 · 문화적 측면에서의 변화가 궁극적으로 융합문명의 출현으로 이어지고

---

7 김문조, 앞의 책, 21쪽 이하 참조.

있다"[8]고 진단하면서 융합을 현대사회의 향방을 좌우하는 핵심개념으로 보고 있다. 즉 융합은 현대사회 전반에서 일어나고 있는 시대적 현상이라는 것이다. 그러면서도 그는 융합이 일어나고 있는 현장을 8개 영역으로 구분해 그 현황을 개괄하는데, 이는 곧 융합 개념의 외연에 대한 설명으로 볼 수 있다. 그 8개 영역은 다음과 같다.[9]

① 기기의 융합: 서로 다른 기능의 기기들이 하나의 기기에 통합되어 기기의 기능적 융합을 수행하는 경우가 이에 해당한다. mp3 플레이어, PMP, 카메라, DMB, GPS, PDA 등의 기능을 두루 갖춘 스마트폰이 대표적이다.

② 매체의 융합: 음성 및 문자의 다중방송, 위성으로부터의 직접방송, 비데오텍스트, 팩시밀리 등 일대다의 일방향식 방송이거나 일대일의 양방향적 통신이 이루어지던 종전의 뉴미디어와 달리 최근의 뉴미디어는 양방향적 다대다 소통이 이루어지는 형태를 띤다. 오늘의 미디어 융합은 구글TV에서 보듯 기존의 미디어가 인터넷과 결합됨으로써 등장하게 된 현상이다. 매체융합은 새로운 소통양식을 실현한 것이다.

③ 콘텐츠의 융합: 문자, 음성, 영상 등 원초적 콘텐츠가 IT기술과 결합해 전자적 형태로 제작되면 디지털 콘텐츠가 되며, 이것이 정보통신망을 타게 되면 온라인 디지털 콘텐츠가 되는데, 이 과정에서 원초적 콘텐츠들은 자유롭게 융합, 재융합되어 우리의 지적 감성적 정신활동을 풍부하게 해준다. 주목할 것은 논리적인 사고내용과 비논리적인 감성내용이 상상의 영역에서 융합되어 창조적 내용을 산출한다는 점이다.

④ 산업적 융합: 서로 다른 영역에 속하는 기업들이 합병함으로써 이종(異種)의 산업 자체가 융합하는 경우를 가리킨다. 하드웨어

---

8 김문조, 같은 책, 193쪽.

9 김문조, 같은 책, 195쪽 이하 참조.

와 소프트웨어 간의 경계가 허물어지고 생산업체와 유통업체 간의 구분이 없어지는 등 융합이 단순히 기술적 차원에 그치지 않고 기업 및 조직의 영역에까지 확산되어 산업 자체의 융합을 실현한다는 것이다.

⑤ 제도적 융합: 산업화 과정에서 분리되었던 가정과 직장, 일과 놀이, 노동과 여가, 교육과 놀이, 노동과 교육 등이 미디어 융합으로 인한 시공간의 재구성에 힘입어 다시 융합되는 현상이 제도적으로 뒷받침되는 것이 이 제도적 융합이다. 활동의 시공간적 규격화, 표준화가 희석되어 직업활동과 가정생활이 융합하는 재택근무라든지, 놀이와 일이 융합하는 프로게이머의 등장이라든지, 소비자가 생산에 적극 참여함으로써 생산과 소비의 경계가 허물어지는 '프로슈머'(prosumer)의 등장 등이 이런 융합의 경우들이다.

⑥ 문화적 융합: 이는 문화생활 전반에서 서로 이질적인 요소들이 섞여 새로운 내용을 빚어내는 현상을 가리킨다. 의식주의 기본 일상생활에서부터 놀이나 취미 생활에 이르기까지 혼성(hybrid), 퓨전, 잡종의 현상이 일어나는데, 이런 것들이 뜻밖의 창의적인 삶의 양식을 개발하기도 한다.

⑦ 의식적 융합: 융합기술의 체계나 사회문화적 요소들의 융합 현상은 우리의 의식에도 변화를 불러일으키는데, 이때의 변화가 역시 이질적인 사고방식이나 규범의식을 융합시키는 방향으로 작용한다. 사회적 성(gender) 관념의 변화 같은 것이 그 좋은 예다.

⑧ 신체적 융합: 근래 개발되는 다양한 ICT기술은 인간의 감각을 확장시키고 강화시키는 방향으로 작동하지만, 경우에 따라서는 시각, 청각, 후각, 미각, 촉각 등의 감각을 동시적으로 참여케 하여 감각적 신체가 하나의 개체로 자기확인하는 데 기여하기도 한다, 3D영화에 이어 4D영화가 등장하는 것도 이런 신체적 융합의 한 예지만, 장차 사이버네틱스 기술의 발달은 인간과 기계의 융합을 통해 신체적 한계를 극복하고 새로운 감각을 체험할

수 있게 해줄 것이다.

이상 새로운 문명의 핵심적 양태라 할 수 있는 '융합'의 내적 의미 즉 내포와, 이 개념을 적용시켜 지칭할 수 있는 여러 문화현상 즉 그 외연을 살펴보았지만, 역시 변화의 근저에는 '디지털 기술'의 획기적 발달이 도사리고 있음을 부인할 수 없다. 그렇다면, '융합'은 우리가 의도적으로 선택하거나 배제할 수 있는 이념의 문제가 아니라 문명사적 발전 경로에 등장한 불가피한 역사(役事)라 하겠다. 비판적 태도를 견지하되 이를 수용하여 역사(歷史)에 편입시키는 것이 당대의 시대정신이라고 보아 합당할 것이다. 지구적 차원에서 전개되는 이 메가트렌드를 외면한다면, 오히려 역사의 낙오자가 될 것이기 때문이다. 그렇다면 우리는 '융복합시대의 대학교육'이라는 주제에 관해 아래 어떤 성찰을 해야 할까? '융합문명', '융합의 시대정신'과 관련해 교육의 영역에서 견지해야 할 테제는 무엇이고 혁신해야 할 현실은 무엇일까?

4) 융합문명의 진앙: '디지털 혁명'

'제3의 물결'[10], '문명의 전환'[11], '메가트렌드'[12]…. 무언가 획기적이고도 전면적인, 심대한 격변을 암시하는 이러한 어휘들로 현대의 시대적 상황을 표현하는 것이 우리에게 더 이상 낯설지 않다. 이 새로운 시대의 문명사적 성격을 내용적으로 아예 '탈-현대'[13]라는 말로 규정하기

10 Alvin Toffler, *The Third Wave*, Bantam Books, 1980.

11 Fritjof Capra, *The Turning Point: Science, Society, and the Rising Culture*, Simon and Schuster, 1982.

12 John Naisbitt, *Megatrends: Ten New Directions Transforming Our Lives*, Warner Books, 1982.

13 Jean-François Lyotard, *La Condition postmoderne: rapport sur le savoir*, Minuit, 1979.

시작한 것도 오래 된 일이요, 최근 '4차 산업혁명'[14]을 논하는 일이 빈번해진 것을 보면, 우리가 사는 이 시대가 더 이상 근대의 연장인 현대가 아니라 현대를 벗어난 전혀 다른 시대가 되어가고 있다는 관찰과 진단이 설득력을 얻고 있는 것 같다.

무엇보다도 고도 과학기술에 의해 격변하게 된 인류의 사회적 개인적 삶의 모습이 근대적 삶의 단순한 변형이 아니라 근대적 삶의 근본적이고도 전면적인 대체로 이해될 때, 우리는 현대를 좀 더 발전한 근대사회로 볼 수 없고, 거기서 만나는 문명을 근대문명을 넘어서는 새로운 형태의 문명으로 이해해야 할 것이다.

21세기 인류문명의 이러한 거대 변화를 정보화 및 글로벌화(=세계화)로 보는 데에는 식자들 간에 별 이견이 없는 듯하다. 그런데 주목할 것은 이 두 가지 메가트렌드가 서로 긴밀히 연계되어 있다는 것이요, 이 점이 새로이 등장하는 신문명의 바탕이 되고 있다는 것이다.

거듭 말하거니와 정보화의 핵심에 있는 것은 '디지털 기술'(Digital Technology)이다. 디지털 기술의 근본은 물론 이른바 '디지털 방식'의 공학적 실현에 있다. 좀 더 정확히 말하자면, '디지털 컨버전스'(Convergence)의 기술적 실현에 있다.

그렇다면 디지털 기술의 어떤 점이 문명사에 전기를 마련하는 엄청난 변화를 불러왔다는 것인가? 앞서 이미 융합의 기술적 가능근거로서 디지털 기술을 언급했지만, 무엇보다도 획기적인 것은 디지털 컨버전스를 통해 사유작용과 지각작용이 기계 속에서 호환하고 융합한다는 점이다. 디지털 기술은 인공지능기술과 통신기술을 각각 획기적으로 발전시켰다. 그러나 디지털 기술의 혁명적 성격은 그것이 이 두 가지 기술을 하나로 통합시켰다는 데 있다. 디지털 기술은 신체적 제약을 벗어나는 '인공지능'에 기초한 정보기술과 감각적 지각 영역을 광대하게 확장시키는 통신기술, 즉 커뮤니케이션 기술을 하나의 '정보통신기술'(ICT)로 통합했다. 그리고 이렇게 함으로써 디지털 기술은 논리적 사유와 감

---

14 Klaus Schwab, T*he 4th Industrial Revolution*, 2016.

각적 지각의 융합(融合) 및 호환(互換)을 비생명적 공간 속에서 실현시켰는데, 디지털 기술의 혁명적 성격은 바로 여기에 있다. 자연종으로서의 영장류 동물에서나 가능했던 일이 이제 대량 생산되는 '기계' 속에서 구현된 것이다.[15]

또 다른 혁명적 요인은 이 디지털 기술이 인간의 문화적 활동에서 시간적 · 공간적 제약을 최대한 제거해 준다는 데에 있다. 시간적 · 공간적 제약이 거의 없는 세계가 인간의 생활세계에 등장한다. '유비쿼터스 커뮤니케이션'(Ubiquitous Communication)과 가상현실(Virtual Realty)이 이를 말해 주고 있다. 이 새로운 세계는 물리적 공간의 핵심적 원리인 공간 관계의 배타성(排他性)이 더 이상 작동되지 않음으로써 연장성(延長性) 즉 거리(距離)가 사라지고, 그 당연한 결과로 이 공간 안에서의 사건들은 역시 자연적인 실제 시간의 흐름, 즉 시간의 순차성(順次性)에서 벗어난다.

5) '디지털 혁명'의 문화적 파장

이러한 혁명적 요인이 인간의 문명적 삶에 가져다준 근본적 변화는 무엇일까? 앞서 첫 장에서도 이미 간략히 언급한 바 있으나 다시금 좀 더 상세히 짚어보도록 한다.

첫째, 디지털 기술의 등장은 '모자이크적' 지각에 의한 '선형적'(線形的) 사고의 대체를 불러왔다. 사유는 선형적 구조로 되어 있으며 각각의 단계는 나름의 규칙에 의해 규율되어야 성공적인 사고의 흐름이 완성되는 것이다. 이것은 정신의 집중을 요하기 때문에 능동적인 긴장을 하게 하는 활동으로서, 단속적으로 분산될 수 있는 소극적 지각의 과정과는 대비되는 것이다. 그 결과 논리적 · 합리적 사고보다 감각적 지각을 선호하는 생활이 널리 확산된다. 감각적 지각을 양적으로 분할하여

15 이성적 사유(noesis)와 감각적 지각(aisthesis), 이 둘은 전통적으로 인식론 철학에서 서로 융합하거나 호환될 수 없는 인식의 두 근원으로 인식되어 왔다.

수학적으로 연산 처리할 수 있는 과정을 개발함으로써, 거꾸로 논리적 사유의 성과를 감각적으로 지각하게 하는 '알고리즘'(Algorithm)을 개발이 필요해진다.

둘째, 디지털 기술은 물리적 거리(距離)의 소멸과 시간의 증발을 결과로 가져옴으로써, 사람들로 하여금 욕구충족 과정의 순차성과 단계성을 뛰어넘어 총체적 욕구를 동시에 충족시킬 수 있는 기술을 추구하게 만든다. 기술의 융복합과 산업의 융복합 현상은 이러한 욕구 및 욕구충족의 변화된 기대에 부응하기 위해 취해진 현상이다. 흔히 '정보화'라 일컫는 시대적 변화는 근본적으로 바로 이 두 가지에서 연원하는 것이다.

셋째, 디지털 기술은 공동체의 삶을 '유목화'시킨다. '유목화'라는 것은 '탈중심화', '탈영토화'를 의미한다. 디지털 혁명에 의거한 정보화 사회의 도래는 인간의 원래적인 세계체험의 시공간적 양식을 바꿔놓았고 이는 필연적으로 공동체를 구성하고 운영하는 방식에도 변화를 불러왔다. 사회조직은 기존의 거대하고 고정적인 피라미드 모형에서 작고 유동적인 네트워크 모형으로 변화한다. 그리고 이것은 개인과 개인의 관계에 있어서도 변화를 동반한다. 사람들간의 인격적 관계들은 축소, 약화되고 더욱 피상적으로 변해간다. 혈연적 지역적 연고에 의한 공동체적 유대도 약화, 와해한다. 사회 구성원의 개체화가 강화되고 개인의 고립화 현상이 심화된다. 계층이 다원화, 분산화된다. 이것이 곧 들뢰즈나 가타리 등이 말하는 삶의 '유목화' 현상이다. 이 유목화 현상이 가장 넓은 영역에서, 최대 규모로 전개된 것이 곧 '세계화'다.

오늘날 우리가 맞고 있는 세계화의 추세는 지역적 특수성을 염두에 두지 않을 뿐 아니라, 문화의 다양한 성층구조[16]도 고려하지 않은 채 문화를 단층화시키는 현상을 보이고 있다. 문화종합이 문화획일화나 문화

16 인간의 문화를 ① 과학, 기술을 발달시키고 이를 토대로 산업을 일으키는 물질적 경제생활, ② 가족제도, 언어, 습속, 도덕처럼 자연적으로 이루어지는 사회적 교섭관계, ③ 법체계, 정치제도, 사회제도, 교육제도처럼 의도적으로 기획함으로써 구성해내는 사회적 교섭관계, ④ 철학, 종교와 예술 등, 주어진 사실을 넘어서서 가치 내지 이념을 지향하는 활동 등으로 성층화해 본다.

단층화로 왜곡되어서는 아니 되지만, 디지털 기술의 몰가치적 추동력은 이를 현실로 만들고 있는데, 이는 모든 질적 내용을 철저히 양화시키는 디지털 기술의 본성상 불가피한 측면이기도 하다.

2008년의 국제금융 위기 이래 그간 신봉해왔던 신자유주의에 대해 비판이 거세진 것은 사실이지만, 경제를 '자유 시장의 원리'에 따라 운영해야 한다는 '시장주의'는 여전히 세계경제를 지배하는 원리로 타당시되고 있다. 시장에서 사고 파는 것은 그저 물건이 아니라 '상품'이다. 추상의 극치를 구현하는 화폐가 매개체가 되어 모든 종류의 욕구충족 가능성이 획일적으로 동질화-추상화되어 압축된 '상품'이 '거래'되는 곳이 시장이다. 문화의 성층구조에서 드러나는 이질적 영역들이 여기선 화폐를 매개로 획일화, 단층화된다. 그리고 시장이 요구하는 행동방식은 오직 합리적 이기심이다. 여기서 합리성이란 물론 철저히 '도구적 합리성'이다. 공동체가 요구하는 일반적인 도덕적 규범도 여기서는 유보된다. '시장'의 본성이 이러하다 보니, 그것은 국경을 넘어 전세계로 확장되어 나아갈 수 있는 것이요, 이 점이 '세계화'를 촉진하는 주요 요인이다.[17]

그런데 세계화가 전개되는 정보사회는 인간의 모든 활동이 정보 통신기술이 제공하는 서비스의 지원을 받아 이루어지는 사회다. 부가가치의 창출을 목적으로 하는 경제활동에서 이는 더욱 뚜렷하다. 생산성 증대에 핵심적으로 기여하는 것은 이제 더 이상 기계적 기술이 아니라 정보를 생산, 유통, 소비하는 '지적' 기술이요, 따라서 실제로는 '정보'가 핵심적인 경제적 자원의 자리를 차지한다. '지식기반사회'니 '지식산업사회'니 하는 말이 가리키는 바가 바로 이것이다. 그런데 이때 '지식'이란 수학적 연산과 공학적 처리가 가능한 "정보량으로 번역될 수 있을 때에만 새로운 회로로 들어가 활용될 수"[18] 있으므로 더더욱 탈규범적-몰가치적이고 추상적인 상품이 된다. '지식'의 획득은 정신활동의 산물이면서도 정신의 고양이나 인격의 도야와는 일단 무관하다. "지식은 자

17 이정전, 『시장은 정말 우리를 행복하게 하는가』, 한길사, 2002, 341쪽 이하 참조.

18 J.-F. 료타르(이현복 역), 『포스트 모던적 조건』, 서광사, 1992, 20쪽.

신의 본래적인 고유목적을 포기한 채, 사용가치를 상실하고 교환되기 위해 생산될 뿐이어서, 지식의 공급자 및 사용자가 지식에 대해 갖는 관계는 상품의 생산자 및 소비자가 상품에 대해 갖는 관계와 다를 바가 없이 되었다."[19]

6) 디지털 시대의 지적 지형(地形)

정보화와 세계화의 문화적 파장이 미시적으로나 거시적으로나 이렇듯 문명생활의 근본 양식을 바꿔놓고 있는 마당에, 지식사회가 변화하지 않고 종전대로 유지된다는 것은 생각할 수 없는 일이다. 지식의 성격 및 양태에 큰 변화가 다가온 것은 당연한 일이다. 새로운 산업활동에 대한 전망, 그리고 새로운 정치사회적 역학관계의 기획에 새로운 지적 활동이 요구되는 것이다. 복합적 욕구충족에 부응하는 복합지식이 요구되며, 유동적인 유목적 삶에 기여할 유연한 지식이 요구된다. 전통적으로 추구해 온 불변의 보편타당한 "학적 지식"(episteme)은 그 위상과 기능과 역할에서 변모를 겪게 된다. 정체성이 변하지 않는 전통 속에 안정된 독자적 폐쇄사회는 더 이상 현대의 시대상에 어울리지 않기 때문에, 그런 사회상을 선도(先導)하던 지식체계에도 변화가 온 것이다. 유목적 삶이 전 지구적 차원으로 확산되고 전 세계가 하나의 촌락으로 좁아질 만큼 정보의 유통이 원활한 다문화(multi-cultural; inter-cultural) 시대다. 이 시대에 관계성, 다양성, 상대성, 가변성으로 특징지어지는 문화적 지형(地形)에 조응하는 지식은 바로 이러한 현실적 삶에 상황 적응의 형식을 부여하는(in-formatio) 유연하고 탄력적인 "정보"(information)이다. 지식사회의 지형과 관련해 주목해야 할 것은 이런 것들이다.

---

19 같은 책, 같은 곳.

① 지식이 장기간에 걸쳐 어렵게 창출, 전수, 활용되던 과거와 달리 매우 용이하게 산출, 복제, 유통, 소비된다.
② 산출되는 정보의 양은 천문학적으로 급증하며, 이렇게 생산되는 정보의 유통에는 시간적 · 공간적 제약이 거의 없다.
③ 문맥적 역사가 은폐된다는 의미에서 '기원(起源)이 소실(消失)된', 파편화된 정보들이 범람한다. 그 결과 'con-text'는 고사하고 'text'마저도 충실히 수용하지 않고 'hyper-text'에 만족하는 지적활동이 보편화되어 삶의 질을 고양시키는 정보를 취사선택하는 일이 어렵다.
④ 정보의 효용기간, 즉 수명이 급속히 단축된다.
⑤ 감각적 지각작용이 논리적 사유 활동보다 우세해져 문해적(literate) 의사소통을 문맹적(illiterate) 의사소통이 대체하는 현상이 확산된다.

이 현상들은 지식사회가 고정된 지식의 비축과 독점에 머물지 않고 유동적 정보의 유통과 공유를 향해 개방된다는 전향적 함의도 갖지만, 그보다도 그 다원화 및 다양화에 대한 대가로 지식이 인간의 실천적 행동에서 선도적(先導的)인 역할을 하지 못하고 오히려 방향감각을 상실케 함을 뜻하기도 한다.

인간의 지적 활동 및 그 성취물을 4개 층위, 즉 자료-정보-지식-지혜로 구성되는 위계적 체계로 이해하는 이른바 '지식의 층위'(Hierarchy of Knowledge) 이론[20]에 비추어 보자면, 정보사회에서의 지적 활동은 문자

20 이 이론은 '조직화 이론'(organizational theory), 혹은 '체계이론'(general systems theory) 분야에서 일반적으로 수용되고 있는데, 그 최초의 전거는 불분명하다. 그 아이디어의 단초는 T. S. Eliot의 시, "Choruses from 'The Rock'"에 나오는 다음의 행들에서 유래한다고 한다.

Where is the life we have lost in living?
Where is the wisdom we have lost in knowledge?
Where is the knowledge we have lost in information?

이 이론에 따르면 인간의 지적활동은 4가지 층위에서 전개되며 그 성취물 또한 피라미드적인 4가지 층위를 이루는데, 자료-정보-지식-지혜(DIKW: Data-Information-Knowledge-

그대로 '정보'의 차원에 머물러 있다고 볼 수 있다. 이때 정보는 우리의 잠정적이고 단편적인 행동에 유용성의 지침을 제공하긴 하나, 그것이 원리적이고 체계적으로 정당화되어 객관적 타당성을 갖는 것은 아니다. 개인적 · 일시적 · 파편적인 행동에 기껏해야 도구적 합리성만을 제공할 뿐 우리의 삶 전체의 목적이나 가치에 관계하는 규범적 의미를 추구하는 것은 아니다. 따라서 이러한 '탈맥락적' 정보의 범람이 행동의 '방향 상실'을 야기하는 것은 불가피해 보인다.

바로 이러한 현상 때문에, 아니 이러한 트렌드가 가져오는 부정적 작용을 극복하기 위해서 역설적으로

⑥ 복합적 지식과 융합적 사고능력에 대한 수요가 급증한다. 기술과 산업에서 활발하게 일어나는 융합 현상은 이를 반증해 주는 것이라고 볼 수 있다.

7) 새로운 요구에 직면한 대학교육

인간의 욕구 내용 및 욕구충족 방식이 달라지고, 기술의 발전을 토대로 한 융복합적 산업이 이를 구현하는 오늘의 '지식기반사회'에서, 그리고 공동체적 삶의 범위가 전 지구로 확장되는 세계화의 시대에, 지식의 산출과 유통을 담당하는 대학의 연구와 교육에서 변화가 생기는 것

Wisdom)가 그것이다: 자료란 가공되지 않은 단순히 수집된 사실이다. 정보는 자료들이 모여 하나의 관계 속에서 의미를 갖게 된 것이다. 정보의 효용성은 특정 목적을 달성하기 위한 행동의 선택에 기여하는 데에 있다. 지식이란 동종의 정보가 집적되어 일반화된 것으로, 특정 목적의 달성에 유용한 추상화되고 일반화된 정보라 할 수 있다. 이 일반화에 필요한 것이 원리적 통일적으로 조직되어 객관적 타당성을 갖추는 일이다. 그러나 지식이 어디까지나 대상에 관한 앎임에 반해, 지혜란 인간 존재의 목적 그 자체에 대한 앎, 규범적 이상적 가치에 대한 앎을 가리키는 것이다. 현실적으로 지혜란 삶의 맥락에 합당하게 지식을 활용할 수 있는 통찰을 가리킨다. http://en.wikipedia.org/wiki/DIKW 참조.

은 당연한 일이다.[21]

첫째, 대학교육은 이제 지식의 습득 및 소비 교육에서 지식창출 능력 교육으로 전환되어야 한다. 이제 교육은 기존 지식의 전달-전수가 아니라, 지식을 창출하고, 응용하고, 적응할 수 있는 기초능력을 키워주는데 주안점을 둬야 한다. 새로운 정보, 지식을 산출, 생산할 수 있는 창의적 사고 능력, 엄청난 양의 정보 가운데서 적합한 정보를 선별할 수 있는 비판적 사고 능력, 자신의 사유내용을 공동체 구성원과 공유할 수 있는 의사소통능력, 그리고 무엇보다도 이러한 능력을 발휘해 핵심적인 문제를 찾고 그 문제를 해결할 수 있는 안목을 키워줄 수 있는 교육이 필요하다. 이를 위해서는 융복합적 사고력을 함양하는 교육이 전제되어야 함은 물론이다.

둘째, 대학교육은 이제 분과 전문교육에서 종합 일반교육으로 전환되어야 한다. 변화된 시대상에서 볼 때 특히 중요한 것은 세분화된 분야들의 위상을 전체 속에서 가늠해 볼 수 있는 총체적 · 융합적 사유의 능력이다. 앞으로 새로운 사회가 요구하고 대학이 응해야 할 중요문제는 대체로 여러 지식분야에 걸쳐 있는 복합적인 문제들이므로 이를 총체적으로 조망하는 융합적 사고능력이 없으면 부분에 관한 전문지식도 무력해지기 쉽기 때문이다. 분업, 분화가 생산성을 높이던 산업 시대와 달리 오늘의 현실은 기술과 산업이 융합하는데 필요한 여러 영역의 지식을 융합하는 사고능력을 필요로 한다.

셋째, 대학교육은 정보사회에서 더욱 힘을 발휘하는, "이성과 감성을 넘나드는" 능력을 기르는 교육이어야 한다. 디지털 기술은 각종의 정보를 그 질적 성격에 구애받지 않고 수학적으로 연산 처리하는 방식이다. 질적 성격이란 감각적 지각의 대상으로 우리의 감성을 움직이는 것이고, 바이너리 코드로 처리하는 수학적인 연산은 정밀한 사고 활동이다. 따라서 이 두 영역을 넘나들 수 있기 위해서는 정서적 감응능력과 합리적 사고능력이 동시에 요구되며 나아가 이 둘이 함께 협동하는 것

---

21 앞서(I부 1장) 일부 언급된 내용이나 논의의 흐름을 위해 좀 더 상세히 재진술함.

이 필수적이다. 사유와 감각의 호환기술은 이제 감각내용의 논리화, 사유내용의 감각화를 요구한다. 이에 따라 대학교육은 합리적인 과학적 · 수학적 사유능력과 예술적 감수성은 물론 인문학적 직관, 도덕적 성찰력 등도 함께 함양해야만 한다.

궁극적으로는 이 모든 교육적 요구가 핵심적으로는 문제해결의 능력을 함양하는 데에 귀착한다. 인간의 사고활동은 기본적으로 문제를 해결하기 위한 활동이다. 문제(問題)란 한자말로는 '묻는 주제'이지만, 서양어에서는 어원적으로 '앞에 던져진 것'(pro+blema), 즉 '앞을 가로막는 것'이다. 사고활동이란 이 장애물을 극복하는 방법 중 가장 효과적인 것이다. '방법'을 가리키는 희랍어가 '길을 따라'(meta+hodos) 가는 것을 뜻하는 말임은 이를 의미한다. '장애물을 걷어내고 길을 따라가는' 것이 곧 문제를 해결하는 일이다.

모든 문제는 '새로운' 문제다. 무엇인가가 문제가 된다는 것은 그에 대한 해결 방법이 아직 없음을 뜻하기 때문이다. 따라서 문제해결 방법은, 그것이 성공적인 것이라면, 모두 새로운 방법이요, 그런 의미에서 '창의적인' 것이다.

그렇다면, 새로운 방법은 어떻게 찾아지는가? 새로운 해결 방법 또한 사고의 산물이겠지만, 그 새로운 앎은 기성 지식과 경험의 재구성에서 얻어진다고 본다. 다양한 기성지식과 경험의 융합에서 얻어지는 새로운 지식, 그것이 곧 문제해결의 열쇠다. 그렇다면 문제해결능력이란 다양한 지식을 융합하는 능력과 다를 바가 없는 것이다. 창의성을 추구하지 않는 교육은 훈련이거나 조련이다. 결국 교육이란 융합능력을 함양하여 새로운 문제들을 극복하고 더 바람직한 삶을 향해 앞으로 나아가도록 길을 터주는 일이다.

이러한 새 방향의 교육은 실은 고전적인 '자유교육'(liberal education)의 이념과 근대적인 '일반교육'(general education)의 이념을 통합한 '교양교육'[22]의 이념과 통한다.[23] 본래 이런 의미의 '교양교육'이란 특정의 전문적인 활동을 하는 직업인이 아닌, 그에 앞서는 전인적 인격체로서의 인간을 형성하는 교육이다. 환언하면 특정 목적에 수단으로서 봉사하는 지식이나 기술을 습득하는 교육이 아니라 그 자체로 본래적 가치를 갖는 품성을 도야하고 자기목적적 활동을 할 수 있는 총체적 능력을 기르는 교육이다. 이러한 능력이야말로 융합적 사고를 필요로 하는 것이다. 그 어느 때보다도 진정한 의미에서의 '교양교육'이 새삼스레 진지하게 요청되는 이유가 바로 여기에 있다.

자유교육, 일반교육으로서의 교양교육이 중요하다 해서 특정분야의 전문지식 교육이 중요하지 않다는 것은 아니다. 오히려 그 전문지식을 비판적으로 수용하고 적실성 있게 활용하기 위해서라도 폭넓은 사유의 지평 위에서 부분들을 융합하여 전체를 조망하는 이런 지적 능력이 요구된다는 말이다.

8) 한국의 대학교육: 전공분립교육

이러한 새로운 교육적 요구에 비추어 볼 때 오늘날 한국 대학의 고등교육은 어떤 상태인가? 우리는 다음 세 가지가 오늘날 한국 대학교육의 현실 가운데 눈에 띄는 주요 특징이라고 본다.

첫째, 전공학과의 전공학업이 대학교육의 중심축을 이룬다는 점이

---

22 주지하다시피 이 말은 근대화 과정의 일본 지식인이 근대 독일의 철학자이자 교육학자인 W. Homboldt가 주창한 'Menschenbildung'(인간형성)이라는 뜻의 'Bildung'을 번역한 용어다.

23 고전적인 자유교육(Liberal Education) 혹은 자유학예교육(Liberal Arts Education)의 내용인 3학(trivium: 문법, 논리학, 수사학) 및 4과(quadrivium: 대수, 기하, 음악, 천문학)는 근대에 들어와 일반교육(General Education)의 내용이 되었으며, 자유교육의 내용은 새로이 등장하는 여러 기초학문들, 즉 인문학, 기초사회과학, 기초자연과학으로 채워지게 되었다, 21세기 정보사회에서는 일반교육의 내용에 정보문해력 배양을 핵심으로 하는 IT/SW교육이 추가되어야 할 것이다.

다. 학생들은 입학할 때부터 특정 전공학과에 '전속'되어 그 특정분야의 전공학업을 이수해 나가는 것이 대학교육의 거의 전부를 이룬다.[24] 전공학과는 교수와 학생이 공동으로 '전속'되어 있는 교육 및 연구의 기본 단위이자, 동시에 '생활공동체'이기도 하다. 나아가 많은 경우 교무행정적으로도 중요한 대목에서는 실질적인 의사결정권을 행사하는 기본 주체이기도 하다. 따라서 전공학과는 각기 독자적인 정체성을 갖고 대학을 구성하는 실체로서, 타 전공학과의 활동이나 대학 전체의 관심사와는 거의 무관하게 자율적으로 움직이는 기구이다.

전공학과의 이런 배타적(?) 독자성은 학문적 전문성과 연구의 자율성을 보장하는 '자유로운 탐구활동'이라는 이념에서 유래한 것이기도 하다. 대학교육이 엘리트 교육의 성격을 강하게 띠었던 환경에서는 타당시되었던 것이기도 하다. 다른 한편, 특히 급격히 산업화를 추진해야 했던 한국에서는 특정분야의 전문지식과 기술의 습득이 무엇보다도 우선적으로 필요했기에 그런 상황에서 '분립적' 전공학업은 대학교육의 중심이 될 수밖에 없었다. 말하자면, 급격한 산업화의 교육수요에 대학교육이 불가피하게 구속되어 부응했다는 것이다.

둘째, 기초학문과 응용학문의 차이를 존중하지 않고 동일 평면에 놓고 학사행정을 운영하는 데서 오는 현상으로서, 전공학과들 중에서도 특히 직업활동 영역과 유관한 응용학문 분야의 전공학과들이 더욱 흥성하며 대학의 중심역할을 하고 있다는 점이다. 대학교육이 전반적으로 응용학문중심의 교육이 되었으며. 그에 비하면 구체적인 직업 활동과는 무관한 기초학문 분야의 전공학과들은 위축되고 소외되고 폐쇄되고 있

24 물론 근래에 복수전공, 부전공 등의 학사제도가 널리 도입되어 시행되고 있는 것은 사실이지만, 그 실상을 보면 학업의 다양화라는 본래의 취지가 실현되고 있다기보다는 입학 당시에 타의적으로 택한 원치 않는 전공을 떠나 현실적 수요에 부응하는 학업을 택하는 기회가 주어진다는 데에 그 현실적 의의가 있다고 보아야 할 것이다.

다.[25] 대학 진학률이 상승하여[26] 대학교육이 더 이상 엘리트 교육이 아니라 '대중교육'이 되었고, 따라서 대학교육의 목적은 대다수 학생의 요구에 따라 학문탐구를 위한 준비에 있다기보다는 직업능력 배양에 있게 된 것이다. 대학교육이 전반적으로 학문중심이 아니라 직업중심으로 변모하게 되었다는 것이다.

셋째, 교양교육은 소홀히 방치되어 있거나 그 본래의 이념과는 달리 그 위상이 현격히 '격하되어' 왜곡, 변질되어 있다는 점이다. 본래 교양교육은 기초학문교육이어야 하고 따라서 기초학문 분야의 학과들이 전교생을 대상으로 교양교육을 담당해야 하는데, 자과 학생들의 전공교육에만 매달려 왔기 때문에 교양교육이 부실해진 것이다. 기초학문 분야 학과들은 자과의 전공학생 수가 줄어들면서 학과 자체가 폐쇄되는 사태에까지 이르면서도, 전교생을 대상으로 하는 교양교육의 강화에는 소극적이었던 것이 실로 심각한 문제다. 기초학문 분야 학과가 이런 쇠퇴의 길을 갈 때, 응용학문 분야의 전공교육은 더욱 세분화되어 학생들의 지적 시야는 더욱 '협소화'되었으며, 이를 보완해줄 교양교육은 그 본래의 과제를 수행치 못하고 더욱 무력해져 온 것이다. 교양교육은 전공교육의 보조 역할을 하는 예비교육으로 전락하거나, 학술적 성격을 상실한 실용교육으로 변질되거나, 심지어는 고등교육의 범위를 벗어난 취미생활이나 일상 상식의 연장으로 타락하기까지 하는 실상을 보이기도 했다.

이렇게 되면, 대학은 더 이상 지성의 산실이 아니라 특정분야의 기성 지식이나 기술을 교육할 뿐 가치 성찰의 지혜교육은 포기한 채 '무교양' 기능인을 양성하는 실용직업학교가 된다. 여러 분야에 걸쳐 복합적 지식을 습득하고 이들을 융합하는 안목과 능력을 함양하는 교육은 기대하기 어렵게 된 것이다.

---

25 일례로, 지난 20년 사이 철학과를 설치해 운영하는 대학교가 65개교에서 25개교로 크게 감소하였다.

26 총론 각주 6 참조.

9) 기초학문교육으로서의 교양교육

전공교육이 특정분야의 전문인으로서 활동할 수 있는 능력, 즉 분화된 특수한 분야에 어울리는 전문화된 능력을 길러주는 교육이라면, 교양교육이란, 그 고전적 이념에 따르면, 이러한 특수한 전문능력을 갖고 특수 분야에서 특정의 전문적인 활동을 하는 직업인이기에 앞서 지정의(知情意) 모든 면에서 다양하고 풍부한 삶을 살아가는 전인적 인격체로서의 인간을 형성케 해주는 교육이라고 할 것이다.

전문교육에 앞서 교양교육이 필요한 이유는 첫째, 누구나가 직업적 전문인이기에 앞서 그저 '인간'이며, 이 인간으로서의 삶에는 전문인으로서의 삶에 등장하지 않는 더 다양하고 광범한 문화적 가치의 영역이 주어지기 때문이다. 따라서 모든 영역에서 '인간'이 추구하는 보편적인 문화적 가치를 이해하고 향유할 수 있는 문화인으로 고양시키는 일이 교육의 중요한 과제가 아닐 수 없다. 이것이 곧 '인간형성'(Bildung)이다. 이 '인간형성' 없이는 '전문인'이라는 것이 무의미하기도 하고 또 불가능하기도 하다.

교양교육이 필요한 두 번째 이유는 누구나가 동일한 전문집단의 구성원이 아닌 수많은 사람들과 함께 공동체적 삶을 영위하지 않을 수 없다는 데에 있다. 공동체적 존재로서 사회적 책임을 외면한 채 삶을 영위할 수 없는 것이 인간이요, 그 책임을 다할 수 있기 위해선 공동체가 공유하는 '일반적 가치와 규범'을 인식하고 실현시킬 수 있어야 하기 때문이다.

이 고전적인 교양교육의 이념은 그대로 타당하지만, 오늘의 현대적 관점에서 보면, 교양교육은 여러 영역을 아우르는 '균형 잡힌' 일반적인 지식을 가르침으로써 사물을 종합적으로 판단할 수 있는 융합적 사고능력을 함양하는 교육으로 더 의미가 크다. 그래서 대학의 교양교육에 관해 우선 강조되어야 할 것은 그것이 일차적으로 다학문적 융합교육이어야 한다는 점이다. 여러 학문분야의 지식을 습득하는 것이 우선 필요하다. 특정 분야에서 얻는 전문지식들을 유기적으로 융합하여 새로운 발상을 하는 창의적 사고능력은 다학문적 융합교육에서 길러진다. 그리고 그 가운데서도 원리적이고 근본적인 문제를 다루는 기초학문 분야, 즉 인문학, 기초사회과학, 자연과학의 영역을 골고루 학습하는 데서 길러진다. 거기서 융합적 사고의 '지적 연결지평'이 형성되고 이 지평 위에서 다른 모든 지적 활동이 결실을 맺을 수 있기 때문이다.

여기서 우리는 교양교육이 왜 기초학문교육이어야 하는지 그 합당한 논거를 찾아야 할 것이다.

첫째, 우선 교양교육이 균형 잡힌 세계관과 인간관, 그리고 건전한 가치관의 형성에 그 목적이 있다고 보고 이 문제를 짚어보자. 인간의 삶의 터전인 세계를 그 자체로서 객관적으로 파악하는 일은 인간이 자신의 삶을 기획하고 성공적으로 영위하기 위해 필수적인 것이다. 세계의 존재 그 자체에 대한 객관적 이해는 현실 속의 어떤 특정한 이해관계를 떠날 때에만 가능한 것이므로 이는 순수한 기초학문의 탐구에서 가능한 것이다. 존재의 원리를 포함한 존재하는 세계 전체에 대한 포괄적 이해는 세계를 대상으로 하는 다양한 과학적 탐구의 성과를 토대로 한 철학적 논구를 통해 이루어진다.

인간존재에 대한 이해도 마찬가지다. 인간의 자기이해와 이를 토대로 한 개개인의 인격적 자기정체성의 확립은 의미 있는 반성적 삶의 전제조건이다. 인간 자신에 대한 반성적 성찰은 모든 인문학적 탐구의 과제인 바, 인간관의 확립은 문학, 역사, 철학의 탐구 성과를 토대로 가능한 일이다. 주제적으로 인간을 다루는 인간학, 특히 철학적 인간학은 이를 위한 명시적 탐구라 할 수 있다.

인간의 삶은 주어진 사실의 세계 안에서만 이루어지는 것이 아니다. 장차 사실의 세계로 실현될 가능적 세계, 즉 가치의 세계가 오히려 인간의 삶을 이끄는 더 큰 힘이 될 수 있다. 사실의 세계가 인간을 뒤에서 압박하는 세계라면 가치의 세계는 인간을 앞에서 선도(先導)하는 세계라 할 수 있다. 어떤 가치가 더 우위에 놓이는 가치로 우선시되어야 할지, 이 문제는 따라서 인간의 삶에서 그 방향을 결정하는 핵심 사항이다. 가치관의 확립이란 이러한 가치 간의 서열 내지는 우선 순위에 대한 지속적이고 확고한 믿음을 갖게 되는 것을 말한다. 가치관의 확립도 기초학문, 특히 인문학의 교육을 통해 달성될 수 있는 과제다.

둘째, 교양교육이 기초학문교육이어야 하는 또 다른 이유는 한국의 사회문화적 배경에서 찾아볼 수 있다. 산업화 과정을 일정 수준 성공적으로 수행한 한국사회는 이제 선진국의 지식과 기술을 '복사'해 이를 활용함으로써 번영과 발전을 기대할 수 있는 단계를 벗어나고 있다. 경제적인 가치 창출의 관점에서만 보더라도, 한국사회는 스스로 새로운 지식을 창출해야만 하는 상황에 처하게 됐고, 여기서 필요한 것이 특정 목적을 염두에 둔 응용의 방법이 아닌, 원리 자체에 대한 순수한 탐구의 노력이다. 즉 기초학문의 '토대연구'이다. 특정의 실용적 목적을 염두에 둔다기보다는 그러한 다양한 실용적 지식의 창출을 취한 기본적인 지적 능력의 함양을 목적으로 하는 것이 교양교육이라면 교양교육이 토대연구의 성과를 내용으로 하는 기초학문 분야의 교육이 되어야 함은 당연하다.

셋째, 시야를 더 넓혀 문명사적 관점에서 깊이 살펴보면, 산업화에서 요구되었던 '특정 분야의 기성 지식'을 학습하는 것만으로는 대학의 고등교육이 제 역할을 다할 수 없는 시대가 된 것이 문제다. '융합문명'이 운위되는 오늘의 정보사회에서는 지식도, 기술도, 산업도 분화, 전문화보다는 융합, 종합화의 길을 가야 더 큰 산업적 성과를 가져온다. 각 전문 분야들의 지식도 하나의 문제 앞에서 서로 결합되지 않는다면, 문제의 해결에 도움을 주지 못하는 무력한 것이 되기 쉽다. 오늘의 이런 시대적 상황은 여러 문제들이 서로 결합되어 우리의 해결을 기다리기 때문이요, 문화사회적 삶이 영역별로 분립되어 있지 않고 초연결 정보유통의 지평 위에서 서로 융합되어 통합되기 때문이다. 해결해야 할 문제들을 그 총체적 맥락 속에서 조망할 수 있는 '지적 연결지평'이 요구되는 바, 그것은 문자 그대로 특정의 전문분야들을 '연결'시켜줄 수 있어야 하기 때문에 가장 근원적인 원리에 대한 순수한 탐구에 의해서만 제공될 수 있는 것이다.

넷째, 지식경제적 실용적 관점에서 보더라도 응용학문 분야의 전공

교육에 앞서 기초학문으로서의 교양교육이 필요함은 합당하다. 응용학문이 현실 속에서 특정한 실용적 목적을 갖는 데 반해 기초학문은 실용적 이해득실을 떠나 인간과 세계에 관한 탐구 그 자체가 목적이다. 이런 의미에서 소위 '순수학문'이다. 이 때문에 기초학문의 탐구 범위와 그 성과의 타당 범위는 응용학문의 그것에 비해 매우 광범하다. 탐구 영역의 광범성, 탐구 내용의 보편성 및 근원성은 많은 다양한 특수 문제들을 다루는 데 있어 그 적용가능성의 무제약성을 담보해 주는 것이다. 이것이 가능한 것은 기초학문이 그 학문의 기초를 다른 학문에서 찾지 않고 스스로 구축하기 때문이다. 응용학문이란 바로 이 기초학문에서 그 학문의 기초를 찾는 학문이다.

어떤 관점에서 보더라도, 교양교육이 날로 더 복잡하고 광범해지는 문제복합체에 대응해 복합적 식견과 융합적 사고능력을 함양하기 위해서 기초학문의 탐구 성과를 그 중심 내용으로 하는 것은 당연한 일이다. 어떤 특정한 직업적 요구나 특정 집단이나 상황의 요청에 매이지 않고 단지 인간으로서 훌륭한 삶을 영위하기 위해 지녀야 할 지혜와 능력과 자질과 품성을 함양하는 것을 목적으로 하는 것이 교양교육이기 때문이다.

10) 교육혁신의 방향

한국 대학교육에서 표면적으로 여실히 드러나는 문제는 교육수요와 교육공급의 '미스매치' 문제다. 산업계에서는 대학교육이 유능한 산업인력을 양성하지 못하고 있다고 비판하고 있으며, 대학 안에서는 외부로부터 오는 직업교육에 대한 요구의 압박 때문에 학문적 성숙의 교육이 방해받고 있다고 자탄한다. 한편으론 직업능력 함양교육이 미흡하여 산업계의 인력수요에 제대로 부응하지 못하고 있으며,[27] 다른 한편으

---

27 교육부 주관의 "산업계관점 대학평가"나, 속칭 "CK사업", "LINC사업", "PRIME사업" 등

로는 학문적 탐구능력 함양 교육이 미흡하여 학문후속세대 양성에도 실패하고 있다. 특히 기초학문분야는 날로 위축되어가고 있다.[28] 그렇다면 아카데미즘과 직업교육, 이 두 가지 요구를 동시에 충족시킬 수 있는 방안은 없을까?

우선 쉽게 생각하기로는 전국의 대학들을 그 교육목적에 따라 유형화하여 이 두 가지 교육목적을 각기 다른 대학들에서 실현케 하는 방법이 있을 것이다. 그러나 그렇게 한다 해도 다수의 대학들은 이 두 가지 요구를 함께 수용하고자 할 것이요, 그중 어느 하나만을 수용하는 대학은 많지 않을 것이다. 그렇다면 대학의 교육과정에 두 요구를 적절히 균형 있게 수용하는 내부적인 대책을 모색해야 할 것이다. 즉 앞서 말한 '이중적 교육수요'에 부응할 수 있는 교육과정 및 이를 제도적으로 밑받침해 줄 교육구조를 정립하여 응용학문교육의 수요에 위축되지 않고 기초학문교육을 널리 실시할 수 있도록 해야 할 것이다. 그 답은 실은 간단하다: 산업 수요에 부응하여 직업지향적 응용학문 교육을 받는 모든 학생들이 기초학문분야의 교육도 함께 받도록, 아니 받지 않으면 아니 되도록 교육과정을 편성하면 되는 일이다.

직업적 전망이 밝은 응용학문분야의 학업을 하고자 하는 대다수의 학생들로 하여금 기초학문분야의 교육을 '강제로라도' 받게 하면, 기초학문분야의 교육이 확대되고 이 분야의 교수진도 더 증대될 것이요, 따라서 학문후속세대도 더 두터워질 것이다. 한마디로 기초학문분야의 학문적 기반이 튼튼해질 것이다.

이렇게 볼 때, 한국의 대학은, 이런 교육과정을 편성, 운영할 수 있는 구조적 장치로서 교육구조를 변경하는 일이 필요하다. 기초학문분야의 교육기관과 응용학문분야의 교육기관을 '전공학과'라는 동일한 형태의 것으로 획일화시키지 말고 교육구조를 다양화하여 상충하는 교육수요를 함께 충족시키려고 노력해야 할 것이다. 즉, 기초학문분야 학과와

은 이러한 불균형을 바로잡으려는 시도로 이해된다.

28 여러 대학교에서 인문계 전공학과들을 폐과하는 것이 이를 말해준다.

응용학문분야 학과의 역할을 달리 하여 전자는 전교생을 상대로 교육하도록 하는 것이다.

사실 이러한 취지로 도입된 것이 복수전공, 부전공, 연계전공 등의 제도적 장치다. 그러나 그 실상을 보면, 이들은 모든 기초학문분야의 학업을 필수화 하는 데 활용되고 있지 않다. 오히려 그 반대로 기초학문분야 학과의 학생이 직업적 전망을 고려해 응용학문분야의 학업을 추가적으로 하는 경우가 대부분이다. 따라서 이 제도도 그 실효성을 거두려면 첫째, 직업교육의 성격이 강한 응용학문분야 학과의 학생에게 기초학문분야에서 제2전공 또는 부전공을 택하도록 의무화하거나, 둘째, 응용학문분야의 학업과 기초학문 분야의 학업을 긴밀히 '연계'시켜 복합적으로 학업을 수행토록 의무화해야 할 것이다.

여기서 대전제는 '교양교육'을 그 본래의 모습대로 '기초학문 분야의 균형 잡힌 융복합 교육'으로 재정립해야 한다는 것이다. 그간 한국의 대학에서는 교양교육이 크게 변질, 왜곡되어 왔기 때문에[29] 그 기본 개념에서부터 교육과정 편성 및 과목 설강에 이르기까지 획기적으로 재정비되어야 한다. 물론 그 교육 총량을 종래보다는 현격히 증대하여 전공교육과 맞먹을 정도가 되도록 해야 할 것이다. 적어도 기초학업을 뺀 진정한 의미의 교양교육이 전체 교육 총량의 1/3은 넘도록 해야 할 것이다. 이 새로운 교육구조에 대한 논의는 뒤에서(IV부) 상세히 전개할 것이다.

11) 결어: 세계상에 조응하는 시대정신

후기산업사회를 지나 아예 '현대'를 벗어난 세계화된 탈현대의 정

---

29 학술성이 결여되어도 무방한 교과, 질적으로나 양적으로나 전공 교과의 수준을 낮추어 교수-학습하는 교과, 상식의 확장이나 취미생활의 고급화를 위한 교과들로 구성된, '하면 좋지만, 안 해도 무방한 여분의 교육' 정도로 인식되어 온 경향이 있다. 이러한 왜곡된 편견을 불식시키기 위해 앞으로는 **대학교육을 '교양교육'과 '전공교육'으로 구분하지 말고 '기초학문교육'과 '응용학문교육'으로 구분하는 것이 바람직할** 것이다. 특히 기초학문 분야 전공학과가 없는 다수의 소규모 사립대학에서는 이 지적이 더욱 절실할 것이다.

보사회[30]에 들어선 21세기에 인류는 문명사적으로 종전과는 전혀 다른 새로운 시대를 살고 있다. 이 시대의 중심 세계상은 생명주의적 세계상이다. 근현대를 주도했건 물리주의적 세계상이 퇴조하고 그 자리에 이 새로운 시대상이 부상(浮上)한 것이다. 생명주의적 세계상 아래서는 단절되지 않는 시간의 흐름 속에서 창발(創發)하는 생명적 활동이 세계 전체를 움직이는 거대한 힘으로 간주되어 이에 대한 직관적 파악이 지성의 핵심 과제가 된다. 이렇게 파악되는 세계에서는 전체가 부분으로 분할되지도 않고 분절된 부분들이 합해져 전체를 이루지도 않는다.[31]

물질적 풍요를 향한 근현대 산업사회를 주도했던 과학적 탐구가 공간적 세계라는 틀 속에서 반복되는 법칙적 현상과 이의 기체가 되는 고정 불변의 실체를 파악히고자 분투했던 것은 물리주의적 세계상 아래에서 전개되었던 추론적 사고의 정도(正道)였다. 인간이 경험하는 사실의 세계를 분석-설명하고 그 결과 얻은 이론으로 세계를 기획-관리-활용하는 것이 그 중심 과제였기 때문이다.

그러나 이제 새로운 생명주의적 세계상에 조응하는 시대정신은 이를 뛰어넘고자 한다. 인간의 삶을 포함한 세계 전체의 생명적 흐름을 조망하는 가운데, 글로벌 세계로 확대된 생활세계 안에서 타문화, 자연, 기술, 제도 등 모든 것과 소통하는 '연결 지평'을 구축한다. 이를 '플랫폼'으로 하여 시공적으로 제한된 삶의 세계를 벗어나 인간의 가능성을 확장하려는 모험이 새 시대의 정신이다.

이 세계상의 변전(變轉)을 이끈 실질적 동인(動因)은 디지털 '컨버전스'의 양태로 수행되는 '디지털 전환'(Digital Transformation)에 있다. 사유와 감각을 호환-융합하는 전대미문의 기술이 구현되면서 고정된 불변의 존재보다 유동적인 생성의 과정이 더 큰 관심거리가 되었으며, 현대

30 21세기의 이 시대상을 표현하는 개념으로 여러 학자들이 여러 개념들을 제시하고 있다: George Gilder, 'Telecosm'; Manuel Castells, 'Network Society'; Rolf Jensen, 'Dream Society'; Daniel Pink, 'Conceptual Age'; Jeremy Rifkin, 'Empathic Civilization'; Munjo Kim, 'Convergence Civilization'. 김문조, 앞의 책, 8쪽 참조.

31 철학자 H. Bergson의 '생명의 도약', '지속', '창조적 진화', '직관' 등의 개념들을 원용함.

인의 삶 자체가 이러한 새로운 시대상에 맞추어 나가게 된 것이다.

인류는 오늘 이와 같은 문명사적 전환기에 처해 있다. 구텐베르크의 활자 인쇄술이 서양에서 중세를 마감하고 근세를 여는 결정적 계기를 마련했는데, 21세기에 들어와 가속화되는 디지털 기술의 발달은 그보다 훨씬 더 강하고 더 넓게, 그리고 더 급속히 인류문명에 탈현대의 새로운 시대를 열어주고 있다. 시대상의 변전과 더불어 인간의 삶의 방식이 근본에서부터 달라지고 있다면, 그 와중에서 대학은 어떤 역할을 해야 할까?

대학도 사회의 한 복판에서 이 시대를 호흡하는 곳이어야 한다. 대학이 현실과 유리될 수 없다는 이 사회적 요구는 어느 시대에나 정당하다. 대학이 외면할 수도 없고 외면해서도 안 되는 현실에는 두 가지의 요구가 함께 깃들어 있다: 현실을 반영해야 한다는 것이 그 하나라면, 또한 동시에 현실을 선도(先導)해야 한다는 것이 다른 하나다. 그래서, 대학의 사명인 학문적 탐구는 있는 현실을 파악하고 해석하는 데 그치지 않고, 있어야 할 현실을 창조하는 실천을 교육에서 수행하는 데까지 나아가야 한다. '복합지식교육', '총합일반교육', '융합교육', '창의성교육'이라는 새로운 고등교육의 이념은 이 시대의 요구다.

다시 한번 강조하지만 대학에서의 학문적 탐구는 당대의 사회적 요구에 대해 비판적 성찰을 해야 하는 것은 물론이요, 그 성찰 끝에 얻은 통찰을 시대 속에 구현하여 시대를 이끌 수 있는 용기도 필요하다. 새로운 방향의 교육을 낡은 틀 속에서 시행할 수는 없다. 이런 뜻에서 모든 대학들은 교육의 내용, 방법, 그리고 교육구조의 개편을 시대상에 걸맞도록 서둘러 시행해야 한다.

4 지능기술 시대의 지성교육: 인공지능과 인문지성

1) 서론: 논의의 출발점

21세기에 들어선 오늘 인공지능의 혁혁한 전공은 가히 일상인의 상상을 초월한다. 전철이 저 혼자 운행한지는 오래고[1], 머지않아 자율주행 자동차가 거리를 누빌 것이다. 세계 제1의 바둑 고수 이세돌을 가상의 존재 '알파고'가 완승했던 사건[2]은 이제 옛일이 되었다. 어디 그 뿐이랴. 개인의 삶에서 집안 심부름을 하며 외로움을 달래주는 반려(伴侶) 로봇이 애완-반려견을 대신하기 시작했는가 하면, 사회적 차원에서는 '제3의 물결' 선포[3] 40여 년 만에 '4차 산업혁명'[4]의 시작을 알리는 신호탄이 전 세계의 산업계를 뒤흔들고 있다. 아무리 냉정하게 생각해 보아도 인간지능을 능가하는 인공지능이 인간의 지적 활동을 보완, 강화, 대체함으로써 'homo sapiens'로서의 인간의 위상에 획기적인 변화가 오고,

---

1 2011년 10월 개통된 신분당선

2 2016년 3월, Google이 개발한 인공지능 바둑 프로그램 AlphaGo와의 대국에서 이세돌 9단은 1승 4패로 패배했다.

3 Alvin Toffler, *The Third Wave*, Bantham Books, 1980.

4 2016년 6월 스위스에서 열린 Davos Forum에서 포럼 의장이었던 Klaus Schwab 교수가 처음으로 사용하면서 이슈화된 용어

인간의 사유활동을 기반으로 하는 오늘의 인류문명 전체가 결정적 전변(轉變)을 맞고 있음이 확실해 보인다.

인간은 자연 상태에 주어진 신체적 여건만으로는 생존이 어려워 그 결함을 보완키 위해 도구와 기술을 개발해 왔는데, 인공지능 기술은 신체적 약점을 보완하는 게 아니라, 그의 정신적 활동, 특히 그 중심에 서는 지능적 사유 활동을 보완, 강화, 대체하는 기술인 것이다. 인간의 지능적 활동이 기술을 개발해 왔는데, 개발된 기술 자체가 개발하는 인간의 능력을 능가하는 인지적 성능을 발휘한다면, 이는 일찍이 문명사에 없었던 일이다. 진지하고도 심각한 철학적 검토가 긴절한 문제다. 여기서 우리는 먼저 기술의 '본성'과 그 '진화'에 대해 보다 깊이 고찰해보아야 할 것이며, 종국적으로는 인공지능 기술의 위상과 역할에 대해서, 그 특성과 한계에 대해서 숙고해야 할 것이다.

이렇듯 첨단의 디지털기술이 인류의 문명에 '새로운 문법'을 요청하고 있는 마당에 '고전적 이념'의 성격을 띠는 '교양교육'이 대학에서 여전히 의미가 있겠는가? 대학교육에서 교양교육이 한 축을 차지하고 있는 현실이 혹 반시대적인 현상은 아닌가? 더욱이 부실한 교양교육을 강화하여 그 본래의 목적에 맞게 정상화시켜야 한다는 주장은 과연 타당한 것인가? 기술의 시원에서부터 시작하는 우리의 논의가 종국적으로 다뤄야 할 문제는 바로 이것이다.

2) 지능 기술의 시원(始原)과 진화

(1) 자연적 '인간조건'과 기술의 시원

생물학적으로 볼 때 인간은 자연상태 그대로는 생존이 불가능할 정도로 결함이 심각한 존재다. 우선, 인간은 자연적 본능이 불충분하고 불완전하여 그 상태로는 주변 환경에 적응하기가 매우 힘들다. 신체의 각 기관이 구조와 기능 면에서 매우 불완전하고 미흡하여 감각지각과 운동 사이에 자동적으로 작동하는 완벽한 연결 고리가 없기 때문이다. 외부의 자극이 감각적으로 지각되면 거의 자동적으로 그에 적합한 반응을 행동에 옮기도록 확정되어 있는 다른 동물들과는 대조적이다. 인간은 말하자면 비무장의 무기력한 '결핍존재'(Unbewaffnetes Mangelwesen)[5]요. 그래서 그 생존 방식이 자연적으로 확정되어 있는 것이 거의 아무것도 없는 불안정한 미정형의 존재다.

동물들이 감각지각과 그 반응인 운동 사이에 확정된 자동장치가 있다는 것은 그들의 신체적인 구조와 기능이 어떤 특정의 활동을 하기에 적합하도록 한 방향으로 특수화, 전문화되어 있다는 것을 가리키기도 한다. 그리고 이는 다른 종보다 월등하게 유리한 삶을 영위해 나가기에 충분한 독점적 삶의 터전, 즉 특정의 '환경세계'(Umwelt)가 있음을 뜻한다. 그러나 인간에게는 특수화, 전문화된 감각-운동의 자동 기제(機制)도 없고 따라서 독점적 삶의 터전인 환경세계도 없다. 인간에게는 온 세상이 불확실하고 위험한 채 열려있으며, 인간은 무방비 상태로 그 가운데 던져져 있을 뿐이다.[6]

인간은 이렇듯 그에게 주어진 내적 자연(신체적 구조와 기능)이 그를 둘러싸고 있는 외적 자연(환경세계)에 맞아떨어지지 않고 어긋나 있다.[7] 이 부정합성(不整合性)이 그에게는 큰 부담이어서, 그는 어떻게든 이 '부담'을 스스로 덜어내야[8] 하는 생물학적 과제를 안고 있다. 행동방식을 스스로 구성하여 미정형 상태를 벗어나야 하며, 비무장 상태의 결함을 보완하여 스스로 무장을 해야 한다. 이 자기 활동 없이는 인간은 자연 속에서 생존조차 할 수 없게 된다. 이때 인간의 자기활동은 원초적으로

5 A. Gehlen, *Der Mensch. Seine Natur und seien Stellung in der Welt*, Wiesbaden, 1976(1940) 참조.

6 M. Scheler는 이런 상황을 '세계개방성'(Weltoffenheit)이라고 일컫는다. *Die stellung des Menschen im Kosmos*, München, 1962(1928) 참조.

7 'Hiatus' 현상

8 'Belastung – Entlastung': A. Gehlen의 표현

신체적 감각-운동 기제와 직접적으로 연접되는 공작적 활동[9]으로서 바로 이런 상황이 도구와 기술이 등장하게 되는 시원이다.

(2) 기술의 본성, 기술의 진화

인간에게 주어진 자연 상태의 결함을 보완하여 생존의 능력을 강화시키고, 또한 이를 통해 미정형의 불안정한 삶의 방식을 보다 확실한 것으로 안정시켜 주는 것이 기술이다. 기술이란 단순히 자연적 존재로서는 생존조차 불가능한 특이한 동물인 인간이 결국 문명세계를 구축해야만 자연적으로도 생존할 수 있는 존재임을 분명히 드러내 주는 구체적 현상이다. 기술은 이런 의미에서 인간의 보완이고 인간의 확장이다.

기술은 물론 인간의 행동이 목적으로 하는 바를 실현하기 위한 수단의 성격을 갖는다. 그러나 그것은 단지 중성적인 것에 지나지 않는 것이 아니라, 불확실한 가능성의 영역으로 남아있는 미완의 가소적(可塑的) 세계를 구성하는 중요한 매개체이다. 어떤 기술이 개재하느냐에 따라 이를 매개로 이루어지는 인간과 세계의 관계가 결정되고 이를 통해 세계가 구성되며 그 안에 머무는 인간 자신의 삶이 또한 결정된다. 그렇기 때문에, 기술은 문명 구축의 첫 이정표가 된다.[10] 인간이 구축하는 문명세계는 기술로부터 형성되기 시작된다.

문명 구축의 단초가 되는 기술은 그러나 다양하게 전개된다. 단순한 신체적 활동의 숙달에서부터, 목적을 위한 도구나 수단의 능숙한 활용을 거쳐, 어떤 의도적 기획에 따라 도구나 기계를 제작하거나 삶의 터전을 변형시키는 활동에 이르기까지 다양하게 전개된다. 이 단계까지는 기술이 인간의 신체기관을 보완하여 자연에 '투사'한 것이어서, 기술적 활동이나 그 산물이 인간의 구체적인 행동에서 유리되지 않은 채 밀착

---

9 'homo sapiens'(思惟人)와 대조되는 'homo faber'(工作人) 인간관의 배경

10 M. Heidegger, *Die Technik und die Kehre*, Tübingen, 1962, 12쪽 참조; 이기상 역, 『기술과 전향』, 서광사, 1993, 33쪽 참조. 하이데거는 여기서 한 걸음 더 나아가 기술이 현실을 드러내 주는 진리라고까지 주장한다.

되어 있다. 이 단계의 기술 습득은 객관화하기 어려운 "암묵지"(暗默知, tacit knowledge)를 통해 이루어지며, 아직 학문이론적인 작업과 결합되어 있지 않다.

원시적인 기술의 단계에서는 물론 삶의 직접적인 필요가 새로운 발명을 불러오지만, 일단 기술의 발전이 이루어지기 시작하면, 하나의 발명이 현실적인 삶에 없던 또 다른 필요를 자아내는 방식으로 그 과정이 어느 정도 독자성을 갖고 전개되기도 한다. 자연과학의 발달이 기술의 발전과 제휴하게 되면서, 이러한 경향은 더 뚜렷해진다.

(3) 근대기술의 과학화

오늘날 우리는 흔히 과학과 기술을 불가분의 관계에 있는 것으로 보고 거의 동일시하는 경향마저 있지만, 본래 과학과 기술은 전혀 상관이 없는 별개의 활동영역이었다. "과학이 자연현상에 대한 체계적 지식을 추구한다면, 기술은 인간의 물질생활에 도움이 될 방편을 추구한다."[11] 과학자들은 자연의 복잡한 현상들을 면밀히 관찰 · 분석하여 불변의 법칙적인 사실을 찾아내고 그에 대해 일관되고 정합적인 합리적 설명을 체계적으로 하고자 한다. 그러나 기술자들은 일관성, 합리성, 체계성 등의 척도는 문제 삼지 않으며 오직 문제를 해결하여 편의와 유익을 도모하려는 데에 주목할 뿐이다.

그런데 이런 과학과 기술 각각의 독자성은 근대 산업혁명 및 과학혁명의 시기부터 차츰 달라지기 시작했다. 먼저 기술 쪽에서 과학적 방법을 채택해 기술을 혁신하고자 했다. 기술의 공정(工程) 및 기계에 대한 실험적 연구를 과학자들이 하게 되었다. 그러나 본격적으로 과학의 지식이 기술에 응용된 것은 19세기 중반의 일이었다. 유기화학의 탐구 성과가 화학공업을 일으키고, 전자기학의 탐구 성과가 전자공업을 일으킨

11 김영식 외, 『과학사』, 전파과학사, 1992, 196쪽.

것이다.[12] 말하자면 기술이 마침내 과학화됨으로써 과학과 기술이 결합된 것이다.

기술이 과학과 결합하여 과학 이론을 토대로 기술이 개발된다는 것은 기술의 성격이 크게 변모함을 뜻한다. 이 과학화된 기술 혹은 기술화된 과학의 성격은 응용과학으로서의 공학에서 드러난다. 기술공학의 세계 안에서는 인간의 일상적인 세계보다도 과학적으로 체계화된 세계가 더 근원적인 것으로 여겨지고, 그것이 인간에게 생경한 새로운 욕구를 심어주면서 오히려 인간의 소박한 삶을 그것에 복속시키는 경향마저 있다. 하이데거에 따르면, 그것은 단순히 인간의 목적을 위한 수단이 아니라 그 자체 인간의 세계 구성에 참여하는 실체다. 아니 그것도 아주 강력한 배타적인 힘을 행사하는 실체다. 이제 다른 세계구성의 지평들은 이것에 밀려나, 인간의 삶은 기술공학적으로 '획일화'되고 '기능화'되며, 내몰려 쫓김을 받는 처지가 되었다. 인간은 '부품'이 되어 기술공학의 공정 앞에서 '닦달'을 받고 있는 존재로 전락했다는 것이 하이데거의 현대인 진단이다.[13]

(4) 현대 '디지털 기술'의 본질적 속성

현대의 첨단 전자공학은 전대미문의 전혀 새로운 기술을 개발해 인류문명에 새로운 전기를 마련했는데, 최근 약 반세기에 엄청난 발전을 해 온 '디지털 기술'이 그것이다. 전대미문의 신기술인 이 디지털 기술은 먼저 정보기술(IT)로 구체화되었다.

정보기술이란 실은 지능적 사고기술이다. 문자와 도서, 수판이나 계산척 등이 사유활동을 돕는 역할을 하기도 했으나, 기억 및 추론의 사유활동을 본격적으로 대행해 주기 시작한 것은 역시 오늘의 컴퓨터다. 영국의 수학자 튜링(Alan Turing)은 인간 두뇌의 정보처리 구조를 기계장

12 김영식 외, 앞의 책, 205쪽.

13 하이데거, 앞의 책.

치 속에 재현시키면 인간을 능가하는 산술적 사유능력을 갖고 작동하는 '사유하는 기계'를 만들 수 있다고 보고 이를 시도했는데,[14] 이것이 곧 컴퓨터 기술이 등장하게 된 단초다.[15]

이것이 어떻게 가능해졌을까? 모든 자연현상은 일상적 지각에서는 '연속적으로, 아날로그적으로' 변화한다. 즉 우리의 신체적 감각은 세계로부터 아날로그 신호를 받아들여 세계를 지각한다. 인체의 감각기관이 외부세계를 지각하는 방식이 그러하기 때문이다. 그런데 이러한 연속적인 자연현상도 미시적으로 분석해 보면 연속적인 것이 아니라 단절적인 것으로 분해해 파악할 수가 있다. 감각적 지각내용으로 보면 단순한 색깔도 수량화되는 빛의 파장으로 파악할 수 있는 바와 같이 연속량을 단속량으로 분해해 파악해 볼 수 있다는 말이다.

이 점이 곧 '디지털' 기술의 가능근거다. 자연현상의 연속적인 변화인 아날로그 신호를 미세하게 분해하여 단절적인 '디지털' 신호로 변화시키는 것이 디지털 기술이다. 실제로는 전기적 현상의 가장 근원적인 차이인 ON과 OFF로, 수학적으로는 1과 0으로 변환시키는 기술이다.[16]

사유작용을 보완 강화하려는 목적으로 발전시켜온 컴퓨터(지능) 기술과 감각 작용을 확장시키려는 목적으로 발전시켜온 커뮤니케이션(통신) 기술은 이제 디지털 기술을 발판으로 하나의 통합기술, 즉 ICT로 결합되었다. 그 결과가 혁명적인 이유는 이 기술이 신체적 제약을 뛰어넘어 지각내용을 사유할 수 있게 해주고, 시공적 제약을 뛰어넘어 사유내용을 지각하게 해주기 때문이다.

---

14 Alan Turing, "Computing Machinery and Intelligence", *Mind* 49 (1950).

15 김영석, 「정보화 사회와 뉴미디어」, 최정호 외 편, 『정보화 사회와 우리』, 소화, 1995 중 제2장 45쪽 이하 참조.

16 디지털 기술의 본성에 대한 상술은 I부 1장 및 3장 참고.

(5) 지능기술의 혁명성과 그 위험

종래의 기술이 인간의 신체적 결함을 보완해서 그 기능을 보완 · 강화하려는 기술이었다면, 현대의 최첨단 기술인 디지털 정보기술, 즉 지능기술은 인간의 정신적 활동, 특히 그의 사유 활동을 보완 · 강화하여 그의 정신적 한계를 극복해보려는 기술이라는 점에서 가히 혁명적이다. 이런 기술의 등장도 거슬러 올라가보면 역시 기술이 과학과 제휴한 데에 그 출발점이 있다. 디지털 기술에 기초한 인공지능 기술이 바로 전자공학의 탐구 성과이기 때문이다. 아무튼 사유의 산물로 등장한 기술이 스스로 사유하게 된 이 상황은 기술이 단지 수단에 머물지 않고 독자성을 갖는 주체가 될 수도 있는 가능성을 내포하고 있다. 그 독자성이 더욱 강화되면 주체인 인간과 수단인 기술의 위상이 전도되는 데까지도 나아갈 수 있을 것이다. 인간이 자연이 주문한 대로 움직이는 자동장치가 아니라 자유로운 행위의 주체적 존재가 되는 것은 곧 그의 사유능력에 기인하는 것인데, 기술이 사유한다면 기술도 행동의 주체가 될 수 있는 게 아니냐는 질문이 나올 수도 있다.

인공지능기술의 개발은 기본적으로 인간의 지능활동이 정밀하게 파악될 수 있고 기계가 이를 그대로 모방할 수 있다는 인식을 토대로 한다. 그런데 이 인식은 인간 정신의 본성 및 그 활동 범위에 대해, 그리고 인간과 같은 지적 능력을 갖는 인공적 존재를 제작하는 일의 윤리성에 대해 심각한 철학적 논란을 불러일으킨다. 인간의 모든 정신활동이 종국적으로는 지능적 활동으로 환원될 수 있느냐 하는 문제가 한편에 있고, 우리가 어느 범위까지 인공지능을 활용할지 하는 문제가 다른 한편에 있다. 인간 정신의 활동 범위가 지능적인 것에만 머문다고 보기 어렵다면, 인공지능이 정신적 활동을 대신하게 하는 것 자체가 인간성 내지 인간의 존엄성에 대한 위협으로 간주될 수도 있다.

아닌게 아니라 금세기에 들어오면서, 컴퓨터의 성능이 엄청나게 강화되고 그 실험의 규모도 비약적인 진전을 보이는 가운데 컴퓨터 과학이 많은 도전적인 문제를 해결해 주는 데 힘입어, 오늘에 와서는 인공지능기술이 거의 모든 기술 산업에서 필수적인 것이 되다시피 했다.

(6) '포스트 휴먼'의 등장

그뿐 아니라 인간에게 주어지는 모든 문제를 해결해줄 것으로 기대하는 기술이 등장했는데, 그 성과인 이른바 포스트휴먼, 인조인간이 그것이다. 인간이 제작하는 인간(?)의 인간성도 문제고, 그에 따라 자연종으로서의 인간의 본성도 문제다. 생물학적 생식의 과정을 거쳐 탄생하지 않고 공학적 제작의 과정을 거쳐 생산된 인간이 과연 인간인가? 자연종으로서 탄생한 인간이 인공지능기술에 힘입어 그의 정신활동까지 기계적으로 보완 · 강화 · 확장되었을 때, 그의 인간성에는 본질적 변화가 없는가?

'자연'(自然)은 문자 그대로 '스스로 그러한' 것이거나, 어떤 초자연적 절대자가 '낳아 놓은' 것(*φυσις*, *natura*)이거나, 아무튼 우리 인간의 의사와는 무관하게 존재하게 된 것이요, 우리 인간이 손댈 수 없는 것이다. 우리 인간 자신도 그중의 일부다. 따라서 인간의 본성(human nature), 즉 인간의 '자연'은 이미 주어진 것이요, 우리가 변경할 수 있는 것이 아니다. 물론 그런 자연도 영원 속에 고정되어 있는 실체는 아니다. 변화한다. 그 변화를 "환경에 잘 적응한 자가 살아남는다"(適者生存: survival of the fittest)는 원칙에 따라 그런 종을 '자연 전체가 선택하는'(自然選擇: natural selection) '진화'(Evolution)의 과정으로 설명한 사람이 다윈이다. 진화의 양상으로 변화한다고는 하지만, 그 변화가 워낙 장구한 기간에 걸쳐 아주 천천히 이루어지기 때문에, 장기간에 거쳐 변하지 않는 생물학적 차원의 지속적 고정치를 우리는 마음 놓고 '불변의 본성'이라고 말할 수 있었던 것이다. 그리고 이 '인간의 본성'을 인간 스스로는 뛰어넘을 수 없는 인간의 한계로 수용할 수밖에 없었다. 모든 종류의 기술 개발도, 그것이 생물학적 차원의 신체적 기능을 보완 · 강화 · 확장하는 것인 한, 이를 기본 전제로 삼고, 즉 기점이자 토대로 삼고 추진해온 것이다.

그러나 인공지능기술에 기초한 오늘의 인간변조 기술은 이러한 생물학적 여건 자체에 개입하는 기술이다. 이미 2005년에 '특이점' 이론으로 인간의 운명을 조롱한(?) 커즈와일은 유전학의 혁명(G), 나노기술의 혁명(N), 로봇공학의 혁명(R)[17]이 21세기 초 중첩적으로 일어나, 생물학적 여건이 인간의 본성을 결정짓는 일은 더 이상 없을 것이라고 주장한다. 인간의 유전자를 해독하여 "생명이 간직한 정보처리 과정을 이해함으로써 인체의 생물학을 재편"하여 "질병을 근절하고 수명을 놀랍도록 연장할" 수 있도록 하는 것이 G혁명이고, "우리 몸과 뇌, 우리가 사는 세상을 분자 수준으로 정교하게 재설계하고 재조립하게" 하는 것이 N혁명이며, "인간의 지능을 본받되 그보다 훨씬 강력한 것으로 재설계한 로봇들을 등장시킬" 것이 R혁명이다.[18]

이 세 가지 '혁명'은 유발 하라리가 자연선택을 지적설계로 대체하는 것으로 ① 유기체를 변화시키는 생명공학, ② 유기물과 무기물을 융합하는 '사이보그' 공학, ③ (블루브레인 프로젝트와 같은) 인간의 뇌 전부를 컴퓨터 안에서 재창조하는 비유기물 공학, 세 가지를 열거한 것과 합치한다.[19]

종래의 기술은 자연적 현실에 주어진 조건을 불가피한 것으로 보고 시공적 제약을 (가능한 한 최소화하려고 노력은 했으나) 감히 뛰어넘어서려는 생각은 하지 못했는데, 오늘의 이 새 기술은 바로 이 '근원사태'를 변경하려는 시도를 하고 있다. 자연사가 시작된 이래 처음으로 "호모 사피엔스가 자연선택의 법칙을 깨고 이를 지적 설계의 법칙으로 대체함으로써 스스로의 한계를 초월하려 하고 있다."[20] "과학자들이 살아 있는 개체의 유전자를 조작하여 원래 해당 종에게 없던 특성을 부여하는 정도로까지 자연선택의 법칙을 위반하는 중"이라면,[21] 이를 과연 찬란한 기술적 성취로 봐야 할지, 위험한 모험으로 봐야 할지 생각해 볼 일이

17 Genetic Technology, Nano-technology, Robotics의 약자

18 이상, 레이 커즈와일(김명남 외 역), 『특이점이 온다』, 김영사, 2016(2005), 277쪽 이하.

19 유발 하라리(조현욱 역), 『사피엔스』, 김영사 2013(2011), 572-579쪽 참조.

20 유발 하라리, 같은 책, 561쪽.

21 유발 하라리, 같은 책, 563쪽.

다. 인간이 자신의 DNA를 변화시키는 단계에 이르렀다는 것은, 그리하여 심지어 그의 운명이라고 받아들였던 사멸성(死滅性)을 극복하고 불멸성(不滅性)을 추구하기까지 한다면, 이는 인간이 스스로 신이 된다는 것이요, 과학기술의 활동이 호모 사피엔스의 죽음 없는 삶을 목표로 하는 '길가메시' 프로젝트가 될 것이다.[22]

이쯤 되면, 인간 지능의 활동만으로도, 아니 그의 산물인 인공지능의 작용만으로도 인간에게 주어지는 모든 문제가 해결될 수 있을 것으로 보인다. 과연 그럴까?

3) 지능 기술에 대한 비판적 성찰

(1) 지능기술의 한계

컴퓨터의 핵심기능이 바로 수학적 계산을 토대로 한 정보 처리에 있기 때문에, 컴퓨터의 작동을 통해 산출해 얻은 '지적' 산물은 근본적으로 형식적 · 논리적 · 수학적 연산을 통해 얻어진 기계적 · 공간적 · 양적 단위들의 복합과 누적으로 이루어진 것이다. 달리 말하자면, 종래의 '아날로그적' 세계 경험에서는 대상인식의 내용이 직관적으로 파악되는 것이었는데 '디지털화'의 과정에서는 그것이 수학적으로 계산되는 수량적 관계로 환원된다는 것이다.

정보가 근본적으로 수학적 연산과정을 토대로 하여 구조 지어지는 존재라면, 그것은 정량화할 수 있는 물리적인 존재내용만을 지닐 뿐 그 이상의 분석불가능한 감각내용을 존재의 최종 단위로 가질 수가 없다.

인간의 일상적인 생활세계에서는 주관의 정신적 작용방식은 직관이고 그에 대응하는 대상의 존재단위는 감각내용이다. 그런데 디지털화되는 상황에서는 사정이 달라진다. 감각내용으로 감지될 수밖에 없

22 유발 하라리, 같은 책, 586쪽 참조.

는 내용이라도 컴퓨터 기술에 의해 디지털화되는 순간에 있어서만큼은 수학적 물리적 관계 연관 이상의 것이 아니다. 디지털 기술에 의해 모든 정보의 내용이 수학적 · 논리적 구조로 전환되고 이것이 또 다시 전기적 물리적 구조로 전환되는 과정을 거쳐 재탄생되기 때문이다.

이런 맥락에서 우리는 현대의 지능기술이 지니고 있는 권능과 그 위험 및 한계에 대해 보다 근본적인 성찰을 하게 된다. 인간의 생존에 필수적인 문명의 구축에 결정적 기초를 놓아준 기술이 이제 문명의 성격 자체를 변화시키고, 나아가 인간의 정체성 자체를 위협하고 있다면, 기술의 시원이 되는 인간의 생물학적 조건부터 다른 각도에서 재고할 필요가 있다.

(2) 또 하나의 인간조건: 규범의 시원

모두(冒頭)에서 우리는 인간의 신체적 조건이 결함 투성이여서 이를 보완하고 강화시킬 도구와 기술의 발전이 불가피했음을 지적했다. 문명의 세계를 구축해 그 안에서 인간이 생존하는 데 필수적인 것이 기술임을 석명(釋明)하였다.

그런데 과연 기술만이 인간이 문명을 구축하는 데 필요한 전부였을까? 여기서 우리는 문명의 구축에 긴요한 또 하나의 초석을 언급하지 않을 수 없는데 그것이 곧 규범이다. 규범이 요구되는 상황은 곧 공동생활이다. 그렇다면 인간의 공동생활은 어떻게 시작되었을까? 인간이 독립된 개체로서는 생존할 수 없다는 사실도 인간 생존의 생물학적 조건에서 확인된다. 신생아의 출산과 성장을 둘러싼 자연적 조건이 그것이다.

산모는 임신기간이 다른 영장류에 비교해보아도 유난히 길어(280일) 그 기간 동안 각별히 몸조심하며 보호받아야 한다. 장기간의 임신기간 끝에 출생하지만, 출생시 신생아는 개체적 독립성이라곤 전혀 갖추지 못한 무력한 미정형의 '미숙아'이다. 출생 후 곧 네 발로 서는 동물에 비해 보면 인간 신생아는 오랜 기간 적극적인 보호 속에서 양육해야 한다. 양육을 통한 성장의 속도도 매우 느려 온전히 성숙하기까지 18~20

년이 소요된다. 이렇듯 인간은 출생 이후 모체의존성이 유달리 강하고 성인이 되기까지 성장하는 동안 가족의 협력적인 공동생활이 불가피한 '공존적 존재'(Mitsein)다. 단독적 개인으로서 삶을 영위한다는 것은 인간에게는 그 자연적 조건에 비추어 볼 때 원천적으로 불가능한 것이다. 가족관계를 기점으로 하여 씨족, 부족, 종족, 민족 등으로 확대되는 공동생활이 인간에게는 불가피한 것인데, 이런 삶의 조건이 그에겐 신체적 결함 외에 별도의 또 다른 부담으로 다가온다. 그 부담이란 곧 그 개인들 사이의 관계를 스스로 정립함으로써 그 공동체 내에서 각 개인이 취해야 할 행동방식을 정해야 하는 부담이다.

집단생활을 하는 동물이 인간만은 아니지만, 문제는 이 집단생활이 요구하는 개체 간의 관계 및 그에 적합한 행동 방식이 자연 상태에서 본능적으로 확정되는 동물과는 달리 인간에게는 그런 것이 존재하지 않는다는 점이다. 자연은 인간에게 출생과 성장의 특이한 방식을 통해 공동생활을 불가피한 것으로 강요하고 있지만, 그 공동생활의 방식은 정해주지 아니한 것이다. 자연은 인간에게 개체간의 관계를 스스로 정립하고 그에 따른 행동 방식을 스스로 모색하여 결정하도록 요구한다. 이 또한 미정형의 행동방식을 인간 스스로 결정해야 하는 일로 자연적 여건이 빚어낸 '공동생활'이 인간에게 부과하는 또 다른 과제이자 부담이다.

앞서의 부담이 인간과 자연과의 관계에서 생겨난 부담이라면, 여기서 생기는 부담은 개인 간의 관계에서 생겨난 부담이다. 그러하기에 이 부담을 더는 일은 개인 간의 관계, 즉 공동체의 질서를 정립하는 일이요, 그에 따른 개개인의 행동 방식, 즉 규범을 정해주는 일이다.

(3) 문명의 두 축: 기술과 규범

신체적 결함을 보완하여 그 활동을 강화 · 확장함으로써 자연과 대결하는 것이 도구와 기술을 개발하고 활용하는 공작적 활동이라면, 무질서의 공동생활에 질서를 세우고 그에 따라 개인 간의 행동방식에 정형을 불어넣어 주는 것은 말할 것도 없이 사회적 활동이다. 질서와 규범의 형성은 공동생활을 효과적으로 잘 영위할 수 있게 해주는 불가결한 요건이다. 이는 물론 역사의 발전과 더불어 넓은 의미에서 관습과 도덕과 법규의 형태로 구체화되어 왔다. 이렇게 보면 인간이 이룩해 내는 문명은 근본적으로 기술과 규범이라는 두 축을 중심으로 하여 건설되어 왔다고 할 수 있다.

(4) 두 층위의 사유: 기술개발의 사유와 규범정립의 사유

인간을 만물의 영장이 되게 한 인간존재의 특장은 두 말할 나위 없이 그의 사유능력에 있다고 하겠다. 생존을 위해 도구와 기술을 개발하는 일이든 공동생활을 위해 개개인의 행동 방식을 정하는 규범을 정립하는 일이든 인간에게 있어 그것이 본능적으로 이루어지지 않는 이상 인간은 사유를 통해 스스로 그 일을 수행해야 할 것이다. 그렇다면 이제 우리는 인간의 사유능력인 이성이 기술을 개발하고 규범을 형성해 내는 데에 어떤 방식으로 작용하는지 살펴봐야 할 것이다. 먼저 도구와 기술을 개발하고 활용함으로써 자연과 대결하는 이성은 어떤 이성이며, 사회적 질서와 개인의 행동 규범을 형성해 냄으로써 성공적인 공동체 생활을 할 수 있도록 해주는 이성은 어떤 이성인지 생각해 볼 일이다.

도구와 기술을 개발하고 활용하는 이성은 일차적으로 사실로서 주어져 있는 자연세계의 내면에 도사리고 있는 이치-원리를 파악하고자 한다. 도구와 기술의 개발은 실은 자연의 질서를 존중하고 그것을 역이용(?)해야만 가능한 것이기 때문이다. 그런가 하면 사회적 질서와 개인의 행동 규범을 모색하는 이성은 스스로 이를 구상하고 형성해내야 한다. 자연이 인간에게 '공동생활'을 요구하긴 했지만, 그에 내재하는 어떤 이치-원리를 미리 부여하지는 아니했기 때문이다. 같은 이성이지만 짊어져야 할 '부담'의 내용이 다르고 따라서 수행해야 할 과제가 다르기 때문에 여기에 구분이 없을 수 없다.

눈길을 돌려 인간의 삶을 총체적으로 조망해 보자면, 인간이 살고 있는 세계는 복층적이다. 거칠게 비유적으로 말해보자면 아래층엔 주어진 그대로의 자연 세계가 있고 위층에는 인간이 일궈낸 문명의 세계가 있는 형세다. 아래층 자연의 세계는 인간에게 일방적으로 주어진 세계고, 위층 문명의 세계는 이 아래층을 토대로 하여, 혹은 이를 재료로 삼기도 하여, 그 위에 인간 스스로가 지어올린 세계다. 아마도 다른 동물들은 자연의 세계가 그들이 사는 세계의 전부일 것이다. 동물의 세계는 이렇게 단층적이어서 그들의 삶은 잘 정리된 깔끔한 양상인 데 반해, 인간의 세계는 복층적이라서 그 삶이 복잡 · 다양하고 혼란스럽고 무질서하여 이해하기가 쉽지 않다.

기술의 개발과 활용은 주어진 그대로의 자연 세계에 충실히 따라야 성공할 수 있는 일이지만, 규범의 모색과 정립은 자연에는 주어져 있지 않은 다른 무엇을 모색하고 지향하는 일이다. 전자를 '있는 사실의 세계'라고 한다면, 후자는 '있어야 할 가치의 세계'라 할 수 있을 것이다. 관점에 따라서는 후자를 '있어야 할 당위의 세계'라 할 수도 있겠고, 아니면 '있기를 바라는 소망의 세계', '의미의 세계'라 할 수도 있을 것이다. 전자가 실시간의 흐름에 따라 '원인이 결과를 결정하는' 인과 법칙의 세계라면 후자는 실시간의 흐름을 거꾸로 거스르며 '목적이 수단을 결정하는' 합목적성의 세계라 하겠다.

인간이 그의 생존과 번영을 위해 문명세계를 구축할 때 동원하는 힘은 뭐니뭐니 해도 사유하는 이성의 힘이다. 그것은 구체적으로는 지적인 힘, 즉 앎의 힘이다. 그런데 인간이 문명의 구축을 위해 수행해야 할 과제가 앞서 보았듯 두 가지인 바에는 이 과제 수행에 필요한 앎에도 두 가지가 있게 된다. 하나는 '주어져 있는 사실'의 세계에 대한 '과학적 지식'이요, 다른 하나는 '있어야 할 가치'의 세계에 대한 '인문적 지혜'이다. 과학적 지식이 원인과 결과의 관계에 대한 객관적 지식이라면, 인문적 지혜란 행위의 목적, 삶의 목적에 대한 주관적 지혜다. 좀 더 풀이하자면, 전자는 인간이 개입할 수 없는 자연적 법칙에 대한 앎으로 구체적으로는 주어진 사태에서 시간적으로 선행하는 원인을 발견해 냄으로써 얻게 되는 지식이요, 이에 비하면 후자는 인간이 개인의 차원에서든 공동체의 차원에서든 깊이 개입하여 시간적으로 미래에 구현될 삶의 목적을 설정하거나 또는 삶에 의미를 부여하는 내면적 통찰이다. 그래서 우리는 이를 지식과 구별하여 지혜라 이르고자 한다. 전자가 삶의 방향이나 목표에 대해서는 말하지 않는 '가치중립적'인 것이라면, 후자는 전적으로 그것에 대해 말하는 '가치연관적'인 것이다.

이렇게 우리는 과학적 지식을 추구하는 사유와 인문적 지혜를 추구하는 사유를 구분해 볼 수 있을 것이다. 전자를 평면적인 '지능'이라 부르고 후자를 입체적인 '지성'이라 부르면 어떨까? 실은 많은 철학자들이 이 두 가지를 구분하여 그 특징을 잘 나타내는 이름을 붙여왔다. 칸트가 '오성'(Verstand)과 '이성'(Vernunft)를 구별한 것, 나아가 '순수이성'(reine Vernunft)과 '실천이성'(praktische Vernunft)을 구별한 것도 이와 같은 맥락에서 이해할 수 있고, 헤겔이 '계산적 이성'(raisonnierende Vernunft)과 '사변적 이성'(spekulative Vernunft)을 구분한 것, 또는 하버마스 등 비판이론 철학자들이 '도구적 이성'(instrumentale Vernunft)과 '해방적 이성'(emanzipierende Vernunft)을 구별한 것도 유사한 맥락에서 시도한 것이라 볼 수 있다.

4) 결론: '규범 사유'의 회복 - 지성교육의 지향

교양교육에서 궁극적으로 추구하는 것이 무엇인지 되물어본다면, 우리는 어렵지 않게 지능이 수행해 내는 과학적 지식의 습득이 아니라 지성이 수행해 내는 인문적 지혜의 모색이라고 답하게 될 것이다. 물론 과학적 지식의 습득이 인문적 지혜와는 무관하다거나 인문적 지혜의 원숙을 방해한다고 생각해서는 안 될 것이다. 전자가 후자를 지원해줄 것은 분명하다. 그러나 그렇다고 해도 교양교육에 기대하는 것은 여전히 일차원적인 지능의 효과적인 숙련이 아니라 다원적인 지성의 성숙일 것이다. 기술의 개발과 활용이 사회적 규범의 모색과 실현에 영향을 미치긴 하겠지만, 그렇다고 해서 그것이 곧 사회적 질서와 시민적 규범을 규정하거나 그것을 대체하지는 못할 것이기 때문이다.

이에 대한 반론도 만만치는 않다. 규범사유도 결국은 과학적 사유로 해체되고 따라서 지능 기술의 확장은 소위 지성교육이라는 것을 대체할 것이라고 주장할 것이다. 그러나 이 주장이 타당하려면, 지능적 활동이 인간의 유기적 생명 작용뿐 아니라 정서적 작용까지도 충분히 감당해 낼 수 있어야 할 것이다. 무엇보다도 상상을 통해 사실 아닌 가치, 즉 주어져 있지 않은 '없는 것'에 대한 사유를 할 수 있어야 할 것이다. 과연 이것이 가능할까?

자연인에게서는 이것이 불가능할지 모르나, 지능기술로 개발된 강력한 인공 신경기관을 몸 안에 심어서 정신능력 전체를 향상, 강화시키면 가능하리라는 것이 커즈와일 등의 주장이다. 이렇게 되면 '마음'이 생물학적 토대를 떠나 두뇌에서 기계로 확장되어, 인간은 더 이상 호모 사피엔스가 아니라 기계지능의 소유자로서 '로보 사피엔스' 혹은 '호모 사이버네티쿠스'가 될 것이다. 인간이 생물학적 진화의 과정에 더하여 그와 나란히 '문화적 진화'의 과정도 겪는다는 것을 시인한다 하더라도, 이 자연과 문화의 '공진화' 과정에서 장구한 기간에 걸쳐 이루어지는 생물학적 진화가 짧은 기간에 이루어지는 문화적 진화 속으로 환원되는 일은 없을 것이다. 아무리 그 성능이 '수퍼'라고 하더라도, 그 지능기술은 어디까지나 '대상을 향해 곧바로 나아가는' 직지향(直指向, intentio recta) 작용에 머무는 것이지, 결코 '그 지향작용 자체를 지향하는' 사지향(斜指向, intentio obliqua)[23] 작용을 수행하는 것은 아니기 때문이다.

우리는 인류문명이 기술 개발과 규범 수립을 두 축으로 하여 구축된다고 언급한 바 있는데, 그 맥락에서라도 지능기술의 발전에 관해 '규범적' 언급을 해야 할 것이다. 이 점은 "지각, 기억, 학습, 그리고 의식과 같은 현상이 뉴런의 특성이나 이들의 연결 양상 등에 의해 이루어진다는 것을 안다고 해서 그런 과정이 나의 삶에 어떤 지침을 주는지 알 수

23 N. Hartmann의 용어. *Grundzüge einer Metaphysik der Erkenntnis.* Vereinigung wissen schaftlicher Verleger, Berlin, 1921 참조.

있는 것은 결코 아니라"[24]는 사실을 생각해 볼 때, 더욱 뚜렷해진다. "생물학적 진화와 문화적 진화 사이에는 불일치가 있다. … 이런 진화론적 이해가 … 우리가 무엇을 위해 살아야 하는지, 서로 어떻게 사는 게 최선인지에 대해서는 말해주지 않는다."[25]

따라서 지능기술의 눈부신 발달로 문명의 양상이 변화한다 해도, 아니 그럴수록, '규범적 사유'의 지평 위에서 그 기술에 대한 가치판단과 의미발견을 할 수 있는 지혜를 지녀야 하고, 이 지혜의 함양을 위한 지성 교육, 즉 교양교육은 그 의의를 잃지 않는다.

이상의 병행적 논변을 구성하는 대칭적 개념들을 도표로 정리해 보면 다음과 같다.

	문명의 두 영역	
생물학적 여건	신체적 결함	출생/성장의 지진성(遲進性)
보완물	기술	규범
대상 세계	자연	공동체
대상세계의 원리	인과관계	목적관계
요구되는 사유	과학적 사유	인문적 지혜
사유의 기능적 특성	지능	지성
필요한 교육	전문교육	교양교육

24 폴 에얼릭(전방욱 역), 인간의 본성(들), 이마고, 2008(2001), 502쪽.

25 폴 에얼릭, 같은 책, 503쪽.

Ⅱ

교양교육의
새로운 의의와 위상

1 첨단과학기술시대의 교양교육

의사소통 방식의 변화가 인간의 문화생활 전반에 변화를 가져올 거라고 생각하는 것은 자연스러운 추론이다. 그런데 의사소통 방식의 변화는 의사소통의 매체의 변화에 거의 절대적으로 의존되어 있다. 의사소통의 매체, 그에 의거한 의사소통 방식이 한 시대의 문명양식을 결정하며, 그것의 기술적 변화가 문명사적 전환의 핵심 계기가 된다는 문명사론은 특히 20세기 후반에 들어와 특히 큰 반향을 일으켰다. 전자통신기술의 비약적인 발달이 의사소통의 매체 영역에서 또 한 번의 획기적인 변화를 몰고 온 것이 이 시대였기 때문이다. 주지하다시피 의사소통의 매체가 ① 구어, ② 문자에 의한 기록, ③ 인쇄술에 의한 도서에 이어 ④ 각종의 전자통신 기제로 변모하면서 의사소통 방식이 획기적으로 변화한 것은 사실이고, 인류 문명의 변전을 이 변화로부터 이해하는 것이 더 이상 기발한 착상이라고 할 것도 없게 된 것이다.[1]

이러한 맥락에서 볼 때, 이 변화가 교육 전반에 심대한 영향을 미치리라는 추론도 지극히 당연한 것이다. 활자 인쇄술에 힘입은 도서의 다

---

1 H. Innis, M. McLuhan 등의 커뮤니케이션 학자들이 그 선구자에 해당한다고 하겠다. M. Mcluhan, *The Gutenberg Galaxy* (1962), *Understanding Media* (1964); Harold Innis, *Empire and Communications* (1950), *The Bias of Communication* (1951), *The Strategy of Culture* (1952).

량 생산과 광범한 보급이 대중교육을 가능하게 함으로써 근대를 열었다면, 전자통신 기술의 급속한 발달에 힘입은 각종의 새로운 의사소통 매체는 인간의 문화생활 전반을 바꾸어 놓음으로써 이른바 포스트모던 시대를 열게 된 것이 21세기 초반의 문화사적 정황이다. 그러니, 이런 문명사적 전환의 시기에 종래의 고전적인 교육내용과 교육 방법에 변화가 오게 된 것은 당연한 일이요, 교육의 이념 자체마저도 변모한 측면이 적지 않다고 본다.

의사소통방식의 변화를 불러온 보다 광범한 현상 전체를 '정보화'로 지칭하고 그것이 의사소통활동을 중심으로 하는 문화생활에 실질적으로 어떤 변화를 가져왔는지부터 살펴보기로 한다.

1) 의사소통방식의 '디지털화'

문화생활 전반을 변화시켜온 의사소통방식의 변화는 새로운 전자공학의 첨단에서 개발된 '디지털 기술'에 그 연원을 두고 있다. 이 새로운 기술은 한편으론 인간의 논리적 사유 과정을 기계의 물리적 과정으로 변환시키되,[2] 그 정밀도, 정확도, 그리고 그 속도에서 인간의 자연지능을 크게 능가하는 '인공지능'(Artificial Intelligence) 기술, 즉 '정보 산출/처리' 기술(Information Technology)을 탄생시켰고; 다른 한편으론 정보내용을 신속 정확하게 지구 전체의 원거리에 전달하는 통신기술, 즉 '커뮤니케이션 기술'(Communication Technology)을 개발케 했다. 그리고 이 두 가지 기술은 하나의 '정보통신기술'(ICT)로 통합되면서 이른바 '디지털 혁명'을 일으켰다. '혁명'의 핵심은 이 기술이 ① 생명체 밖의 물리적 기계 속에서 사고활동과 감각활동을 결합시킨 점과 ② 의사소통 활동에서 시공

2 이 기술의 논리적-수학적 이론은 Boole의 대수학(Boolean Algebra)에 있고, 그것의 공학적 토대는 Alan Turing의 'Turing Machine'의 고안에 있다. George Boole, *An Investigation of the Laws of Thought* (1854); A. Turing, **"Computing Machinery and Intelligence"**, Mind LIX (1950).

적 제약을 벗어나게 했다는 점에 있다.

인공지능 기술, 즉 정보기술(IT)은 인간의 사고기능의 보강을, 그리고 통신기능, 즉 커뮤니케이션 기술(CT)은 감각적 지각기능의 확장을 실현한 것이다. 따라서 이 두 기술의 융합은 사유와 지각의 융합(融合) 및 호환(互換)을 비생명적 물리적 공간 속에서 현실화시킨 것이다.

온갖 정보를 수학적으로 분절하여 처리하며, 이를 전달함에서 시공적 제약을 극복하는 이 정보통신기술(ICT)이 지식사회에 일으킨 변화는 어떤 것일까? 다른 무엇보다도 사유와 감각의 호환이 불러온 변화는 **지식-정보의 파편화**와 **사고에 대한 감각의 우세** 현상이고, 시공적 제약의 극복이 불러온 변화는 복합적 욕구충족의 기대에 부응하려는 **지식 및 기술의 융복합화** 현상이다. 그 전후 맥락을 생각해 보자.

2) 사유의 감각화: 문맹적 의사소통의 회귀?

인간의 커뮤니케이션은 오감 가운데서도 특히 청각과 시각에 많이 의존되어 있다. 그런데 이 두 가지는 서로 다른 방식으로 서로 다른 차원에서 동시적으로 이루어지면서 서로 보완한다. 시각 커뮤니케이션은 감각내용을 동시적으로 한꺼번에 받아들이고 부분들을 함께 모아 '짜집기'함으로써 현실을 지각한다. 시각 커뮤니케이션은 이처럼 '모자이크적'(mosaic)이다.

이에 반해 청각 커뮤니케이션은 '선형적'(線形的, linear)이다. 청각적 지각에 주어지는 정보는 한꺼번에 주어지는 것이 아니라 시간의 흐름에 따라 '순차적'(順次的, sequential)으로 주어진다. 청각 커뮤니케이션에서는, 현재의 메시지를 이해하려면 반드시 앞선 메시지를 이해해야 한다. 인과적 연결이든 논리적 연결이든 하여튼 일관성 있게 앞뒤를 연결하는 파악작용이 요구된다.[3]

---

3 M. McLuhan, *Understanding Media, The Extentions of Man*, London 1994(1964); 김성기 ·

모자이크적 커뮤니케이션에서는 이지적 사고 활동보다는 감성적 감응 활동, 즉 감각적 지각작용이 더 필요하겠지만, 선형적 커뮤니케이션에서는 인과적 혹은 논리적 고리를 이어나가는 강한 사고 활동이 요구된다. 인간에게 주어진 이 두 가지 유형의 의사소통 방식은 서로 보완하면서 균형을 잡도록 되어 있었다.

그런데 문자의 출현과 더불어 시작된 글에 의한 커뮤니케이션은 말에 의한 커뮤니케이션의 선형성을 더욱 극단화시킴으로써 논리적 사고 활동을 확산시켰다.

말을 하고 들을 때는 표정, 몸짓, 어조, 음색등 말하는 이의 언어외적 의사표현 요소가 함께 작용하며, 그 외에도 특정의 시간과 장소가 지니는 맥락적 상황이 또한 의사전달에 있어 간접적인 역할을 하므로, 시각 커뮤니케이션의 모자이크적 요소가 어느 정도 함께 작용한다. 그리고 말에 의한 커뮤니케이션에 있어서는 듣는 이의 반응이 말하는 이에게 직접 전달되어 상호작용이 일어나기도 한다.

그러나 글로 쓰여진 기록을 통해 의사전달이 이루어질 때는, 이러한 주변적 상황적 요소들은 모두 증발하고 오직 전달되는 사유내용만 남게 된다. 따라서 글에 의한 커뮤니케이션에서는 자연히 그 사유내용의 정합성, 일관성 등 논리적 성격이 강하게 작용한다.

이 점을 고려해 볼 때, 구텐베르크의 활자 인쇄술 개발은 결과적으로 다수의 대중에게 논리적 사유 능력을 계발시켜주는 결과를 낳았다는 것을 알 수 있다. 활자 인쇄술은 도서의 다량보급을 가능케 함으로써 다수의 보통사람들이 글을 통한 커뮤니케이션에 참여할 수 있게 하였고, 그 결과 순차적 · 논리적 · 합리적 사고에 익숙해지게 되었다는 것이다.

이렇게 도서를 통해 글과 기록에 의한 정보 유통이 확산되면서 순차적 · 논리적 사고를 하며 합리성을 삶의 원리로 받아들이는 대중이 등장했고, 이것이 바로 근대의 정치사회적 신질서의 토대가 되었다. 그리하여 도서의 보급은 여러 방면에서 이성적 사유가 삶의 원리가 되는 근

이한우 역, 『미디어의 이해』, 민음사, 2002 참조.

대를 연 문명사적 전환점이 된 것이다.

문해교육이 지배하던 근대사회는 정보의 입수와 의사소통에서 이성적 사고의 활동이 중심이 되는 문자시대였고, 이에 힘입은 이성적 사고의 신장은 감각적 경험세계를 뛰어넘어 관리 가능한 세계를 끝없이 확장했거니와, 그 세계는 인간의 이성에 적합한 방식으로 재구조화된 객관적 · 획일적 · 법칙적 · 동질적 세계였다.

그런데 20세기 후반부터 정보화와 더불어 이 지적 지형에 변화가 온 것이다. 신문보다는 TV가, 도서보다는 영상물이 더 큰 영향력을 행사하게 되었는데, 이는 감각적 지각작용이 논리적 사유활동보다 우세해진 것을 뜻한다. 좀 과장하자면, 구전(口傳) 시대의 문맹적(illiterate) 의사소통이 문자시대의 문해적(literate) 의사소통을 압도하게 된 것이다. 이것이 어떻게 가능해졌을까?

디지털 기술이 수학적 연산처리 과정을 통해 해체했다가 다시 복원하는 아날로그적 정보는 본래 감각적 지각내용이다. 수학적 연산처리 작업은 물론 정치한 사고 활동이다. 따라서 이 두 영역을 넘나든다는 것은 감각적 지각과 합리적 사고가 호환되고 융합함을 뜻한다. 이 사유와 감각의 호환기술은 이제 감각내용의 논리화, 사유내용의 감각화를 수행함으로써 그 양극에 자리하는 정서적 감응과 수학적 사고 사이의 간극에도 다리 놓아 이들을 연계시키는 일을 해낸다. 컴퓨터 음악의 탄생, 포토샵을 이용한 사진 예술의 정교화 등이 그 좋은 예가 될 것이다.

사유와 감각의 호환이 가능해짐에 따라 일상인들은 사유 대상을 감각 대상으로 변환시켜 놓은 정보들에 의존하여 생활하기를 즐긴다. 즉, 선형적 사유에 필요한 긴장을 피하고 모자이크적 지각의 이완을 선호한다. 이는 달리 말하면 능동적인 선형적 사유의 노력을 수동적 · 감각적 지각의 향유로 대체시켜 나간다는 것이다. 사정이 이러하니, 기원(起源)이 실종된, 문맥에서 일탈된 '파편화'된 정보들이 범람하게 되고, 감각적 지각이 논리적 · 합리적 사고를 압도하는 새로운 현상이 등장하는 것이다. '문맥'을 짚어가는 것은 논리적 사유이지 감각적 지각이 아니기 때문이다. 모자이크적 시각 커뮤니케이션과 선형적 청각 커뮤니케이션 사이의 균형이 근대초와는 반대방향으로 깨지고 있음을 가리키는 것이다.

구텐베르그의 활자 인쇄술이 도서보급을 통해 의사소통, 정보습득의 양식을 논리적 사유의 원리에 따르게 했다면, 디지털 기술은 그와 반대로 논리를 넘어서는 총체적 지각 양식을 확산시키고 있다. 사유와 감각의 호환기술은 이제 사유내용의 감각화를 수행함으로써 합리성의 문명을 용해시키고 그 자리에 초합리성의 문화를 구축하고 있는 상황이다. 현상적으로 볼 때, 감각이 사유를 능가하는 삶의 방식이 급속도로 확산되고 있는 것이 사실이다. 그 극단은 아이러니컬하게도 문해적 의사소통을 문맹적 의사소통이 대체해 나가고 있는 데서 확인된다. 정보내용을 문장의 연속보다는 영상의 연속으로 전하고, 정보 입수의 코드조차도 문자보다는 아이콘을 이용하는 것이 바로 이런 현상을 말해주고 있다. 문해능력이 없어도 고급정보를 교환하는 의사소통이 가능하게 된다는 말이다. 이는 마치 문자시대 이전에 기호나 상징으로 의사소통을 하던 방식과 표면상 유사한 일이다.

3) 다중능력 함양의 요구

그러나, 디지털 기술의 호환 및 융합 기능이 작동됨으로써 널리 확산된 이런 문맹적 의사소통 방식에도 불구하고, 문해적 의사소통능력과 이와 긴밀히 연계되어 있는 합리적 사고능력은 근대와 마찬가지로 여전히 필요한 문화능력이다. 아니, 근대 산업사회보다도 현대 정보사회에서 더욱 더 필요해진 문화능력이다.

새로운 정보를 창출하는 능력은 산출된 정보를 단순히 소비하는 데서는 길러지지 않는다. 사유와 감각의 호환 기술을 활용하여 새로운 콘텐츠를 개발할 수 있기 위해서는 감성적 지각의 내용과 수학적 사유의 형식을 연계시킬 새로운 알고리즘(algorithm)을 개발해야 한다. 그리고 이 알고리즘을 개발할 수 있는 능력은 기술적으로 역시 합리적인 과학적 · 수학적 사유의 능력이 기초가 되어야 한다. 물론 그 기술적 형식에 담아야 할 내용은, 예술적 감수성, 인문학적 직관, 도덕적 성찰 등이 제공해 주어야 한다. 감각과 사유의 호환 시스템을 구성하기 위해서는 이렇게 한편으로는 수학적 사유의 능력이 요구되고 다른 한편으로는 감각적 지각능력, 정서적 감응능력이 요구된다. 이 양자가 갖추어질 때, 저 호환과 융합은 가능해지는 것이다.

사유내용의 감각화가 가능하기 위해서는 사전에 감각내용의 논리화 과정이 반드시 선행되어야 한다. 이 점을 간과해서는 정보문화 전체가 그 지반을 상실할 것이다. 이지적인 활동이 요구되는 학업과 감성적인 작용이 요구되는 학업을 동시에 수행한 사람만이 새로운 정보사회에서는 유능한 리더가 될 수 있는 이유가 바로 여기에 있다. 한 분야의 전공지식 습득으로 만족할 수 있었던 산업화시대와는 달리, 정보화시대에 들어서서 다전공 학업, 융복합교육, 비정규 체험교육 등이 요청되는 이유 또한 여기에 있다. 이러한 교육을 지향하는 것이 곧 본래적 의미에서의 교양교육임을 상기해 볼 때, 근래 대학가에 교양교육의 강화를 위한 움직임이 확산되고 있는 것은 시대정신에 부응하는 매우 다행스러운 일이다.

4) 지식사회의 지형변화: 융복합 지식에 대한 요구

지적 활동의 내부 사정이 이런 변화를 겪었다면, 지식사회의 외부적 여건은 어떤 변화를 겪었을까?

근대 이래 최근의 현대까지도 전통적으로 지식인이 추구해 온 '학적 지식'(episteme)은 보편적 · 불변적 · 필연적 존재에 대한 보편타당한 지식이었다. 그것은 가능한 한 일상적 삶의 현실로부터 거리를 취해 직접적인 이해관계를 넘어설 때 얻을 수 있는 객관적인 진리의 체계였다. 이런 지식은 쉽게 얻어지지도 않았거니와 일단 공준을 받으면 그 타당성은 장구한 기간 동안 지속적으로 영향력을 행사하는 '힘의 원천'이기도 했다.

그리고 이러한 의미에서의 고전적 지식은 그 산출, 보존, 공유, 전파 등이 안정된 제도적 장치에 의해 관리, 통제되었고, 이런 제도를 뒷받침하는 물리적 토대와 규제가 동반하게 마련이었다. 쉽게 변하지 않는 교육제도, 연구 시스템, 도서 출판 활동, 이에 종사하는 인력 양성의 여러 규약 등이 제도적인 것들이라면, 각급 학교, 연구소, 도서관 등의 시설과 교수 학습의 여러 수단들이 물리적 토대로서 지원과 규제의 역할을 한 것들이었다. 이들 유형 무형의 시설과 제도들은 한결같이 시간적 · 공간적 제약을 구성하는 것들이었고, 교육받는다는 것, 연구를 통해 새로운 지식을 산출한다는 것은 모두 이 시공적 제약 아래에서 수행되는 일이다.

이러한 양태의 지식사회에서는 특정분야의 지식이 독자적 자율성을 갖고 그 전문적 실효성을 인정받기에 충분했다. 학문은 분화되어 나갔고 그 분화된 학문분야들은 세계와 인간에 관해 특정 영역을 탐구하고 지식을 쌓아왔다. 이른바 학문의 '체계'가 견고하고 안정적으로 구축되어왔다. 부단한 분업화의 과정이 연속되던 산업화 시대에는 주어지는 중요 실용문제들 자체가 대체로 분절적(分節的)인 것이어서, 그 문제 해결에 기여코자 했던 학문적 탐구도 역시 분과적(分科的)이었다. 산업의 분업화에 조응해 등장한 많은 분과 과학들의 탐구가 혁혁한 성과를 거두었기에, 학문의 체계 내에서의 분화는 불가피하기도 하고 바람직하기도 한 것이었다.

그러나 정보통신 기술의 혁명적 발달에 의해 세계가 하나의 촌락으로 좁아진 오늘날, 광범한 문화의 교류와 공존은 불가피한 것이 되었고 이 다문화적(multi-cultural), 문화교류(inter-cultural) 시대의 문화적 지형은 관계성, 다양성, 상대성, 가변성으로 특징지어지게 되었다. 사회적 삶이 고정적 체계보다는 유동적인 그물망(network)의 형태 속에서 이루어지게 됨으로써, 그 자체로서 지속적 독자성을 갖는 '지식'이 수행하던 역할은 이제 더없이 유동적으로 된 현실의 삶에 형식을 부여하는('in-formatio') '정보'에게 넘겨진 것이다. 정보사회에서 우리가 마주하는 문제들은 대체로 여러 지식분야에 걸쳐 있는 복합적 · 총체적 맥락이 있는 문제들이다. 따라서 문제들의 맥락 전체를 조망할 수 있는 안목이 무엇보다 중요하다. 이 총체적 조망 능력이 없다면 특정 분야의 전문지식도 무력해지기 쉽다. 각 전문분야들의 지식을 폭넓고 깊이 있는 안목 아래서 조망하고 연결시켜 주는 '지적 연결지평'이 요구되는 것이다. 이제는 지식의 세계도 분립된 개개의 학문분야가 그 자체 독자적 완결성을 갖는 피라미드적 체계로 이루어지는 게 아니라 유연하게 유동하면서 다각적으로 상호 연계되는 가변적이고 개방적인 네트워크의 모습을 띠게 된 것이다. 융복합적 지성이 요구되는 배경이 바로 이것이다.

또 다른 관점에서, 인간 경험의 내부로 눈을 돌려, 융복합적 지성이 요구되는 구도를 인간의 세계경험 양식의 변화와 관련지어 심층적으로 살펴보자.

인간이 자연의 일부로서 자연적 현실 속에서 삶을 영위하는 한, 인간은 자연의 시공체계를 벗어날 수 없고 따라서 인간의 모든 행동은 시간의 불가역적 순차성과 공간의 배타적 독점성이라는 두 원리를 엄격히 따를 수밖에 없다. 인간의 모든 활동은 이 원리를 대전제로 하여 이루어지며, 이런 의미에서 이 원리들은 인간의 모든 기획과 실천에서 하나의 제약이자 동시에 그 기반이다. 모든 사태에서 원인-결과의 고리를 찾으려는 인간의 인과적 사유는 시간의 순차성에 대응하는 생존의 한 방식이라 할 수 있고, 모순을 허용하지 않는 인간의 논리적 사유도 궁극적으로는 물리적 세계의 공간적 배타성에 적응하려는 노력의 결과로 얻어진 것이라고 볼 수 있다.

그런데 디지털 기술로 등장한 새로운 세계에서는 인간의 경험이 이러한 시공간적 원리에 더 이상 예종(隸從)되지 않는다. '유비쿼터스 커뮤니케이션'에서는 'ubiquitous'라는 말 자체가 뜻하는 것("遍在하는: omnipresent")처럼, 시간적 순차성과 공간적 배타성이 더 이상 극복 불가능한 인간의 한계로 작용하지 않는다. 더욱이 '가상현실'이란 시간경험에서 순차성 대신 동시성 및 즉시성이, 그리고 공간경험에서 매개성(간접성) 대신 무매개성(직접성)이 구현되는 곳이므로 정보문화의 세계에서는 자연현실에서의 시공적 원리가 더 이상 경험의 원리로 작동하지 않는다.

삶의 근본적 토대가 되는 시공체험의 방식에 이런 획기적인 변화가 오는 한, 세계를 향한 인간의 욕구와 이의 충족을 위한 행동의 방식에 아무런 변화가 없을 수는 없다. 인간의 생존조건인 동시에 한계이던 시간적 순차성과 공간적 배타성이 무력해짐으로써 인간의 욕구 자체가 동시성과 직접성을 추구하는 방향으로 확장되고, 그 충족의 방식 또한 동시적 직접적인 것으로 변모하게 되었다. 이와 병행해 여러 가지 욕구의 동시적 충족에 대한 기대 또한 일상화된다. 즉 장소의 이동을 통해서만, 혹은 시간적 지속이나 대기를 통해서만 가능하던 욕구충족이 이러한 종래의 전통적 행동 방식을 통하지 않고서도 가능해지게 된 것이다. 한편으로는 한 가지 욕구의 즉시적 무매개적 충족 가능성을, 다른 한편으로는 여러 가지 상이한 욕구들의 총체적 동시적 충족 가능성을 기대하게 된 것이다.

순차적 · 부분적으로만 충족되는 것으로 간주해온 인간의 욕구가 이렇듯 총체적 · 동시적으로 충족될 수 있는 상황이 전개되면서 지식의 내용과 양태도 바뀌게 된다. 새로운 지식 및 기술의 융복합은 바로 이 요구에 부응하기 위해 나타난 현상이다. 앞서 지식사회의 외부여건을 살펴본 데서 지적했듯이, 특히 정보사회에서는 그 어느 때보다도 문제의 해결과 일의 기획에서 여러 분야의 지식들을 동시에 유기적으로 연계시키는 조망이 요구되는데, 이는 모두, 그 근원에 들어가 보자면, 시간과 공간의 제약을 현격히 약화시키는 정보통신 기술의 등장이 인간의 복합적 욕구를 충족시킬 수 있는 길을 열어가기 때문이다.

5) 교육내용의 변화: 다학문적 균형과 융합

이제까지의 논의에 비추어 볼 때, 정보사회가 요구하는 지적 능력이란 단순히 기성의 지식을 습득하는 능력이 아님은 분명하다. 기성의 지식 그 자체는 인간의 두뇌가 아닌 인공지능 기기 장치 속에 얼마든지 집적해 놓을 수 있기 때문이다. 그것을 비판적으로 수용하고, 새로운 문제상황에 적용하여 가변적으로 응용할 수 있는 능력, 나아가 문제해결을 위해 스스로 새로운 지식을 창출할 수 있는 능력, 그리고 더 나아가서는 문제 자체를 발견해낼 수 있는 능력이 요구된다. 이들은 달리 말하면, 엄청난 양의 정보 가운데서 적실성 있는 유용한 정보를 선별할 수 있는 비판적 사고의 능력, 그러한 정보를 활용하여 문제를 해결할 수 있는 응용 능력, 그리고 무엇보다도 주어진 사태 속에서 핵심적인 문제를 찾고 그 문제를 해결하는 방향을 잡을 수 있는 창조적 상상 능력이다.

그러나 이런 지적 능력은 습득한 기성의 지식을 재료로 하여 얻어지는 것이지, 백지의 무지 상태에서 돌연 출현하는 것은 아니다. 그러나 다른 한편으론, 이런 능력은 분석적으로 설명하기 어려운 인간과 세계에 대한 깊은 안목과 통찰력을 원점으로 하여 발휘되는 것이다. 이 안목과 통찰력은 따라서 파편화된 정보들을 비판적으로 검토하여 유기적으로 연결해 줌으로써 통일적 의미체계를 구성해낼 수 있는 '지적 연결지평' 위에서만 얻어질 수 있는 것이다.

그렇다면 정보사회에서 유능한 인재를 양성하기 위해 수행해야 할 교육은 근본적으로 어떤 것이어야 할까? 우리는 그것을 크게 세 가지로 정리하고자 한다.

첫째는 다양한 지식영역을 가로지르는 다학문적 융합교육이며, 둘째는 '이성과 감성을 아우르는' 융합교육이고, 셋째는 생각을 공유할 수 있는 개방적 의사소통교육이다.

첫째, 누구나 지식의 습득이 없이는 스스로도 지적 사고를 수행할 수 없는 법이다. 따라서 여러 다양한 학문분야의 지식을 습득하는 것이 우선 필요하다. 각 분과학문에서 누적된 특정 대상에 대한 전문지식들을 유기적으로 융합하여 새로운 발상을 할 수 있는 창의적 사고는 우선 이 다학문적 지식을 기초로 한다. 그 가운데서도 특히 가능한 한 원리적이고 근본적인 문제를 다루는 기초학문 영역에서 보편적이면서도 핵심적인 내용을 학습하는 것이 필요하다. 기초학문 분야, 즉 인문학, 기초사회과학, 기초자연과학의 영역에서 골고루 학습하는 것이 필수적인 것이 되어야 할 이유다. 그래야만, '지적 연결지평'이 형성되고 이 지평 위에서 다른 모든 지적 활동이 결실을 맺을 수 있기 때문이다.

둘째, 앞서 몇 차례 지적했듯이, 정보사회에서 특별히 문제되는 것이 정의(情意)적 작용과 지적 작용의 융합과 호환이다. 이 두 영역을 넘나들 수 있기 위해서는 정의적 감응능력과 합리적 사고능력이 동시에 요구되며, 이 둘이 함께 협동하는 것이 필요하다. 한마디로 말해 합리적인 과학적 · 수학적 사유의 함양뿐 아니라 예술적 감수성 및 도덕적 의지의 함양도 함께 교육의 목표가 되어야 한다는 것이다.

셋째, 정보사회는 개방된 유연한 네트워크 사회다. 피라미드 형의 제도적 장치에 적합한 소수의 의사결정과 이의 하향식 전달은 더 이상 공동체를 움직이지 못한다. 네트워크에서는 각각의 노드(node)가 가변적 중심이 된다. 자신의 사유내용을 공동체 구성원과 공유할 수 있는 사회적 의사소통능력은 지적 학문적 영역에서뿐만 아니라 사회생활 전반에서 기본 필수품이다.

6) 교양교육의 복권?

대학의 고등교육에서 함양해야 할 능력이 이와 같은 것이라고 한다면, 이는 교양교육의 과제와 외연적으로 크게 편차가 없는 것이다. 진정한 의미에서의 교양교육이란 바로 그런 능력의 함양을 목표로 하는 것이기 때문이다. 직업적 전문성이 뚜렷한 특정 분야와 직결되는 전공학업을 제외한다면, 적어도 학사과정에서 대학교육의 외연은 교양교육의 그것과 거의 합치한다고 보아도 무방할 것이다. 그릇된 통념 아래 대학의 현실 속에서 변질된 "교양교육"이 아니라 진정한 의미에서의 교양교육을 안중에 둔다면, 충분히 그렇게 보아야 할 것이다. 교양교육의 목표나 내용에 대해 관련 전문서에 기술된 것, 그리고 국내 각 대학들 및 대학교육 관련 기구들이 서술해 놓은 것들을 보면, 이는 곧 확인될 일이다.

“교양교육이란 단적으로 인간의 인간다움 그 자체만을 위한 주체적 자아의 형성이다. 교양교육에는 따라서 자기형성의 과정도 포함되고 그 결과 얻어진 상태도 포함된다.”[4]

“교양인은 비판적으로 사고하고 그것을 글로 표현할 줄 알아야 한다. 교양인은 우주, 사회 및 인간 자신에 대한 지식을 얻는 방법에 대해 비판적 안목을 가져야 한다. 교양인은 자신의 삶의 경험을 폭넓은 맥락에서 보려 하며, 그리하여 다른 문화 다른 시대에 대해 편협한 사람이 아니다. 교양인은 당연히 윤리 도덕적인 문제에 대한 이해를 갖고, 기로에 섰을 때 도덕적 판단을 통해 행동을 선택하는 사람이다. 교양인은 특정 학문 분야에 대해 깊은 이해를 가지고 있어야 한다.”[5]

“기초교양교육은 인간이 일구어낸 문화의 다양한 모습을 반추하는 일로 우리가 사는 세계에 대해 보다 깊이 이해할 수 있게 하고 우리의 사유를 밝혀준다. 그것은 한 인간을 온전한 전체로 성숙 · 발달시켜 주기에 오랜 인류의 역사에서 고등교육의 기본 이념으로 설정되어 왔으며, 민주사회일수록 정도의 차이는 있을지언정 모든 사람들이 받을 가치가 있고 받을 권리가 있는 교육으로 추구되어 왔다.”(서울대)

“학문간 융합을 통한 통찰력 함양; 기독교 정신에 기반한 섬김의 리더십 실천; 지역, 국가, 세계의 변화에 능동적으로 대응하는 연세인 양성; 논리적, 분석적, 과학적 판단 능력의 배양”(연세대)

“교양교육과정은 전통과 문화, 학문의 세계에서 익힌 개념 및 이론들을 통해서, 현실로부터 야기되는 문제들을 적절하게 설정, 해결할 수 있는(general problems setting and solving) 능력을 함양할 수 있어야 한다. 교양교육은 학생들이 사회가 요구하는 실용적인 대응능력(언어, 논리, 추론 능력)과

---

4 W. von Humboldt, *Theorie der Bildung* (1830), Wikipedia, W. von Humboldt 항에서 재인용.

5 H. Rosovsky(이형행 역), 『대학, 갈등과 선택』, 삼성경제연구소, 1990, 161쪽 이하.

함께, 성공적인 전공 학습을 위한 기초 수학 능력을 향상시키는 것을 목적으로 삼는다."(고려대)

"인간, 사회, 자연, 역사에 대한 다각적 이해방식들을 폭넓게 접할 수 있게 하고 인문학, 사회과학, 자연과학을 포함한 여러 학문 분야들의 관심대상, 접근법, 사유원칙들을 기본의 수준에서 이해하게 하는 교육, 비판적 사고력을 키워주어 대학에서 자유롭고 창조적인 탐구활동과 정신 가꾸기를 지속할 수 있게 하는 교육의 지향

온갖 정보와 지식, 상충하는 진리 주장들, 상이한 가치관, 경쟁적 주장과 의견 등을 이성적으로 검토하여 오류와 편견을 가려내고 옳고 그름을 판단할 능력을 길러주는 교육, 의미 있는 질문을 던지고 중요한 문제들을 찾아내며 합리적 설명, 타당한 주장, 설득력 있는 해석을 추구할 능력을 길러주고 과학적 사고습관을 함양하는 교육의 지향

성찰의 능력과 습관을 길러주고 평등의 가치를 존중하며 타자에 대한 윤리적 책임을 알게 하는 교육, 사적 이익과 공적 이익을 분별할 힘을 키워주며 자신이 사는 사회의 민주적 원칙들을 지키고 발전시킬 시민적 역량들을 터득하게 하는 교육, 계층과 신분, 종교, 지역, 성차 등의 벽을 넘어 타자의 이야기를 경청하고 이해하는 능력, 선의와 배려와 공감의 공동체적 가치들을 체득하게 하고 봉사정신을 길러주는 교육의 지향

유연한 상상력, 열린 정신, 지구 사회적 마음가짐으로 두려움 없이 변화와 위기에 대응하고 문제를 선도적으로 해결할 힘을 길러주는 교육, 국제사회와 협력하고 세계의 정치적 · 사회적 · 문화적 다양성과 역사적 경험들에 대한 이해를 넓혀 인류 공통의 관심사를 인지함과 동시에 국적 · 인종, 집단의 울타리를 넘어 지구사회 공통의 문제들을 풀어갈 세계 시민적 역량을 길러주는 교육의 지향

사건, 현상, 상징, 텍스트를 정확히 읽고 의미와 해석을 구성해내는 능력, 문서 생산력, 아름다운 것을 인지하고 평가하는 심미적 교감과 표현의 능력, 예술을 이해하고 사랑하며 예술적 창조성을 존중하는 능력, 기억할 것을 기억하고 사회의 역사적 경험들을 공유하게 하며 좋은 이야기의 사

회적 유통을 촉진할 소통, 전달, 표현의 능력, 새로운 기술매체들을 유효하게 사용할 문화적 능력을 함양하는 교육의 지향"(이상 경희대)

"교양학부대학의 교육목표는 참다운 인격형성을 위한 정신적 토대를 마련하고 변화하는 시대적 요구에 부합하는 새로운 학문적 기초를 다짐으로써 학생들을 주체성을 가진 세계인, 폭 넓은 교양을 지닌 전문인, 문화의 시대에 부응하는 문화인, 공동체와 함께 하는 협동인, 도전적 창조인으로 양성하는 것이다."(중앙대)

"교양교육의 이상은 대학 교육의 핵심적 중추로서 인간의 삶과 사회를 총체적으로 파악하고 성찰함으로써 개인과 사회의 행복에 기여할 수 있는 전인격적인 인간의 형성에 있다. 이러한 교육이념의 토대 위에서 구성된 이화 교양교육의 핵심적 가치는 자아개발 가치, 공동체 가치, 글로벌 가치이며, 학생들이 교양교육 과정에서 핵심적 가치의 획득을 통하여 통합적 지성과 조화로운 인성을 겸비한 전인적 인간으로 양성되는 것을 목적으로 한다."(이화여대)

"교양교육의 목표는 성숙한 인격체가 지녀야 할 품성, 세계시민으로서의 소양, 정보화 사회에 요청되는 판단력과 도덕성 등을 지향해야 한다. 나아가서 교양교육은 제반 학문 분야에 대한 지적인 호기심을 일깨우고 자기 표현력과 의사소통능력 등을 계발시킬 수 있어야 한다."(대학교육협의회, 2001)

"교양교육이란 올바른 세계관과 건전한 가치관을 바탕으로 세계화된 새로운 정보사회에서 비판적 · 창의적 사고와 원활하고 개방적인 의사소통을 통해 공동체적 문화적 삶을 자율적으로 주도할 수 있는 주체적인 지도자로서의 자질을 함양하기 위한 것으로서, 학문계열을 넘어서서 모든 학생들에게 동질적인 내용을 교수하는 교육이다."(교양기초교육원, 2015)

'교양교육'에 관해 각 대학에서 개념적 정의를 해놓은 내용을 보면, 교양교육의 정체성에 대한 이해에서는 잘못된 것을 찾아볼 수 없다. 서술이 다양한 것은 '교양교육'의 내용이 포함되는 것이 광범하고 다양한 데서 오는 귀결이지 가기에 서로 상이한 요소가 일관되지 않게 열거된 결과는 아니다. 그러나 오늘날 한국의 대학교육은 철저히 전공 학과 중심으로 시행되고 있기 때문에, 특정 학과에 귀속시킬 수 없는 교양교육은 바로 그 때문에 그 특정 학과에 소속된 대부분 교수진의 관심사에서 벗어나 소홀히 취급받고 있는 것이 현실이다. 이러한 사정은 그간 교양교육에 대한 그릇된 통념과 잘못된 관행을 정착시켜 놓았고, 이 통념과 관행은 위에서 서술된 진정한 교양교육의 길을 침묵으로 가로막고 있는 형세다. 개념적으로 매우 적절하게 정의된 교양교육이 그 본원의 이념대로 시행되도록 대학인 전체의 인식 전환 및 혁신적 실천이 긴절히 요구된다.

2 융합교육으로서의 교양교육: 문제와 해법

1) 융합교육, 창의성교육의 실체

'창의인재 양성'에 대한 요구가 대학가에 널리 넘치고 있다. 적어도 구호로서는 그러하다. '창의성 함양'을 위한 교과목이 개발되기도 한다. 그러나 '창의성'이란 것이 구체적으로 무엇을 뜻하는지에 대한 공유되어 있는 견해가 있는지 과문(寡聞)인 필자는 아직 잘 모른다. 물론 필자도 한국의 교육을 전반적으로 창의성 함양의 교육으로 혁신해야 한다는 주장에 전적으로 찬동한다. 그러나 '창의성에 대한' 교육, 혹은 **'창의성 함양에 대한'** 교육이 아니라 실제로 **'창의성을 함양하는'** 교육이 하나의 교과목을 통해 달성될 수 있는지 의문이다. 창의성을 함양하는 '매뉴얼' 같은 게 있다면, 그런 매뉴얼을 통해 가르치고 배우는 것이 과연 창의적인 것일지 의문이다. 창의적인 것이란 기성의 지식과 다른 것이요, 기존의 알려진 문제나 그 해법을 넘어서는 것일 테니까 말이다.

인간의 사고란 기본적으로 문제해결을 위한 활동으로 볼 수 있다.[1]

---

1 '문제(problem)'라는 말의 근원적 의미, 즉 '앞에 놓여 있는 장애물'이라는 어의에 대해서는 앞서 I부 3장에서 언급한 바 있음.

프랑스의 생철학자 베르그손(H. Bergson, 1859~1941)에 따르면,[2] 의식의 출현 자체가 신체적 본능에 의한 문제 해결이 좌절됐을 때 벌어지는 일이라는 것이다. 그러니 의식작용 가운데서도 고도로 정교한 것이 사고활동일 테니까, 우리의 행동이 장애물에 걸려 넘어지려 할 때 이를 극복하기 위해 출동하는 것이 사고활동임은 당연한 것이라 하겠다. 미국의 실용주의 철학자 듀이(J. Dewey, 1859~1952)도 인간은 언제나 문제상황 속에 처해 있으면서 문제를 해결해 나가는데, 그 1차적 2차적 방도인 본능과 습관이 문제를 해결하지 못할 때 마침내 지성이 등장한다고 한다. 그래서 지성은 본성적으로 창조적 지성(creative intelligence)이라는 것이다.[3]

하지만 모든 문제는 '새로운' 문제다. 어떤 것이 '문제'로 등장하게 되는 이유는 그 해결 방법이 아직 없기 때문이다. 그러므로 '문제'가 되는 것을 해결할 수 있다면, 그 해결 방법은 새로운 방법일 수밖에 없고 그런 의미에서 모든 문제해결 방법은 '창의적'인 것일 수밖에 없다. 하나마나 한 말이지만, 새로운 문제에는 새로운 해결 방법이 필요한 것이다.

새로운 해결 방법 또한 사고의 산물, 즉 지식에서 찾아져야 한다면, 그런 지식은 어떤 성격의 것일까? 그것은 물론 새로운 지식일 테지만, 그 새로운 것은 어디서 생겨나는가? 창의적인 것이라니까, 갑자기 무로부터, 아니면 초자연적 '하늘'에서 떨어지는 것일까? 영감이라 하든 반짝 아이디어라 하든, 그런 것도 실은 별다른 곳이 아닌, 기성의 지식에서 나오는 것 아닐까? 일자무식 백치에게서 갑자기 세계에 대한 통찰이 나올 수는 없는 일이다. 새로운 지식도 그 토대는 '헌' 지식, 기성 지식에 있다고 보아야 한다. 다만 기성의 것을 그대로 되풀이 답습하지 않고 그것을 새로운 모습으로 '재구성' 하는 데에 있다고 본다. 이때 재구성되는 요소들이 다양하고 이질적일수록 그 재구성의 결과는 그만큼 더 새로운 것이 될 것이요, 새로운 문제의 해결에 그만큼 더 도움이 될 것이다. 이렇듯 다양한 기성지식의 융합에서 새로운 지식의 기초가 얻어

---

2 H. Bergson, *Matière et Mémoire* (1896), 최화 역, 『물질과 기억』, 자유문고, 2017.

3 J. Dewey, *Human Nature and Conduct* (1922), 신일철 역, 『인간성과 행위』, 문명사, 1975.

진다고 본다면, 새로운 문제해결능력이란 다양한 지식을 융합하는 능력과 다를 바가 없는 것이다. 창의적 사고능력이란 즉 융합적 사고능력이라는 것이다.

그렇다면, 창의성 교육이란 곧 **기성지식을 융합하는 능력**을 기르는 교육이요, 그 기본은 다양한 기성 지식을 습득케 하는 데서부터 시작된다. 창의성 함양교육, 즉 창의교육은 융합교육에서 시작되고 융합교육으로 구현될 수밖에 없다.[4]

2) 오늘의 '새로운 문제': 그 속성과 문화사회적 배경

왜 오늘 한국의 대학교육에서 갑자기(?) '창의교육', '융합교육'이 그렇게 많이 언급되고 강조되는가?

(1) 새로운 기술의 등장과 변화된 지적 지형(地形)

디지털 혁명은 정보통신 기술의 비약적인 발전을 가능케 했으며, 이에 힘입어 유비쿼터스 커뮤니케이션(Ubiquitous Communication)이 현실화되는 결과를 가져왔다. 이러한 기술적 급진전은 사람들의 근본적인 삶의 토대가 되는 경험의 양식(樣式)을 시공적 제약이 현격히 약해진 것으로 변화시켰으며, 이는 곧 욕구 및 요구충족의 성격을 변화시켰다. 즉 인간의 욕구가 융복합적 것으로 바뀌었고 그 충족의 방식도 융복합적인 것으로 변했다. 융복합적 욕구 충족을 가능케 하는 기술의 융복합 현상은 자연스럽게 융복합적 산업의 등장으로 이어졌다.[5]

그렇다면 지식사회에는 이 변화가 어떤 후속 사태를 야기하고 있을

---

4 융합, 복합, 융복합, 혼합, 화합, 병합, 연합, 총합 … 이들 뜻은 어떻게 다른가?

5 디지털 혁명을 통한 문명사적 전환의 구체적인 모습은 앞서 I부 1장에서, 유비쿼터스 커뮤니케이션이 불러오는 융복합적 사회상의 변천은 I부 3장에서 이미 언급한 바 있음.

까? 앞서 I부 3장에서 디지털 시대의 지적 지형에 대해 다루었던 내용을 다시 한번 요약 · 정리해 보자.

디지털 혁명이 진행되는 오늘의 지적 지형에서는

① 지식의 창출, 전수, 활용이 종전과 달리 매우 용이하게 이루어진다.
② 정보의 산출이 천문학적으로 급증하며, 그 정보의 유통에 시공적 제약이 거의 없다.
③ 출처와 기원이 불분명한 파편화된 정보들이 범람하여 hypertext에 만족하는 지적 활동이 보편화되어 진정 의미 있는 값진 정보를 취사선택하기가 어려워졌다.
④ 정보의 효용기간이 급속히 단축된다.
⑤ 감각적 지각작용이 논리적 사유활동보다 우선시되어 심지어 문맹적(illiterate) 의사소통이 문해적(literate) 의사소통을 대체하는 현상까지 일어난다.
⑥ 이러한 현상들의 반대급부로 지속성, 안정성, 확실성, 그리고 총괄성을 띠는 융복합적 지식에 대한 수요가 급증한다.

이 현상들은 지식사회가 고정된 지식을 저장, 축적하고 또 그것을 독점하는데 주력하기보다는 유동적 정보의 유통과 공유를 향해 개방된다는 전향적 함의도 갖지만, 그 다원화 및 다양화에 대한 대가로 지식이 우리의 실천적 행동에서 선도적(先導的)인 역할을 하지 못하고 오히려 우리가 방향감각을 상실하는 것을 뜻하기도 한다. 정보화와 세계화가 이러한 트렌드를 강화시킨다면, 이에 대비할 수 있는 능력이란 어떤 것일까?

첫째, 지식을 스스로 창출하고, 응용하고, 적응할 수 있는 기초적 사고능력이다. 엄청난 양의 정보 가운데서 적실성 있는 유용한 정보를 선별할 수 있는 비판적 사고의 능력, 새로운 정보를 산출할 수 있는 창의적 사고의 능력 등이 그 내용이요, 이는 결국 주어진 사태 속에서 핵심적인 문제를 찾고 그 문제를 해결하는 능력에 귀착된다.

둘째, 자신의 사유내용을 공동체 구성원과 공유할 수 있는 사회적 의사소통능력이다. 상대방의 생각을 정확히 이해하고 문어적 · 구어적 표현을 통해 자신의 견해를 논리적으로 조리 있게 펼침으로써 상대방에게 전하는 능력이 요구된다.

셋째, 세분화된 분야들의 위상을 전체 속에서 가늠할 수 있는 종합적 사고 능력과 통찰력이다. 정보사회에서 우리가 해결해야 할 중요문제는 대체로 여러 지식분야에 걸쳐 있는 복합적인 문제다. 이를 총체적으로 조망하는 능력이 없으면 부분에 관한 전문지식도 무력해지기 쉽다. 따라서 문제연관 전체를 조망할 수 있는 안목이 무엇보다 중요하다.

넷째, "이성과 감성을 넘나드는" 능력이 요구된다. 디지털 방식이란 바이너리 코드를 이용해 각종의 정보를 그 질적 성격에 구애받지 않고 수학적으로 연산 처리하는 방식이다. 질적 성격이란 감각적 지각의 대상으로 우리의 감성을 움직이는 것이고, 바이너리 코드로 처리하는 수학적인 연산은 정밀한 사고 활동이다. 따라서 이 두 영역을 넘나들 수 있기 위해서는 정서적 감응능력과 합리적 사고능력이 동시에 요구되며 나아가 이 둘이 함께 협동하는 것이 필요하다.

21세기의 디지털 기술은 논리를 넘어서는 총체적 지각 양식을 확산시키고 있다. 사유와 감각의 호환기술은 이제 감각내용의 논리화, 사유내용의 감각화를 수행함으로써 합리성의 문명을 용해시키고 그 자리에 초합리성의 문화를 구축하려 하고 있다. 이러한 새로운 지적 지형은 한마디로 말해 우리에게 합리적인 과학적 · 수학적 사유의 능력뿐 아니라 예술적 감수성, 인문학적 직관, 도덕적 성찰 등을 함께 요구하고 있다.

(2) 새로운 교육수요

이러한 사정을 대학의 고등교육에 연관시켜 보자. 그 동안 한국의 대학들은 현실적으로 전공교육, 즉 "특화된 전문 직업교육"에만 열중해 왔지, 교양교육, 즉 "일반적 보편 지성교육"은 매우 등한시해 온 것이 사실이다. 직업교육의 성격이 강한 응용학문 분야에서 학생들로 하여금 가능한 한 많은 시간을 전공학업에 투입하도록 요구해 온 것이 그것이다. 한국의 대학에서 이러한 편향된 교육이 널리 시행되었던 데에는 물론 한국의 경제사회적 여건이 그 배경을 이루고 있다. 강도 높은 산업화를 통해 급속히 국가사회를 근대화시키기 위해서는 선진 문물을 가능케 하는 특정 전문분야의 "지식과 기술"을 단기간 내에 대폭적으로 학습-수용하는 것이 절실히 요구되었던 것이다.

그러나 21세기에 접어든 한국사회는 이제 상황이 달라졌다. 한국도 산업화에 이어 소위 "정보화"가 급속히 진행되는 "정보사회"로 이행한 것이 현실이고 보면, 산업화에서 요구되었던 "특정 분야의 기성 지식"을 학습하는 것만으로는 대학의 고등교육이 제 역할을 다할 수 없는 시대가 된 것이다. 결론부터 말하자면, 제대로 된 교양교육, 즉 포괄적인 "일반적 보편 지성교육"이 곧 "특수한 전문 직업교육"을 위해서도 필수적인 부분이 되었다.

오늘의 정보사회에서는 지식, 기술도 융합, 종합화의 길을 가야 더 큰 탐구적 성과를 거두고, 산업도 분화, 전문화보다는 융합, 종합화의 길을 가야 더 큰 산업적 성과를 가져온다. 각 전문 분야들의 지식도 하나의 문제 앞에서 서로 결합되지 않는다면, 문제의 해결에 도움을 주지 못하는 무력한 것이 되기 쉽다. 오늘의 문화사회적 상황은 여러 문제들이 서로 결합되어 우리의 해결을 기다리기 때문이요, 이는 또 문화사회적 삶이 영역별로 분립되어 있지 않고 서로 융합되어 통합되기 때문이다. 정치와 경제가 융합됨은 물론, 산업과 문화가 융합되고 예술과 공학이 융합된다.

해결해야 할 문제들이 총체적 맥락 속에서 그 맥락과 더불어 한꺼번에 다가온다면, 문제해결의 방식도 종합적일 수밖에 없다. 각 전문분야들의 지식을 폭넓고 깊이 있는 안목 아래서 조망하고 연결시켜 주는 "지적 연결지평"이 요구되는 것이다. 교양교육은 이에 기여하는 것으로, 본래 융합교육의 성격을 갖는 교양교육이 바람직한 전문 직업교육을 위해서도 필요한 이유가 여기에 있다.

3) 융합 교육의 요구

(1) 융합 연구와 융합 교육

융합적 지식, 융합적 사고에 대한 요구가 높아지면서 이를 함양하는 교육이 필요하다는 주장이 널리 받아들여지고 있는 것은 자연스러운 일이다.

정보의 산출과 유통이 더 없이 자유로워진 정보사회에서 우리에게 주어지는 문제 자체가 융복합적 성격을 띠고 있음은 당연하다. 문제는 연구 활동이 아닌 교육 활동에서 학생에게 무엇을 전수, 혹은 함양할 것이냐 하는 것이다. 교수자가 다학문적 학제적 연구를 통해 얻은 결과물로서의 '새로운 융합적 지식'을 전수할 것인지, 아니면 그런 지적 태도나 능력을 함양해 줄 것인지 하는 문제다. 만일 전자가 올바른 길이라면, 교수자는 교육을 위한 연구를 수행하기 위해 엄청난 노력을 기울여야 할 것이고, 그에 비해 학습자인 학생은 힘들이지 않고 새로운 융합적 지식을 전수받을 수 있을 것이다. 그러나 연구자의 입장에서 보면 이러한 융합적인 새로운 지식의 탐구는 평상시에도 늘 있을 수 있는 일도 아니고, 또 쉬운 일도 아니다. 대개의 교수자는 어느 한 주제영역에서 연구를 수행해왔기 때문에 특별한 탐구 동기가 주어지지 않으면 선부르게 이러한 시도를 하기 어려운 것이다. 반면 학생의 입장에서 보면, 각 분과학문의 영역에서 학업의 심도를 높이지 않은 채 이러한 연구의 결과물을 전수 받음으로써 스스로는 그러한 융합적 지식의 필요성, 융합적 탐구의 어려움, 그리고 무엇보다도 그 과정에서의 지적 체험을 나눠 가지기가 힘들다. 말하자면 융합적 지식을 전수받음으로써 융합적 사고의 동기나 능력을 기를 기회는 주어지기 힘들다는 말이다.

과연 '융합교육'을 표방하면서 교수자가 취할 교육적 태도는 어떤 것인지 보다 면밀히 진지하게 검토해야 할 일이라고 본다. 특히 근래 '융합교과목의 개발'이라는 과제가 대학사회에서 교수자들에게 주어지고 있기 때문에 더욱 그렇다. 오히려 교수자는 융합될 지식의 원자재만을 제공하고 학습자가 그것을 스스로 융합하도록 여유 공간을 확보해 주어야 한다고 본다. 자칫 '융합 교육'이라는 기치 아래 여러 학문분야의 지식들을 피상적으로 나열하여 하나의 교과목을 구성함으로써, 학습자가 오히려 각 분과 학문의 깊이 있는 지식 습득조차 못하고 마는 일이 생기진 않을지 유의해야 할 것이다.

(2) 융합교육의 방법과 내용

이 문제에 관해 필자는 교육의 현장을 고려해 다음 몇 가지 유형의 '융합 교육' 실천 방안을 생각해 본다.

① 교수자는 융합될 원재료로서의 분과학문적 지식을 그대로 전수하고 그 지식의 산출 과정에 대한 지적 체험을 하게 할 뿐, 이에서 더 나아가는 사고의 성숙은 학습자에게 맡긴다. 구체적으로는, 교육과정에 여러 분과학문의 기초적인 과목들을 망라해 제시하고 학생들로 하여금 '자유롭게 선택하여' 수강하게 하는 방법이 이에 해당한다.

② 원재료로서의 분과학문적 지식과 그 산출 과정을 전수해 주되 교수자의 안목에 비추어 어느 정도 선별된 '원재료의 세트'를 학습자에게 전수한다. 구체적으로는, 교육과정에서 분과학문들로 구성된 일정한 영역 구조를 제시하고 그 구조 내에서 분과학문적 교과를 선택하도록 하는 '선택적 필수'의 방법을 택하는 것이다.

③ 분과학문적 지식 중 교수자가 긴요하다고 판단되는 내용을 선별하여 학습자가 스스로 '융합'하기 쉽도록, 하나의 교과를 구성하되 각기 그 고유한 분과학문적 성격을 유지시켜 줌으로써, 학생들로 하여금 최소한도의 능동적 '융합 활동'을 종용한다. 구체적으로는, 교육과정에서 '복합적 교과목'을 제시하여 학생들로 하여금 ②에서처럼 선택적으로 필히 그 과목을 수강하게 하는

'선택적 필수 이수'의 방법을 택하는 것이다.

④ ③과 같이 하나의 교과목에 여러 분과학문들의 지식을 담되, 그들이 각기 독자적인 성격을 유지하는 것이 아니라, 이들의 학문적 정체성을 뛰어넘는 새로운 학적 내용을 빚어내어 제공하는 방식을 취하는 길이다. 구체적으로는, 교육과정에서 '융합 교과목'을 제공하고 학생들로 하여금 필히 그 과목을 수강하게 하는 '필수 이수'의 방법을 택하는 것이다.

이렇게 보면 ①은 교양교육과정 전체를 통해 융복합적 교육의 성과를 노리는 것으로서 학생들에게 완전히 선택의 자유를 주는 방식이다. 비유하자면 '뷔페'식 식사를 마련하는 것이다. 이에 비해 볼 때, ②는 교양교육과정 전체를 통해 융복합적 교육의 성과를 노린다는 점에서는 ①과 같되, 좀 더 친절하게 그 선택의 범위를 정해 주는 방식이다. 비유하자면 '칠첩반상'(七-飯床)을 차려 주는 것으로 흔히 말하는 '배분이수'의 커리큘럼에서 구현하고자 하는 것이다. ③은 이에서 더 나아가 하나의 교과목에 여러 분과학문의 성과를 담아내는 방식의 교육인데, 하나의 교과에서 하나의 교육목표아래 '복수의 분야들을 복수의 교수들이' 담당하는 '팀티칭'(Team Teaching)이라고 통칭되는 교육방식이 이에 해당한다 하겠다. 비유하자면 '비빔밥'을 제공하는 것이다. ④는 그야말로 한 과목에 여러 분과학문의 탐구내용을 융합해 담아냄으로써, 더 이상 그 본래 학문의 고유성격은 배경으로 물러서고 전혀 새로운 지식과 사유과정이 전면으로 부각되는 교과목을 한 교수가 담당하는 방식이다. 흔히 '코어커리큘럼'(Core Curriculum)이라 일컫는 이런 방식의 융합교육은, 비유하자면, 온갖 식자재를 한 솥에 넣고 우려낸 '설렁탕' 같은 음식을 제공하는 것이다.

이 가운데 어느 것이 융합교육에서 최선의 것이 될지는 단정적으로 말하기 어려울 것이다. 그러나 적어도 아직도 여전히 협동과 소통을 어렵게 만드는 '전공중심주의'가 대학교육의 주류를 이루는 한국의 대학

사정을 고려한다면, 대체로 ②의 방법이 적절치 않을까 생각한다.

이상에서 말한 융합 교육은 그 근본취지에 비추어 볼 때 본래 교양교육이 추구하는 바와 다를 바 없다. 그리고 바로 이 점이 오늘날 대학교육 전반에서 교양교육이 새로이 강조되는 배경이 된다. 그렇다면 어떤 학술적 내용을 그 융합교육의 내용으로 삼아야 할까? 그 내용은 우선 학문적 가치의 보편성을 고려해 인문학, 기초사회과학, 기초자연과학 등 기초학문분야의 연구성과로 구성해야 한다. 교양교육의 본령이 왜 기초학문교육이어야 하며, 융복합 교육과 관련해 볼 때 더욱 그럴 수밖에 없는 이유에 대해서는 이미 충분히 밝힌 바 있다.[6]

이상의 논의로부터 우리는 새롭게 요구되는 교육내용은 고전적인 '자유학예교육'(Liberal Arts Education)이 지향하던 바와 다를 바 없다는 사실을 알 수 있다. 자유학예교육이란 본래 특정 신분이나, 직업활동 또는 교조적 이념으로부터 자유로운 참된 인간다운 인간의 형성을 지향하는 교육으로 전문교육, 직업교육, 기술교육과 구별되는 교육이었다. 중세에 이르기까지의 고전시대에는 소위 3학 4과[7]가 그 내용이었고, 근대 이후에는 인문학, 사회과학, 자연과학 등 순수 기초학문[8]이 그 내용이었다.

디지털 기술이 문명의 전 분야에 확산되어 있는 첨단 정보사회에서 창의인재 양성을 위한 교육은 이렇듯 역설적이게도 자유학예교육의 이념을 구현하는 교육이어야 한다는 결론에 이른다. 특히 급속한 산업화 과정에서 특수한 전문분야의 전공교육에만 매진해 왔던 한국의 대학에서 이제 대학교육의 이러한 방향전환은 그간의 통념과 관행에 비추어 볼 때 상당히 어렵겠지만, 문화사회적 교육환경의 변화를 고려해 보면 불가피한 과제로 다가온다.

---

6 I부 3장 9절 참고.

7 **trivium:** verbal arts: grammar, logic, rhetoric (문법, 논리학, 수사학)
quadrivium: numerical arts: arithmetic, geometry, music, astronomy (대수학, 기하학, 음악, 천문학)

8 humanities, social sciences, natural sciences

3 교양교육과 전공교육의 균형과 수렴

1) 대학교육의 현실: 전공교육과 교양교육의 불균형

90년대까지만 해도 한국의 대학에서는 학생들이 이수해야 할 교과군을 흔히 교양, 전공, 선택으로 3분하는 것이 널리 통용되어온 관례였다. 아직도 학생들의 학업을 이렇게 3분하는 것을 자연스러운 것이라고 인지하고 있는 경우가 많다. 그러나 교육내용을 고려해 보면, 실은 교양교육이나 전공교육과는 구별되는 "선택교육"이라는 것이 별도로 있을 수는 없는 일이다. "선택교과"를 통해 추구된 것도 실질적으로는 전공교육이거나 교양교육이었다. 교육방침이 교양교육을 강조하는 쪽으로 세워지면, 선택교과는 교양교육을 보완하는 것으로 받아들여졌고, 교육방침이 전공교육을 중시하는 쪽으로 수립되면 선택교과는 전공교육을 보완하는 것으로 이해되었다.

따라서 대학교육은 내용적으로 볼 때 전공교육과 교양교육의 두 축으로 이루어진다. 실로 이 양자의 위상과 관계를 어떻게 설정하느냐 하는 것이 교육과정을 편성하는 데 있어 늘 문제가 되어 왔다고 하겠다.

대체로 그간의 현실은 전공교육의 중량에 치어 교양교육이 소홀히 다루어져 온 것이 사실이다. 그리고 이런 사정에는 수긍할 만한 이유도 있다. 그 동안 대학교육은 현실적으로 전공교육의 주 과제를 '특화된 전문직업교육'에 두고 여기에만 열중해 온 것이 사실이고, 그러다 보니 '일반적 보편지성교육'을 지향하는 교양교육은 등한시된 것이다.

직업교육의 성격이 강한 응용학문 분야의 전공교육에서 학생들로 하여금 가능한 한 많은 시간을 전공학업에 투입하도록 요구해 온 것이 그 실상이다. 한국의 대학에서 이러한 편향된 교육이 널리 시행되었던 데에는 물론 한국의 경제사회적 여건이 그 배경을 이루고 있다. 강도 높은 산업화를 통해 급속히 국가사회를 근대화시키기 위해서는 선진 문물을 가능케 하는 특정 전문분야의 '지식과 기술'을 단기간 내에 대폭적으로 학습-수용하는 것이 절실히 요구되었던 것이다.

기초학문 분야에서의 전공학업이 '특화된 전문직업교육'이 될 수 없음은 물론 자명한 일이다. 그러하기에 인문학, 기초사회과학, 기초자연과학등 기초학문분야에서 전공을 선택한다는 것은 대다수 학생들이 진정 원하는 것이 아니었고, 이의 여파로 '학문후속세대'의 양성은 이 분야에서 점점 더 어려운 일이 되었던 것이다. 그럼에도 불구하고 이 분야에서조차 교양교육을 희생시켜 전공교육을 확고히 하려고 했던 것은 직업교육을 선호하는 '현실적' 교육수요를 외면하고서라도 그 분야 전공학과를 유지하려고 했기 때문이다. 신입생 모집단위를 '학과'로 고정하려는 의도가 유난히 이 기초학문분야에서 더 강렬한 것은 이런 사정에 비추어 볼 때, 찬동은 못하더라도 이해는 할 수 있는 일이다.

2) 전공교육의 내용에 대한 논란

그렇다면 전공교육과 교양교육의 바람직한 균형관계를 모색하기 위해, 이 양 영역에서 교육내용으로 문제되는 것이 무엇인지, 이 문제부터 살펴보기로 하자.

먼저 전공교육의 내용에 대한 논란부터 살펴보자.

직업교육 지향이 강한 응용학문 분야의 전공교육과정에서는 교육내용을 무엇으로 하느냐 하는 문제로 크게 논란이 벌어지는 것 같지 않다. 이에 대해서는 거의 전적으로 각 전공학과의 교수진에 의해 모든 것이 결정되므로 해당 학과 내에 의견 차가 있다 하더라도, 그것이 대학의 교육과정 전반의 문제로 확대되거나 거기에 영향을 주게 되는 일은 없는 것 같다. 근래에 들어와 논란거리로 언급할 수 있는 게 있다면, 사회적 수요에서 기인하든 학문적 추세에서 기인하든, 새로운 연구 분야나 융복합 연구 분야의 과목을 교육과정에 편입시키는 문제 정도일 것이다.

물론 이러한 문제가 좀 더 확대되어 새로운 전공학과를 신설하는 문제나 기존하는 복수의 전공학과들을 하나의 학과로 통폐합하는 문제들도 나타날 것이다.

그러나 기초학문 분야, 특히 인문학이나 기초사회과학 분야의 전공교육과정에서는 위에서 말한 문제 외에도 또 다른 성격의 문제가 생기는 일이 많다. 이 분야에서는 학문 후속세대 양성을 목표로 하는 본래의 교과과정, 즉 대학원 교육으로 연장되는 교육과정에 변양을 가하여, 대부분 학생의 실질적 교육 수요에 부응하고자 하는 시도가 있을 수 있다. 그런데 문제는, 이렇게 변화를 가할 때, 변양된 교육과정이 과연 그 기초학문의 전공교육이 갖는 정체성을 훼손하는 일이 없겠느냐 하는 점이다. 해당 학문분야의 전공교육을 그 본래의 모습대로 지키게 되면, 대다수 학생들의 실질적 교육수요를 외면하는 꼴이 되고; 학생들의 실질적 교육수요에 부응하자면, 본래의 전공학문 교육 자체가 변질되기 쉽기 때문이다. 과연 어느 쪽을 택할지, 양편을 모두 염두에 둔다고 할 때, 어느 선에서 절충점을 찾을지 그것이 논란거리가 되는 문제다.

3) 교양교육의 내용에 대한 논란

전공교육의 내용에 대한 논란과 비교해 볼 때 교양교육의 내용에 대한 논란은 사뭇 격렬하고 심각하다. 그 주된 이유는 ① 교양교육은 모든 전공 학과의 학생들에게 관련되는 것이고, ② 그 교양교육의 내용에 대해서는, 일단 '교양'이라는 전공학문이 없기 때문에, 어느 전공학과의 교수든지 모두 일가견을 갖고 발언할 수 있다고 보며, ③ 그 견해가 전공학과들 사이에서 크게 갈려 합의점을 찾기가 쉽지 않기 때문이다.

일차적으로 드러나는 현상은 ① 대부분의 전공학과에서 교양교육의 총량을 가급적 축소하여 전공교육의 기회를 확대시키고자 하며, ② 그러면서도 거의 모든 전공학과에서 교양교육에 참여할 수 있다고 생각하여 실제로 가급적 많은 과목을 해당 전공분야에서 설강하고자 하며, ③ 그러나 정작 교양교육을 위해 많은 연구를 하거나, 새로운 교과목을 개발하는 예는 거의 없다는 점 등이다.

이렇듯 각 전공학과에서 교양교육에 '참여'하고자 하는 요구는 강한데 비해, 막상 당해 학과의 학생들에게는 가급적 최소한도로 교양교과목을 수강하고 전공교과목을 가능한 한 최대한도로 수강할 것을 요구한다는 점은 아이러니컬하다. 이는 교양교육에 대한 피상적 편견이 통념화된 데 따른 부조리이다. 그 피상적 편견의 주요 내용은 다음과 같은 것이다.

① '교양교육'이라는 명칭이 다의적으로 이해되어 교양교육의 이념 및 목적에 대해서도 상대적인 여러 견해들이 엇갈리고 있으므로, 교양과목의 설강에도 뚜렷한 원칙을 세우기란 어렵다.
② 교양교육은 학문적 엄정성이 떨어져도 무방하다. 즉, 교양과목들은 입문적 초급 수준의 과목들이므로 본격적인 학습과 연구가 실은 크게 요구되지 않는다. 그래서 아직 연찬 중에 있는 젊은 강사들이 담당해도 무방하다.
③ 교양 과목은 일반인이 취미나 일상생활의 필요에서 관심을 갖게 되는 것이나, 혹은 시사성이 있는 주제를 적절히 다루는, '일반인의 교양'을 위한 것으로 '비학술적인 것'을 내용으로 할 수도 있다.
④ 교양 학업은 대학교육에 꼭 필요한 긴절한 것이 아니라, 그저 '여분의 교육'으로 시행하는 것이다.

이런 류의 편견은 한마디로 말해 교양교육은 “하면 좋지만, 안 해도 그만인 것”, 혹은 “해도 그만, 안 해도 그만인 것”이라고 여기는 것이요, 이런 편견이 바로 전공교육에 대한 교양교육의 심각한 열세의 근원이다.

4) 전공교육과 교양교육의 관계에 대한 논란

전공교육과 교양교육의 관계는 되짚어 보자면 전자의 중량에 치어 후자가 명맥을 유지하기 힘들 정도로 위축되어 있는 형국이다. 교양교육의 중요성을 인정하고 교양교육에 어느 정도의 역할을 부여하려는 구상에서도 위에서 말한 편견은 암암리에 작용한다.

첫째, 교양교육의 의의에 대한 무지에서 비롯하든, 그것을 애써 부인하고자 하는 다른 동기에서 비롯하든, 편견 ①과 관련하여 교양교육과 기초교육을 구분하지 못하는, 혹은 안 하는 잘못이 있다. 예를 들어 학술적 글쓰기나 스피치, 혹은 토론, 영어나 기타 외국어, 미적분학이나 일반 물리학 등 이른바 기초자연과학 과목 등은 사실 교양교과목이라고 하기보다는 기초학업과목이다. 이 과목들에도 진정한 의미의 교양을 심화시키는 데에 기여할 요인이 없는 것은 아니지만, 그보다는 대학교육 전반, 아니면 전공교육의 기초가 되는 학업을 수행하는 과목들이라고 보는 것이 더 타당할 것이다. 그럼에도 이 과목들을 모두 ‘교양과목’으로 취급하여 교양교육의 총량이 과다하다고 주장하는 경우도 있다.[1]

둘째, 역시 편견 ①과 관련하여 교양교육의 교육적 의의를 전공교육의 지원 내지 보좌에 있다고 보고 교양교과목을 이런 관점에서 설계 운영하려는 잘못이 있다. 이를테면, 공학도들에게도 인문학 및 사회과학 분야의 지식이 필요하다는 각성 아래 이 분야의 과목을 설강코자 함

1 특히 이공계의 경우 대개는 교양교육의 내용이 거의 모두 이런 성격의 ‘기초학업과목’으로 편성되어 있다고 보아야 할 것이다. 역사적으로 보면, 졸업에 필요한 이수 학점 수가 160에서 130으로 줄어드는 과정에서 전공교육의 총량을 가급적 줄이지 않으려는 의도가 결국은 ‘교양교육’의 이름으로 ‘전공기초교육’을 수행하려는 편법을 찾아낸 것이다.

에 있어, 이런 맥락에서의 교양과목은 공학교육이 결여하고 있는 교육 내용을 공학도들에게 제공하려는 의도보다는 공학교육을 지원 보좌하려는 의도가 더 앞서는 것이 그것이다. 진정 균형 잡힌 교양교육을 원한다면 공학도들에게도 인문학이나 사회과학 분야에서 공학과 무관한 이질적인 과목을 수강케 하여 그 안목을 넓히도록 해야 할 터인데, 그보다는 이를테면 "공학통계", "공학회계", "기술과 법" 등 공학과 가능한 한 동질감과 친근성이 있는 과목을 개발하여 이를 수강케 하려는 것은 교양교육의 진의를 희석시키는 잘못이라 하겠다.[2]

셋째, 인문학이나 기초사회과학 분야의 교과목을 교양과목으로 제공하는 경우, 위의 편견 ②는 결정적으로 교양교육을 약화, 악화시킨다. 이 분야는 실은 그 학문적 탐구 자체가 직업교육과는 무관한 것으로 진정한 의미에서의 교양교육을 위한 것이라고 해도 과언이 아니건만, 오직 학문후속세대 양성을 위한 커리큘럼으로 이루어지는 전공교육에만 관심을 갖지, 다수 학생을 위한 교양교육은 외면하려 한다. 극소수의 몇몇 대학을 제외하고는 대학마다 예외 없이 학문적 숙성이 아직 일천한 젊은 강사들이 교양과목을 담당하고 중견 전임교수들은 오직 전공과목만을 담당하려 하는 것이 이를 말해주는 현상이다. 학문지향형으로 설계된 커리큘럼을 학문의 길에는 관심이 없는 '사이비 전공학도'들에게 강요하다시피 하는 그 전공교육에서 어떤 학문적 성과를 기대할 수 있을지 모를 일이다. 사실 그런 기대가 무위라는 것을 인지한 지 오래인데도 여기에 집착하는 것은 '전문 학자'로서 '학문공동체'의 유지에 더 관심을 갖지 대학의 '교수자'로서 '학생 교육'에는 그만큼의 관심을 갖지 않는다는 것을 말해주는 것이 아닌가 생각된다.[3]

---

2 공학교육인증원에서는 "전문교양"이라는 희한한 형용모순의 용어를 만들어, 이런 성격의 과목을 설강하라고 각 공과대학에 요구하는 수준이었다.

3 90년대 중반 이후 학생모집단위를 광역화했을 뿐 학부도 없는 사이비 학부제를 10여 년간 시행한 결과 특히 기초학문분야의 전공교육이 황폐하게 되었던 것은 잘 알려진 일이다. 이를 극복하기 위해 '진정한 의미의 학부제'를 시행하자는 전향적 입장보다는 차라리 학과제로 되돌아가자는 복고적 입장이 대학마다 더 우세했던 이유도 이 점과 맥락을 함께하고 있다고 생각한다.

5) 바람직한 대학교육의 구도: 전공교육과 교양교육의 균형과 수렴

'특화된 전문 직업교육'과 '일반적 보편 지성교육'의 관계를 다시 숙고해 볼 때, 한국의 지식사회도 이제는 상황이 달라졌다고 본다. 한국도 산업화에 이어 소위 정보화가 급속히 진행되어 '정보사회'로 이행한 것이 현실이고 보면, 산업화에서 요구되었던 '특정 분야의 기성 지식'을 학습하는 것만으로는 대학의 고등교육이 제 역할을 다할 수 없는 시대가 된 것이다. 한마디로 말해 교양교육이 중심이 되는 '보편 지성교육'이 곧 '전문 직업교육'을 위해서도 필수적인 부분이 되었다는 말이다. 오늘의 정보사회에서는 지식도, 기술도, 산업도 분화, 전문화보다는 융합, 종합화의 길을 가야 더 큰 산업적 성과를 가져온다는 것이 전문가들의 지적이다.

각 분야들의 전문지식도 주어진 문제 앞에서 서로 결합되지 않는다면, 문제의 해결에 성과를 거두기가 어렵다는 것이다. 오늘의 변모한 지식사회에서는 여러 요인들이 하나의 문제 안에 서로 결합되어 있기 때문이요, 문화사회적 삶 자체가 오늘의 정보사회에서는 영역별로 분립되어 있지 않고 서로 통합되어 있는 경향이 강하기 때문이다. 정치와 경제가 융합되어 있는 것은 오래전부터이지만, 산업과 문화, 예술과 공학이 결합되는 현상은 근래에 더 두드러지는 모습이다. 해결해야 할 문제가 그 내부에 여러 이질적인 요인을 안고 있어, 이들을 그 총체적 맥락에서 한꺼번에 다루지 않을 수 없다면, 그 문제해결의 방식이란 종합적일 수밖에 없을 것이다. 각 전문분야들의 지식을 폭넓고 깊이 있는 안목 아래서 총괄적으로 조망할 수 있는 '지적 연결지평'이 요구되는 것이다. 교양교육은 본래 이런 융복합적 사고의 함양을 목표로 하는 것인만큼 교양교육이 바람직한 전문 직업교육을 위해서도 필요한 이유가 여기에 있다.

그렇다면 그간 전공교육의 중압에 깔려 숨죽여 왔던 대학의 교양교육은 전공교육과 어떤 관계를 수립해야 그 맡은 바 제 역할을 다할 수 있을까?

첫째, 위에서 말한 편견 ①, ②와 관련해, 교양교육의 의의를 분명히 하고 그에 따라 교양교육의 내용을 정비해야 한다. 교양교육의 내용은 학문적 가치의 보편성을 고려해 인문학, 기초사회과학, 자연과학 등 기초학문분야의 연구 성과로 구성해야 한다. 특정 영역의 직업교육과 직결되는 응용학문분야의 내용은 배제되어야 한다는 것이다. 전문 직업교육과의 관계를 고려해 볼 때, 이는 꼭 지켜져야 한다. 따라서 이념적으로든 전략적으로든 기초학문분야에서는 전공교육 못지 않게 교양교육에도 적극 참여해야 한다. 실은 교양교육의 영역이 이들 분야의 본령이다. 그렇다면 여기서 실제로 심각하게 문제되는 것은 기초학문 분야에서의 깊이 있는 학술적 연구를 일반 교양교육에 어떻게 담아내느냐 하는 데 있다. 달리 말하자면 기초학문 분야에서의 전공교육과 기초학문이 참여하는 일반 교양교육을 연계시키는 일이다.

이를 위해서는 우선 제1단계로는 해당 분야 각 전공 교과과정에 교양과목으로도 활용될 수 있는 전공과목들을 선별 혹은 개발하여 전공과 교양 영역에서 “중복 설강”(Double Listing)을 하는 것이 유효한 한 방안이 된다. 물론 최종적으로는 전공과목과 교양과목의 구별 자체를 없애는 것이다. 즉 교양 교육과정과 전공 교육과정이 별도로 있지 않고 오직 대학교육과정만이 있어 모든 학생이 인문학 분야, 기초사회과학 분야 및 기초자연과학 분야에서 균형있게 일정한 양의 과목을 이수하게 하는 것이다. 이런 교육과정안이 시행되려면, 학사과정에서는 학생이 어느 특정 전공학과(Department)에 소속되어 그 학과의 커리큘럼을 이수하는 게 아니라 여러 학문분야를 포괄하는 보다 광범한 학부(Faculty), 혹은 더 이상적으로는 학부대학(University College)에 속해 ‘자유롭게’ 학업을 수행할 수 있어야 된다.

둘째, 기초학문분야의 고전적인 연구 성과가 교양교육에 반영되어야 함은 물론이지만, 이에서 더 나아가 새로이 등장하는 문화사회적 문제 영역에 대한 창의적인 연구 성과나 이질적인 학문분야들을 가로지르며 주어진 주제를 여러 각도에서 입체적으로 논구하여 얻는 연구 성과도 교육내용으로 삼아야 한다. 즉 현대문명, 환경, 인공지능, 디지털 기술, 신과학 등 새로운 주제영역을 탐구한다든지, 예술과 기술, 철학과 경제, 문학과 정치, 심리와 법 등 이질적인 문제영역에 대한 복합적 연구를 한다든지 하여 새로운 교육내용을 개척해 나가야 한다. 그런데 이런 작업이 전공 학문분야의 전문적 연구 없이 가능하겠는가? 교양교육이 "일반적 보편 지성교육"의 과제를 충실히 수행하기 위해서도 각 학문의 전문적 연구는 더없이 요구된다.

셋째, 위에서 말한 편견 ③과 관련하여 학문적 성격이 약한 '시민생활적 교양'을 위한 과목이 청산되어야 함은 두말할 나위도 없다. 다만, 정서적 도덕적 심성을 성숙시키는 '체험교육'을 비정규 교육과정에서 정량적 성적 취득과 무관하게 시행할 수 있는 방안은 별도로 강구해야 한다.

넷째, 흔히 교양교육은 저학년에서 시행하는 것이라고 생각하는데, 이는 교양교육이 학문적 수준이 낮고 학업이 용이한 것이라는 편견과 맞물려 있는 것이다. 편견 ②를 극복한다면 교육과정의 순차성에 대한 이러한 편견도 함께 불식되어야 할 것이다. 즉 교양교육을 낮은 수준에서 시행하는 초보적인 교육으로 간주하여 교육과정상 저학년에서 완료하도록 하는 현재의 교육과정은 개선해야 한다. 교양교육은 전공교육과 더불어 대학교육의 중심축을 이루는 것으로 오히려 고학년에서 전공교육과 나란히 시행되어야 그 교육적 성과를 얻을 것이다.

다섯째, 전공교육, 그것도 직업교육 지향적인 응용학문 분야의 전공교육과 교양교육의 관계를 올바르게 정립하려면, 전문적인 직업교육은 전문대학원에게 맡기고 학사과정에서는 교양교육을 교육의 중심과제로 삼도록 교육구조 자체를 개편해야 한다. 이는 명실상부하게 '학부제'를 실행하고, 나아가 전공의 구분 없이 다양한 이질적인 여러 학문분야에서 교육받게 하는 '학부대학'을 그 본래적인 형태로 운영함으로써 실현될 것이다.

6) 대학: 교육과 연구의 유기적 통합

되짚어 보자면 근본문제는 전체 대학교육 중 일반 교양교육은 기초학문 분야가 전담하고 실용 및 응용학문 분야는 오직 당해 전공교육만을 담당하도록 하는 데 두어야 할 것이다. 이렇게 하면, 일반 교양교육의 영역이 기초학문의 활동 영역으로 확보됨으로써 일반 교양교육도 내실화하고 더불어 기초학문도 진흥하는 일석이조의 성과를 거둘 수 있을 것이다.

문제는 기초학문 분야에서의 깊이 있는 학술적 연구를 일반 교양교육에 어떻게 담아내느냐 하는 데 있다. 이 과제는, 한편으로는 일반 교양교육과정을 구성하는 데서 제도적으로 구현해야 할 것이고, 다른 한편으로는 학문적 연구 내용을 교과목으로 빚어내는 교육적 노력을 통해 구현해야 할 것이다. 기초학문 분야에서는 학문적 연구가 단순히 전공교육에만 기여하는 것이 아니라 일반 교양교육과도 연계되어야 한다는 것이다.

일반 교양교육의 내용은 기초학문의 연구 성과로 구성되어야 한다는 원칙을 지킴으로써 일반 교양교육과 기초학문 연구가 실질적으로 연계되면, 이 양자 사이에는 상호 보완, 상호 강화의 상승작용을 가져오는 선순환구조가 구축될 것이다. 이렇게 되면 교육과 연구의 유기적 통합이라는 대학교육의 근본과제의 수행에 크게 기여하는 결과를 낳게 될 것이다.

4 분과학문과 교양교육의 불협화: 그 연원과 현실, 그리고 전망

1) 들어가는 말: '학과'에서 벗어나기

교양교육은 본래 인간과 세계에 대한 모든 학문적 탐구 성과가 종합적으로 정련되어 나온 지적 자산을 그 중심내용으로 해야 하는 것이다.[1] 이 점을 대학의 사정에 비추어보면, 각 학문의 연구 중심이자 해당 학문공동체의 실질적 토대가 되는 대학의 각 학과들은 1차적으로 교양교육에도 관심을 갖고 직간접으로 이를 지원하는 교육 주체가 되어야 한다. 그러나 현실은 이와 정 반대로, 각 학과들은 그 전공 영역의 연구와 교육에는 관심을 갖지만, 이를 넘어서는 교양교육에는 거의 관심이 없고 이를 위한 노력도 거의 하지 않는 실정이다. 거기서 그치지 않고, 교양교육을 강화하는 것이 전공 영역의 연구와 교육을 위축시키는 결과를 초래한다는 그릇된 우려 속에서 이를 경계하고 심지어는 저지하기도 한다. 이 통념화된, 속칭 '전공중심주의'는 대학교육의 두 축 가운데 하나인 교양교육을 위해서뿐만 아니라 대학교육 전체를 위해서도 조속히

---

1 '모든 학문'이라고는 했지만 실질적으로는 '기초학문'이 그 중심에 와야 할 것이다. 교양교육의 이념 및 내용에 대한 필자의 견해는 졸고 「새로운 교육수요와 교양기초교육」(『교양교육연구』, 1권 1호, 2007) 및 「교양교육의 새로운 위상과 그 강화방책」(『교양교육연구』, 3권 2호, 2009)등에서 참조 바람.

지양해야 할 한국 대학교육 선진화의 장애물이다.

그러고 보면 어느 대학교에서든 그간 교양교육이 부실했던 가장 직접적인 현실적 이유는 교양교육을 담당하는 '학과'가 없었기 때문이다. 교양교육의 목적이나 그 내용을 생각해 보면, 교양교육을 전담하는 특정 전공학과가 없다는 것은 지극히 당연한 것이다. 교양교육이란 '일반적 보편지성교육'이고, 전공학과란 말 그대로 '특화된 전문 분야'의 교육, 그것도 (응용학문 분야처럼) 많은 경우 '전문적인 직업교육'을 담당하는 교육단위이기 때문이다. 이따금, '교양학과'나 '교양학부'라는 명칭의 기구를 두어 교양교육을 담당하게 하는 대학도 있는데,[2] 그렇다고 이 경우 그 기관이 '교양'이라는 학문 또는 학문분야를 전공으로 하는 학과나 학부라는 뜻이 아님은 말할 나위가 없다. 대학은 전공학과들로 이루어진 교육기관이라는 고정관념이 버티고 있는 이상, 교양교육이 제대로 이루어지기는 현실적으로 어려운 일이다. 그러면 대학에 전공학과 말고 또 무엇이 있어야 한단 말인가? 아니 있을 수 있단 말인가? 진정 그럴 수 없는 것이라면, 언필칭 '담당 학과'도 없이 교양교육을 어떻게 강화한단 말인가?

유독 교양교육의 진흥을 위해서만이 아니라도, 대학교육 선진화라는 과제를 앞에 두고 볼 때, 바로 이 지점에서 우리는 그간 우리에게 너무나 친숙해져 지당한 것으로 여겨져 왔던 '학과'에 대한 통념을 진지하게 재검토해야 한다고 본다. 이 통념에 따르면, '학과'란

① 학문공동체의 중심이 되는 학문연구의 단위이자
② 교수와 학생이 함께 소속되어 있는 교수-학습의 교육단위이며,
③ 또한 이 구조에 맞춰, 많은 경우 입학생을 충원하는 학생모집 단위이며
④ 또한 부차적으로, 대학이라는 기관을 구성하는 최일선, 최하위

2 근래에는 이 점이 많이 개선되어, 전체 대학의 80% 내외가 적어도 외관상으로는 교양교육을 담당하는 교육기관을 설치하고 있다.

의 교무행정 단위이다.

결론부터 말하자면, 이렇게 네 가지 역할이 동시에 주어지는 '학과'가 존립하는 한, 교양교육은 원활히 내실 있게 이루어질 수 없을 것이므로, 교양교육을 위해서도, 그리고 나아가 대학교육 전체의 교육수준 향상을 위해서도, 이 구조는 하루 속히 변모해야 한다는 것이다.

먼저 이러한 구조가 정착하게 된 내력과 현 상황을 알아보고 난 후에, 저 네 가지 역할이 각각 최상의 수준으로 수행되기 위해서는, 그리하여 대학의 근본과제인 연구와 교육에서 최상의 성과를 거두기 위해서는, 그것이 어떻게 변모해야 할지 새로운 구도를 모색해 보기로 하자. 그 구도는 이 네 가지 역할이 '학과'라는 기구에만 한정되어 주어지지 않고, 다른 양태의 기구 또는 과정(프로그램)에 다양하게 주어지도록 교육구조 및 교육과정이 보다 더 유연하고 탄력적으로 재구조화되는 내용을 담아야 할 것이다.

이를 위해 우리는 우선 ① 학문체계와 교육편제의 관계부터 살펴보고, ② 하나의 교육단위(학과)에 교수진과 학생이 함께 공속되는 제도를 재검토하고, ③ 신입생 모집단위는 어떻게 정해야 할지, 그리고 ④ 교육과정은 어떻게 재편해야 할지, 차례대로 검토해보기로 한다.

2) 학문체계와 교육편제의 조응 여부

해방 이후 한국에 근대적 성격의 대학이 본격적으로 설립되기 시작할 무렵, 대학의 교육편제는 대체로 학문체계에 조응하는 양태로 꾸려졌다. 물론 이때의 학문 체계란 서양의 근현대 지식사회를 반영한 서양의 학문체계를 가리킨다. 1949년 교육법의 제정으로 근대적 대학제도가 법제화된 이후, 한국의 대학들이 표준으로 따른 것은 아무래도 일본 대학들이었다. 식민통치 기간 중 일본대학의 전형 중 하나인 경성제국대학을 통해 근대적 의미의 고등교육기관을 경험했기 때문이다. 일본

대학은 유럽, 특히 독일의 대학제도에서 영향을 많이 받아 학문 연구 중심의 엘리트 교육을 지향했던 것이다.[3] 학문의 체계에 맞춰 교육의 편제를 구성한다는 구상은 여기에서 유래한다.[4]

"일본의 대학은 소수 정예주의를 고집한다. … 기본과학인 자연과학, 일부 사회과학과 인문학을 강조하고 … 어떤 특정학과의 학사과정에 입학하면 4년간 동일학과를 다녀서 졸업하는 것이 그 과정이다. 대학원은 극히 소수의 학자를 양성하기 위해 존재하는 것이다."[5]

학문 체계에 조응하는 교육편제, 즉 학문의 구분에 따라 학과를 설치하는 교육편제는 그 후 학문 연구 중심이라는 고유한 성격을 온전히 지켜왔다고 보긴 어렵다. 그럼에도 불구하고 그 기본 방향은, 적어도 관념적으로 또는 명분상으로는, 오늘까지도 여전히 지켜지고 있다고 본다.

그러나, 이 학문 연구 중심의 엘리트 교육을 지향했던 교육편제는 해방 후, 특히 한국전쟁 후에 일기 시작한 한국인의 광범한 교육열을 충분히 수용하기엔 어려운 것이었다. 사실 학문체계와 교육편제는 반드시 일치해야만 하는 것은 아니다. 이 두 가지는 그 자체로서는 서로 엄연히 구분되는 것이다. 교육의 목적 자체가 학문 탐구자의 양성에 있다면 학문의 구분이 교육편제에서의 교육단위의 구분과 일치하겠지만, 교육의

---

3 참고: 일본은 1924년 식민지 조선에 경성제국대학을 설립하면서, 초창기에는 법학, 경제학, 정치학, 사회학, 철학, 종교학, 심리학, 교육학, 역사학, 어문학을 교수하는 법문학부와 해부학, 생리학, 의화학, 약물학, 병리학, 미생물학 등을 교수하는 의학부만을 설치했으며, 자연과학 및 공학을 교수하는 이공학부는 추후 1941년에 설치했다. 기초학업 및 교양교육을 이수케 하는 2년 과정의 예과를 별도로 두었으며, 추후 1934년부터는 이 과정을 3년으로 연장했다.

4 경성제국대학과는 달리 한국민에 의해 자생적으로 설립된 고등교육기관인 보성전문학교나 미국 선교사가 세운 연희전문학교에서는 교육편제가 오히려 실용적 지식 전수의 목표 아래 구성되었다. 이는 이들 학교의 설립목표가 국민계몽 겸 민족역량 증대라는 실천적인 데에 있었기 때문이라고 볼 수 있다. 1905년에 설립된 보성전문학교에는 (2년 후에 법학과, 경제학과로 개칭되었으나) 처음에는 법률학과와 이재학과가 설치되었고; 1915-17년에 설립된 연희전문학교에는 문과, 신과, 상과, 수물과, 응용화학과, 농과 등의 학과가 있었다.

5 이형행, 「대학의 성립과 발전」, 교양교육위원회, 『대학의 뜻』, 연세대학교 출판부, 1992, 24쪽 이하.

목적은 다양한 인재의 양성에 있기 때문에 저 두 가지가 일치하지 않는 경우가 더 많을 것이다. 따라서 학문의 구분에 조응하는 교육단위의 구분은 무차별적으로 대학의 모든 분야에서 수용될 수는 없는 것이다. 학문 연구 중심의 엘리트 교육을 지향했던 교육편제에서 학과 설치는 대체로 기초학문 분야에 치중했던 데 반해, 고등교육에 대한 사회적 수요는 기초학문 분야에 머무는 것이 아니라 응용학문 분야로 더 확산되어 나가 있었기 때문에, 학문체계와 교육편제의 일치는 실상 더 기대하기 어려운 것이었다.

특히 70년대에 들어서면서 한국의 대학은 전반적으로 산업화를 기반으로 하는 근대화의 대세에 부응하여 실용성 위주로 학과를 설치, 재조정하는 쪽으로 방향을 바꿔 나아갔다.[6] 학문단위와 교육단위를 별도로 다루려는 발상은 고등교육에 대한 사회적 요구를 고려해 볼 때 자연스럽고 또 합당한 것이었다. 그런데 문제는 실용성 위주로 설치되는 응용학문 분야의 학과와 학문 연구 중심으로 이미 설치되어 있던 기초 학문 분야의 학과가 동일한 평면 위에서 동일하게 취급되면서 교육과정에 왜곡이 생긴 것이다.

실용성을 추구하는 학과는 대개 응용학문 분야로서 학생들의 직업교육 지향적인 성격이 강했던 데 반해 기초학문 분야의 학과는 학문 연구 그 자체에 중점을 두는 학과로서 그 교육내용은 사실 학생의 직업적 전망과 직접 관계가 없는 것이다. 교육의 실질적 수요에 비추어 보면, 후자에 속하는 학과에는 소수의 학문지향 학생들이 있어야 하고, 대부분의 학생들은 전자에 속하는 학과에서 학업을 수행해야 한다. 물론 전자의 학과에서 학업을 수행하는 학생들도 후자의 기초학문 분야 학업을 일정 범위 안에서 일정 수준 이상으로 이수해야 한다. 전자의 학과와 후자의 학과가 획일적으로 취급받아 같은 평면 위에서 학생들의 선택을 기다리고 있게 되니까, 후자 분야의 학과에 속하는 대부분의 학생들은 실제로 원치 않는 교육을 받게 되고, 전자 분야의 학과에 속하는 학생들

---

6 이형행, 같은 책, 같은 곳 참조.

은 후자의 기초학문 분야 학업, 즉 심화된 교양교육을 결하게 되는 것이 결정적인 학업 왜곡현상이다. 학문체계와 교육편제를 일치시키려는 통념을 그대로 따르면서 학과를 연구 단위이자 교육 단위로 동일시할 때 이러한 현상은 불가피하게 생겨나게 마련이다.

교양교육은 대체로 기초학문의 연구 성과를 전공의 구분에 상관없이 모든 학생들에게 교육하는 것이 합당한데, 기초학문 분야의 학과에서 오직 그 학과에 속한 학생들의 전공 교육에만 관심을 갖고 다른 학과에 속하는 학생들에게는 교육적 관심을 갖지 않는다면, 교양교육은 공허하게 되는 것이다. 실용성 위주의 학과가 신설되면서 교양교육이 더욱 부실해진 것은 현실적으로 이렇듯 전공학과 중심의 교육이 제도적으로 관행적으로 견고해져 갔기 때문이다.

교양교육의 내실화를 위해서 뿐만이 아니라, 대학교육 전반의 수준 향상을 위해서도, 기초학문 분야의 학과는 일차적으로 전체 학생의 교양교육에 종사하도록 해야 하고, 응용학문 분야의 학과에서는 해당학과의 전공 교육에 앞서 기초학문 분야가 제공하는 교양교육을 학생들이 충분히 받을 수 있도록 교육과정을 재편해야 한다.[7]

그런데 이렇게 되면 기초학문 분야의 전공교육이 문제다. 그러나 이 학문 분야에서의 전공 교육의 본원적 목표, 즉 학문후속세대의 양성을 통한 학문의 진흥이라는 목표를 생각해 본다면, 이 문제도 바람직한

7 한국의 대학에서 교육구조상 근본적인 병폐 중의 하나가 바로 이 기초학문분야와 응용(직업)학문분야의 '혼재'다. 대학이 아카데미즘의 기본을 충실히 지키면서 동시에 직업세계가 요구하는 사회적 교육수요에 충실히 부응할 수 있으려면, 이 양자를 구별하여 교육구조 및 교육과정에 제대로 반영해야 한다. 대학의 아카데미즘을 확고히 하려는 이러한 구상은 이미 여러 학자들이 제시한 바 있다. 이 양자를 '기본학문'과 '직업학문'으로 명명하는 김영식은 이렇게 주장하고 있다. "우리나라의 대학에서는 기본학문 단과대학들과 다양한 직업학문 단과대학들이 함께 뒤섞여 병렬적으로 존재하고, 이들 단과대학들이 균등한 지위를 갖는 특유의 대학구조가 생겨났다." "기본학문 분야를 망라하는 기본학문 학부('문리과대학', faculty of atrs and sciences)가 대학의 학문적 운영의 중심이 되고, 여러 직업학문 단과대학들은 기본학문 학부의 학문적 운영을 기준으로 해 각각에 알맞은 운영방식을 취해야 한다. 그렇게 함으로써 대학 운영의 획일화를 피하면서 대학의 학문적 원칙과 기본을 유지할 수가 있다."(김영식, 「과학의 발전과 서양학문체계의 변천」, 소광희 외, 『현대의 학문 체계』, 민음사 1994, 132쪽 참조)

방향으로 해결될 수 있다. 첫째 방책은 해당 학문분야의 대학원 교육을 획기적으로 지원, 강화하는 길이요; 둘째는 교양교육의 교과내용을 심화시켜 전공교육의 교과내용과 비슷한 수준으로 끌어올림으로써 마침내는 교양과목과 전공과목의 구분 자체를 없애 나가는 길이다.

첫째 방책이 긴요한 이유는 학문후속세대의 양성이라는 목표가 결국 대학원과정의 교육을 통해 달성되는 것이기 때문이요, 둘째 방책이 실효성이 있는 이유는 이렇게 되어야 학사과정에서 기초학문분야를 전공하지 않은 학생도 대학원에서 그 분야 학업과정에 진입해 들어갈 동기도 생기고 또 기초적인 학업능력도 갖춰질 것이기 때문이다.

3) 교수-학생의 공속(共屬) 여부

"학생 없는 학과?" 이는 오늘 한국의 대학에서는 상상하기 힘든 사태다. 모두들 학생이 없으면 그 학과는 폐쇄되어야 한다고 생각한다. 2000년대에 들어서면서 기초학문 분야, 특히 인문계 학과가 폐과되는 일이 생기기 시작하였다. 학령인구가 급감하는 2016년경부터 이런 현상이 더욱 뚜렷해진 것은 이제 낯선 것이 아니다.[8] 대학이 더 이상 지적 엘리트들에게나 허용되는 학문탐구의 전당이 아니라 직업생활을 준비하는 대중교육기관으로 변신한지 오래인 것이 한국의 현실이다. 고교 졸업생의 80% 이상이 대학에 진학하는, 대학 진학률 세계 2위의 국가가 한국이다.[9] 그러니 기초학문 분야의 학문을 전공으로 선택하려는 학

---

8 대학진학 학령 인구의 변화에 대해서는 서남수, 「한국 대학 교양교육의 구조적 난점과 과제」, 『교양교육연구』, 4권 2호(2010), 9쪽 참조.

9 - [KTV 2010.9.8.] 경제협력개발기구 OECD에서 2008년까지 39개 나라의 교육지표를 조사한 결과, 우리나라 25-34세 청년층의 고등 교육 이수율은 58%로 세계 1위를 기록했습니다. 지난해 1위 캐나다보다 2% 높은 수치입니다. 고등교육 인구는 지난 1998년부터 연평균 6.4%씩 꾸준히 성장해 OECD 평균 성장률인 4.6%를 훨씬 상회하고 있습니다.
- [세계일보 2010.3.] 2010학번 대학 진학률은 81.9%로 2009학번의 83.8%보다 다소

생은 소수에 불과할 것이요, 이는 현실적으로 볼 때 당연한 귀결이다.

그러나 과연 대학 진학생 각자의 '합리적(?)' 선택이 가져오는 이런 결과가 과연 대학의 발전을 위해서도 합리적인 바람직한 일인가? 아니면 적어도 불가피한 것인가? 사정은 그와 정반대라는 것이 문제다. 기초학문 분야의 학과와 응용(직업)학문 분야의 학과를 평면 위에 병렬시켜 놓고 자유롭게 선택하게 한다면, 대부분의 학생들은 후자를 택할 것이요, 전자의 학과들은 학생이 모자라거나 없게 될 것이다. 이렇게 되면 대부분의 대학에서는 대학 경영의 차원에서 기초학문 분야의 학과를 폐쇄하려 할 것이다. 그리고 그렇게 되면 해당 학문 분야의 교수도 방출되고 해당 학문의 교육도 중지하게 될 것이다. 그 결과 해당 학문의 연구와 교육은 실종될 것이요, 그로 인해 직업지향적인 응용학문 분야 학생들도 기초 학문 분야의 교육을 받지 못해 그 전공 학업이 기초 없는 취약한 것이 될 것이다. 기초학문 교육 없이는 특화된 응용(직업)학문 교육도 기초가 약해 제대로 그 성과를 기대하기 어렵다고 본다. 비록 응용(직업)학문 교육을 잘 받는다 하더라도, 그 전공 학업의 특수성으로 인해 편협한 지식만을 갖게 되기 쉽겠고, 그로써 고등교육을 받은 지적 리더로서의 인재가 되긴 어려울 것이다.

문제의 해결은 역시 기존의 '학과' 관념을 깨고 '전공중심주의'를 탈피하는 데서 시작된다. 기초학문 분야의 학과에는 그 학문을 전공하는 소속학생이 적거나 없어도 학과는 그대로 '건재'하면서 그 학과에 속한 교수진은 다른 응용(직업)학문을 전공하는 학생들에게도 강좌를 제공하는 새로운 구조를 갖추면 되는 것이다. 하나의 학과에는 반드시 학생과 교수가 함께 소속되어 있어야 한다는 통념을 깨고, 실질적인 교육수요에 맞는 유연한 구조를 정착시키는 일이 필요하다는 말이다. '학과'에 대한 통념과 이른바 '전공중심주의'적인 경향 때문에 기초학문 분야의 학과에서는 학업동기가 약한 학생들을 대상으로 타율적인 학업을 요구

낮아졌다. 이때 진학률이란 고교 졸업자 중 전문대학 · 4년제 일반대학 · 교육대학 등에 가는 진학자가 차지하는 비율을 가리킨다.

하게 되고, 응용(직업)학문 분야의 학과에서는 기초학문 교육이 취약해 교양의 심화가 이루어지지 않는 기능적인 학업만을 하게 되는 교육 부실 현상이 일어나게 돼있는 것을 부인키 어렵다.

양 분야 모두에서 실질적인 교육수요가 외면당하지 않고 충족되려면, 학생의 학과 소속제도를 좀 더 유연하게 해야 한다. 응용(직업)학문 분야의 학과에는 학생이 전속되는 것이 현실적으로 필요하겠지만, 기초학문분야의 학과의 경우엔 학문지향적인 소수의 학생을 제외하고는(이 학생들도 처음부터 특정 학과에 전속되어 고정되는 것은 피해야 할 일이지만) 학과 소속 자체를 필수적인 것에서 선택적인 것으로 과감히 바꾸는 것이 필요하다. 즉 학생의 학과 선택 자체를, 그리고 그 선택의 시기를 자유에 맡겨, 심지어는 학과에 소속되지 않고 대학을 졸업하는 것도 가능하게 만들어야겠다는 것이다. 아마도 많은 학생들이 기초학문 분야의 강좌를 수강은 하지만 그 학문을 자신의 '전공'으로 선택하려고 하지는 않을 것이다. 그들의 학업 동기가 본래 학문 지향적인 것이 아니었기 때문이다.

물론 이러한 제도 변화에는 부수적으로 보조적인 장치가 동반되어야 할 것이다. '○○학과'라는 학업생활의 공동체가 갖는 학업외적인 순기능을 도외시할 수 없는 것이 한국적 정서요 한국적 생활양식의 일부이기 때문이다. 따라서 '학과'에 버금가는 새로운 생활공동체가 자연스럽게 형성되도록 방책을 세워야 할 것이다. 학생들 사이에 널리 확산되어 있는 '동아리' 활동이 좀 더 안정성과 지속성을 갖도록 지원하는 일, 유사한 학업 방향을 갖는 학생들 사이에서 '학습공동체'가 자생할 수 있도록 행재정적으로 지원하는 일, 지적 정의적(情意的) 동일체감을 공유할 수 있는 (졸업생을 포함하는) 선후배 사이에 일종의 멘토-멘티(mentor-mentee)의 관계가 형성될 수 있도록 학생생활지도 차원의 제도적 장치를 마련하는 일, 그리고 무엇보다도 교수들이 좀 더 밀착된 학생 지도를 할 수 있도록 지원하는 일, 그리고 기숙 시설을 확장하여 가능한 한 많은 학생들이 학풍과 생활 규범을 공유하는 생활공동체에 자연스럽게 참여하도록 하는 일 등등을 진지하게 고려해 볼 수 있을 것이다. '학과'라는 격자를 벗어날 때 진정으로 선진적인 교육을 구현할 수 있다면, 그래서 그런 방향으로 교육구조와 교육과정을 변화시켜 나가기로 한다면, 이러한 보조 장치를 마련하는 데에 인색해서는 안 될 것이다.

4) 모집단위와 교육단위의 대응 여부

이상의 논의에 비추어 보면, 신입학생을 모집할 때 그 단위를 어떻게 정해야 할지는 분명해 보인다. '학과'별로 모집해서는 앞서 말한 새로운 교육구조나 교육과정을 구현하는 것 자체가 처음부터 난관에 부딪치기 때문에, 학생 모집을 학과별로 하지 않고 학부나 계열별로, 아니면 아무런 구분 없이 입학생 전체를 하나의 단위로 하는 것은 새로운 교육구조의 구현을 위한 선행 조건이 된다.[10]

실제에 있어 모집단위 확대는 '학부제' 실시의 전제 조건에 지나지 않는 것임에도 불구하고, 이를 '학부제' 자체로 간주함으로써 진정한 의미의 '학부' 구성을 외면하고 교육구조는 그대로 '학과제'를 유지해 왔던 것이 90년대 이후 10여 년간 일부 대학에서 실시해 온 '사이비 학부제'였다. 학부제를 전제로 하여 학생 모집을 계열별로 해 놓고 교육구조는 그대로 학과제를 유지했으니, 그 괴리에서 오는 교육상 부작용이 컸던 것은 불가피한 일이었다. 그 후 많은 대학에서 학생 모집을 다시 학과별로 한 것은 바로 이 부작용을 없애기 위해 명실상부한 종전의 학과제로 돌아가자는 것이다.

그러나 이는 앞서 말한, 학과제가 갖는 교육수요와 교육공급의 괴리를 종전대로 방치하는 결과를 낳는 것으로 결코 선진적인 조치라고 할 수는 없다. '사이비 학부제'가 부작용을 낳았다면 이제는 '진정한 학

---

10 한국의 고등교육에서 당연시되고 있는 병폐중 하나가 고교시절부터 시행하는 문과-이과의 구별이다. 필자가 알기로 이는 아무런 규정도 없이 굳어진 관행인데, 새로운 지식정보사회를 맞으며 시급히 철폐되어야 할 것 중 하나다. 대학의 입학전형에서 이를 철폐해야 고교에서도 이를 따를 것이다. 김영식, 「문과-이과 구분의 임의성과 그 폐단」, 『과학과 철학』 4집(1993), 20쪽 이하 참조.

부제'를 시행하기 위해 노력해야 할 일이지, 문제가 많은 반시대적인 종전의 '학과제'로 돌아가서는 안 될 것이다.

학생 모집의 단위를 가능한 한 확대하자는 주장을 하고 있지만, 여기에도 물론 예외가 없을 수는 없다. 예술 및 체육 분야처럼 특수한 능력이나 자질을 대학 수학의 전제로 하는 특정 분야의 경우 모집단위를 확대할 수 없고 입학 때부터 그 특정 학업을 전유하는 학과에서 전문적인 교육을 받아야 할 것이다. 다만, 이러한 경우에도 교양교육 과정만큼은 다른 학문분야의 학생들과 공유하도록 각별히 정교하게 구성해야 할 것이다.

여기서 우리는, 그렇다면 왜 교양교육을 강화해야 하고, 이를 위해선 왜 학과제를 지양하고 학부제나 학부대학 제도를 실현시켜야 하는지, 그 이유를 새로운 지적 환경에 비추어 확인해 보아야 할 것이다. 물론 그에 앞서 학과제는 어떤 배경에서 등장하여 어떤 공적을 이루었는지, 이 점도 근대 이래의 지성사적 맥락 속에서 확인해 보는 일이 필요할 것이다.

필자는 2009년 초 몇몇 주요 대학들이 '학부제'를 포기하고 '학과제'로 돌아가려는[11] 움직임을 보일 때 이를 비판하는 글을 일간지에 기고한 적이 있었는데,[12] 반향은 별반 없었지만, 그 생각은 여전히 유효하다고 보아 그 일부를 다시 인용하면서 이 문제를 검토해 보고자 한다.

> "○○학과", 그것은 해방 이래 대학인들의 삶의 둥지였다. 그것은 서양에서 수용한 근대학문의 체계를 반영하는 학문공동체의 기본 단위로서 연구와 교육의 영역적 정체성을 지켜주는 견고한 성채(城砦)였다. 60년대 후반 이후 학문체계적 적합성보다는 대학의 양적 확장이라는 세속적 요구 때문

11 엄밀히 말하자면, 신입생 모집단위를 '학부'나 '계열'에서 '학과'로 바꾸려는 움직임을 가리킴.

12 중앙일보, 2010.2.25.

에 학과들이 무수히 늘었지만, 그래도 그 분화되고 전문화된 전공학과에서 전공분야 공부를 한 사람들이 한국의 근대화를 이끌었던 것만은 사실이다. 학과제의 공은 그만큼 혁혁하였다.

그러나 이제 세상은 달라졌다. 구텐베르크의 금속활자 인쇄술이 근대를 열었던 것과는 비교가 안 될 정도로 광범하고 신속하고 근원적으로, 뜻밖에도 디지털 기술이 "탈현대사회"를 열고 있다. 산업사회가 정보사회로 바뀌면서 무엇보다도 지식사회의 조류가 "분화에서 융합으로" 바뀌고 있다. 이젠 더 이상 분화된 특정 분야의 전문지식만으로는 산업에서 부가가치의 창출이 어려울 뿐 아니라, 공공기관의 운영에서도 통합적 기획이나 원활한 조정이 어렵고, 문화영역에서도 새로운 창의적 활동이 어렵게 된 것이다. 연구에서도, 기술에서도, 산업에서도 융합현상이 더욱 더 확산되어 가는 마당에 교육에서만 분과 학문의 격자에 갇힌 전공교육으로 그 소임을 다한다고 볼 수는 없는 일이다.

5) 학과제의 연원과 공적

대체로 보아 해방 이래, 오늘까지도 여전히, 한국의 대학교육의 골간은 '전공학과'를 중심축으로 하여 지탱되어 왔다. 이는 일본을 통해 우리에게 전수된 서구 대학의 구조에서 유래하는 것이며, 멀리는 서양의 근대 지식사회를 반영한 것이었다. 서양의 근대사회는 지식의 획기적인 확장의 시기였다. 특히 경험과학이 지식사회의 중심에 진입해 들어왔으며, 이와 더불어 경험 영역의 차별성 및 다양성에 따른 학문의 분화가 크게 일어났던 시기였다.

경험과학의 힘과 그에 대한 신뢰의 원천은 그 실증성(posotivity)에 있었다. 실증성이란 "① 개별적 사실들을 관찰, 측정하여, ② 이를 토대로 그로부터 귀납적으로 그 사실들에 대한 일반 명제를 하나의 가설로 이끌어 내고, ③ 이 일반명제로부터 연역적으로 추론해 낼 수 있는 어떤 결과를 예측한 다음, ④ 그 예측한 내용이 실제적으로 사실세계 속에서 나타나는지를 검증하여 얻어지는 지식의 실제적 타당성"을 가리키는 것이다.[13] 이런 의미에서의 실증성이란 물론 미래의 기획에서 현실적인 힘을 발휘하는 토대가 되었고, 이에 힘입어 새로운 경험과학은 종래의 사변적 철학보다도 그 실증성 때문에 더 환영받는 지적 작업이 되어 근대 이후 지식사회의 주류로 그 세력을 떨치게 되었다. '실증과학'이라는 이름을 얻게 된 이 새로운 탐구는 자연현상이 아닌 인간의 문화적 삶의 현상까지도 그 대상으로 삼기에 이르렀으며, '분석'과 '환원'이라는 방법론적 특기를 학문적 탐구 전반에 적용시키게 되었다.[14]

'분석'과 '환원'이란 복합적이고 총체적인 탐구대상을 가능한 한 단순한 부분 단위들로 '나누는' 작업 방법인 만큼, 이러한 실증과학의 작업장에서 다수의 학문이 분화되어 출현하는 것은 당연한 일이다. '분과과학'(Einzelwissenschaft)이라는 말이 있듯이 실증과학은 본성상 전체 아닌 부분을 탐구하는 학문이요, 가능한 한 그 부분을 더 작은 부분으로 분할하려는 속성을 가지는 학문이다. 물론 이러한 분석의 결과, 대상에 대한 인간의 지식은 더 풍부해지고 이 지식을 기초로 한, 그 대상세계에 대한 인간의 관리와 기획은 그만큼 더 큰 성공을 거두게 된다.

다른 한편 산업의 발달에서도 '분화'는 불가피한 현상이었다. 산업생산에서의 효율은 바로 '분업'에 있었고, 이는 산업의 '분업화'를 불가피하게 만들었던 것이다. 산업의 분업화와 학문의 분화가 서로 맞물려 근대의 시대상을 빚어냈다고 할 수 있다.

대학의 고등교육이 학문의 분화가 풍성하게 이루어진 학문체계에 부응하여 여러 학과들로 이루어진 교육편제를 구성한 것은 근대 이후 서양의 지적 풍토에서는 자연스러운 일이었다. 그리고 이러한 학문체계와 교육편제를 수용한 일본이 근대화에 성공한 것도 충분히 납득할 수 있는 일이었다. 한국에서도 60년대 이후 급격한 산업화-근대화 과정에

13 졸고, 「실증과학의 철학적 기초」, 『철학과 현상학 연구』, 13집(1999), 424쪽 이하 참조.

14 졸고, 「인문학의 변질: 실증화」, 『인문과학』, 10집(서울시립대학교, 2003), 151쪽 이하 참조.

서 서구나 일본의 선진 지식을 그대로 '이전'하여 활용할 수 있었던 것도 각 분과학문을 단위로 학과를 설치하여 운영한 대학의 교육제도 덕분이었다고 할 수 있다. 대학의 '학과제'가, 즉 학과 중심의 전공교육이, 그런대로 산업화 시대의 지적 요구에 부응하여 그 역할을 성공적으로 수행했다고 볼 수 있다는 말이다. 한국이 스스로 고유한 발전 모델을 탐색해야 했던 상황이라기보다는 선진국의 발전상을 뒤따라 잡기에 급급했던 상황에서 한국의 지식사회에 긴급히 필요했던 것은 전체에 대한 조망이라든지 새로운 세계상의 창조적 모색이라기보다는 바로 여러 특정분야 전문지식의 신속한 수용이었던 것이다.

6) 21세기 정보사회의 지적 지형

그러나 21세기에 들어서면서 인류의 문명은 뜻밖에도 '디지털 혁명'을 통해 '정보사회'라는 새로운 국면을 맞게 되었고, 이에 따라 지식사회의 지형도 근본적으로 변모하게 되었다. 디지털 혁명은 사고-정보기술(IT)과 감각-통신기술(CT)을 정보통신기술(ICT)이라는 하나의 기술로 융합한 데서 비롯한다. 이 융합된 새 기술이 사유와 지각의 융합(融合) 및 호환(互換)을 비생명적 물리적 공간 속에서 실현시키기 때문이다.

사유와 지각을 융합, 호환하는 이 기술은 시공적 제약을 뛰어넘는 유비쿼터스 커뮤니케이션(Ubiquitous Communication)을 가능하게 만들고, 역시 시공적 제약을 벗어나는 가상현실(Virtual Realty)을 출현시켰다. 자연적 · 물리적 세계의 시공적 순차성과 배타성을 극복하는 이 기술은 거리(距離)의 소멸, 시간의 증발을 가져와, 사람들로 하여금 욕구를 동시적으로 충족시킬 가능성을 기대하게 만들었다. 소위 지식산업은 이를 현실화시킬 수 있는 알고리즘(algorithm)의 개발에 주력하는데, 기술들이 융합하고 이를 토대로 산업들이 융합하는 것은 불가피한 것이 되었다. 융복합은 이제 선택이 아니라 필수다.

이렇듯 세계체험의 근본이 되는 시공체험 양식이 달라지고, 이에 따라 인간의 욕구 구조가 변모하고 그 욕구충족의 방식이 달라짐에 따라, 지식의 지형도 달라진다. 새로운 지적 지형은 기계론적인 물리학적 세계상에서 벗어나 유기론적인 생물학적 세계상을 토대로 하고 있다.[15]

세계 문명의 기조가 바뀌고 그에 발맞춰 한국사회도 변모하며, 그런 가운데 지적 탐구의 여건도 변모하고 있다. 지적 요구도 새로워지고 이에 따라 학문탐구의 목적과 방법에서도 변화가 있다. 어떤 점들이 달라지고 있을까?

첫째, 보편성을 띠는 지식 그 자체와 그것의 응용을 기다리는 특수한 현실과의 거리가 현저히 가까워진 것이 정보사회의 지적 상황이다. 즉 사회적 요구로부터 멀리 우회적으로 떨어진 지식체계란 점점 더 외면당하는 경향이 강해진다.

둘째, 미지의 사실과 그 속에 깃든 법칙성을 발견코자 했던 근대 학문과는 달리 현대의 학문은 진리를 발견하는 방법을 찾고자 한다. 즉 단순히 실재하는 존재세계를 밝히는 것보다도 그 세계의 의미연관을 해석하는 주관연관적 · 반성적 · 사지향적(斜志向的) 탐구를 지향한다. 따라서 실증적 탐구가 주류를 이루었던 근대 학문과는 달리 현대 학문에서는 비실증적 직관적 방법도 널리 용인된다.

셋째, 현대 학문은 탐구의 대상을 구획하지 않고 가능한 한 그 경계를 무너뜨린 가운데 대상에 관해 가능한 한 총체적인 지식을 얻고자 한다. 구체적으로 말해 학제간, 전공횡단적 · 융합적 지식을 얻고자 힘쓴다. 더불어, 기존의 학문체계에 들어오기 어려운 새로운 대상을 찾아서 독자적인 방법을 모색해 가며 탐구하기도 한다.

7) 융복합 교육의 요구와 교양교육

이와 같은 학문세계의 변화는 자연히 교육에서도 변화를 가져온다.

15 I부 1장 참조.

현실밀착적 지식, 주관연관적 맥락적 지식, 그리고 융합적 지식이 지식사회의 중심에 오는 상황에서 교육 또한 이에 부응하는 방향으로 변모하지 않을 수 없다.

교육은 이제 더 이상 기성 지식의 단순한 전수를 목적으로 삼아서는 안 되고 지식을 응용하여 현실에 적용할 수 있는 능력을 길러주는 것이어야 한다. 구체적으로, 새로운 정보를 산출할 수 있는 창의적 사고의 능력, 적실성 있는 정보를 선별할 수 있는 비판적 사고의 능력, 자신의 사유내용을 공동체 구성원과 공유할 수 있는 합리적 의사소통능력, 이러한 능력을 발휘해 중요 문제를 찾아내 해결할 수 있는 문제해결 능력을 함양해야 한다.[16]

그리고 이런 '능력교육'은 나아가 다학문적 · 학제적 교육으로 연결되어야 한다. 의사소통이 획기적으로 원활해진 21세기 정보사회에서는 문제들 자체가 복합적이기 때문에 그렇고, 문제연관 전체에 대한 조망 아래 그런 복합적인 문제를 해결할 수 있는 안목을 기르기 위해서는 융합적 지식을 얻을 수 있는 교육이 필요하기 때문이다. 분업, 분화가 생산성을 높이던 산업화 시대와는 달리, 여러 영역의 지식과 능력이 복합적으로 동시에 요구되는 것이 기술과 산업의 융복합이 진행되고 있는 오늘의 탈현대 정보사회다.

지적 · 교육적 상황이 이렇게 달라진 만큼, 이러한 교육의 기초가 되는 교양교육을 강조하지 않을 수 없다. 특정분야의 전문지식이 중요하지 않은 것이 아니라, 그런 전문지식을 비판적으로 수용하고 적실성 있게 활용하기 위해서는 넓은 사유의 지평과 기본적인 지적 능력이 갖추어져야 하기 때문이요, 이런 지적 능력은 기본적으로 교양교육을 통해서 함양될 수 있기 때문이다.

이제 '교양교육'에 대한 천박한 통념을 버릴 때가 되었다. 대학에서 교양교육은 '하면 좋지만 안 해도 되는' 여분의 교육이 아니다. 교양과목은 이제, 내용도 상식적인 것이고 학술성이 있다 해도 수준이 낮은

---

16 이미 언급한 I부 3장 참조.

것이어서 연구 없이도 가르칠 수 있고 공부 안 해도 '학점을 딸' 수 있는 그런 과목이어서는 안 된다. 기초학문의 깊은 탐구 성과가 담겨 있는, 전공과목보다도 더 많은 공부가 필요한, 그런 과목이어야 한다.

교양교육은 대학을 졸업한 후에도 평생학습을 수행해 나갈 수 있는 지적 동기와 능력을 계발하는 교육이어야 한다. 여러 전문 분야들의 근본 문제와 첨단 지식들을 연계시킬 수 있는 '지적 연결 지평'을 갖추어 주는 교육이어야 한다. 따라서 교양교육은 각 학문 분야의 전공 교육과 배타적으로 '충돌'하는 교육이 아니라, 오히려 그 전공교육의 성과를 상승시켜 주는 교육이다. 한국의 대학인은 통념 속의 '학과'라는 격자에 갇혀 정보시대의 대학교육이 나아가야 할 길을 가로막고 있을 때가 아니다. 진정한 의미에서의 '교양교육'이 어떤 내용으로 채워져야 할지, 교양교육에 어떤 기여를 해야 할지, 모든 대학인이 진지하게 숙고하고 이의 실현에 총력을 기울여야 할 때다.

5 포스트 코로나 디지털 전환 시대의 교양교육

1) 서언: 포스트 코로나 시대, 디지털 전환의 일상화

코로나19라는 팬데믹 전염병이 만연한 이후 새로이 등장한 사회생활의 행태를 '포스트 코로나 뉴노멀'이라는 말로 표현하는 것이 일반화되고 있다. 그런데 이 말에 내포된 중요한 함의 중 하나는 사람들 사이의 직접적 대면 접촉이 첨단 전자통신 기술에 힘입어 원격 화상 접촉으로 대체되었다는 것이다. 그러나 엄밀히 살펴보자면, 이는 실은 소위 코로나 사태와는 무관하게 진척되어온 기술상의 혁명적 변화이지 코로나 사태가 원인이 되거나 배경이 되어 나타난 현상은 결코 아니다. 코로나와 연관이 있다면, 이는 순전히 의사소통 방식의 변화를 일반 대중에게 시기적으로 앞당겼다는 점뿐이다.

아무튼 코로나 사태로 인해 2년 가까이 학교 교실에서의 교육이 전면 제한되어 원격 화상교육으로 대체된 것이 현실이고 대학에서는 이른바 '캠퍼스 생활'이 생략된 채 '불구'의 고등교육이 시행되어 왔다. 그러니 이런 사태는 단순히 교수 학습 방법의 변화를 불러온 것에 그치지 않고 교육 내용, 교육 목표, 교육 행태에도 변화의 과제를 안기게 되었다. 교육에 종사하는 이들이 저마다 '포스트 코로나'를 언급하는 이유가 여기에 있다.

그러나 뉴노멀이라는 이 새로운 획기적인 변화상에서 핵심적인 것은 '포스트 코로나'가 아니라 실은 '디지털 전환'(Digital Transformation) 현상이다. 아날로그 방식의 의사소통행위가 전면적으로 디지털 방식으로 변전(變轉)했다는 것이 그 핵심이다. 코로나 사태가 아니었더라도 다가왔을 현상이 바로 이 디지털 전환을 통한 의사소통방식의 혁명적 변화다. 코로나 사태는 이 변화를 앞당겨 보통 사람들의 생활 전반에 일반화시켰다는 것이다.

2) 디지털 전환 대학교육의 변모

코로나 사태 이래 '디지털 전환'이라는 용어를 더 흔히 듣게 되는데, 이는 첨단의 디지털 기술을 보다 광범하게 활용하게 되었다는 표지이지 디지털 기술 자체에 새로운 국면이 등장했음을 말해주는 것은 아니다. '디지털 전환'의 실체는 디지털 기술의 본성 자체에 있는 것이지 다른 데에 있는 것이 아니다. 디지털 기술은 문명사적 전환을 야기시켰는데, 사고와 감각의 호환 및 시공간적 제약의 무력화로 압축되는 그 기술의 성과는[1] 인간의 문화적인 삶에 근본적인 변화를 일으켰다. ① 사유와 감각의 호환-융합으로 인한 감성적 삶의 만연 (선형적 사유보다 모자이크적 감각을 선호하는), ② 동시적 총제적 욕구 충족 가능성에 대한 기대, ③ 공동체의 유목화가 그것이다.[2]

이와 같이 인간의 욕구 내용 및 욕구충족 방식이 달라지고, 기술의 발전을 토대로 한 융복합적 산업이 이를 구현하는 오늘의 '지식기반사회'에서, 그리고 공동체적 삶의 범위가 전 지구로 확장되는 세계화의 시대에, 지식의 산출과 유통을 담당하는 대학의 연구와 교육에서 변화가 생기는 것은 당연한 일이다.

1　I부 3장 4절 참조.

2　I부 3장 5절 참조.

(1) 교육내용의 변모

① 산업구조 및 직업세계의 변화

대학이 더 이상 '상아탑'이 아니라는 것은 굳이 강조할 필요조차 없다. 시대상을 반영하여 사회적 교육수요에 부응하는 것이 오늘날 대학교육의 과제다. 오늘날처럼 격변하는 시대엔 더더욱 이런 요구가 절실하다. 무엇보다도 현대 경제의 주무대인 산업계의 상황과 그에 긴밀히 연관돼 있는 직업세계의 정황을 고려하지 않을 수 없다.

새로운 기술이 등장하면, 이를 기초로 새로운 산업 생태계가 형성된다. 오늘날 첨단 디지털기술의 비약적 발달은 산업구조 자체를 변화시키고 있다. 당연히 이에 따라 산업계의 판도가 전면적으로 바뀌고 있다. '4차 산업혁명'이라는 화두가 널리 진지하게 수용되고 있다.

그 핵심에 도사리고 있는 변화는 무엇일까? 오늘의 첨단 디지털 기술이 종래의 기술과 본질적으로 결정적으로 다른 점과 긴밀히 관련돼 있다. 유사 이래 오늘날까지 인류 문명의 발달을 이끌어 온 기술은 인간의 신체적 결함을 보완, 강화, 대체하는 것이었다. 그러나 오늘의 디지털 기술은 인간의 정신적 활동까지도 강화, 대체하는 기술이다. 물론 정신적 활동 전체를 그렇게 하는 것은 아니지만, 적어도 사고 활동에 관해서 만큼은 인간의 사고 활동과 비교할 수 없을 만큼 탁월한 활동을 수행하는 기술이 등장한 것이다. 인공지능(AI) 기술이 그것이다.

인간의 사고활동을 대신하는, 그것도 아주 탁월하게 대체하는 기술이 등장한 마당에, 그리고 그것이 아주 광범하게 활용되는 마당에 산업활동에 큰 변화가 오는 것은 불가피한 일이다.

인공지능(AI), 사물 인터넷(IoT), 클라우드 컴퓨팅, 빅데이터, 모바일 등 첨단 지능정보기술이 기존 산업과 서비스에 융합되고 있고, 이들은 3D 프린팅, 로봇공학, 생명공학, 나노기술 등 여러 분야의 신기술과 결합되어 전에 없던 새로운 산업을 일으키고 있다. 사물까지도 지능화되고 모든 것들이 네트워크로 연결된다. 인간과 인간의 연결뿐만 아니라 인간과 사물, 사물과 사물의 연결이 실현되고 있다. 가히 초연결(hyperconnectivity)과 초지능(super-intelligence)을 특징으로 하는 새로운 기술적 차원이 4차 산업혁명이라고 일컬어지는 새로운 혁명의 지반이 되고 있다.

기술들이 융합하고 산업도 융합한다. 모든 산업들이 서로 연결되어 융복합된 새로운 형태의 산업으로 발전한다. ICT와 제조업의 융합을 통해 모든 산업기기들이 생산 과정에서 연결되고 상호소통하면서 최적화, 효율화를 도모한다. 인간과 사물을 포함한 모든 것들이 연결될 뿐만 아니라, 기존에는 구별되었던 자연현실과 가상현실이 융합되는 새로운 패러다임도 등장한다. 가상현실의 수요를 자연현실의 공급으로 연결하는 O2O(online to offline) 비즈니스가 등장하는 것이 대표적인 사례다. 사물인터넷 환경에서 빅데이터가 산출되며, 이것을 처리, 활용하는 인공지능이 발전하고 자연현실 세계는 가상현실, 증강현실과 다시 연결된다. 급기야 메타버스라는 새로운 생활세계가 등장한다.

기술의 융합화 변화가 산업구조의 변화를 불러오는 현실과 더불어 산업구조의 변화가 직업세계에 변화를 불러올 것은 자명한 일이다. 로봇 약사가 등장한다든지, 3D프린터로 자동차를 생산하고 자율주행차가 많아진다든지, 기업에서는 인공지능으로 회계 감사를 수행하고, 정부는 블록체인(blockchain)으로 세금을 징수하게 된다든지 하면, 이 분야의 노동인력에 변화가 올 것 또한 자명하다.[3] 무엇보다도 인공지능과 로봇의 등장으로 인간의 일자리가 커다란 영향을 받는다. 이것은 일자리 문제뿐만 아니라 노동의 성격, 직업능력의 내용 자체에도 질적 변화를 야기한다.

② 교육내용의 변모

그렇다면 대학의 고등교육에서 교육은 어떻게 바뀌어야 할까? 무엇보다도 대학교육에 대한 사회적 요구의 내용이 크게 달라졌음을 인지

---

3 이미 2015년에 세계경제포럼(World Economic Forum)은 2021년에는 로봇 서비스가 일반화되고 2022년에는 3D프린터에 의한 대량생산, 2023년에는 빅데이터에 의한 의사 결정이 일반화되며 2025년에는 인공지능이 화이트칼라 노동을 대체하고 2026년에는 인공지능이 스스로 자신의 의사를 결정하게 될 것이라고 전망했다.

하고 종래의 교육목표 및 이를 달성하기 위한 교육의 내용이 달라져야 한다.

첫째, 대학교육은 격변하는 시대상에 대응할 수 있는 '기초체력'을 길러줘야 한다. 이 기초학업 교육에는 두 가지가 있다. 그 첫째는 위에서 언급한 첨단의 디지털 기술을 활용할 수 있는 소위 '정보문해'(Digital Literacy) 교육이다. 업무 분야마다 차이는 있겠지만, 이제 디지털 기술에 대한 식견과 그 응용능력이 없이는 직업생활이든 사회생활이든 어렵게 된 것이 현실이기 때문이다. 둘째는 사고 능력의 함양을 위한 교육이다. 이는 새로운 지식을 창출하는 능력을 길러주는 교육이다. 이는 기성의 지식이나 기술을 습득하는 데서 더 나아가 그런 지식을 응용하고 창출하는 능력을 함양하는 교육이다.

둘째, 대학교육은 이제 분과 전문교육에서 총합 일반교육으로 바뀌어야 한다. 중요한 능력은 세분화, 전문화된 분야들의 위상을 전체 속에서 가늠할 수 있는 총체적 · 종합적 사유의 능력이 되었다.

셋째, 대학교육은 이제 정보사회에서 더욱 절실하게 요구되는, '이성과 감성을 넘나드는' 능력을 기르는 교육이어야 한다. 디지털 기술은 각종의 정보를 그 질적 성격에 구애받지 않고 수학적으로 연산 처리하는 방식을 기본으로 취한다. 질적 성격이란 감각적 지각의 대상으로 우리의 감성을 움직이는 것이고, 바이너리 코드로 처리하는 수학적인 연산은 정밀한 사고 활동이다. 따라서 이 두 영역을 넘나들 수 있기 위해서는 정서적 감응능력과 합리적 사고능력이 동시에 요구되며, 나아가 이 둘이 함께 협동하는 것이 필요하다.

이렇게 말하면 이러한 교육은 새로이 전개되는 산업사회 및 그에 따라 변모하는 직업세계와 동떨어진 교육처럼 들릴지 모른다. 그러나 좀 더 현실을 직시해보면 사정은 그 반대라는 걸 인식하게 된다. 성공적인 직업 활동에 요구되는 직업능력으로 흔히 회자되는 4C(Creativity, Critical Thinking, Communication, Collaboration), 즉 창의력, 비판적 사고, 의사소통능력, 그리고 협업능력이나, 한국직업능력개발원에서 제안하여 많은 대학에서 수용해 온 대학생 핵심역량 여섯 가지, 즉 의사소통역량,

글로벌역량, 자원정보 활용역량, 종합적 사고역량, 대인관계역량, 그리고 자기관리역량은 대체로 위에서 언급한 교육을 통해 함양되는 것으로 볼 수 있다. 직업교육이 대학교육의 전부는 물론 아니지만, 오늘의 현실을 보면 분명, 소수의 예외를 제외하고는, 대학교육이 직업능력 함양을 포함해야 하는 것이 현실이다.

이상과 같은 목표를 달성하기 위해 방법적으로 유의할 점이 있는데 교육과정의 운영에 관한 것이다. 첫째, 기본적으로 단순히 교실에서 배우는 종래의 학습지(學習知) 일변도에서 벗어나 직업세계 및 사회현실과의 직간접적 교류에서 얻어지는 실무지(実務知)를 함께 추구하도록 교육과정을 짜는 일이고,[4] 둘째, 이를 위해서라도 교육과정을 고정시키지 말고 유연하게 운영하도록 하는 일이다. 신입생이 입학할 때 정한 교과과정을 그로부터 4~6년이 지날 때까지 고정시켜 놓고 운영하는 것은 오늘의 교육환경을 고려해 볼 때 바람직하지 않기 때문이다.

(2) 교육방법의 혁신

① 원격화상강의 - 메타버스의 등장

'디지털 전환'이 21세기 인류문명의 한 메가트렌드임을 부인하기 어렵다면, 이를 반영하는 교육환경 내지 교육여건의 변화도 불가피한 것이겠다. 대학교육에서도 이러한 변화에 따른 교육내용의 변화가 중심과제가 된 마당에, 교육방법, 즉 교수-학습의 방법에서도 변화가 없다는 것은 생각하기 어려운 일이다. 교수-학습의 방법에서 핵심적인 변화는 역시 의사소통 활동에서 공간적 · 시간적 제약이 현저히 줄어들었다는 점이다. 디지털 기술에 힘입어 탄생한 가상현실이 시공적 제약으로부터 자유롭다는 점은 이를 교육활동에 활용하는 방법이 보편적으로 환영받는 데에 결정적 강점이 되었다. 가상현실의 활용은 기본이고 이를 자연현실과 연결시키는 증강현실의 도입도 점차 확산되도 있으며, 최근에는

---

4 學習知-實務知, 김문조 교수의 조어

아예 가상현실을 자연현실화 시키는, 즉 컴퓨터로 만들어 놓은 가상의 세계에서 사람이 실제와 같은 체험을 할 수 있도록 하는 이른바 '메타버스'(Metaverse)를 주된 교육환경으로 삼는 방법까지 개발되어 활용되기 시작했다. 메타버스 시대가 오면 아예 오프라인 학습공간이 불필요할지도 모른다. VR글라스를 쓰면 언제 어디서든 가상 교실에 들어가 교수 학생이 각자의 아바타로 변신해(?) 가르치고 배울 수 있기 때문이다.

코로나19의 확산으로 인해 불가피하게 이러한 교육방법이 도입되었던 것이 현실이긴 하나, 이 첨단 기술의 본질을 생각해보면, 팬데믹이 디지털 기술의 활용을 시기적으로 앞당겼을 뿐이지, 그런 사태가 없었다 해도 언젠가는 이 기술의 활용이 광범하게 확산되리라는 것을 부인하기는 어렵다.

② 수렴적 사유의 대체: 발산적 사유의 강화

그러나 이 새로운 방법의 교수-학습활동이 제공하는 유익한 국면의 배후에 진지하게 숙고해야 할 점이 있다는 것도 함께 고려해야 한다. 형식이 내용을 조건지운다는 것은 어느 경우에나 타당한 생각인데, 여기서도 교육방법이 이렇게 국한되면 그 내용에도 역시 제약이 따를 것이라고 생각할 수 있다.

앞서 언급한 이 새로운 교수-학습의 기술적 방법은 철저히 '디지털 전환'의 과정을 통해 운영되는 것이기 때문에 그 과정을 주도하는 수학적 연산과정에 포함되기 어려운 내용은 교육내용에서 배제되기 쉽다는 사실이다. 사고작용의 넓은 스펙트럼을 생각해 볼 때 이른바 시적 상상과 같은 '발산적 사고'는 극단적인 '수렴적 사고'인 수학적 연산 과정에 담기기 어렵다는 것이다. 합리성의 극치인 수학적 연산작용에 의해 구성되는 교육과정에 초합리적인 감성적 · 정서적 · 직감적 내용이 포함되기는 어려운 일이다.

그러나 어렵다고 해서 발산적 사고 영역을 포기할 수는 없는 일이다. 이를 극복하는 것이 오늘의 교육 기획에서 중차대한 과제인 것은 의문의 여지가 없다. 발산적 사고의 영역이 앞서 언급한 고도의 디지털 기술에 의해 정교하게 보존 유지될 수 있는 가능성을 적극적으로 모색해야 할 것이다. 감성적 지각작용과 인지적 사고작용이 호환 융합되는 토대가 디지털 기술에 의해 구성될 수 있다고 보기 때문이다. 물론 이를 위한 정교한 알고리즘의 개발은 쉬운 일이 아니다. 감성적 감응 능력과 정치한 합리적 사고능력을 한 사람이 겸비하기도 쉽지 않고, 예술적 상상에 뛰어난 사람과 수리적 사고에 능숙한 사람이 협동하여 이 두 영역을 넘나드는 알고리즘을 개발하는 일도 쉽지 않은 일이다. 과연 이 두 가지 상이한 기능이 완벽하게 '융복합'되어 자연적 인간과 똑같은 인조인간 로봇, 휴머노이드를 제작할 수 있을지는 여전히 의문이다.

3) 교양교육의 새로운 의의: 대학교육 전체의 선진화

디지털 기술의 획기적 발달이 기술혁명, 산업혁명을 일으켰고 그 문명사적 전환의 와중에서 교육환경도 전면적으로 변모하는 오늘의 교육 현실에서 과연 대학의 교양교육은 어떤 위상을 가지며 어떤 의의를 가지는지 새삼 진지하게 자문하지 않을 수 없다.

(1) 교양교육의 위상: 보편교육 영역의 확대

앞에서 언급한 대학교육이 당면한 변혁의 과제를 고려해본다면, 본래적 의미의 교양교육은 바람직한 대학교육 전반을 뒷받침하는 필수 교육이 된다. 대학교육의 바람직한 내용은 이런 것이었다: 첨단 디지털 기술을 활용하는 정보문해의 교육, 문제 발견 및 해결을 위한 비판적 · 창의적 사고 교육, 여러 분야를 조망하는 종합적 사고 교육, 예술적 감수성과 합리적 사고를 함께 함양하는 교육 등등…

과연 이런 교육은 어느 전공 학업과정에서 성공적으로 시행될까? 대학교육의 목표와 관련해 빈번히 회자되는 4C라든가 6대 핵심역량이 어떤 학과에서 전문적으로 학습되고 배양될까? 답하기 어려울 것이다.

전공학업의 의미를 축소시키자는 것은 아니다.

특정 분야의 전문지식이 필요한 것은 사실이지만, 기술과 산업이 독자적 영역 안에 머물지 않고 경계를 넘어 서로 융복합하는 격변의 시대에 한 분야의 전공 학업이 대학교육의 전부가 될 수는 없는 일이다. 다양한 기초학문 분야의 기초적 지식을 균형있게 학습하는 것이 곧 대학 교양교육의 본래 모습일진대, 이런 기초 학습이 위에서 말한 능력의 함양에 직접적 기여를 할 것이요, 이 학습의 성과는 다양한 전공 학업의 토대가 됨으로써 대학교육 전체의 교육적 성과를 최적화하는 일이 될 것이다.

한마디로, 교양교육은 대학교육 전반의 기초이자 토대가 된다는 점에서 필수불가결한 것이다. 이것이 교양교육이 차지하는 대학교육에서의 위상이다. 대학교육 전반이 지향해야 할 새로운 방향은 이미 교양교육의 근본 목적에 포함돼 있는 것이다.

(2) 교양교육의 본래적 의의

오늘날 한국에서 시행되고 있는 대학의 교양교육은 여러 요인들이 포함되어 다소 복합적인 양상을 보이지만, 기본적으로는 서구적 연원, 즉 희랍에서 유래하는 '자유교육'(liberal education)과 이의 근대적 변용인 '일반교육'(general education)을 그 모형으로 하고 있다고 본다.

자유교육(liberal education)이란 문자 그대로는 '자유인'으로서의 삶의 자세를 견지할 수 있는 자질과 능력을 함양하는 교육을 일컫는다. 구체적으로 그것은 직업이나 생업과 같은 특정 목적에 수단으로서 봉사하는 지식이나 기술을 습득시키는 교육이 아니라, 그 자체로 본래적 가치를 갖는 품성을 도야하고 자기목적적 활동을 할 수 있는 능력을 기르는 교육이다. 자유교육의 지향은 따라서 자율적이면서도 개방적인 능동적 주체적 인격의 도야에 있으며, 이를 통한 인격의 고양에 있다. 이는 인간을 '형성 가능성' 이 무한히 열려 있는 미정형의 '자유인'으로 전제하기에 가능한 것이다.

고전시대에 이 자유교육은 자유학예교육(liberal arts education)이었다.

자유학예란 이미 플라톤의 〈국가론〉 중 교육론에 등장하는데, 문법, 논리학, 수사학 외에 대수학, 기하학, 음악, 천문학이 그것이다. 이 교육 내용은 면면히 이어져 중세에는 자유학예(artes liberales)란 것이 이른바 3학(trivium) 4과(quadrivium)로 구성되어 모든 고등교육의 보편적 내용으로 정착되었다.[5]

이런 이념적 지향을 갖는 자유교육은 근대 시민혁명 이래 오늘날에는 일반교육(general education)을 포함하게 된다. 상층부 귀족 계급의 전유물이었던 자유교육의 이념이 시민사회의 형성과 더불어 보다 광범한 시민계층의 교육수요로 확장된 것이 이 일반교육이라 할 수 있다. 이때 일반교육이란 어떤 전문분야에서 어떤 전문적인 활동을 하든 일반적으로 갖추어야 할 자질과 능력을 함양하는 교육을 가리킨다, 따라서 일반교육은 자연히 특정 직업인이기에 앞서 전인적 인격체로서의 인간을 형성케 해주는 기본적인 교육과 상통하게 된다.

이 일반교육이 필요한 이유는 첫째, 그저 인간으로서의 삶에는 전문인으로서의 삶에 등장하지 않는 더 다양하고 광범한 문화적 가치의 영역이 주어지기 때문이다. 따라서 이 영역에서는 '인간'이 추구하는 보편적인 문화적 가치를 이해, 향유할 수 있는 문화인으로 고양시키는 일이 교육의 중요한 과제가 아닐 수 없다. 이 '인간형성' 없이는 '전문인'이라는 것이 무의미하기도 하고 또 불가능하기도 하다.

일반교육이 필요한 둘째 이유는 누구나가 동일한 전문집단의 구성원이 아닌 수많은 사람들과 함께 공동체적 삶을 영위하지 않을 수 없다는 데에 있다. 공동체적 존재로서 사회적 책임을 외면한 채 삶을 영위할 수 없는 것이 인간이요, 그 책임을 다할 수 있기 위해선 공동체가 공유하는 '일반적 가치와 규범'을 인식하고 실현시킬 수 있어야 하기 때문이다.

자유교육이 일반교육으로 확장되는 이러한 변화와 더불어 근대 이후

---

5 tri-vium과 quadri-vium은 각각 '세 개의 길'과 '네 개의 길'을 뜻하는 말로, 이 7개 영역의 교육이 각각 바퀴살이 되어 하나의 '바퀴'를 구성할 때 그 전체가 원숙한 교육을 구현한다고 보아 이 '굴러가는 바퀴'를 뜻하는 curriculum이라는 말이 오늘의 '교육과정'을 가리키는 말이 되었다.

'자유학예'의 내용은 부분적으로 일반교육의 내용으로 전이되고 그 대신 자유학예의 자리에는 인문-사회-자연 분야의 기초학문들이 자리잡게 된다. 그렇게 되니까 오늘날에는 고전시대의 자유학예교육 내용은 일반교육 영역으로 이전하여 자리잡고 그 본래의 자유학예교육 자리에는 기초학문교육이 들어서게 된 양상으로 자유교육의 구도가 변화하게 되었다.

4) 교양교육의 과제: 성찰의 교육

교양교육의 본래적 의의에 비추어 볼 때, 디지털 혁명 이래의 격변하는 시대상을 수용하고 이에 적절히 대응하는 지적 자질은 교양교육을 통해 더 성과 있게 함양될 수 있다고 생각된다. 특정분야의 전문지식이 중요하지 않은 것이 아니라, 그런 전문지식을 비판적으로 수용하고 스스로 창출하여 적실성 있게 활용하기 위해서는 이러한 넓은 사유의 지평과 기본적인 지적 능력이 갖추어져야 한다는 말이다.

새로운 시대상, 즉 '디지털 전환'이 보편화되어 문명적 삶의 근본 방식이 급변하는 이 시대상이 대학교육에서 교양교육의 중요성을 더 부각시켰다. 그런데 바로 이 점 때문에 교양교육에는 새로운 과제가 하나 더 부과된다. 이 문명사적 전환의 의미에 대한 깊이 있는 이해를 위한 교육을 자임해야 된다는 것이다. 이 과제는 물론 다양한 학문의 다각적인 접근을 통해 이루어지는 연구 성과를 바탕으로 해야 할 것이요, 그러하기에 그 연구 또한 융복합적인 성격을 띠어야 할 것이다.

디지털 기술은 자연현실이 벗어나지 못하는 시간적 · 공간적 제약을 뛰어넘음으로써 새로운 양식, 새로운 성격의 세계를 인간에게 열어준다. 가상현실은 인간의 경험세계를 상상 이상으로 광범하게 확장시킨다. 자연현실과 가상현실의 모든 대상들을 서로 연결하여 새로운 경험세계를 무제약적으로 확장시킨다. 일차적으로는 현실적 중량이 적은 예술영역에서 새로운 창작을 가능케 하겠지만, 앞으로는 미디어, 교육 등 모든 문화 활동에서 새로운 성과를 낳을 것이고 나아가 종국에 가서는 산업의 모든 영역에서 새로운 활동을 가능케 할 것이다.

초연결사회에서는 ‘연결’이 광범하게 확대되므로 경제활동을 비롯한 모든 사회활동이 수요와 공급을 연결시켜주는 플랫폼을 기반으로 이루어진다. 물론 이를 수행하는 기술은 디지털 전환을 수행하는 지능기술이다. 그러고 보면 이제 기술은 기계기술, 정보기술을 넘어 지능정보기술로 진화한다. 이에 따라 경제는 물질경제를 넘어서서 서비스경제로 나아가고 거기서 핵심 주제는 물질적 재화의 소유가 아니라 지능적 네트워크의 공유로 바뀐다. 사회생활에서도 고정된 결사체보다는 유동적 네트워크의 공감시스템이 더 중요해지고 수직적 위계질서는 수직과 수평이 교차하는 복합적 네트워크로 변환한다.

이 모든 새로운 문명 현상에 대해 대학의 고등교육은 모든 학생들에게 안목을 갖게 하고 이를 대하는 지적 자세를 준비시켜야 한다.

‘디지털 전환’의 극단에서 등장하는 문제란 다름 아니라 인공지능(AI) 기술의 첨단에서 가능해진 ‘휴머노이드’의 출현 가능성이다. 인공지능의 도움으로 인간이 노동으로부터 해방되는 긍정적인 면이 있지만, 이 현상은 그 이면에 인간이 인공지능에게 일자리을 빼앗기는 부정적인 면도 있다. 그러나 인공지능의 역할과 관련해서 생기는 문제는 비단 일자리 문제에 그치는 것이 아니다. 인공지능의 성능이 어느 수준까지 높아지는가에 따라 인공지능 시스템과 이를 개발 활용하는 인간의 관계가 더욱 심각한 단계까지 다다를 수가 있다.

대학에서는 이제 무엇보다도 ‘디지털 전환’의 극단에서 등장하는 인간의 정체성 문제에 관해 젊은 학생들이 충분한 이해와 식견을 갖추도록 해야 한다. 이것이 대학 교양교육의 새로운 중요 과제다. 인간이 개발한 디지털 기술에 의해 거꾸로 인간이 지배당하는 것은 아닌지, 인간의 신체 뿐 아니라 정신까지도 디지털 기술과 결합되어 기계화되는 과정에서 인간이 새로운 종(種)으로 변종하는 것은 아닌지, 이러한 미래를 대비하는 철학적 문제에 대학 교양교육은 진지한 자세를 취해야 한다.

III

인문교육의 복원

1 정보사회의 지적 지형과 인문학 르네상스

90년대 후반 이후 대학가에서는 인문학의 위기에 대한 논란이 무성했다. 인문학을 경시하는 사회적 분위기를 성토하는 인문학자들의 목소리가 컸고, 그 위기에 대한 진단과 그 극복 방안도 여러 갈래로 모색되었다. 그러나 그 외양의 무성함에 비해 인문학은 여전히 활기를 찾지 못하고 날로 쇠퇴해가고 있는 모습이다.

인문학을 진흥하기 위한 여러 노력이 바람직한 성과를 거두지 못하고 있는 것은 근본적으로 **인문학이 인문교육과 유리되어 있는 교육구조**가 변화하지 않고 있기 때문이다. 문제의 핵심은, 인문학 연구가 '학문후속세대'로 이어져야 하고, 이들의 연구 성과가 중등 및 고등교육과정의 인문교육에 지속적으로 영양공급을 해야 한다는 것이다. 후자가 막혀 있는데 전자가 잘 될 리가 없다. 그러므로 **인문학과 인문교육의 연계관계를** 중등 및 고등교육과정에서 **다시 회복하는 일**이 무엇보다 중요하다. 기존의 통념과 집단 간의 이해관계가 이를 가로막고 있지만, 이 일이 이루어지지 않고는 한국의 인문학 진흥은 실현되기 어렵고 인문교육은 전반적으로 질적 부실을 면치 못할 것이다.

하지만 이를 논하기에 앞서 인문학도들이 우선 해야 할 일은 이 시대에 인문학이 왜 필요한지를 고전적인 논법이 아닌 세속적 논법, 즉 상업주의적 논법으로 세상을 설득시키는 일이다. 또, 첨단의 인공지능 기술이 많은 복잡한 문제들을 간단히 해결하는 일이 상례화되고 있는 기술시대에도 여전히, 아니 전에 없이 더욱 더, 인문학이 중요하다는 점을 설득시켜야 할 것이다.

정보혁명은 지식의 창출, 확산, 활용이 이루어지는 지식사회와 이를 담당하는 교육의 방향에도 큰 변화를 가져 온다. 이 변화는, 글로컬리즘의 이념에 비추어 보더라도, 인간의 지적 활동에 대한 새로운 요구, 즉 인문적 교양의 함양에 대한 요구로 나타난다. 산업화의 과정 및 산업사회에서 분과학문적 전문지식이 우선적으로 중요시되었던 것과 대조적으로 정보화된 글로벌 사회에서는 인간과 세계에 대한 총체적 안목이 중요시되었기 때문이다. 이러한 시대적 요구에 부응하는 인문교육의 내실화를 통해서만 인문학도 발전할 수 있고, 이렇게 방향을 잡을 때 인문학은 제2의 르네상스를 맞이할 수 있을 것이다.

1) 21세기 디지털 문명의 글로컬리즘

21세기 인류문명의 큰 변화를 정보화 및 글로벌화로 이해하는 데에는 식자들간에 별 이견이 없는 듯하다. 그런데 이 두 가지 메가트렌드는 서로 긴밀히 연계되어 있으며, 이 점이 새로이 등장하는 신문명을 특징짓고 있다. 즉 정보화가 글로벌화를 불러왔고, 글로벌화는 정보화를 더욱 촉진시키고 있다는 것이다.

정보화의 진앙(震央)은 물론 첨단 '디지털 기술'이다. 이 진앙지로부터 확산돼 나온 '디지털 혁명'이 불러온 문화적 파장은 어떤 것일까?[1]

첫째, 사유와 감각의 호환을 수행하는 이 디지털 기술은 사유 대상을 감각 대상으로 변환시킴으로써 사람들로 하여금 '선형적'(線形的) 사유를 위한 긴장(緊張)을 피하고 '모자이크적' 지각의 이완(弛緩)을 즐기게 한다. 즉, 논리적 합리적 사고를 기피하고 감각적 지각을 선호하는 문화

---

1 좀 더 자세한 내용은 앞의 I부 1, 3장 참조.

생활을 확산시킨다.

둘째, 자연적 · 물리적 세계의 시간적 순차성(順次性)과 공간적 배타성을 극복하는 이 디지털 기술은 거리(距離)의 소멸, 시간의 증발을 결과로 가져와, 사람들로 하여금 욕구충족의 순차성과 단계성을 뛰어넘어 동시적 총체적 욕구충족의 가능성을 기대하게 만든다. 기술의 융복합, 이에 기초한 산업의 융복합이 이에 부응하는 현상이다.

셋째, 이 디지털 기술은 세계체험의 근본이 되는 시공체험 양식을 변모시킴으로써 인간의 사회적 관계와 공동체적 삶의 방식을 변화시킨다. 무엇보다도 공동체를 이루는 조직들이 구성되고 운영되는 방식이 달라진다. 사회조직은 피라미드형 체계에서 유동적 네트워크로 변화한다.

이런 와중에서 개인 간의 직접적인 인격적 사적 관계는 축소, 약화, 피상화된다. 혈연적 · 지역적 연고에 의한 공동체적 유대도 약화, 와해된다. 사회 구성원의 개체화가 강화되고 개인의 고립화 현상이 심화된다. 계층이 다원화, 분산화된다. 한마디로 삶의 '유목화' 현상이 두드러진다. 이 유목화 현상이 가장 넓은 영역에서, 최대 규모로 전개된 것이 곧 '글로벌화'다. 글로벌화 현상은 정보화의 결과로 온 것이요, 정보화는 글로벌화의 기술적 인프라인 셈이다. 글로벌화를 문제 삼을 때, 우리가 '정보화'를 동시에 문제 삼아야 하는 이유가 여기에 있다.

정보화를 기초로 한 글로벌화는 우선 현상적으로 자본, 노동, 상품뿐 아니라 서비스, 정보, 기술에 이르기까지 모든 경제재가 국경을 넘어 조직되고 교환되는 경제적 현상으로서 등장했다. 이는 이윤 추구라는 목표를 향한 자본주의적 경제가 그 시장을 확장하려는 근본적 추동(推動)이 전개된 결과다. 정부의 경제외적 시장개입을 최소화하고 효율성 극대화를 목표로 생산-유통-소비의 구조를 개혁하여, 시장의 자율적 기능을 강화하고 자유경쟁을 무제한 보장하여 개인의 이윤추구를 극대화한다는 이른바 신자유주의가 그 기조를 이룬다. 신자유주의란 본래 개인의 기본권과 자율성을 무엇보다도 최우선시하는 정치철학적 이념인데, 이것이 경제활동에 적용되면, 무제약적인 무한경쟁이야말로 각 개인에게 최선의 결과를 가져다 주어 그 결과 시장 전체도 최상의 효율성을 달성할 수 있다는 전제 아래, 국가간의 경계를 허물고 세계 전체를 하나의 거대한 시장으로 형성하려는 기획에 동조하게 된다. 글로벌화에 선행했던 "국제화"의 이념에는 독립적 국민국가가 기본단위로 전제된 후, 이들 간의 관계(inter-national)가 문제되었으나, "글로벌화"의 이념에는 국경이 흐려져 독립적 국가가 약화되고 그 대신 개개인의 시민 각자를 경제적 교환행위의 주체로 간주한다.

교환가치가 있는 것이라면 무엇이든지 제한 없이 교환할 수 있는 시장을 확보하려는 노력은 사이버 공간을 존재론적 기초로 하는 '인터넷'의 세계를 무대로 하여 전통적인 유형의 상품만이 아니라 지식이나 서비스 같은 무형의 대상마저도 거래하는 데까지 이르렀다. 무제약적으로 광역화된 시장에서의 자유로운 경쟁을 통해 효율성과 이윤의 극대화를 도모할 뿐, 이 평가의 척도 외엔 다른 어떤 요인도 고려하지 않는 것이 신자유주의적 디지털 경제의 실상이다. 여기서 문제되는 것이 획일성의 위험이다.

본래 화폐라는 것 자체가 몰가치적 · 몰역사적 · 중성적 획일성을 그 본성으로 하거니와, 금융을 매개중심으로 한 '글로벌' 경제가 신자유주의의 노선 아래서 전개된다면, 거기에 역사적 · 문화적 다양성이 의미있게 작용할 여지는 거의 없게 될 것이다. 그런데 이렇게 '차이'가 무시되고 오직 하나의 원리만이 지배하는 질서로 세계가 '글로벌화'하게 되면, 과연 이러한 체계가 존속, 번영할 수 있을까?

폐쇄된 체계 속에서 전개되는 절제되지 않은 경쟁은 체계 전체를 붕괴시킬 수 있다. 하나의 체계가 외부로부터 이질적인 요소의 공급이 차단되어 다양성이 감소하고 동질성만으로 획일화되면, 그런 폐쇄된 체계는 밖의 환경 변화에 대한 적응가능성을 잃게 된다. 그 체계가 경험하지 못한 작은 변화에도 체계 전체가 와해될 수 있음은 생명종이나 생태학적 현상에 대한 생물학적 관찰의 결과 확인되는 사실이다.

한편 '글로벌화'의 이념은 본래 보편이성을 기초로 한 인류문화의 대종합을 추구하는 역사의식에서 나온 것이다. 국가간의 분쟁을 극복하고 영구한 세계평화를 실현하기 위해서는 이성적 존재로서의 인간에 내재해 있는 보편적인 세계윤리가 확립되어야 한다는 칸트류의 사상이 그 고전적 형태라 할 수 있다. 그러나 이러한 이상적인 문화종합의 실현은 각 문화의 고유한 특수성을 말살하는 데서 이루어지는 것이 아니라, 오히려 각기 상이한 특수문화가 그 고유성을 지니고 실현할 때 달성되는 것이다. 문화의 성층구조를 이렇게 스케치해 보자.

대상 세계		관계	산물/영역
이념적 세계		초월	④ 종교, 예술
사실적 세계	인간	자연적 교섭	③ 가족제도, 언어체계, 전통, 습속, 도덕
		기획적 교섭	② 법체계, 정치제도, 사회제도, 교육제도
	자연	대결	① 과학, 기술, 산업, 경제

인간의 문화생활은 자연과 대결하는 물질적 경제생활을 근본토대로 한다. 과학, 기술을 발달시키고 이를 토대로 산업을 일으키는 것이 바로 그 대결의 양태이다(①). 그 위에 인간과 인간 사이의 사회적 교섭관계가 성립하는데, 이 교섭관계가 가족제도, 언어, 습속, 도덕처럼 자연적으로 이루어지는 것이 있는가 하면(③), 법체계, 정치제도, 사회제도, 교육제도처럼 의도적으로 기획함으로써 구성해내는 것도 있다(②). 이상의 세 영역은 인간에게 주어진 '사실'의 세계를 대상으로 하는 활동이다. 그런데 인간의 활동은 여기서 그치질 않는다. 주어진 사실을 넘어서서('초월하여') 실현해야 할 가치 내지 이념을 지향하는 활동이 오히려 더욱 중요한 것이다. 그것이 모든 활동에 의미를 부여하고 방향을 정해주기 때문이다(④). 이념적 세계와 초월의 관계를 맺는 이 활동이 곧 종교와 예술이다.

이렇게 볼 때 글로벌화가 문화생활의 전 영역에서 이루어진다는 것은 바람직하지도 가능하지도 않다는 것을 곧 알 수 있다. 글로벌화는 위의 ① 영역(또는 ② 영역의 일부)에서 기대할 수 있는 것이지, 그 상위의 영역으로 올라갈수록 불가능할 뿐 아니라 바람직하지도 않다. 이렇게 인간의 문화생활 전반을 종합적으로 고려해 볼 때, 한 편으로는 다양한 문화의 고유한 특성을 보존, 발양하면서; 다른 한편으로는 문명의 보편적 논리를 수용하여 인류적 차원의 문화세계를 확장한다는 '글로컬화'(Glocalization), 혹은 '글로컬리즘'의 이념은 획일화된 글로벌화의 위험을 경계하는 진일보한 사상이다.

2) '글로컬' 문화지형과 인문적 수요

이 새로운 '글로컬화'되는 세계의 시대상, 문화 지형은 어떤 것이며, 그런 시대를 맞이하는 데에는 어떤 지적 자양(滋養)이 요구될까? 먼저 전자에 대해 다음과 같은 특징들을 제시할 수 있겠다.

① 기원(起源)이 실종된, 문맥에서 일탈된 "파편화"된 정보들이 범람하게 되고, 감각적 지각이 논리적 · 합리적 사고를 압도하는 새로운 면모의 지식사회
② 시공적 제약을 넘어서는 욕구충족에 대한 기대가 기술과 산업의 융복합을 촉진하는 기업문화
③ 도덕적-사회적 규범이 점점 무력화되고 그 자리에 유리(遊離)된 유목적(遊牧的) 개인이 등장하는 공동체적 삶
④ 동질적 획일화를 추구하는 글로벌화에 대한 자아비판 끝에 등장한 지역적 · 역사적 문화 고유성과 보편문화와의 균형 및 조화를 역설하는 '글로컬리즘'

다음으로 이들에 부응하는 지적 자양으로는 다음과 같은 것을 열거할 수 있을 것이다.

① 파편화된 정보들을 비판적으로 검토하여 유기적으로 연결해 줌으로써 통일적인 의미체계를 구성해낼 수 있는 '지적 연결지평'

과 심도 있는 통찰력

② 특정 대상영역에 대한 분과과학적 전문지식들을 유기적으로 융합하여 새로운 발상을 할 수 있는 창의적 사유 능력

③ 개인과 공동체의 관계에 대해 일관성 있는 태도를 취하여 자신과 공동체의 상호적 윈-윈 관계를 견지할 수 있는 실천적 지혜

④ 사회적 역사적 특수성과 문화의 보편적 원리를 양립시켜 문화세계의 실질적 균형을 견지하게 하고 문화창조의 변증법적 과정을 수행해 낼 수 있는 역사의식과 공동체의식

①, ②항은 결국 비판적 · 창의적 종합적 사고 능력과 통찰력이고, ③항은 도덕적 가치관이며, ④항은 역사의식과 사회의식이다. 이렇게 볼 때, 글로컬화된 21세기 정보사회가 요구하는 지적 자양은 다름 아닌 심화된 '교양', 특히 '인문적 교양'이라 아니 할 수 없다.

인문적 교양이란 무엇보다도 '사람다운 삶'에 대한 식견과 태도, 즉 인간적인 삶 자체를 총체적으로 성찰하는 지적 자세와 그 성찰의 내용을 실천에 옮기려는 의지적 자세를 일컫는 것이다. 인문적 교양이란 ① 비판적이고 창의적인 사고를 토대로 총체적 · 종합적 사유를 함으로써 세분화된 분야들의 위상을 전체 속에서 혜량할 수 있는 지적 능력을 포함하며, ② 이러한 지적 탐색의 성과를 바탕으로 실천적 행위를 위한 가치관을 확립하고, 이에 따라 자기 형성 및 자기 결정의 주체적 활동을 수행하는 도덕적 의지를 정련(精練)하며, 나아가 ③ 정서적(情緖的) 감응도 내면화시켜, "이성과 감성을 넘나드는" 능력도 구사하는 힘을 갖는 것이다. 한마디로 말해 원숙한 지-정-의(知-情-意)의 정신적 활동을 통해 진-선-미(眞-善-美)를 추구하는 품성-자질-능력이 곧 인문적 교양이다.

온전한 의미에서 글로벌화된 21세기 정보사회란 글로컬 문화가 정착되는 사회인데, 이렇게 보면, 이 시대는 다른 어느 시대보다도 인문적 교양이 더 긴절히 요구되는 시대다. 정보화와의 연관 속에서 위에서 언급한 세 가지 정신적 능력에 대해 더 부연해 보자.

첫째, 글로컬 문화의 정착을 위해 필요한 지적 능력이란 단순히 기

성의 지식을 단순히 습득하는 게 아니라, 비판하며 지식을 스스로 창출하고, 응용하고, 적응할 수 있는 능력, 즉 비판적 · 창의적 사고의 능력이다. 이는 결국 주어진 사태 속에서 핵심적인 문제를 찾고 그 문제를 해결하는 능력이다. 그런데 정보사회에서 우리가 해결해야 할 중요문제는 대체로 여러 지식분야에 걸쳐 있는 복합적인 문제다. 따라서 문제연관 전체를 조망할 수 있는 안목이 무엇보다 중요하다. 이 총체적 조망능력이 없으면 부분에 관한 전문지식도 무력해지기 쉽기 때문이다. 각 전문분야들의 지식을 폭넓고 깊이 있는 안목 아래서 조망하고 연결시켜주는 '지적 연결지평'이 요구되는 것이다.

둘째, 의지란 모든 활동의 동인이다. '욕구-믿음-행동'(Desire-Belief-Action)이라는 도식은 오늘날 거의 모든 심리철학자들이 인간의 행동을 이해하고자 할 때 원용하는 분석틀이다. 여기서도 욕구가 가장 먼저 등장한다. 의지가 없으면 인간에게는 자발적 행동이 있을 수 없기 때문이다. 문제는 이 의지의 발동이 극단으로 치우치지 않고 적절한 통로를 거침으로써 문제를 해결하는 원천적 힘이 되게 하는 것이다.

셋째, 그런데 정보사회에서 특별히 문제되는 것이 정의적(情意的) 작용과 지적 작용의 융합(融合)과 호환(互換)이다. 디지털 방식이란 바이너리 코드를 이용해 각종의 정보를 그 질적 성격에 구애받지 않고 수학적으로 연산 처리하는 방식이다. 그런데 질적 성격이란 감각적 지각의 대상으로 우리의 감성을 움직이는 것이고, 바이너리 코드로 처리하는 수학적인 연산은 정밀한 사고 활동이다. 따라서 이 두 영역을 넘나들 수 있기 위해서는 정서적 감응능력과 합리적 사고능력이 동시에 요구되며, 이 둘이 함께 협동하는 것이 필요하다. 이러한 새로운 지적 지형은 한마디로 말해 우리에게 합리적인 과학적 · 수학적 사유의 능력뿐 아니라 예술적 감수성을 함께 요구하고 있다.

이상과 같은 세 가지 능력 및 자질의 함양은 곧 인문 교양교육의 목표다. 그리고 이는 새로운 시각과 조망 아래서 이루어지는 인문학적 탐구 없이는 달성될 수 없는 일이다. 21세기가 글로컬 문화가 정착하는 시대라면, 이 시대는 다시 한 번 인문학의 르네상스를 기다리는 시대가 될 것이다. 물론 인문학의 르네상스는 광범한 인문교양교육과의 연계를 기반으로 해서만 성취될 것이다.

3) 인문학 중흥의 기반, 인문교육

하이데거는 〈사유란 무엇인가?〉라는 강의에서 "과학은 사유하지 않는다"고 말한 적이 있다.[2] 과학은 사물을 계량, 분석하고 그 현상의 근거를 밝히며 원인을 설명하지만, 이 모든 것들의 전제가 되는 '이해지평', '해석지평'인 '존재의 의미' 자체에 대해 '성찰'하지는 않는다는 뜻으로 한 말이다. 이를 다른 말로 풀이하자면, 과학은 삶 전체의 목적적 의미연관을 성찰하지는 않고, 다만 그런 의미연관이 주어졌을 때 그것에 봉사할 수단을 찾기 위한 작업을 할 뿐이라는 것이다.

삶 전체의 목적적 의미연관, 즉 인간의 삶의 조건, 인간다움의 본질, 인간의 본성과 숙명, 이상적 인간상, 인간적 가치, 인간다운 삶의 정체, 인간적 삶의 의의 및 목적, 행동의 규범, 인간의 이상, 인간의 한계 등에 대한 성찰을 수행하는 것이 인문학이다. 인문학은 과학과 이렇게 다르다. 과학이 몰가치적(沒價値的), 중립적 · 객관적 관점을 취하는 '3인칭 학문'이라면, 인문학은 가치개입적(價値介入的) · 주체적 · 실천적 관점에 서는 '1인칭 학문'이라 하겠다.

일상의 현실에서 우리는 삶의 의미나 목적에 대해 자주 묻지 않는다. 난관에 봉착하거나 크게 좌절하지 않는 한, 그것을 실현할 수 있다고 믿는 수단의 강구에만 열중한다. 인문학적 탐구보다는 과학적 탐구가 더 환영받는 이유는 이러한 우리의 현실에 있다. 그러나 그렇다고 해서 전자가 후자보다 덜 중요한 것은 결코 아니다. 특히 현실의 토대가 바뀌거나, 현실의 구조가 변화할 때, 삶의 의미와 목적에 대한 인문학적인 물음은 절실해진다. 새로운 세기를 맞는 오늘의 한국인에게 인문학

---

2 1951~52의 강의 〈Was heißt Denken?〉, 하이데거 전집 8권 수록.

적인 물음은 다음과 같은 상황 때문에 더욱더 절실하다. 아니 절실한 것으로 받아들여야 한다.

① 한국인은 전근대와 근대와 탈현대가 공존하는 복합적 시대상을 소화해내느라 문화사적 복통을 앓고 있다.
② 한국인은 동서 문명의 충돌이 빚어낸 가치관의 괴리(乖離) 증상을 아직도 봉합-치유하지 못하고 있다.
③ 한국인은 이데올로기적 갈등이 민족 정체성 문제와 얽혀 특이한 독성을 품고 있는 남북 문제에 끊임없이 시달리고 있다.
④ 한국인은 준비되지 않은 IT산업의 선두주자로 정보화-세계화로 인한 문명사적 전환을 당황스럽게, 그러나 불가피하게 서둘러 맞고 있다.

한국사회의 문화적 모순과 시대적 격변에서 유래하는 인문학적 물음 및 그에 대한 해답의 모색이 이토록 긴절(緊切)함에도 불구하고, 그것을 진지하게 받아들이지 않고 있는 현실은 진지한 인문학도들에게는 위기로 다가온다. 한국인이 인문학적 물음을 회피한다면 그 이유는 인문학적 물음이 동반하는 고통 때문일 것이다. 그러나 그 고통을 느끼기 싫어하거나 느끼지 못할 만큼 마비증상이 심해지면, 그 문화공동체는 쇠멸의 길로 접어드는데, 오늘의 한국적 상황이 이런 것은 아닌지 우려된다. 진정한 의미에서 인문학의 위기는 바로 여기에 있다.

산업화를 주축으로 하는 근대화를 집중적으로 추구할 뿐 여타의 문제들은 외면하거나 유보해왔던 지난 반세기 동안 한국인들이 추구해 왔던 수단적 가치의 증대라는 이념은 과학적 탐구를 존중하고 인문학적 성찰을 경시하는 풍조를 강화시켜 왔는데, 이는 교육에서도 그대로 반영되었다. 그 결과, 인문학적 성찰을 소홀히 하는 교육과정 및 학사구조가 뒤늦게나마 등장한 인문학적 각성을 수용하지 못하고 그 제도적 관성 때문에 변신을 하지 못하고 있는 것이 현실적으로 가장 심각한 문제다.

인문학이 존중받고 진흥되어 제 역할을 다하려면 인문학은 인문교육과 유리되어서는 안 된다. 왜 그런가? 인문학의 학문적 독자성은 무시되어도 되는가?

인문학이 문제삼는 인간은 그저 객관적으로 관찰 기술되는 대상적 존재가 아니라 언제나 스스로 행위의 주체이므로, 인문학은 주체연관적이다. 인문학은 또 실천적 행위를 염두에 두기 때문에 어떤 방식으로든 평가적 내용을 담는다는 점에서 가치지향적이다. 인문학의 이러한 특성은 물론 지성의 자기반성을 전제로 한다.[3] 자기반성을 토대로 하는 주체연관적 가치지향적 탐구가 그 내용의 실현과 무관하다면, 이는 자가당착이다. 한마디로 말해, '인간다운 삶에 대한 탐구'가 '인간다운 삶의 실현'과 무관하다면, 그것은 자기부정의 공허한 이론에 지나지 않을 것이다.

이런 의미에서 인문학은 인문교육과 불가분의 관계를 갖는다. 아니 본래 동근원적(同根源的)이다. 사실 그 본원을 보자면, 인문학은 인문교육에서 유래한다. 인간으로서 훌륭하게 살아갈 수 있도록 인간적 보편가치의 실현을 도와주는 '인문교육'을 위해 그 인간적 보편가치의 내용을 탐구하고자 한 것이 곧 인문학이기 때문이다. 인문학은 이상적 인간상을 실현할 실천적 능력을 길러주는 인문교육을 위해 탐구하는 것이며, 인문교육은 이러한 인문학적 탐구의 성과를 바탕으로 그 과제를 수행해야 한다. 역사적으로 보더라도 교회의 지도자인 성직자 양성을 목표로 한 서구에서든, 국정을 담당할 공직자 양성을 목표로 한 동아시아에서든, 동서를 막론하고 고등교육기관에서는 후대의 젊은이를 지성과 덕성을 갖춘 성숙한 인격체로 육성하여 공동체와 세계를 이끌어가도록 책임지우는 것이 교육의 근본 목표였고, 인문학적 탐구는 바로 이런 인문교육의 내용을 준비하는 것이었다.

이 점은 근대적 의미의 실증과학이 발달하지 아니한 동아시아 문화권에서 더 두드러져 보이는데, 시(詩), 서(書), 예(禮), 악(樂)을 중심으로 한 고등 교육과정에서 학문탐구와 인격도야가 항상 융합, 겸전(兼全)되어

---

3 졸고, 「인문학의 변질」, 『인문과학』, 10권 1호(서울시립대학교, 2003), 154쪽 이하 참조.

있었던 점이 그것이다. 즉 교육은 곧 인문교육을 가리키다시피 했고, 이 인문교육의 이념은 모든 인문학적 탐구의 중심에 자리잡고 있었던 것이다. 조선시대 학문과 교육의 최고 전당이었던 성균관에서 그 중심 교육과정을 사서오경(四書五經)의 강독 및 해설, 토론으로 구성했던 것을 보면 이를 확인할 수 있다.[4]

교육과 관련지어 볼 때, 과학 탐구는 과학교육과 분리될 수 있으나 인문학 탐구는 인문교육과 불가분적이라는 점도 주목할 만하다. 과학적 탐구는 그 분석의 깊이가 더해질수록 전문적 분과적이고 따라서 특정한 영역에 국한되지만, 인문학은 그 탐구가 깊어질수록 오히려 삶의 의미연관 전체가 더 광범하게 시야에 들어오도록 하며 더 보편적인 가치 지평을 열어나간다. 그래서 그 탐구 성과는 더 고양되고 심화된 교양교육으로서의 인문교육에, 즉 '인문교양교육'에 필수적인 영양원(營養源)이 된다.

4) 인문학과 인문교육의 유리, 그 배경과 현실

외적으로는 산업화 과정에서 수단적 가치를 증대시키는 과학에 압도당하고, 내적으로는 실천적인 인문교육과 유리되는 이론화와 과학화의 길을 가면서 인문학은 본래의 제 역할을 다하지 못하고 위축되어 왔는데, 이를 구조화시킨 것이 현행의 교육과정과 교육구조이다.

어느 대학의 경우를 보더라도 대체로 인문학 분야의 전공(학과)들에서는 소위 '전공과목'과 '교양과목'을 획연히 구분하고, 후자보다는 전자에, 즉 '인문교양교육'보다는 '전공 인문학교육'에 더 훨씬 큰 관심을 갖고 열중하고 있다. 전자는 전문적으로 '학문'으로서의 인문학에 종사하고자 하는 전공학도를 가르치며 지도하는 일이고, 후자는 인문학을 전공으로 하지 않는 대다수의 학생들로 하여금 일반적 교양의 핵심으로

4 장재천, 『조선조 성균관교육과 유생문화』, 아세아문화사, 2000, 146쪽 이하 참조.

서 인간의 인간다운 삶에 대한 통찰과 안목을 갖도록 하는 일이다. 그러고 보니 현실적으로 대학은 본래적인 의미에서의 '인문교육'을 수행하는 '교양교육'으로서의 '인문교육'은 소홀히 하고, 전문 인문학자를 양성하는 것을 목표로 하는 '전공교육'으로서의 '인문학 교육'만을 중시하고 있는 셈이다. 이는 대학인이라면 다 아는 사실이다.

그러나 실제적인 교육수요의 측면에서 보면 인문교양교육에 대한 수요가 인문학 전공교육에 대한 수요보다 훨씬 더 크다. 그리고 진정한 의미에서의 인문교육은 전자에서 수행된다고 본다. 인문학 분야에서 인문학 전공교육을 받고 이어 대학원에 진학해 전문적인 인문학자의 길을 가려는 학생은 극소수에 불과하고, 대부분의 학생들은 인문교양교육을 받으면서 동시에 실용적인 직업관련 교육을 받고자 원한다. 따라서 진정한 의미에서의 '인문교육', 즉 과학의 모델을 좇아 전문적으로 이론화된 '인문학' 교육이 아니라 인간의 인간다움에 관한 성찰로서의 인문교육은 바로 이 '인문교양교육'의 영역에서 수행된다고 보아야 할 것이다.

문제는 대학의 인문학 분야에서 교육과정을 두 가지로 획연히 구별하여 시행하는 데 있다. 실은 대학의 학사과정에서는 가능한 한 이 두 가지 학업의 길이 하나로 수렴, 통합되어야 할 것이다. 이를 가로막고 있는 통념이 있는데, '교양교육'은 상식적이고 피상적인, 학술적으로 수준 낮은, 입문적인 내용을 다루면 된다는 편견이 그것이다. 그러나 인문학 전공교육과 인문교양교육, 이 양자를 현행 교육과정에서처럼 철저히 구분하는 한, 본래적인 인문교육의 이념도 구현되지 않고, 인문학 연구를 매개로 한 인문학 전공교육도 소기의 성과를 거두기 어렵다고 본다.

먼저 인문학 전공교육을 살펴보면, 전공학과 학생이라 해도 소수의 학문지향적인 학생들을 제외하고는 그 전공과목에 큰 관심을 갖지 않고 소극적인 태도를 취하므로 학업상의 부적절성 내지 낭비가 문제된다. 내면적인 지적 요구나 개성적인 성향이 요인이 되어 자발적으로 인문학 전공을 택했다기보다는 대학 진학이라는 단순한 목적 때문에 성적에 따라 원치 않는 학문을 전공으로 택한 경우가 많기 때문이다. 이들은 대체로 최소한의 전공과목 이수로 인문학 전공 학업을 떠나며, 실질적으로는 다른 실용학문 강좌를 수강하여 외적 필요성에 부응하고자 한다. 사실 이들이 모두 전공학업에 적극적인 열의를 보여 장차 전문적으로 학문탐구의 길로 나아가고자 한다 해도, 이 또한 큰 문제가 아닐 수 없다. 전공교육으로서의 전문적 인문학 교육은, 아니 인문학 연구는, 대학원에서 본격적으로 이루어져야 할 일이다.

다른 한편, 인문교양교육에서는 많은 경우 전임 중진 교수들의 기피로 인해 학문적 성숙이 미흡한 젊은 강사들이 교양과목들은 담당하게 되어 인문교육의 본래 이념에 충실히 부응하지 못하고 있는 것이 현실이다. 실은 이 인문교양과목이야말로 심도 있고 광범한 학문적 탐구 끝에 얻어지는 성과를 교육내용으로 해야 하는 것이지, 단순히 수준 낮은 초보적인 내용으로는 그 교육의 목표를 달성하기 어려운 것이다.

그러나 이 두 교육과정이 하나로 통합된다면, 그리하여 인문교양교육이 지금의 전공 인문학교육처럼 수준 높은 것이 된다면, 심도 깊은 인문학 연구가 인문교육의 심화로 자연스럽게 연계되어 명실상부한 인문교육이 이루어질 것이고, 이에 따라 그 확장된 교육영역만큼 인문학 연구에 대한 수요도 확장될 것이다. 현행처럼 집토끼도 산토끼도 모두 놓치는 것이 아니라 일석이조(一石二鳥), 일거양득(一擧兩得)이 될 것이다.[5]

대다수 인문학 교수들이 전공 인문학 교육과 인문교양교육을 획연히 구분하고 후자를 소홀히 하는 것은 인문학의 각 영역이 갖는 학문적 전문성 및 이론적 독자성에 대한 신뢰가 크게 작용하고 있기 때문이다. 그러나 실은 현대에 들어와 인문학이 인문교육이라는 실천연관을 이탈하여 자립적인 '과학'의 길로 나아간 것은 인문학의 위기를 자초한 근본적인 원인(遠因)이라고 본다. 말하자면 인문학의 자기소외 현상이 일어났던 것이다. 실증과학의 이론적 자립성이 지적 탐구 활동 일반의 규준으로 자리 잡게 된 근대 이후, 인문학도 이 근대학문의 규준에 맞춰 '이론화'의 길을 감으로써 인문교육이라는 그 본래의 과제를 많은 부분에

5 졸고, 「교양교육과 전공교육의 균형과 수렴에 관해」, 『교양교육연구』, 4권 2호(2010) 및 앞의 II부 3장 참고.

서 외면했던 것이다. 합리적 지식과 구별되는 인륜적 지혜는 한 공동체를 존립시키는 문화적 · 역사적 조건들인 에토스에 의존되어 있는 것으로서 반드시 학문적 전문성을 전제로 하는 것도 아니다. 본래 고전시대의 인문학은 구체적인 인문교육과 연결되어 있었지, 이론적 독자성을 갖는 학적 체계를 추구했던 것이 아니다.

더구나 이 과정에서 실증과학의 영향 아래 인간의 삶에서 합리적 탐구대상이 되는 부분만을 성찰의 대상으로 봄으로써 인문학적 성찰의 본래적 주제인 인간 자체를 상실하게 된 점도 인문학이 자신을 소외시킨 결과가 되었다.[6] 인간의 정신적 활동 중 가장 핵심적이라 할 수 있는 자유로운 행동의 주체적 요소가 실증과학적 탐구 대상이 될 수 없다는 이유로 탐구의 시야에서 벗어난다면 인간의 고유한 인간다운 삶의 의미와 목적을 성찰하는 인문학은 그 주제를 상실하게 되는 것이다.

인문학이 전문적 이론 체계를 추구함으로써 인문교육과 유리된 독자적 '과학'을 자임한다면, 인문학은 스스로 그 존립 의의를 버리는 바보짓을 하는 셈이다.[7]

5) 인문학과 인문교육의 재결합을 위한 장치

산업화라는 외부환경과 과학화라는 내부사정으로 인해 크게 왜곡된 결과 인문학과 인문교육이 유리되었다면, 이 양자를 다시 연계시킬 방안을 우선 후자인 내부사정에서부터 강구해야 할 것이다. 산업계의 트렌드 변화를 대학에서 주도할 수는 없는 일이기 때문이다.

---

6 실증과학의 대전제인 물질주의적 기계론적 자연관은 암암리에 인간관의 변화를 불러왔는데, 과학적인 물질주의적인 인간관의 등장이 바로 그것이다. 이 새로운 근대적 전통을 물려받은 대표적인 사례가 바로 '물리주의'(physicalism)가 주도하는 현대 심리철학의 흐름이다.

7 대학에서 아직도 많이 쓰고 있는 '인문과학'이라는 용어가 'Geisteswissenschaft', 'Kulturwissenschaft', 'Humanwissenschaft'(독), 'sciences humaines'(불) 등의 용어에 대한 축자적(逐字的) 역어라면 이는 바로잡아야 할 것이다.

그 첫 걸음은 앞서 말한 대로 인문학 분야 교육과정에서 전공과목과 교양과목의 차별을 없앰으로써 **전공 인문학교육과 인문교양교육을 통합하는 일**이다. 소수의 학생을 위해 특정 인문학 전공교육과정을 운영한다는 것은 현실적으로 수용되기 어려운 일이다. 바로 이런 점 때문에 몇몇 대학에서는 특정 학과를 폐과시기도 한다. 만일 인문학 전공교육과정과 인문교양교육 과정이 하나의 교육과정 안에 통합되어 운영된다면, 극단적인 예로, 그 특정 인문학을 전공하려는 학생이 단 한 명도 없는 경우에라도 다수의 학생들에게 인문교양교육을 실시할 과제와 기회는 여전히 상존하므로, 그 인문학 교육과정은 그대로 운영될 것이다.

그러기 위해선 먼저, 앞서 말한 '교양교육'에 대한 왜곡된 통념을 과감히 버려야 한다. 대학에서 교양교육이란 전공교육에 비해 볼 때 "하면 좋지만, 아니 해도 무방한 여분의 교육"이라는 피상적 편견은 버려야 할 것이다. 진정한 의미에서 교양교육은 전공교육과 나란히 대학교육의 한 축(軸)을 이루는 것으로 그 학문적 깊이와 성과가 오히려 전공교육보다도 더 높은 수준의 것이어야 한다. 나아가 교양교육의 내용은 학문적 깊이가 있으면서도 새로운 문화적 현실에 부응할 수 있기 위해 지속적으로 쇄신되어야 한다. 그러기 위해서는 학문적 연구 내용을 교과목으로 빚어내는 교육적 노력이 지속되어야 한다.

좀 더 구체적으로 강좌운영을 생각해 보자: 먼저 인문학 분야의 해당 전공 교과목들을 전공과 교양으로 구분하는 대신 그 이론적 수준에 따라 초급, 중급, 고급 단계로 구분하여 전공학생에게나 비전공 학생에게나 차별 없이 수강토록 허용한다. 해당 학문을 전공할 생각이 전혀 없는 학생들에게도 지적 자극을 줄 수 있는 정련된 강의 내용을 초급강좌로 개발한다. 교과목을 초, 중, 고급 단계로 구분할 때 척도가 되는 것은 이론화의 수준이다. 즉 구체적인 현실의 체험내용이나 그에 대한 사실과학적 서술 등이 차지하는 부분과 추상적인 이론에 관한 부분이 어느 정도의 비율로 이루어져 있느냐 하는 것이 단계를 구분하는 기준이 된다는 말이다. 그리하여 초급 강좌에서는 이론이 전면에 등장하지 않고 현실의 체험, 기술(記述), 진단, 비평 등이 주된 내용을 이루다가, 학기말

쯤에 가서야 검토된 현실에 어떤 인문학적 문제가 도사리고 있는지 문제를 제기하고, 이 문제를 다루는 이론들을 약간 소개하는 정도로 그친다. 물론 중급 강좌를 거쳐 고급 강좌에 이르면, 거기서는 인문학적 이론들 간의 논쟁들이 주제적으로 다루어지고 이 논쟁에 대해 수강생들은 나름대로의 자기 견해를 가져보도록 유도된다.

초급 강좌를 통해 현실 속에서 인문학적 문제를 찾아내는 감각과 능력을 보이며 그런 학업에서 즐거움을 느끼는 학생은 자연스럽게 그 인문학을 전공하려 할 것이다. 이런 학생들은 다수는 아니겠지만 장차 '학문후속세대'로 성장할 사람들이라고 보아도 무방할 것이다. 그 인문학을 전공으로 택하지 않는 학생이라도 어차피 '교양과목' 이수 규정에 따라 초급 강좌를 수강한 것이 계기가 되어 인문학적 성찰의 의의를 깨닫고 인문학적 탐구의 가치를 수긍하게 된다면, 그 강좌는 '인문교육'을 성공적으로 이끈 강좌일 것이다.

해당 인문학 강좌 중 (주로 초급강좌가 되겠지만) 이러한 강좌군이 형성되면 이 강좌들은 자연스럽게 전공과목이자 동시에 교양과목으로 역할을 다하는 이른바 교양-전공 겸용과목으로 정착하게 될 것이요, 이들을 전공과 교양 양 영역에서 '중복 설강'(Double Listing)하는 것은 아주 자연스러운 일이 될 것이다. 전공 교육과정과 교양교육과정의 전적인 통합을 준비하는 이러한 예비 단계가 성과를 거두고 해당 전공분야 교수들로부터 인정받게 되면 양 교육과정의 통합은 점차 추진될 수 있을 것이다.

이를 위해서는 학문적 숙성도가 아직 낮은 젊은 강사에게 이런 강좌를 맡기는 관행을 깨야 한다. 고정된 '교과과정표'에서도 과감히 탈피하여 교수든 강사든 자신 있게 강의할 수 있는 내용의 강좌를 탄력적으로 개설 운영하는 것이 바람직하다.

그러나 이 목표를 달성하기 위한 더 적극적인 작업은 **교육구조의 개혁**에 있다. 인문학 분야는 직업적 전망이 밝은 학문분야가 아니다. 대학교육의 의의를 직업교육에서 찾는 대다수의 학생들에게 인문학 학업은 무망한 일이다. 그러나 직업교육 자체를 위해서도 인문교육이 필요하고 인문학의 연구와 교육은 그 자체로 대학의 사명이므로 이를 방기

(放棄)할 수는 없다. 균형 잡힌 교육을 통해 학생들에게 현실과 이상에 대한 깊은 통찰력과 폭넓은 안목을 갖추어주기 위해서는 인문학 분야의 학업을 수행할 기회를 주어야 한다. 이를 위한 가장 바람직한 방책은 **명실상부한 '학부'나 '학부대학'을 설치**해 학생이 특정 전공 학과에 '갇히지 않고' 여러 학문분야의 학업을 자유롭게 수행하게 하는 것이다.[8] 산업사회와는 달리 정보사회에서는 지식, 기술, 산업 등이 모두 분화, 전문화보다는 융합, 종합화의 경향을 보인다. 여러 문제영역들이 각기 분립되어 있지 않고 서로 연계, 융합되어 있기 때문이다. 따라서 새로운 정보사회에서는 문제해결을 위한 지적 능력도 어느 한 분야에서의 지식 습득만으로는 함양되기 어렵다. 해결해야 할 문제들이 총체적 맥락 속에서 한꺼번에 다가오므로 문제해결의 방식도 종합적일 수밖에 없고 따라서 문제해결의 능력도 융합적이어야 한다는 말이다. 인간의 인간다운 삶에 대한 성찰을 내용으로 하는 인문학적 소양이야말로 여기에 꼭 필요한 것이다. 그러므로 대학교육을 통해 이를 함양하는 일은 전공분야와 상관없이 중요한 것이다.

인문학의 입장에서 보더라도 특정 인문학을 전공하는 학생을 확보하여 '학과'를 유지하려는 기획보다 보다 광범한 영역의 학생들에게, 나아가 전교생에게 인문학 강좌를 제공하려는 기획이 앞서 말한 이유 때문에 더 성공적일 것이라 본다.

현실을 감안하여 차선책으로 생각할 수 있는 것이 **복수전공** 혹은 **부전공의 의무 이수제**이다. 내용인즉, 직업적 전망이 밝은 응용학문분야를 전공하는 학생들에게 인문학이나 사회과학이나 자연과학 등 기초순수학문을 제2의 전공으로 혹은 부전공으로 공부하게 하는 제도이다. 그 이유 및 성과는 앞서 말한 바대로다.

복수전공이나 부전공제도에 버금가는 것으로 '연계전공'이라는 교육과정을 시도할 수도 있다. 이는 몇몇 전공 분야의 과목들을 선정하여

---

8 학부제, 학부대학에 관해서는 졸고, 「새로운 교육수요와 교양기초교육」, 『교양교육연구』, 1권 1호(2007), 「융복합 교육의 기초와 학부대학의 역할」, 『교양교육연구』, 3권 1호(2009) 참조.

이들을 특정 주제에 초점을 맞추어 재구성함으로써 일종의 복합학문적 교육과정을 구성하는 것이다. 이 복합학문적 교육과정이 어떤 주제에 초점이 맞춰지더라도 인문학은 그 본성상 필수적인 과목들을 제공하게 되어 있기 때문에 연계전공 제도도 인문학 연구와 인문교육을 위해 바람직한 기획이라 하겠다. 관건은 역시 이를 전담하는 교수진이 확보되어 열성적으로 새로운 교육수요에 부응하는 교육내용을 개척하는 데 있다.

이상의 방안들이 모두 공통적으로 전제하는 것은 **교육구조의 '성층화'**이다. 자세한 내용은 추후 별도로 논의하기로 하고(IV부 3장 참조) 여기서는 간략하게 언급만 하며 마무리 하는 것이 좋겠다. 현행 '학과제'는 단층형 교육구조다. 기초학문 분야와 응용학문 분야의 학업들을 평면적으로 병치해 놓고 선택하도록 하는 제도인 것이다. 반면 성층적 구조란 응용학문 분야의 학업이 기초학문 분야의 학업을 기반으로 놓고 그 위에서 이뤄지도록 하는 구조이다. 교육구조를 성층화하는 개혁은 결코 쉽지 않다. 그러나 이 개혁을 이룰 때 인문학을 비롯한 기초학문 교육과 연구가 바람직한 궤도에 오를 것이다.

2 인문학과 인문교육의 동원성

1) 인문학에 대한 외부의 위협: '시장주의'

1998년의 외환위기 이래 한국에서도 이른바 냉혹한 시장원리를 추종하는 '신자유주의'가 추락한 경제를 살리는 지침으로 준봉(遵奉)되어 왔다. 그로부터 10년 후 리만 브라더스의 파산으로 시작된 이른바 미국발 국제금융 위기가 세계경제를 뒤흔들자, 미국 내에서도 그간 신봉해 왔던 이 신자유주의의 지도력에 대해 비판적인 검토가 잇따랐다. 하지만, 경제를 오로지 '자유 시장의 원리'에 따라 운영해야 한다는 '시장주의'는 여전히 세계경제를 지배하는 보편적 원리로 타당시되고 있다.

시장, 엄격히 말해 '자유시장'이란 어떤 곳인가? 시장에서 사람들은 물건을 사고 판다. 그런데 그 물건은 그냥 물건이 아니라 '상품'이다. 추상의 극치를 구현하는 화폐가 매개체가 되어 역시 온갖 욕구충족 가능성이 획일적으로 동질화-추상화되고 압축된 '상품'이 '거래'되고 '교환'되는 곳이 시장이다. 거기서 사람들은 그 무엇에도 매이지 않고 오직 각자 자신의 이익만을 추구하는 자유가 보장된다는 뜻에서 그것은 '자유시장'이다.

시장이 요구하는 행동방식은 합리적 이기심이다. 여기서 합리성이란 "최소의 노력으로 최대의 효과를 거두는 것"이다. 철저히 '도구적 합리성'이다. 사회공동체가 그 구성원에게 요구하는 일반적인 도덕적 규범도 여기서는 유보된다. 이러한 시장이 국경도 없이 전세계로 확장되어 하나가 되는 현상이 곧 '세계화'다.

전세계의 시장이 하나의 시장으로 통합됨으로써 추상적 합리성에 대한 요구는 극단으로 치닫는다. 거기서 실패하지 않으려면, 아니 살아남으려면, 좌우를 돌보지 않는 맹목적 이기심으로 고압 충전된 냉혹한 합리성만이 십이분 발휘되어야 한다. 도덕적 규범은 고사하고 인간성 비슷한 것마저도 허용해서는 안 된다. 그것은 곧 파산, 아니 파탄을 뜻한다. '시장'이란 본래 그 순수한 역할만을 보자면 그런 곳이다. 살벌하고 각박하고 냉혹한 곳이다. 오직 금전적 이익만을 추구하는 곳으로 인간의 인간다운 삶 따위는 들어설 곳이 없는 곳이다. 상업을 최하위에 두는 사(士)-농(農)-공(工)-상(商)의 신분 구별은 신자유주의와는 상관없던 시기에도 이미 시장의 비인간적 속성을 간파(看破)한 조선시대 지식인들의 통찰력이 드러난 것이다.

문제는 시장 자체에 있는 것이 아니라, 이러한 시장의 원리를 인간의 공동체적 삶의 전 영역에 확장, 적용시키려는 '시장주의'에 있다. 시장주의는 온갖 유무형의 사물을 상품화시키고, 그리하여 모든 가치를 돈으로 환산하려 한다. 과도한 시장주의 아래서는 노동도 의술도, 지식이나 지혜도 상품이 되며, 심지어는 사람의 몸과 마음도 값이 매겨져 상품이 된다. 학교에서의 교수-학습도, 가정에서 가족간의 조력이나 애정도 금전으로 환전될 수 있고, 나아가 정치적인 결정도 금전관계로 변질될 수 있다. 다시 말해, 시장에 편입될 수 없는 영역까지도 부당히 시장에 편입시켜, 인인애가 원리가 되는 인간관계나 평등한 자유가 원리가 되는 정치적 관계까지도 시장의 상품교환 관계로 치환될 수 있다.

경제학자 이정전 교수는 공동체적 삶의 영역을 사회화 영역, 경제 영역, 정치 영역으로 나누고, 시장의 원리가 사회화 영역이나 정치 영역에까지 지배하게 되면 사회가 혼란에 빠지게 된다고 말하고 있다.[1] 사회

---

1 이정전, 『시장은 정말 우리를 행복하게 하는가』, 한길사, 2002, 341쪽 이하 참조.

화 영역이란 가정, 학교, 이웃 같은 인간적 일상생활의 영역이다. 퇴니스(F. Toennies, 1855~1936)가 말하는 '공동사회'(Gemainschaft)나 하버마스(J. Habermas, 1929~)가 말하는 '생활세계'(Lebenswelt)가 그것이다. 정치영역이란 각 개인의 시민권 행사와 관련되거나 각 개인에 대해 정부의 영향력이 미치는 범위를 가리킨다. 성과나 능률에 따라 사람을 대우하는 성과주의 내지 능률주의가 정의의 원칙이 되는 것은 경제영역에 국한되어야 한다. 생활세계에서는 필요의 원칙 또는 약자 보호의 원칙이 적용되어야 정의로우며, 정치영역에서는 평등이 정의의 원칙으로 서야 한다. '시장의 원리'를 모든 영역에 확장시키려는 신자유주의적인 '시장주의'는 사회 구성원 각자의 개인적인 생활세계를 황폐하게 하고, 공동체 전체의 통합과 유대를 위태롭게 한다. 모든 인간관계를 욕구충족 가능성에 관한 타산적인 교환의 원칙에 내맡겨져서는 인의도, 규범도, 인간적 가치도, 이상의 실현도 헛된 망상으로 머물고 만다.

한국사회에서도 인문적 소양이 조롱당하고 인간적 가치가 망각되고 인문학이 냉대받는 근본적인 이유 중 하나는 바로 이 '시장주의'가 홍수처럼 '범람'하고 있기 때문이다. 더 노골적으로 말해 보자면, "모든 게 돈으로 환산되는 시장의 바다에서 돈 안 되는 것은 내다버리는 게 상책"이라는 천박한 통념이 인간과 인간적 가치와 인문적 소양과 인문학 연구를 모두 싸잡아 폄하하고 있다는 말이다.

2) 인문학 내부의 '자기소외'와 인문학 르네상스의 지적 환경

한편 인문학을 무력화시키는 요인은 외부에만 있는 것이 아니다. 이미 앞 장에서 살펴보았듯, 인문학 내부에 있는 요인이 외부의 악조건을 더욱 부추겼다고 볼 수도 있다. 인문학을 생활세계로부터 독립시켜 독자적인 과학/학문으로 구축하려는 지적 작업을 이끈 '인문과학'의 이념이 그것이다. 실증과학의 이론적 자립성이 탐구 활동의 일반적 규준으로 자리 잡자 인문학도 이 규준에 맞춰 '이론화'의 길을 감으로써 인문학은 자기 스스로를 소외시키는 실수를 저지른 것이다.

그러나 21세기 '정보사회', '정보시대'에 들어서면서 인문학은 희망을 본다. 위기가 기회라는 세속적인 말이 여기에도 통한다. 왜 그럴까?

앞 장에서 "과학은 사유하지 않는다"라고 갈파한 하이데거를 인용한 바 있지만, 그의 주장에 따르면, 과학은 사물을 계량-분석하고, 그 대상세계 가운데서 발생하는 사건들 사이의 인과적 연관관계를 법칙적으로 설명할 뿐, 이런 분석과 설명의 전제가 되는 '이해 지평', '해석 지평'인 '세계 존재에 대한 이해' 즉 '존재의 의미' 자체에 대해서는 '성찰'하지 않는다는 것이다.

그런데 자연에 관한 탐구도 인간적 삶의 맥락 안에서 이루어지는 것이요, 이는 다시 '존재' 일반에 대한 선이해(先理解), 즉 존재의 의미를 기반으로 하는 것이다. 바로 이와 같은 보다 심층적인 차원에 진압해 들어가는 것이 인문학적 탐구다. 과학의 본성 및 역할에 견주어 볼 때 인문학은 삶 전체의 목적적 의미 연관을 문제삼아, 인간적 삶의 조건, 인간의 본성과 숙명, 인간의 한계에서부터 인간적 삶의 의의 및 목적, 인간다움의 가치, 이상적 인간상에 이르기까지 사지향적(射志向的) 반성적 성찰을 수행한다. 물론 우리는 삶의 과정에서 특별한 난관에 봉착하지 않는 한 인문학적 모색보다는 과학적 탐구에 더 열중한다. 그러나 사회적 변혁기에 처해 가치관이 흔들리는 상황이 벌어지면, 그리하여 일상의 통상적인 삶의 방식이 안정감을 잃고 혼란에 빠지게 되면, 우리는 인문학적 성찰을 하게 되고 새로운 길을 모색하게 된다.

특히 오늘날 한국의 문명적 삶이 안고 있는 여러 문제들을 진지하게 숙고하자면, 한국의 지성이 인문학적 성찰을 외면한다는 것은 생각할 수 없는 일이다. 앞 장에서 언급하였던 한국 사회의 특별한 문제들, 즉 ① 전근대와 근대와 탈현대가 공존하는 복합적 시대상, ② 동서 문명의 충돌이 빚어낸 가치관의 괴리(乖離) 증상, ③ 이데올로기적 갈등이 민족 정체성 문제와 얽혀 특이한 독성을 품고 있는 남북문제, ④ 준비되지 않은 IT산업의 선두주자로 정보화-세계화로 인한 문명사적 전환을 당황스럽게 맞고 있는 상황…. 이 문제들은 한국의 지성인들에게 고통스러운 과제를 안겨준다.

한국인이 이 과제를 회피한다면 그 이유는 이런 문제들을 인문학적 성찰 속에 품어야 하는 고통 때문일 것이다. 그러나 그 고통을 느끼기 싫어하거나 느끼지 못할 만큼 마비증상이 심해졌다면, 진정한 의미에서 인문학의 위기는 바로 거기에 있다. 아니러니컬하게도 한국 인문학의 희망은 마지막 넷째 문제상황에 내재해 있다. 왜 그럴까? 디지털 문명의 도래가 인문학이 제2의 르네상스를 맞이할 지적 환경을 조성해 주고 있기 때문이다.

이미 지적했듯이 디지털 기술은 신체적 제약을 벗어난 인공지능에 기초한 정보기술(Information Technology)과 감각적 지각 영역을 광대하게 확장시킨 커뮤니케이션 기술(Communication Technology)을 하나의 '정보통신기술'(ICT)로 통합함으로써 '혁명적' 성격을 띠게 되었다. '혁명'의 핵심은 사유와 지각의 융합(融合) 및 호환(互換)을 비생명적 물리적 공간 속에서 현실화시킨 데 있다.[2]

이 디지털 혁명이 불러온 전대미문의 문화적 파장에 대해 다시 상기해보자.

첫째, 디지털 기술은 사유 대상을 감각 대상으로 변환시킴으로써 사람들로 하여금 '선형적'(線形的) 사유를 위한 긴장(緊張)을 피하고 '모자이크적' 지각의 이완(弛緩)을 즐기게 한다. 즉, 논리적 · 합리적 사고를 기피하고 감각적 지각을 선호하는 문화생활을 확산시킨다.[3]

둘째, 디지털 기술은 자연적 세계의 시간적 순차성(順次性)과 공간적 배타성을 약화시켜 사람들로 하여금 욕구충족의 순차성과 단계성을 뛰어넘어 동시적 총체적 욕구충족의 가능성을 기대하게 만든다.[4]

셋째, 디지털 기술은 시공체험 양식을 변모시킴으로써 인간의 사회

2 좀 더 상세한 내용은 졸고, 「정보의 존재론적 구조와 특성」, 『철학연구』, 43집(1999), 105-158쪽 참조.

3 마샬 맥루한(김성기 · 이한우 역), 『미디어의 이해』, 민음사, 2007; 마샬 맥루한(임상원 역), 『구텐베르크의 은하계』, 커뮤니케이션 북스, 2001 참조.

4 프랜시스 케언크로스(홍석기 역), 『거리의 소멸』, 세종서적, 1999 참조.

적 관계와 공동체적 삶의 방식을 변화시킨다. 사회조직은 거대하고 강고한 고정적 피라미드형 체계에서 작고 유연한 유동적 네트워크로 변화한다. 자연히 개방적 관계가 확산되어 사회적 활동 영역의 경계가 흐려진다. 개인 간의 인격적 · 사적 관계는 축소, 약화되어 사회 구성원의 개체화가 강화되고 개인의 고립화 현상이 심화된다. 혈연적 · 지역적 연고에 의한 공동체적 유대가 약화되고 계층이 다원화, 분산화된다. 이것이 곧 삶의 '유목화' 현상이다.

이러한 개인적 공동체적 삶의 혁명적 변화는 인간의 삶의 조건에 대한 인문학적 질문을 더욱 긴절하게 만든다. 세상이 아무리 바뀌어도 인간에게 가장 절박한 문재는 역시 인간 자신의 삶 그 자체이기 때문에 그러하다. 인문학의 희망은 바로 여기에 있다. 21세기가 글로벌/글로컬 문화가 정착하는 시대라면, 이 시대는 다시 한번 인문학의 르네상스를 기다리는 시대가 될 것이다.

3) 인문학에 대한 외부의 지원: '시장'

인문학의 진흥이 긴요한 이 시기에 그렇다고 생각하는 사람은 많지 않으니 이것이 문제다. 국가적 차원에서, 아니 가까이로는 대학의 차원에서조차도 정책적으로 인문학의 진흥을 꾀하고자 하는 유력인사는 드물다. 인문학에 종사하는 인문학자들의 집단 이기주의라는 오해를 받지 않으면서 사람들에게 인문학의 필요성에 대한 믿음을 심어줄 길은 없는가?

있기는 있다. 그들을 정서적으로 감동시키거나 이론적으로 승복시키는 거다. 정서적으로 감동시키는 길은 인문학자 스스로 지혜롭고도 유덕하여 행복하게 살뿐만 아니라 주변의 다른 사람들도 그렇게 살도록 혼신의 노력을 기울이는 모습을 보임으로써 인문학에 대한 존경과 선망을 갖게 하는 방법이고; 이론적으로 승복시키는 길은 세상에 만연해 있는 시장주의의 논리를 그대로 채택하여 그 시장주의의 단견을 깨고 인문학의 시장적 가치를 깨닫게 하는 방법이다. 물론 후자가 하수요, 전자가 상수이나, 우선 쉬운 것은 그래도 후자일 것이다.

앞에서 우리는 디지털 혁명이 불러온 문화적 파장에 대해 생각해 보았다. 그렇다면, 새로운 시대상의 문화 지형은 어떤 것이며, 그것을 맞이하는 데에는 어떤 지적 자질이 요구될까? 새 시대를 특징짓는 지적 상황으로 우리는 다음과 같은 점을 지적할 수 있다.

① 지식사회에서는 기원(起源)이 실종된, 문맥에서 일탈된 '파편화'된 정보들이 범람하게 되고, 감각적 지각이 논리적 합리적 사고를 압도하는 경향이 확산된다.
② 기업문화에서는 시공적 제약을 넘어서는 욕구충족에 대한 기대가 기술들의 융복합과 산업 간의 융복합을 촉진한다.
③ 공동체의 삶에서는 도덕적-사회적 규범이 점점 무력화되고 그 자리에 유리(遊離)된 유목적(遊牧的) 개인이 등장하게 된다.
④ 문화세계에서는 동질적 획일화를 추구하는 세계화에 대한 비판 끝에 지역적 · 역사적 문화 고유성과 보편문화와의 균형 및 조화를 역설하는 '글로컬리즘'이 등장한다.

이러한 새로운 상황에 적절히 대처하기 위해서는 다음의 지적 자질이 요구된다.

① 파편화된 정보들을 비판적으로 검토하여 유기적으로 연결해 줌으로써 통일적인 의미체계를 구성해낼 수 있는 '지적 연결지평'과 심도 있는 통찰력
② 각 분과 과학들의 특정 대상에 대한 전문지식들을 유기적으로 융합하여 새로운 발상을 할 수 있는 창의적 사유 능력
③ 개인과 공동체의 관계에 대해 일관성 있는 태도를 취하여 자신과 공동체의 상호적 윈-윈 관계를 견지할 수 있는 실천적 지혜
④ 사회적 역사적 특수성과 문화의 보편적 원리를 양립시켜 문화

세계의 실질적 균형을 견지하게 하고 문화창조의 변증법적 과정을 수행해 낼 수 있는 역사의식과 공동체의식

①, ②항은 결국 비판적 · 창의적 · 종합적 사고 능력과 통찰력이고, ③항은 도덕적 가치관이며, ④항은 역사의식과 사회의식이다. 시장에서 부가가치 창출을 위해 요구되는 경제주체의 역량은 어떤 것인가? 바로 이러한 '인문적 교양'이 아닌가? 글로벌화된 21세기 정보사회가 요구하는 '인문적 교양'은 바로 시장이 요구하는 것이지, 시장이 배척하는 것이 아니다. 비판적이고 창의적인 사고를 토대로 총체적 · 종합적 사유를 함으로써 세분화된 분야들의 위상을 전체 속에서 헤량할 수 있는 지적 능력없이 어찌 새로운 사업을 기획할 것인가? 이러한 지적 탐색의 성과를 바탕으로 실천적 행위를 위한 가치관을 확립하고, 이에 따라 자기 형성 및 자기 결정의 주체적 활동을 수행하는 도덕적 의지를 정련(精練)하지 않고서 어찌 동료와의 진정한 협력을 도모할 수 있겠는가? 정서적(情緖的) 감응도 내면화시켜, '이성과 감성을 넘나드는' 능력을 구사하는 힘을 갖지 않고서 어찌 수요자의 감성적 욕구에 부응하는 새로운 유무형의 상품을 개발할 수 있겠는가?

인문적 교양이란 본래 '사람다운 삶'에 대한 식견과 태도, 즉 인간적인 삶 자체를 총체적으로 성찰하는 지적 자세와 그 성찰의 내용을 실천에 옮기려는 의지적 자세를 일컫는 것이지만, 이는 세계화된 정보사회에서 '시장'이 요구하는 것이기도 하다. 무모한 '시장주의'는 인문학의 적이지만, 분수를 지키는 '시장' 자체는 인문학의 우군이 될 수 있다.

4) 인문학의 본래성 회복, 인문교육

앞 장에서도 이미 언급했지만, 90년대 후반 이래 대학가에서는 인문학의 위기에 대한 논란이 무성(茂盛)했고, 그에 대한 반응으로 인문학

의 진흥을 위한 노력이 정부 차원에서도 있어 왔다.[5] 다양한 진단과 그에 따른 다양한 극복 방안이 제시되어 왔지만,[6] 인문학이 여전히 활기를 찾지 못하고 있는 이유는 다른 곳에 있다: 근본적으로 인문학이 인문교육과 유리되어 있는 교육구조가 변화하지 않고 있기 때문이다. 문제의 핵심은, 인문학 연구가 '학문후속세대'로 이어져야 하고, 이들의 연구 성과가 중등 및 고등교육과정의 인문교육에 지속적으로 영양공급을 해야 하는데, 교육구조상 후자가 막혀 있어서 전자까지도 고사하고 있다는 데에 있다. 거두절미하고, 인문학과 인문교육의 연계관계를 중등 및 고등교육과정에서 다시 회복해야 한다. 그것이 인문학의 본래 모습이기도 하다.

인문학은 그것이 본래 학문적으로 지니는 독자성과 자율성에도 불구하고 인문교육과 결코 유리되어서는 안된다. 하지만 왜 오늘날 한국에서는 특히 더욱 심하게 인문학과 인문교육이 유리(遊離)되어 있는가? 현실을 직시하자면, 외적으로는 인문학이 산업화 과정에서 수단적 가치를 증대시키는 과학에 압도당하고, 내적으로는 인문학이 실천적인 인문교육과 유리되는 이론적 과학화의 길을 간 것이 그 원인이다. 이런 배경에서 인문학은 본래의 제 역할을 다하지 못하고 위축되어 왔는데, 이를 구조화시킨 것이 현행의 교육과정과 교육구조이다.[7]

5) 교육구조의 성층화 개혁

기초학문분야, 특히 인문학 분야의 학업과 다른 응용학문분야의 학업을 평면 위에 병치해 놓고 선택하도록 하는 현행의 '학과제'에서는 교

---

5 인문학 연구지원 외에 '인문주간' 선포, '인문강좌' 기획 운영, (노숙인/교도소/병영 방문 상담 강좌 등) 인문학 대중화 사업; 또는 CEO대상 인문학 특강 시리즈 등등

6 전국대학 인문학연구소협의회 편, 『현대사회 인문학 위기와 전망』, 민속원, 1998 참조.

7 앞 장의 4, 5절 참조.

육구조가 획일화된 단층구조이다. 직업지향성이 강한 응용학문 분야의 학업은 반드시 기초학문 분야의 학업을 기초로 하고 그 위에 이루어지도록 학업을 '성층화'시키기 위해 교육구조도 성층화되어야 한다는 말이다. 적어도 리딩 그룹을 양성하는 것을 교육목표로 잡는 대학에서는 모든 학생들이 학사과정에서는 기초학문을 수학하도록 하고, 학문지향의 학업이든 전문 직업지향의 학업이든 특수한 전문분야의 학업은 대학원과정에서 택하게 하는 것이 바람직할 것이다. 현행의 부문 무차별적 단층 구조의 교육구조 속에서는 심화된 교양을 갖춘 범용적인 기본 소양도 함양키 어렵고, 고도로 전문화된 특정 분야의 고급지식을 얻기도 어려운 '엉거주춤한' 형국이다.

한국의 대학 교육에서 한편으로는 인문학의 발전을 가로막고 다른 한편으로는 인문교육의 심화를 방해하는 또 하나의 특유한 학사구조가 있는데, '사범대학'이 바로 그것이다. 중등교사를 양성하는 교육기관으로 출발한 사범대학은 정부 수립 후, 그리고 한국전쟁 후, 국민교육의 공백을 메워 주는 엄청난 기여를 한 것이 사실이지만, 산업화가 어느 수준 달성되고 교육 기구가 정비된 80년대 중반 이후로는 한국 교육의 도약과 관련해 순기능보다 역기능이 더 많은 교육기관이 되었다.

사범대학은 학자를 양성하는 기관이 아니고 교사를 양성하는 기관이므로 학문적 탐구는 그 일의적인 과제가 아니다. (사범대학에 대학원 과정을 두고 있는 것도 원론적으로 숙고해보면, 자가당착이다. 우수한 사범대학 졸업자가 교사로 나가지 않고 대학원 졸업 후 교수가 되는 것은 사범대 설립의 이념에 비추어볼 때 넌센스다.) 교사 양성 학사과정에서는 학문적 탐구가 요구되지 않는다. 실제로 학생들은 임용고사라는 시험에 대비한 공부를 열심히 하여 교사가 된다. 기능적 지식의 전수를 담당하는 교과에서는 몰라도 인문학 분야의 교과에서는 이러한 학업만으로는 교사로서 인문교육을 수행하기가 어려울 것이다.[8] 학생들이 청소년기를 보내는 중등교육과정에서는 인문

8 사범대학에서도 (인문학 분야에서) 인문학적 탐구가 교육의 중심이 된다고 주장한다면, 이는 곧 사범대학이 인문대학과 교육과정상 다를 바가 없음을 시인하는 것이요, 그렇다면 (인문학 분야만큼은) 인문대학과 별도로 사범대학이 존속해야 할 이유가 없을 것이다.

교육이 특히 더 중요할 텐데 교과 교육 중에서도 가장 중요한 핵심을 차지하는 이 인문교육이 인문학적 탐구를 심화시킬 기회가 없었던 교사들에게 맡겨짐으로써 중등 인문교육의 수준을 고양시키는 일은 기대하기 어려운 것이다.

좀 더 시야를 넓혀 보면, 이공계 학문분야가 산업계와 연계되듯이, 인문학 분야는 사회의 문화적 지형에 비추어 볼 때 중등 교육계와 연계되는 것이 자연스럽다. 구체적으로 말해, 인문학 분야에서 학문적 탐구에 종사하고자 하는 후속세대가 중등교육에서 인문교육에 종사하도록 하는 것이 자연스럽다는 것이다. 대학에서의 인문학 연구와 중등교육에서의 인문교육이 이렇게 제도적으로 연계되면, 한편으로는 인문학 분야의 학문후속세대를 널리 확보함으로써 인문학의 진흥에 실질적인 토대가 마련되고, 다른 한편으로는 인문학 연구의 성과가 영양원으로 공급됨으로써 중등교육의 인문교육이 수준 높은 것으로 심화될 수 있어, 일거양득이 될 것이다. 인문학 진흥을 위해, 중등 인성교육을 위해 정부차원에서 기울이는 그 어떤 행 · 재정적 노력보다도 이 방책이 더 큰 결실을 얻을 것이다. 그런데 이 방책은 교사양성을 전담하고 있는 사범대학 제도가 엄존하는 한, 현실적으로 구현되기 어렵다.

3 인문교육과 인문정책

21세기 지식정보사회에서는 인문학 연구가 새로운 부가가치 창출에 큰 기여를 할 것이기 때문에 인문학연구를 국가적으로 지원하는 일이 필요하다는 주장이 적잖은 지지를 얻고 있다. 물론 틀린 말은 아니다. 그나마 인문학을 장려, 지원한다는 것은 다급한 산업화의 강행군 속에서 소홀히 여겨져 왔던 "인간적 가치"에 대한 각성 내지 배려를 동반하고 있다고 본다.

그러나 이런 의도로 이루어지는 인문학 진흥정책을 국가적 인문정책의 전부로 오해해서는 안 될 것이다. 국가의 '인문정책'은 이보다 훨씬 더 깊고 넓은 의미를 갖기 때문이다. 즉, 인문정책은 국민 전체의 '인간다운 삶'을 위한 국가적 정책의 기본으로, 국시(國是)의 주춧돌이 되기 때문이다. 인문학의 진흥도 그것이 전문학자들의 학술적 활동에 그치지 않고 국가적 차원에서 '인간적 가치'의 실현에 기여할 수 있도록 광범하고도 다양한 여건을 마련하는 정책과 연계되어야 할 것이다.

그 가운데서도 특히 교육정책이 중요하다고 보는데, 이는 인간적 가치의 실현이 바로 인간의 행위를 통해 이루어지는 것이요, 이러한 행위는 무엇보다도 오랜 동안의 교육을 통해 형성되는 인성을 바탕을 한다고 보기 때문이다. 이런 관점에서 인문교육의 중요성을 인식하고 그 강화 방안을 강구해야 할 것이다. 물론 인문학의 진흥도 인문교육과 연계될 때에만 그 실효를 거둘 수 있다는 사실도 인지해야 할 것이다.

1) 인문정책, 국시(國是)를 정초하는 정책

국체[1]가 무엇이든, 그리고 그 국가의 정체[2]가 무엇이든 간에 국가를 제도화된 하나의 '공동체'로 본다면, 국가는 인륜성을 지닐 수밖에 없는 '인륜공동체'이기도 하다. 국가가 그 자체 도덕성을 지니는 인격체가 아님은 분명하지만, 국가구성원이 인격적 존재로서 사회생활을 영위할 수 있게 하는 조건과 제도를 구비함으로써 인륜성을 구현시켜야 한다는 뜻에서 국가는 근본적으로 '인륜공동체'라는 말이다.

이러한 사상은 근대 시민사회의 성립과 성장에 즈음하여 국가의 인륜성을 주창한 헤겔의 국가철학에 잘 나타나 있다. 그에 따르면 '욕망의 체계'에 그침으로써 대립과 갈등을 드러내는 '시민사회'는 이를 '변증법적으로' 종합하여 이성적 이념을 구현하는 '인륜공동체'로 고양되어야 하는데, 이를 감당하는 제도적 기구가 곧 '국가'라는 것이다.[3]

국가의 인륜성을 더욱 단정적으로 주창한 사람은 물론 공자다. 그는 국민 모두가 각자 유덕(有德)한 사람이 되도록 하는 것〔德化〕이 정치의 궁극목표라고 보았다. 그에 따르면 국방과 경제와 인륜 세 가지가 국

---

1 국체(國體, Forms of State): 주권이 누구에게 있느냐에 따라 분류한 국가형태. 일반적으로 주권이 한 사람의 군주에게 주어져 있는(군주주권) 군주국과 다수의 국민에게 있는(국민주권) 공화국으로 나누어진다. 오늘날의 국가는 대부분이 공화국의 형태를 취하고 있다.

2 정체(政體, Forms of Government): 국가권력, 즉 통치권의 운용형식, 달리 말하자면 주권의 행사 방식에 따른 정부형태 내지 통치형태. 입헌적이냐 전제적(專制的)이냐의 구분이 중심적이다.

3 "Moralität"와 "Sittlichkeit"를 구별한 Hegel의 사상을 원용한다. 헤겔에 따르면 '객관적 정신'이 실현되는 인간의 사회적 삶은 법-도덕성-인륜성의 단계로 전개된다. 선악의 구분으로 규정되는 '도덕성'은 개인의 삶에 국한되는 것으로 도덕성이 진정 원숙하게 실현되기 위해서는 이것이 가정-시민사회-국가의 단계를 거쳐 실현되는 '인륜성'에 이르러야 한다. 종국적으로는 국가의 차원에서 비로소 인간의 사회적 삶은 그 이성적 이념을 온전히 실현시킨다. 따라서 국가는 인간의 도덕성을 완성시켜야 하는 사명을 갖는다. W.F. Hegel, *Enzyklopädie der philosophischen Wissenschaften*, pp. 523-548 참조.

가 경영의 핵심과제인데, 이 중 가장 중요한 것은 인륜성이다.[4] 그리하여 그는 국가 경영의 원리로 덕(德)을, 그 방편으로는 예(禮)를 내세웠다. 그는 아주 명백하게 이렇게 주장한다.

> "법률로써 통치하고 형벌로써 다스리면 백성들이 부끄러워할 줄 모르게 된다. 그러나 덕으로써 통치하고 예로써 다스리면 스스로 부끄러워 잘못을 고치게 될 것이다"[5]

공자에게서 연원하는 유가의 국가-정치철학은 이렇듯 인정(仁政), 덕치(德治)의 이념을 근본으로 하고 있다.

이들 선철들의 통찰에 따르면, 인륜성이 결여된 국가는 이미 국가로서의 사명을 온전히 다 수행하지 못하는 '결여국가'이다. 그러한 국가는 국가구성원에게 인간으로서의 인간다운 삶을 영위할 기반을 제공해주지 못하게 되어, 결국 국가로서의 존립기반 중 가장 중요한 공동체의식을 상실하고 쇠망한다. 국가란 물론 외양적으로는 정치적 경제적 사회적 공동체이지만, 인간이 도덕적 존재인 한, 도덕적 존재를 구성원으로 하는 국가는 그보다 더 근원적으로 먼저 인륜공동체가 되어야 한다.

---

4 논어(論語) 안연(顔淵)편:
"子貢問政。子曰足食、足兵、民信之矣。子貢曰、必不得已而去、於斯三者何先。曰、去兵。子貢曰、必不得已而去、於斯二者何先。曰、去食、自古皆有死、民無信不立。"
[직역] 자공이 정치에 관하여 묻자 공자가 답하기를 "먹을 것을 풍족하게 해주어야 하고, 군비를 충족하게 해야 하며, 국민들이 믿고 따르게 해야 한다." 자공이 다시 "부득이하게 이 세 가지 중에서 한 가지를 버려야 한다면 무엇부터 버리시겠습니까?"라고 묻자 공자가 답하기를 "군비를 버려야 한다." 자공이 다시 "부득이하게 이 두 가지 중에서 한 가지를 버려야 한다면 무엇부터 버리시겠습니까?"라고 묻자 공자가 답하기를 "먹을 것을 버려야 한다. 자고로 사람은 태어나면 언젠가는 죽게 되지만 나라는 국민의 믿음이 없으면 바로 설 수가 없다."

5 논어(論語) 위정(爲政)편: 德(덕)이 政(정)과 대비되고, 禮(예)가 刑(형)과 대비되어 있음을 주목하자.
"道之以政, 齊之以刑, 民免而無恥; 道之以德, 齊之以禮, 有恥且格."
[직역] 정령(政令)으로써 이끌고 형벌로써 가지런히 하면, 백성들이 면하기만 할 뿐이요 부끄러움이 없다. 그러나 덕으로써 이끌고 예로써 가지런히 하면 사람들이 부끄러움이 있을 뿐 아니라 떳떳해진다.

따라서 국가가 인륜공동체로서 그 사명을 다하기 위해서는 전반적인 국가경영의 기반에 인륜적 규범과 가치를 실현하는 기본정책이 깔려 있어야 하거니와, '인문정책'이란 바로 여기에 기여하는 것이다. 인륜적 규범과 가치를 실현하는 일은 "인간다운 삶을 통해 인간적 가치를 실현시키는" 일이요, 이런 의미에서 인문정책은 국가의 인륜성을 구현하는 기조가 된다. 물론 인륜성의 이념은 법체계에도 반영되어 있어야 하지만, 이를 통한 인륜성의 구현은 어디까지나 소극적인 최소한의 범위에 그친다. 여기에 요구되는 것이 '인간의 인간다운 삶 일반'에 관한 성찰과 숙의와 기획을 포함하는 더 폭넓은 '인문정책'의 수립이다. 국가의 인륜성을 구현하는 인문정책은 국가의 여러 정책들 중 하나가 아니라, 국가의 모든 정책들에 '인륜적 규범과 가치'를 부여해 주는 원리적이고 기본적인 정책으로 가장 근본적인 차원에서 국시(國是)를 떠받치고 있는 주춧돌이 되어야 한다.

2) 인문교육정책, 인문정책의 중심

이 인문정책은 우선 구성원 전체의 문화적인 삶을 지원하고 선도하는 문화정책으로, 또 인문학을 진흥하는 학술정책으로, 그리고 자라나는 세대를 인륜적 국가구성원으로 육성하는 교육정책으로 구체화된다. 그런데 이 중 가장 중요한 것은 인문교육정책이다. 문화정책이나 학술정책보다도 교육정책이 인문정책의 중심에 와야 하는 이유는 문화정책이 이미 교육받은 일반 시민을 대상으로 하는 것이고 학술정책이 학자들의 활동에 국한되기 쉬운 데 반해, 교육정책은 아직 미성숙한 자라나는 세대의 교육을 주도하는 것이기 때문이다.

교육이란 자라나는 어린 사람들을 자연적 상태에서 문화적 상태로 이끌어 올려 '사람'이 되게 하는 일이다.[6] 즉 자연상태를 넘어서서 인간

---

6 I부 1장 각주 2 참조: (영)education/(불)éducation의 어원인 라틴어 *educare*는 '이끌어 올

다운 인간이 되게 하는 것이요, 인간다운 삶을 살아갈 수 있는 능력과 자질을 갖게 하는 것이다. '경작'이라는 뜻을 갖는 '문화'라는 개념어가 이미 이러한 의미의 '교육'을 전제로 하는 것이기도 하다.[7] 따라서 교육의 근본에는 인문교육이 놓이게 된다. 인문교육이란 일반적으로 자라나는 세대가 어떤 특정한 능력이나 지식을 갖추는 것과는 별개로 '그저 인간으로서' 훌륭하게 살아갈 수 있도록 도와주는 교육이요, 따라서 일반적인 인간적 보편가치의 실현을 도와주는 교육이라고 규정되기 때문이다.

국가의 모든 정책에 그 기초로 놓이는 국가의 사명이 인륜성의 실현에 있다면, 인문교육이야말로 국가가 힘써 수행해야 할 과업 중의 과업이다. 근대 이후 서양의 대학에서도 모든 교육이 이 인간의 본성과 보편가치에 대한 탐구, 즉 인문학(Humanities)을 원점으로 해서 출발하였으며, 동아시아에서도 시(詩), 서(書), 예(禮), 악(樂)을 한데 어우르는 인문교육의 이념이 항상 고등교육의 중심에 자리하고 있었다.

3) 인문교육, 인문학의 근원

어떤 시대, 어떤 사회에서든 본래, 인간과 세계를 총체적으로 이해하고 이를 바탕으로 인간이 그 세계 안에서 어떻게 살아야 하는지를 알고자 하는 것이 학문적 탐구의 중심과제라면, 이를 실천에 옮기는 능력을 가르치고 기르는 것이 교육의 과정이다. 이러한 과정을 통해 자라나는 세대가 지성과 덕성을 갖춘 성숙한 인격체로 성장하여 세계와 공동체에 대해 책임질 수 있게 하는 것이 교육의 근본 목표이자 핵심 과제다. 학문연구와 교육의 관계는 이렇게 처음부터 불가분적인 것이다.

근래 한국에서는 "인문학이 위기에 처해 있다"는 학계 안팎의 경고 내지 호소가 호응을 얻어 인문학 진흥을 위한 여러 방책의 강구가 인

린다'는 뜻의 말이다. 독일어의 *erziehen*도 '이끈다, 끌어 올린다'는 뜻의 말이다.

7 I부 1장 6절 참조.

문정책의 중요한 한 축을 이루는 경향을 보이고 있다. 정부가 연구재단을 통해 인문학 연구를 재정적으로 지원하는 것이 그것이다. 그러나 인문학 진흥은 인문학 연구가 인문교육과 연계되지 않는 한 소기의 성과를 얻기 어렵다고 본다. 인문학 연구는 인문교육과 유리되면 그 본래적인 의의가 희석되며, 그 성과가 인문학의 진흥에 크게 기여하지도 못한다는 말이다.

학문으로서의 인문학 연구는 본래 인문교육을 위한 것이다.

인문학의 특성을 보자. ① 인문학은 '주관연관적'이다. 인문학이 인간을 문제삼을 때 그 인간은 그저 객관적으로 관찰 · 기술되는 대상적 존재가 아니라 언제나 스스로 행위의 주체가 되는 존재라는 말이다. ② 인문학은 '사실기술적'이기보다 '가치지향적'이다. 인간의 행위는 항상 주어진 사실을 넘어서는 가치를 지향하기 마련이다. 따라서 주체적 실천적 행위의 주체로서 인간을 탐구하는 인문학은 어떤 방식으로든 평가적 내용을 담는다는 점에서 가치지향적이다. ③ 인문학은 자기반성적이다. 인문학은 주체 자신이 상황에 개입하여 가치를 실현하는 실천적 존재인 인간을 탐구하기 때문에 주체 자신을 문제 삼기 마련이요, 따라서 항상 지성의 자기반성을 전제로 한다.

자기반성을 토대로 한 주체연관적 가치지향적 탐구이기 때문에 인문학은 그 탐구에만 그치고 그 내용의 실현과는 무관할 수가 없다. 정작 그러하다면, 이는 곧 자기부정과 다름 없는 일이다. 한마디로 말해, '인간다운 삶에 대한 탐구'가 '인간다운 삶의 실현'과 무관하다면, 그것은 자기부정의 공허한 이론에 지나지 않을 것이다. 따라서 인문학은 인간다운 삶의 실현을 준비하는 인문교육과 불가분적이며 동근원적(同根源的)이다. 사실 그 본원을 보자면, 인문학은 인문교육에서 유래한다. 인간으로서 가장 훌륭하게 살아갈 수 있도록 인간적 보편가치의 실현을 도와주는 '인문교육'을 위해, 그 인간적 보편가치의 내용을 탐구하고자 한 것이 곧 인문학이라는 말이다. 따라서 인문학적 탐구는 이상적 인간상을 실현할 실천적 능력을 길러주는 인문교육을 위해 그에 봉사하는 것이어야 하며, 인문교육은 이러한 인문학적 탐구의 성과를 토대와 자양

(滋養)으로 삼아 그 과제를 수행해야 한다.

4) 실증과학화, 인문학의 자기소외

인문학의 위기를 호소하는 인문학자들이 그 원인으로 상업주의적 세태나 정책적 오류를 지적하지만, 실은 인문교육과 유리된 것이 더 깊은 원인이다. 그리고 본래 인문교육의 심화와 고양을 위해 탐구되던 인문학이 인문교육으로부터 유리되어 스스로 무력해진 데에는 인문학 자체의 내부에도 다음 두 가지 원인이 있다: 하나는 인문학이 실증과학을 닮으려 했던 것이고, 다른 하나는 실증과학의 융성으로 인해 인간상 자체가 망실되었다는 것이다.[8]

근대 이후 합리성과 실증성을 요건으로 삼는 객관적 타당성은 모든 학문의 '규준'으로 널리 인정받았다. 그런데 본래 자연탐구에나 적용되어야 할 이 규준을 인문학도 따르고자 함으로써, 즉 객관적으로 타당한 이론을 만들어 그 자체만으로도 완결성을 갖는 '과학'[9]이 되고자 함으로써, 인문학이 교육을 통한 인간적 가치의 실현이라는 그 본래의 과제를 많은 부분에서 외면하게 되었다. '앎'에 대한 고전적 개념에 따라 생각해 보자면, 지식(episteme)과 구별되는 지혜(phronesis, 실천지)를 추구하는 것이 본래 인문학이다. 그리고 합리적 지식과 구별되는 인륜적 지혜는 한 공동체를 존립시키는 문화 · 역사적 조건들인 에토스에 의존하는 것으로서 반드시 실증적 합리성을 전제로 한 보편타당성을 지니는 것도 아니다. 그래서 본래 고전시대의 인문학은 구체적인 인문교육과 연결되어 있었지, 독립적인 학문적 체계를 추구했던 것이 아니다. 객관적인 보편타당성이라는 근대 학문의 기준이 인문학 본연의 과업을 어렵게 만드는 위협이 된 것이다.

---

8 앞 장의 1, 2절 참조.

9 한국에서는 오늘날에도 '정신과학', '역사과학', '인문과학' 등의 역어가 사용되고 있다.

실증과학의 성과는 암암리에 인간관의 변화를 불러왔는데, 과학적인 인간관의 등장이 바로 그것이다. 이를 극명히 보여주는 것이 인간의 심리작용을 철저히 '물리주의적'으로 분석, 설명하려는 현대 심리철학이다. 정신적 활동 중 가장 핵심적인 특성인 '주제성'은 철저히 배제된 채, 물리적 세계의 인과적 결정구조 내에서 심신간의 인과적 관계를 미시적으로 치밀하게 분석하는 상황에서 '인간에게 고유한 인간다운 삶의 의미와 목적'을 성찰하는 인문학은 그 주제 자체를 상실하게 된 것이다.

"인문학이 … 고유한 연구대상과 연구방법을 가질 수 있기 위해서는 인간 자체가 자연과 사회환경을 뛰어넘는 자유로운 주체로 이해되어야 하며, 그 자유로운 주체의 활동 역시 결코 자연법칙이나 사회규칙으로 환원되어 설명될 수 없는 정신의 표현으로 해석되어야 한다. … 자연적 및 사회적 규정성을 넘어서는 인간 자체의 존재가 부정되면, 결국 인문학의 고유 연구대상이 사라지게 되며, 고유 연구대상이 없기에 고유 연구방법도 갖추지 못한 학문 아닌 학문으로서 인문학이 사라지는 것은 당연한 것이 된다."[10]

5) 인문교육과의 연계, 인문학 진흥의 필수요건

앞서 보았듯, 인문학 연구가 인간의 본성, '인간다운 삶의 조건, 보편적 인간적 가치' 등에 대한 탐구라는 그 본래의 과제를 충실히 수행하고, 인문교육이 '인간다운 사람의 양성을 통한 인간적 가치의 실현'이라는 그 본래의 과제를 충실히 이행하기 위해서는 양자가 긴밀히 연계되어야 한다. 인문학 연구가 인문교육으로부터 멀어진 배경을 일부 살펴보았지만, 그렇다면 이 양자의 연계성을 회복하기 위해선 어떤 인문정책을 세워야 할까? 사실 오늘날 한국에서 화급하고 긴절한 인문정책은 바로 이 문제에 모아지고 있다. 필자는 구체적 정책으로 다음 네 가지를 제안한다.

---

10 한자경, 『일심의 철학』, 서광사, 2002, 392쪽.

첫째, 중등교육과정에서 인문교육이 광범하게 이루어질 수 있도록 교육과정을 재정비해야 한다. '인문교과군'이 별도로 설정되어 그 안에서 문학, 역사, 도덕, 철학 분야의 학습내용이 학교급별, 학년별 수준에 맞게 적절히 개발되어 학습되어야 한다. 특히 도덕 교과 교육은 정치사회적 내용을 과감히 버리고 고유한 도덕적 문제만을 도덕철학적 관점에서 다루도록 해야 한다. 민족 분단 등 특수한 한국적 정치사회적 문제를 다룰 때에도 그것들을 도덕적 관점에서 도덕적 문제로 다루어야 한다. 이와 더불어 고등학교에서 대학입시를 염두에 두고 문과, 이과로 학급을 나누고 이과 학생들에게 인문교육을 소홀히 하는 일은 조속히 지양되어야 한다.

둘째, 인문학 분야 대학 졸업생이 중등교육과정의 인문교육에 참여할 수 있도록 교원 양성제도를 개선해야 한다. 많은 인문학자들이 우려하는 이른바 '인문학의 위기'는 현실적으로 인문학을 공부하려는 대학생이 줄어들고 그 연장선상에서 인문학 연구자가 줄어드는 현상을 가리키는 것이다. 이른바 학문후속세대가 끊기어 인문학 연구가 정체되고 나면 인문교육도 자연히 빈약해지고 결국 정지되고 말 것이다. 따라서 이러한 '위기'를 극복하는 길은 대학에서 인문학을 공부하려는 학생이 줄어들지 않고 이들 중 적잖은 수효가 대학원에 진학해 인문학 연구의 길로 들어서도록 하는 것이다. 그러기 위해서는 이들이 엄격한 자격 검증을 거쳐 교사자격을 취득한 뒤 중등교육과정의 인문학 교육에 참여할 수 있도록 제도적 장치를 마련해야 한다. 이 제도가 구현되면, 한편으로는 중등교육과정에서 인문교육이 질적으로 심화되고 다른 한편으로는 대학에서 인문학 연구 인력풀이 풍성해져 인문학의 진흥에 실질적인 기여를 할 것이다. 따라서 이러한 기회를 차단하고 있는 사범대학 제도의 존립에 대해서도 심각한 검토가 필요하다. 석박사 학위를 얻고도 생계의 위협을 받으며 '백수'로 대학주변을 맴도는 인문학도가 많다는 것은 국가적 차원에서도 교육적 손실이 아닐 수 없다.

셋째, 대학에서의 인문교육을 심화시키기 위해 인문학 전공교육과 인문교양교육이 하나로 통합되어야 한다. 이를 위해선 종국적으로는 대학의 교육과정이 성층화되어야 하고, 종국적으로는 대학의 교육구조 자체가 변모해야 한다.

대개 인문학 분야의 학과에서 교수들은 그 학과 소속 학생의 교육, 즉 특정 인문학 전공 교육에는 관심을 갖지만 일반 학생을 위한 인문교양교육은 소홀히 한다. 이는 인문교육을 위해서나 인문학 연구를 위해서나 잘못된 일이다. 위에서 언급했듯 인문학 연구란 인문교육과 긴밀한 관계를 갖고 있으니만큼 인문학 연구의 길로 통한다고 생각하는 인문학 전공 교육과 그저 초보적인 교육에 그친다고 생각하는 인문교양교육은 실은 하나로 통합되어야 하는 것이다. 동일한 학과목에서 전공과목과 교양과목을 구분한다는 것은 인문교육과 인문학 연구의 동원성(同源性)을 망각한 처사다.

인문교양교육과 인문학 전공교육을 통합하기 위해서는 교육과정에서 전공을 불문하고 누구나 기본적으로 인문교양교육을 받도록 교육과정을 구조적으로 성층화(成層化)시키는 것이 필요하다. 그리고 종국적으로는 교육구조를 바꿔 학사과정에서는 누구나 인문교양교육을 충분히 받을 수 있도록 하는 개혁이 필요하다.

넷째, 인문학 진흥을 위한 지원이 지속적이고 제도적인 학문후속세대 양성에 초점을 맞춰야 한다. 이를 위해선 개개의 연구계획을 단기간 지원하는 현행의 지원 방식을 예비학자를 선발하여 연구자를 장기간 지원하는 방식으로 전환할 필요가 있다.

근년 들어 한국에서는 연구재단을 통해 인문학 진흥을 위한 재정지원을 대대적으로 하고 있다. 그러나 이 지원이 단기간의 연구 프로젝트별로 이루어져 연구자가 생계의 위협을 받지 않고 지속적으로 연구 활동에 종사하기에는 미흡한 점이 많다. 인문학의 탐구 성과는 그 특성상 장기간의 학문적 성숙을 통해 비로소 결실을 맺게 되는 것이 보통이므로, 사람 중심으로 지원이 이루어지는 것이 좋다고 본다. 생계의 위협을 받지 않고 장기간에 걸쳐 연구를 계속할 수 있기 위해서는 신분적 안정이 요구되기 때문이다. 물론 그 학자적 자질을 검증하는 데에는 엄격성과 객관성이 수준 높게 지켜져야 할 것이다.

Ⅳ

대학 교육구조의 혁신

1 "학부제"의 구상과 좌절

1) 문제의 실상과 그 해결의 방향[1]

한때 대학마다 학부제가 문제였다. 좋은 취지로 도입하긴 했지만, 학문분야간의 불균형, 기초학문의 위축, 전공심화교육의 약화 등 부작용과 역효과가 너무 커 이젠 폐기해야 한다는 목소리가 컸다. 정부에서도 난처한 모양이었다. 대학들의 불만을 생각하면 학부제라는 것에서 그만 손을 떼고 싶지만, 그건 학부제 도입을 독려했던 정부로서 무책임한 일이었다. 그렇다고 각 대학의 사정을 일일이 점검하며 판정을 내려줄 여력도 없었다. 학부제, 정말 버려야 할 것인가, 아니면 되살려내야 할 것인가, 여전히 문제다.

하지만 필자는 이런 양자택일 방식의 질문 자체가 합당하지 않다고 생각한다. 왜냐하면 진정한 의미에서의 학부제는 아직 한국의 대학에서 시행된 적이 없다고 보기 때문이다. 사안에 맞게 질문을 똑바로 한다면,

---

1 이제는 학부제라는 것이 대학사회에서 자취를 감췄지만, 이 글을 작성하던 2010년 어간에는 교육부에서 추진해 온 학부제를 두고 논란이 많았다. 취지는 좋았지만 학과 중심의 대학사회가 수용하지 못하는 상황이었고, 대부분 이 정책에 대한 부정적 견해가 주류를 이루고 있었다. 이 기획의 허실에 대한 필자의 비판적 견해조차 수용되지 못하고 이 정책은 결국 실패로 끝나고 말았다.

실은, 사이비 학부제를 그대로 유지할 것인지, 종전의 학과제로 돌아갈 것인지, 아니면 진정한 의미에서의 학부제를 시행할 것인지, 이 세 가지 선택지들 가운데서 어느 것을 택할 것인지가 문제다.

90년대 중후반 당시 교육부의 주도 아래 한국의 대학사회에 '학부제'가 도입될 때는 충분한 이유가 있었다. 그리고 그 이유는 지금도 유효하다. 바야흐로 정보화, 세계화의 시대에 접어들어 '지식사회의 지형도'가 크게 변모하는 변혁기에 한국의 대학도 선진화되어 국제경쟁력을 가지기 위해서는 그 연구와 교육의 양상이 크게 달라져야 하고, 이를 뒷받침하기 위해 그에 걸맞는 학사구조가 필요하다는 인식에서 나온 것이 바로 이 '학부제'였다.

그러나 매우 유감스럽게도 학부제는 명목상으로만 시행되어왔을 뿐, 그 본래의 취지를 살리지 못한 채 부작용만을 빚어냈고, 그 후 시간이 지나면서 학부제를 폐지하자는 학부제 무용론이 대학마다 우세한 지경에 이르렀다. 문제는 이를 대학들이 먼저 자발적으로 기획한 것이 아니라 정부의 권유와 독려가 거의 준강제로 작용했고 그 시책이 획일적으로 적용된 데 있었다. 대학들은 명실상부한 '학부'의 구성에는 별로 뜻이 없었고, '모집단위 광역화'라는 학부제의 형식적 '무늬'만 갖춰 정부의 지원이나 받고 보자는 편법적 사고를 하게 되었던 것이다. 이젠 학부제에 대해 진지한 검토를 해야 한다. 이제라도 변혁의 고통을 감수하며 명실상부한 '학부'를 만들어 선진 대학의 기초를 닦을 것인지, 아니면 현행의 학과제에 머물어 변화 없는 안정을 되찾고 서서히 쇠퇴의 길을 갈 것인지, 아니면 어떤 과도기적인 절충적인 방도를 찾아 학부제를 예비할 것인지 판단해야 할 것이다. 학부제 도입 후 몇 년 안 돼 퇴조해버린 개혁 구상이었지만, 오늘의 사정에 비추어보아도 이는 근본적으로 검토해야 할 문제다.

2) 교육환경 및 교육적 요구의 변화

'학부'란 무엇인가? 학부란 다양한 학문 분야의 교수진이 속하는 연구공동체로서의 교수조직이면서 동시에 학생들이 다양한 학문을 학습하는 학업공동체로서의 학생조직도 되는 학사구조 상의 한 단위기관이다.[2] 특정 전공분야만으로 이루어지는 '학과' 대신 여러 전공분야가 함께 어울리는 이런 '학부'를 학사 기구로 도입하고자 했던 취지는 무엇이었을까?

학부제 도입의 근본취지는 "지나치게 세분화되어 있는 우리나라 대학들의 학과들을 통폐합함으로써 그 구조와 기능을 효율화하고, 학생들에게 전공 선택의 폭과 기회를 넓혀주고 교육의 다양성을 제공하는 한편, 기존 학과 간 학문간의 장벽을 낮추어 새로운 시대에 걸맞는 학제간 연구를 증진시켜 대학의 국가 경쟁력을 높이는 데 있다."[3] 그렇다면 이러한 학부제의 도입이 필요하다고 판단하게 된 배경은 무엇인가? 종전까지 유지되어 오던 학과제의 문제는 무엇이며, 새로운 교육적 요구는 무엇인가? 그리고 이런 새로운 시도를 야기시킨 교육환경의 변화는 어떤 것인가?

큰 틀에서부터, 먼 곳에서부터 생각해 보자.

(1) 지식사회의 지형변화

역시 문제의 근원은 디지털 혁명이다. 한편의 인공지능기술, 즉 정보의 이해-생산-보유 기술과 다른 한편의 통신기술, 즉 정보의 전달-교환 기술이 하나의 기술로 융합되었다. 이로 인해 인간에게만 고유하던

---

2 그동안 우리에게 친숙한 "학부"라는 단어는 대학원의 석박사과정(graduate course)과 대비되는 학사과정(undergraduate course), 즉 교육과정을 가리키는 것이었다. 여기서 말하는 '학부'는 학과(department)와 대비되는 학사기구로서의 학부(faculty)를 가리킨다. 혼란을 피하기 위해 필자는 전자를 가리키는 말로는 "학사과정"이라는 말을 쓸 것을 제안한다.

3 정진농, 2001, 대교협 토론회

사고와 감각의 통합적 활동이 기계의 세계로 확장된 것이다. 바로 이 하나의 '정보통신' 기술이 돌연 등장하여 급격히 발달함에 따라 이른바 문명생활의 '정보화'가 급속히 진행되었다.

우리의 주제에 직결되는 중요한 현상은 이로 말미암아 '지식사회'의 지형(地形)이 근본적으로 변모했다는 것이다. 정보의 복사-재구성 등 산출이 용이하게 되었고 그로 인해 정보량이 천문학적으로 급증하게 되었다. 인터넷에 넘쳐나는 '정보의 바다'가 이를 말해주고 있다. 이와 더불어 정보의 유통, 즉 지식의 전달-공유에 시간적 · 공간적 제약이 거의 없어지다시피 되었다. 정보화가 필연적으로 세계화를 불러온 이유는 바로 여기에 있다. 지구의 저쪽 끝에 있어도 통신망 안에서는 이웃에 있는 것과 다름이 없다. 한마디로 지식의 창출-전수-활용(혹은 달리 말해 정보의 생산-유통-소비)의 양식이 크게 변모한 것이다.

이러한 변화는 지식영역간의 경계를 약화시켰다. 제도적 장치나 물리적 제약이 특정 분야의 지식에 독자적 독립성을 부여하던 상황이 달라진 것이다. 달리 말하면, 서로 다른 영역의 지식이 용이하게 결합될 수 있는 여건이 조성된 것이다. 지식의 습득이나 전달을 위해 갖추어야 했던 제도적 · 물리적 조건이 사이버 공간 속에서 해체되었기 때문이다. 특정한 지식을 얻기 위해 특정 교육조직에 전속되어야 하는 사회적 제약도 무력화되었고 지식원에 접근하기 위해 필요했던 일정한 물리적 요건들도 지극히 단순화된 것이다. '정보의 바다'에 '접속'하기만 하면 모든 영역의 모든 지식이 가용한 것으로 주어지는 것이다.

다양한 기술들 간의 연계가 용이해지고 나아가 용합되는 현상도 여기서 연유한다. 기계공학기술과 전자공학기술이 결합되어 이른바 "메카트로닉스"(Mechatronics)가 등장한 것은 이제 오래된 일이고, 최근에는 정보기술(IT)과 생명공학기술(BT)이 융합되어 생명정보공학(Bio-informatics) 기술이 등장하고 생명공학과 전자공학이 결합하여 생명전자공학(Bioelectronics) 기술이 등장하고 있다. 그뿐 아니라 이제는 '나노' 공학기술(Nano Technology)이 등장하여 NT, IT, BT 등이 서로 결합되고 있는 실정이다.

지식과 기술의 연계 및 융합현상은 지식을 이용한 인간의 욕구 충족 과정에도 획기적인 변화를 가져왔다. 욕구 충족에 필요한 지식의 습득 과정이 저와 같이 제약을 벗어남에 따라 인간의 다양한 이질적인 욕구들도 동시적으로 충족시킬 수 있는 여건이 마련된 것이다. 이러한 변화는 자연히 산업구조에도 변화를 가져오고 직업구조에도 변화를 가져왔다. 독자적으로 발전하던 산업의 각 분야가 서로 가까이 접근하여 융합되는 현상이 나타나고, 이에 따라 직업세계도 전문화의 길로 치닫던 양상에서 그것이 다양화되거나 또 여러 분야가 연계되는 현상을 보이게 된 것이다. (방송과 통신이 하나가 되듯) 정보산업과 통신산업이 융합한 것은 기본이요, (통신회사에서 결제업무를 하는 경우처럼) 통신산업이 금융산업과 결합하는가 하면, 가스산업과 전력산업이 융합하기도 한다. 산업의 발전이 욕구의 충족과 함수관계에 있음은 자명한 일이거니와 지식을 이용한 욕구충족의 과정과 양상에 일어난 변화가 산업구조에 변화를 가져오는 것은 당연한 결과다.

(2) 교육적 요구의 변화

지식사회의 지형이 달라지고 산업구조가 변모하는 문화변동의 상황에서 교육적 요구가 달라지고 이에 부응하여 교육내용, 교육과정, 교육방법이 변모하는 것은 또한 당연한 일이다. 특히 새로운 지식의 산출과 전수의 최전선에 서 있는 대학에서는 이 문제가 가장 절실하게 다가온다. 우선 교육적 요구의 변모를 보자.[4]

지식원에의 접근이 용이하여 지식의 습득이 더 이상 핵심문제가 되지 않는 새로운 지식사회에서는 단순한 지식의 전수는 더 이상 교육이 될 수 없다. 이제는 지식의 전수가 아니라 지식 창출과 문제 해결의 능력을 기르는 일이 교육의 핵심을 차지한다. 즉 새로운 정보를 산출할 수 있는 창의적 사고의 능력, 엄청난 양의 정보 가운데서 적실성 있는 유용

4 앞의 I부 3장 6, 7절 참조.

한 정보를 선별할 수 있는 비판적 사고의 능력,[5] 자신의 사유내용을 공동체 구성원과 공유할 수 있는 사회적 의사소통 능력[6]의 교육이 더 절실히 요구된다.

그리고 그보다도 더 중요한 것으로 요구되는 것은 세분화된 분야들의 위상을 전체 속에서 가늠할 수 있는 총체적 · 종합적 사유의 능력, 즉 여러 전공분야에서 걸친 복합적인 문제를 해결할 수 있는 다학문적 능력, 문제 해결의 방향을 잡을 수 있는 안목과 통찰력 등을 함양하는 교육이다. 이러한 능력의 교육은 하나의 특정 전공분야에서만 이루어질 수 없고, 더욱이 한 분야의 전문 직업교육에서 이루어질 수 없다. 분업, 분화가 생산성을 높이던 산업화 시대와 달리 오늘의 정보화 시대는 위에서 언급했듯 다양한 분야의 지식들, 기술들이 서로 융합하고 나아가 다양한 산업분야들, 다양한 직업활동들이 서로 융합하는 시대이다. 이렇듯 인간의 활동 공간의 구조가 고정적 합리적 '체계'에서 유동적 초논리적 "네트워크"로 바뀌고 있는 만큼, 이 '융복합화'의 시대에 대학에서의 연구와 교육도 이에 부응할 뿐만 아니라 이를 선도(先導)해야만 그 시대적 과제를 수행할 수 있을 것이다.

---

5 이 비판적 · 창의적 사고능력의 함양은 앞으로의 지식산업사회/지식기반사회/지식정보사회에서 실로 교육의 핵심이 되어야 할 과제다. 종래의 한국의 교육이 중등, 고등교육 모두 이 점에서 대변혁을 해야 한다. '압축적인 산업화'를 위해 불가피했던 암기능력 중심의 지식누적 및 확장 교육만으로는 더 이상 발전의 엔진 역할을 못한다. 그렇다고 지식교육이 불필요하다고 보아서는 안 된다.

6 "논술 (글쓰기) 교육"이 왜 결정적으로 중요한지, 대학에서 왜 논술시험을 중시하는지, 깊은 이해가 확산되어야 한다. 체계적이고 지속적인 안정된 의사소통과 이를 토대로 한 공동체 생활의 영위에 필수적인 것이 바로 文字文解(Lieracy)였으며, 그래서 이것이 교육의 기본이었음을 상기하자. 오늘날에는 이 문자문해 외에 "정보문해"(Information Literacy) 능력이 추가적으로 긴요한 것이 되었다. 문자문해능력의 상위수준에 수동적 이해 아닌 능동적 설득이 놓이며, 논증적, 설득적, 문제해결적 글쓰기와 말하기로 나타나는 이 능력이 바로 리더십의 기본이 된다.

(3) 한국대학의 현실 변화

다행인지 불행인지 대학의 현실이 크게 변화했고 이로 인해 대학 교육에 대한 수요자의 요구가 더 강해지고 커졌다. 대학의 양적 팽창과 무분별한 학과 증설은 더 이상 할 수 없게 되었다. 지난 30-40년간 대학에 그 많은 학과가 생긴 것은 학문의 분화에 발맞춰 이뤄진 것이라기보다는 학생정원을 늘려 재정을 확충하려는 교육외적 이유에서 이루어진 것이 현실인데,[7] 입학지원 학생수가 대학정원보다 적어지는 상황에서 이는 이제 불가하게 된 것이다. 대학 입학 학령 인구의 감소는 오히려 대학에 대한 학생의 요구를 더 강하고 큰 것으로 만들었다. 구체적으로는 대학이 고등교육의 기회를 종적으로 또 횡적으로 개방하여 학생들의 진학 및 전공선택의 기회를 확대해야 한다는 것이다.

3) 학부제의 적합성

이상 언급한 심각한 변화들을 진지하게 고려하면서 학부제의 적합성 여부에 대해 숙고해 보자.

먼저 창의적이고 비판적인 사고의 능력 및 의사소통능력을 함양하는 교육을 생각해 보자. 이 교육은 범(汎)전공적인 기초교육이요, 이는 전공교육만을 중시하는 학과제에서는 큰 성과를 거두기 어렵다. 이 기초교육을 강화하는 일은 오히려 여러 전공분야들이 통합되고 그 안에서 공동의 교육적 요구를 구현하고자 하는 학부제에서 더 효과적으로 이루어질 수 있다. '학부'(Faculty)의 영역을 아주 확대시켜 '학부대학'(University College)까지 설립하여 운영한다면, 이 기초교육의 강화는 가장 바람직하게 구현될 수 있을 것이다.

이 기초교육보다 더 중요한 것은 다학문적-학제적(multi-disciplinary,

---

7 1994년 당시 대학 전체의 학과 수 557개

inter-disciplinary) 연구와 융복합적 교육에 대한 수요다. 우리에게 주어지는 문제들은 앞으로 더욱 더 여러 요인을 동시에 복합적으로 포함하는 '복합적'인 것들이 될 것이다. 인간의 욕구 자체가 복합적인 것인데 이를 충족시키는 수단이 기술적으로 이에 부응할 수 있게 되면, 복합적 욕구 충족의 기대는 더욱 증폭될 것이기 때문이다. 기술들, 산업들 간의 융복합화가 이를 말해 주고 있다. 이렇듯 문제 자체가 복합적인 것으로 변모하면, 그 해결을 위한 모색과 연구도 다각적-입체적-복합적이지 않을 수가 없고 이를 기초로 하는 대학교육도 융복합적으로 이루어져야 할 것이다. 복합적 문제해결을 할 수 있는 실질적 능력뿐 아니라 문제 전체를 조망하여 그 해결의 방향을 잡을 수 있는 안목과 통찰력까지도 요구하는 이러한 새로운 교육적 수요를 과연 각 학문분야의 독자성이 거의 배타적으로까지 작용하는 학과제에서 충족시킬 수 있을지 의문이다. 그보다는 여러 전공분야가 혼융되어 다학문적-학제적 연구와 융복합적 교육을 가능케 하는 학부제가 훨씬 더 효과적으로 이 교육수요에 부응할 것이다.

다음으로는 오늘의 한국대학이 당면하고 있는 현실적인 문제에 대해 생각해 보자. 대학 입학 학령 인구의 감소로 인해 입학지원 학생수가 대학의 입학정원보다 적어지는 상황에서 이제는 학과 증설을 통한 대학의 양적 팽창은 생각하기 어렵게 되었고, 오히려 무분별하게 증설된 학과들의 통폐합이 더 절실한 문제가 된다. 나아가 대학에 대한 학생의 학업상의 요구를 더 크게 수용해야 하는 상황으로 반전된 것이다. 학생들의 진학 및 전공 선택의 기회를 확대해야 하고 그러기 위해서는 대학교육의 기회를 종적으로 또 횡적으로 개방하여야 할 시점에 이른 것이다. 이와 같은 상황진단이 틀린 것이 아니라면, 입학부터 학생의 흥미, 적성, 학업목적보다는 성적에 따라 학과를 선택하는 이제까지의 관행은 지양되어야 함이 분명하고, 그렇게 하자면 학부제를 전제로 한 신입생 모집단위 광역화는 환영해야 할 일이다. 학과제 아래에서 만연했던 입학원서 제출 창구의 치열한 '눈치작전'은 어느 모로 보나 비교육적이고 비생산적인 현상이었다.

학과제 아래서의 교육적 모순 가운데 가장 중요한 것은 적지 않은 학생들, 특히 기초학문 분야의 학과에 소속된 학생들이 본인의 수학 목표와는 무관하게 학업을 수행할 수밖에 없다는 점이다. 기초학문 분야는 처음부터 일반적인 직업적 전망은 없는 분야로, 그 핵심 목표는 학문연구와 학문후속세대 양성을 위한 교육에 있다. 따라서 기초학문 분야 학과의 커리큘럼은 대체로 대학원에 진학하여 학문에 종사하는 소수 학생들을 위한 내용으로 구성되어 있기 마련이다. 그럼에도 학자양성을 위한 이 교육과정을 일반 직업을 염두에 둔 대부분의 학생들이 이수할 수밖에 없도록 되어 있는 것이 학과제의 현실이다. 그런가 하면, 학문후속세대 양성이라는 본래의 목표와는 거리가 먼 학사과정의 학생교육에 인적 · 물적 자원의 거의 전부를 투입하는 반면, 정작 본래 목표를 위한 대학원 과정 운영은 대부분의 대학에서 부수적인 과제로 취급되는 점이 한국대학에서 학과제의 현실이다.

대부분의 학생이 원하는 직업 지향 교육도 안 되고 강도 높은 학문후속세대 양성을 위한 교육도 안 되는 것이 특히 기초학문분야 학과제의 현실이라면, 학부제는 적어도 이를 극복할 수 있는 활로를 열 수 있다는 점에서 적극 검토해볼 만한 제도이다. 특정 전공 학과에 국한하지 않고 '학부'에 소속되어 다양한 기초학문분야의 학업을 이수함으로써 견고한 기초학업능력 및 종합적 안목을 갖춘다면, 졸업 후 일반대학원에 진학해 학문연구의 길로 나아가든 법률가, 의사, 고위 공직자, 고급경영인 등 고급 전문직 분야로 나아가든 학사과정에서의 학업이 크게 기여할 것이 분명하다. 이는 학과제가 안고 있는 두 가지 문제를 일거에 해결하는 방책이 되진 않겠지만, 이를 상당 부분 해소할 수 있는 길이 될 것이다.

마지막으로, 국내외적인 문제 상황을 생각해 보도록 하자. WTO체제 출범에 따라 고등교육시장이 개방 추세에 있으며 이로 인한 국내외 대학 간의 경쟁이 불가피해져, 연구 및 교육의 질적 경쟁력 강화가 시급히 요구되고 있다. 교육시장의 개방, 자유화를 우려하기 이전에, 국내 대학이 이렇게 팽창했음에도 불구하고 여전히 구미 유학을 선호하는 이유를 생각해 보아야 하고, 아예 중등교육과정부터 구미에서 교육받으려는 이른바 '조기유학생'의 급증 현상이 함의하는 바를 숙고해야 한다. 결국 한국 교육 전체의 질적 선진화를 위해 대학의 학문적 수월성을 제고하기에 적합한 교육구조를 검토해 볼 필요가 있다는 것이다. 세계인과 경쟁하려면 세계인과 지적 지평을 공유해야 하고 거기서 이기려면 그보다 더 우월한 지적 능력을 가져야 할 것이기 때문이다.

4) 학부제의 정착을 위하여

필자가 '학부 없는 학부제'라고 그 사이비적 측면을 부각시켜 혹독한 비판을 했었지만, 그간의 학부제 시행이 전혀 무의미하고 아무런 성과도 없다고 보진 않는다. 일단 대학교육의 새로운 방향을 제시했다는 점은 높이 평가해야 할 것이고, 가시적 성과로서 학생들의 실질적 학업선택권을 획기적으로 확장시켜 왔다는 점도 간과해서는 안 될 것이다. 실은 이를 단번에 수용하지 못하는 우리의 교육적 현실을 외면할 수도 없는 일이다. 문제는 이제부터라도 진정한 학부제의 정착을 위해 이를 예비하는 과도기적 실현 방안을 모색하고 이를 점진적으로 실행에 옮기는 데에 있다.

(1) 당시 학부제의 문제점

이를 위해 먼저 당시 시행했던 학부제 아닌 학부제의 문제점을 점검해 보자.

첫째, "학부제"의 근본 취지가 관계 당국과 대학들 사이에서 정확히 이해, 수용되지 않았다. 이 제도는 대학 구조개혁, 학사구조 개편, 대학의 특성화 및 유형화, 대학 자율화 등 고등교육정책 전반과 밀접하게 관련되어 있는 중요사안임에도 불구하고, 관련자들 간의 인식 또는 공감대 부족으로 유기적인 연계성 또는 일관성 없이 진행되는 경향이 있었다.

둘째, 각 대학이 학부제의 필요성을 인식하여 자발적으로 시행한 것이 아니라, 교육부의 권유가 재정지원과 연계되어 준 강제로 수용되는 모습을 띠었다. 그래서 대학들은 연구와 교육의 내실을 기하려는 기획보다는 외적인 형식적 요건을 갖춰 재정적 지원을 받는 데에만 관심을 갖게 되었었다.

셋째, 그 결과 "학부제"는 획일적으로, 그리고 형식적으로만 시행되었다. 그래서 학부제가 정작 시행되어야 할 분야에서는 학부제가 시행되는 겉모습을 보였을 뿐, 진정한 의미의 "학부" 구성이 이루어지지 않았다. 그리고 "학부제"가 불필요한 영역에서도 억지로 시행되었으며, 그 과정에서 병합된 "큰 학과"가 곧 "학부"라는 오해 아래 무리한 학과 병합도 추진되었다.[8]

넷째, 그러다 보니 "학부"에서의 교육을 위한 나름대로의 교육과정이 마련되지도 않았다. "학부"가 실제로 존재한다면, 이 학부에 속한 학생들이 공유하는 "커리큘럼"이 있어야 할 텐데, 그것이 "전혀" 없었기 때문이다. 같은 학부 내의 전공들이라면 하다 못해 몇몇 과목이라도 공유하는 것이 있어서, 즉 소위 "cross listing"되는 과목이 있어서, 이들이 학문적으로 유기성을 지녀야 될 것이다.

다섯째, 학부제 시행의 최소 요건인 "모집단위 광역화"가 학부제 시행의 전부인양 왜곡되어, 결과적으로 근본 취지와는 반대로 기초학문 분야가 위축, 약화되었다. 학부제 시행의 전제로 모집단위가 광역화되는 과정을 통해 일어난 악성 부작용 중 하나가 기초학문 붕괴이다. 모집단위를 광범하게 넓힐수록 학생들에게는 전공선택 기회의 폭이 넓어질 것이고, 학교로서는 더 우수한 학생을 유치할 수 있다고 믿게 되기 때문에,

---

8 "학부제"가 시행되려면, 문자 그대로 "학부"(Faculty)가 구성되어야 하는데, 학부제가 시행된 어느 대학에도 명실상부한 "학부"가 구성되었던 곳은 없다. 대학 조직표에는 "○○학부"라고 제시되어 있지만, 실제로는 몇몇 학과를 "서류상으로만" 병합해 놓은 것이지 "○○전공"이라는 이름으로 "학과"가 그대로 상존하는 것이 현실이다. 현실적으로 대학에서는 병합된 전공들의 수효가 많으면 "○○대학"이라는 학과제 시절의 명칭을 쓰고, 그 수효가 적어 규모가 작으면, "○○학부"라고 명명하기도 한다. 경우에 따라서는 하나의 학과이지만, 학생이나 교수의 수가 많으면 "○○학부"라고 명명하기도 한다. "학부"라는 명칭에 대한 기본 이해도 없이 "학부제"가 시행되어 온 것이라고 볼 수 있다.

전공분야의 성격을 면밀히 고려하지 않고 말 그대로 하나의 광범한 모집단위 속에 여러 전공분야를 망라하게 되었다. 그러나 이렇게 해서는 학생들이 전공을 선택할 때, 직업교육적 성격이 강한 전공분야와 학술연구 지향의 성격이 강한 전공분야가 평면적으로 경쟁하게 되고, 여기서 학문 지향적 성격이 강한 기초학문분야의 전공이 대부분의 학생들에게서 외면당해 이 분야가 더욱 위축되는 결과가 빚어지는 것은 당연하다.

(2) 학부제의 정착을 위한 방안

이상이 당시 학부제 10년의 현실이라면, 앞으로는 어떻게 해야 될까? 앞에서 제시한 세 가지 선택지 중 어떤 것을 택해야 할까? 학과제로 돌아간다는 것은 앞서 말한 교육환경의 변화를 외면하는 처사다. 당시처럼 사이비 학부제를 그대로 밀고 나가는 것은 위에서 말한 부작용 때문에 안 될 일이다. 그러고 보면 근본 취지를 충분히 살려 진정한 의미의 학부제를 시행하는 길 밖에는 없다. 이를 위해선 원칙적으로 다음과 같은 조치가 필요하다.

첫째, 학부제를 시행하려거든 학과는 폐지하고 명실상부한 "학부"를 설립해야 한다. 학부제 시행의 핵심은 학부의 설립에 있다. 다양한 학문 분야의 교수진이 속하는 연구공동체이자 동시에 학생들이 다양한 학문을 학습하는 학업공동체인 학사구조 상의 한 단위기관으로서 "학부"가 설립되어야 한다. 그리고 그 "학부" 전체에 적용되는 교육과정을 편성 · 운영해야 한다. 교수진 및 대학원생은 대학원 과정을 운영하는 각 전공 또는 학과에 그대로 소속되어 있더라도, 적어도 학사과정의 학생만큼은 '칸막이된' 전공 학과에 갇히지 않은 가운데 여러 분야의 학업을 할 수 있어야 학부제의 교육적 목표가 성취된다.

둘째, 학부제는 적합한 분야에만 시행하도록 해야 한다. 연구 및 교육공동체로서의 학부를 구성하는 것이 과연 연구와 교육에 더 적합한 것인지, 이 문제를 학문 분야별로 차별적으로 검토하고 난 후에, 필요한 분야에서는 이를 적극적으로 시행하고, 그렇지 않은 분야에서는 굳이 학부제를 시행하지 말아야 한다.

직업교육과는 거리가 먼 학문지향적 교육이 이루어지는 기초학문분야에서는 이것이 꼭 필요하고, 직업교육을 목표로 하는 분야에서는 그 직업활동의 수준에 따라 이것이 꼭 필요하지는 않을 수도 있다. 전문직업지향 교육분야라 하더라도 심화 학습이 필수적이라면 다학문적 학부제 교육이 필요하겠지만, 대학 졸업 후 당장 (다소 하급 수준의) 직업활동을 하게 될 전문대학 재학생의 경우 학부제에서의 융복합적 교육이 반드시 필요하지는 않을 것이다.[9]

기초학문분야의 경우 현재 학과(또는 전공)에서 시행되고 있는 교육의 가장 심각한 문제는 그 교육과정이 전체적으로 해당 전공학과의 대학원 진학을 염두에 둔 학사과정 교육임에 반해, 이 교육과정을 이수하는 대부분의 학생들은 학사과정의 수료로써 대학을 졸업한 후 대개 준비 없이 직업생활에 뛰어들어야 한다는 점이다. 현실적합성이 없는 교육이 이루어지고 있다는 말이다. 따라서 본질적으로 직업교육이 될 수 없는 기초학문분야는 ① 학문후속세대 양성의 과제를 감당하면서 동시에 ② 우회적으로 고급 전문인력 양성을 위한 기초 학업을 담당해야 할 것이다. ①의 경우 창의적 연구의 기초를 위해서도 ②의 경우 통합적 안목과 통찰력의 함양을 위해서도, 기초학문분야에서는 융복합적 다학문적 교육이 이루어지는 것이 바람직하고 또 필요하다. 이렇게 보면, 기초학문분야에서는 학부제가 꼭 필요하고, 보통 수준의 특정 분야 직업교육을 담당하는 실용학문분야에서는 그 필요성이 다소 약화된다고 할 수 있다.

셋째, 모집단위 광역화는 물론 견지해야 한다. 입학생을 학과단위로 선발하지 않고 그 모집단위를 광역화하는 것은 학부제의 시행을 위해 필요한 기본적인 예비조치일 뿐이다. 모집단위를 광역화하는 것으로 학부제가 시행된다고 간주한다면 이는 큰 착각이다. 어떤 학부가 전

---

9 석박사과정까지 이수하여 좀 더 창의적인 전문인이 되려면 학부제의 융복합적 교육이 필요할 것이다. 이른바 "Mechatronics"라는 분야의 등장처럼 공학들 간의 융복합만이 아니라 다른 사회과학적 지식까지도 공학교육에 필요하다는 각성이 생기는 것은 엔지니어 출신 경영인들이 증대되는 추세를 보면 당연한 것이기도 하다.

공을 정하지 않은 신입생을 받아들인 후, 1년여의 학업 끝에 이들이 전공을 좀 더 현명하게 선택하게 하고 이후에는 오직 그 전공학업에만 몰두하게 한다면, 이는 학과제를 원활하게 운영하기 위해 학생모집의 방법을 개선한 것에 불과한 것이지, 학부제의 시행과는 무관한 것이다. 진정한 학부제가 시행되려면, 학부단위로 입학한 학생들이 졸업할 때까지 그 학부에 속하면서 학부 차원의 교육과정을 이수할 수 있어야 한다.

학부제 시행후 대체로 교육적 성과로 인정받는 것이 '학생의 전공선택 기회 확대'라는 것인데, 이는 물론 모집단위를 광역화한데서 온 긍정적 성과다. 그리고 모집단위 광역화의 결과 우선 눈에 보이는 가시적 조치가 이것이라는 이유에서 대학마다 이를 시행하는 것으로 학부제 시행을 가름코자 하였고, 교육부에서도 이를 학부제 시행 여부의 기준으로 삼았지만, 실은 이는 피상적인 조치였다. 학생의 학업 선택권 확대를 위해서라면 학부제만이 꼭 필요한 것은 아니요, 복수전공제나 제한 없는 전과제 등만으로도 소기의 목적을 달성할 수 있을 것이다.

넷째, 각 대학은 그 대학의 고유한 목적과 특성을 고려하여 대학 전체로서 또는 그 대학 내의 학문 분야별로 유형을 정하고, 이에 비추어 학부제의 적합성을 검토한 후 시행 여부를 결정하도록 해야 한다. 대학 또는 대학내 분야의 유형화를 위해 기준으로 생각해 볼 수 있는 것이 첫째, 학문탐구지향이냐(1) 직업교육지향(2)이냐, 둘째, 대학원과정(연구) 중심(a)이냐 학사과정(교육) 중심(b)이냐 하는 두 가지이다. 이 두 가지 기준을 결합시켜 보면 다음 표에서처럼 다음과 같은 네 가지 유형이 성립한다.

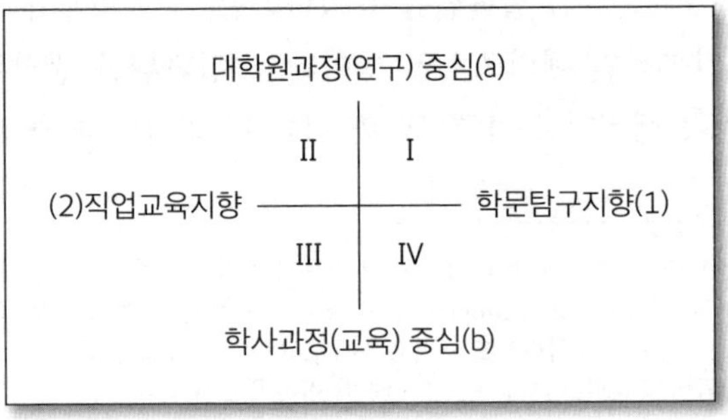

I 유형(1-a): 기초학문분야의 소수의 최우수 두뇌집단의 대학, 인문학, 사회과학, 자연과학분야를 아우르는, 혹은 이 중 한 두 분야만을 특성화하여 담당하는 '일반대학원' 중심의 대학, '학문후속세대' 양성 대학, 응용학문, 직업교육과는 거리가 먼 대학

II 유형(2-a): 전문 분야의 고급인력을 양성하는 '전문대학원' 중심의 대학. 의학전문대학원, 법학전문대학원, 행정대학원, 경영대학원, 교원전문대학원 등

III 유형(2-b): 제조부문, 서비스부문 등을 중심으로 한 일반적인 전문 직업분야의 산업인력의 근간을 양성하는 대학. 공과대학, 약학대학 등

IV 유형(1-b): 학문 연구의 길로 가거나 어떤 전문 직업분야로 나가기 위해 대학원과정으로 진학할 학생을 위해 고등 교양기초교육을 충실히 하는 대학. 기초학문분야의 기초적 학업이 근간을 이룸

이렇게 보면, 학부제의 시행을 위해 구성될 "학부"의 형태도 이 유형에 따라 다양해질 수 있다. 학사과정만 있는 III, IV 유형이 특히 문제다. 먼저 III 유형에서는 교육 트랙을 두 가지를 두어 II 유형의 대학원으로 진학할 학생의 경우만 아래의 "D형 학부"에서 교육하고 대학원 진학을 하지 않는 학생은 종전의 "학과"에서 교육한다. IV 유형에서는 구성원의 컨센서스와 교육여건 등을 고려하여 아래의 "F형 학부"나 혹은 "C형 학부대학"에서 교육한다.

D형(Department)은 엄격한 의미에서는 "학부"라고 할 수 없고 실은 "대규모 학과"이지만, 그 분야의 성격상 이로써도 교육적 성과는 충분하리라 본다. F형(Faculty)이 바로 유사한 학문분야들을 통합하는 전형적인 학부이고, C형(College)은 대학 전체를 하나의 학부로 삼는, 더 과감한 학부 형태라 할 수 있다. 물론 학부에서든 학부대학에서든 졸업 전 적당한 때에 전공학업을 학생 스스로가 선언할 수는 있으나 이것이 융복합

적 교육을 약화시키지는 않아야 한다.

'학부'의 유형

대규모 학과(D)	학부(F) *무전공제 / 3학년부터 전공제* 등 다양	학부대학(C) *무전공제 / 3학년부터 전공제* 등 다양
예: 기계공학과 + 기계설계학과 / 전기전자컴퓨터공학과	예: 인문학부 / 사회과학부 / 자연과학부	예: 학부대학 / Harvard College / 동경대 고마바 캠퍼스

(3) 학부제 정착을 위한 과도기적 예비책

학과제도에 오랫동안 익숙해져 온 대학 구성원들은 대부분 이상에서 제시한 방안이 현실적으로 시행하기 어려운 것이라고 판단할 것이다. 그리고 이들이 이렇게 판단하는 한, 이 통념이 약화될 때까지 진정한 의미의 학부제는 시행되기 어려울 것이다. 이럴 경우 "학부제"의 역할과 기능을 부분적으로 대신할 수 있으면서 그것이 제대로 정착될 때까지 점진적이고 과도기적으로 시행할 수 있는 예비적 대안으로 다음과 같은 것을 기획해 볼 수 있다.

① 복수전공 또는 부전공의 의무화

학사구조 상의 제도적인 변화 없이 학부제의 새로운 교육적 성과를 거두기 위해 할 수 있는 일은 복수전공 또는 부전공의 의무화이다. 학생들이 3개 분야 정도의 학문 영역을 공부하도록 강제한다면, 이로써 다학문적 · 학제적 · 융복합적 교육의 성과를 어느 정도 거둘 수 있을 것이기 때문이다. 이는 지금이라도 시행토록 하는 것이 마땅하다. 다만 응용학문을 전공하는 학생은 반드시 순수 기초학문을 복수전공 또는 부전공으로 이수하도록 하는 것이 중요하다. 현재에도 복수전공제도가 있으나 이는 직업적 전망이 적은 학문을 전공하는 학생이 다른 응용학문 분야에서 직업교육을 받는 계기로 삼는 데 활용하고 있기 때문이다.

부차적으로, 학생의 학업 선택권 확대를 위해서는 학부제가 실시되지 않더라도 이 복수전공제 외에 제한 없는 전과제(轉科制)를 허용하는 것도 큰 기여를 할 것이다.

② 연계전공의 다양화, 활성화

몇몇 학문들의 복합으로 교육과정을 특정 주제에 초점을 맞추어 재구성하여 이를 새로운 전공으로 이수하게 하는 방법이 연계전공인데, 이 방안도 다양하게 개발하고 교육지원을 충실히 한다면, 융복합적 교육이라는 학부제의 목적을 달성하는 데 크게 기여할 것이다. 현실적으로 이 "연계전공"은 강제할 수 없는 것이고 또 종래의 전공 학문 관념에 친숙한 것이 아니어서 많은 학생들의 환영을 받고 있지는 못한 실정이다. 그러나 이를 전담하는 교수진이 확보된다면 새로운 학문과 교육의 영역을 개발하려는 열의가 이 제도를 활성화시킬 수 있을 것이다.

③ 교육과정의 교차: 과목의 중복설강

아주 소극적인 방법의 하나로 각 전공에서 타 전공의 과목들을 중복 설강함으로써 학생들이 오직 하나의 전공 학업에만 머물지 않고 이웃 학문을 접하도록 제도적으로 도와주는 장치이다. 학부제의 교육적 목적을 내실 있게 달성하기 위해서는 실은 학부제를 실시하기 전에 교육과정의 변화를 먼저 실험적으로 유도했어야 한다고 본다. 그런 의미에서 학과들을 넘나드는 과목들을 개발하여 공동 설강하는 커리큘럼 구성의 변양은 학부제를 예비하는 실질적 실마리가 될 수 있다.

학부제는 언젠가는 한국의 대학들이 시행하게 될 것이다. 세계적 수준의 대학이 출현하기 위해서 이는 불가피한 일이다. 인류의 문화사회적 삶의 양식이 바뀌는데, 이 삶을 기획하고 주도할 새로운 지식의 창출 방식이 종래의 것 그대로 머물러 있을 수는 없는 일이다. 이를 좀 더 효율적으로 앞당기기 위해서는, 교수진으로 이루어진 교육자의 자발적 · 창의적 노력과 정밀한 계획으로 이를 지원하는 정부의 행정적 노력이 요청된다.

※ 부기(付記): 융복합적 교육의 필요성에 대한 인식은 이 글을 처음 작성하던 10여 년 전보다 현격히 긍정적으로 확산되어 있다. 대학평가와도 관련이 있지만, 2017년경부터 복수전공을 의무화하거나 전공 외 특별교육과정('nano-degree' 혹은 'micro-degree' 등의 학업트랙)을 적극 권장하는 대학이 늘어나고 있는 것은 바람직한 현상이라 하겠다. '학부제'의 운영이 여전히 환영받지 못하고 있는 것은 역시 '학과중심주의'의 전통이 뿌리 깊다는 사실을 말해주고 있다.

2 한국 학부대학의 현주소와 그 발전 방향

90년대 중반 이후 대략 10여 년간 실제로 "학부"(faculty)는 없고 조직상 "학과(depart-ments) 병합"만 있는 사이비 학부제가 도입되어 대학교육을 많이 왜곡시켜 왔다. 그것은 실은 "모집 단위 광역화"에 지나지 않는 것으로, 신입생들의 전공 선택 기회를 보다 더 확장해 주는 결과를 낳을 뿐이었다.[1] 그 바람에 특히 인문학과 같은 기초학문 분야는, 너무도 당연하게 이 분야를 "전문적으로" 공부하려는 "전공 지망자"가 현격히 줄어들어, 그 학문공동체가 위축되는 현상을 보여 왔다. 이제 이런 부작용을 경험한 한국의 대학들은 대부분 종전의 학과제로 되돌아 갔고, 오히려 근래에 와서 다시 학부제를 검토하기 시작하는 대학들이 생겨나고 있다.

이 문제는 결국 연구와 교육에서 기초학문분야의 위상과 역할을 어떻게 설정할 것인가 하는 문제가 되는데, 학문후속세대의 양성에 중점을 두는 연구중심대학이 아니더라도, 대학이 직업학교가 아닌 대학다운 대학이라면, 아무리 직업적 전망이 어두운 기초학문분야라 하더라도 이 분야의 교육마저 포기할 수는 없기 때문에 피해 갈 수 없는 아픈 문제가

1 학생의 전공 선택권 확대를 위해서라면 학부제만이 꼭 필요한 것은 아니다. 복수전공제, 전과제 등으로도 이는 가능하다.

된다. 아무튼 이대로 갈 수는 없다는 진단은 여기저기서 나온다. 해당 분야 교수들은 대체로 종전의 학과제로 돌아간 것을 선호하고 있어서, 어떤 대학에서는 이런 교수들의 지지를 얻어 총장에 선임되기 위해 학과제 복귀를 공약으로 내건 경우도 있었다 한다. 그러나 시대의 변화를 멀리 내다보고 세계화된 정보사회의 불투명한 미래를 살아가야 할 학생들의 학업을 생각해 보면, 통념의 벽과 현실적인 장애를 극복할 의지를 굳건히 하고 앞으로 전진하는 것이 이성적이라고 생각된다. 학부대학의 설립이나 운영에 대해 숙고하는 일도 한국 대학이 처한 이러한 현실적 맥락을 떠나서는 이루어질 수 없는 일이다.

1) 학과-학부-학부대학의 정체

먼저 학과제, 학부제, 그리고 학부대학의 본래 모습을 바로 이해해 보자.

학과제(Department System)란 분화된 전공 학문 분야별로 연구 교육의 독자적 단위 기관을 '학과'로 구성하여, 교수와 학생이 이에 함께 소속되는 제도를 가리킨다. 거의 모든 한국의 대학들이 이 제도를 유지하고 있다.

학부제(Faculty System)란 동질적 성격을 갖는 학문 분야들을 통합하여 광범한 학문계열별로 연구 교육의 독자적 단위 기관을 구성하는 제도를 말한다. 대표적인 예로 인문학부, 사회과학부, 자연과학부 등을 들 수 있으며, 경우에 따라서는 전기전자통신공학부, 메카트로닉스 학부 등 세분화된 전공이 통합된 대과(大科)를 준(準)학부로 간주할 수도 있다. 이 학부제에서도 과도기적, 혹은 절충적으로 교수는 전공별 학과에 소속하도록 허용하고 학생들만 학부에 소속되도록 할 수도 있다. 또 학생은 특정 학문을 "전공"으로 미리 정하지 않고, 단 자원자에 한해 학업내용에 따라 중점 학업분야를 전공 혹은 부전공으로 선언하도록 할 수도 있다.

학부대학(University College)은 가능한 한 기초학문분야 전체가 하나로 통합된 연구 교육 기관이다. 학부제의 가장 완전한 형태가 곧 학부대학이라고 말할 수 있다. 여기서도 교수는 과도기적으로 혹은 절충적으로 전공별 학과에 소속될 수도 있다. 그리고 학생은 특정 전공 학과에 소속되지 않으면서도 자원자에 한해 학업내용에 따라 중점 학업분야를 전공 혹은 부전공으로 선언하도록 할 수도 있다.

여기서 우리는 학과제(Department System)에서 학부제(Faculty System)에로의 이행이 요구되었을 때 그 교육적 함의가 무엇이었는지 우선 되돌아 짚어보기로 하자:

산업화 시대에는 산업의 분업화에 보조를 맞춰 학문의 분화가 이루어졌고 세분화된 특정 전문분야들이 총체적인 지식의 체계를 형성했다. 이 체계 안에 특정 지식의 위계적 정위가 있게 마련이고, 여기서는 지식의 정체성, 안정성, 지속성이 견지되었다. 학적 지식의 이러한 성격이 대학에서 단과대학 및 그 안의 각 전공학과라는 제도로 정착된 것은 적절한 일이었다.

그러나 정보화 시대에 들어와서는 산업의 융복합화에 따라 전문화된 지식의 유기적 통합이 필요하게 되었고, 지식의 체계보다는 지식의 네트워크 형성이 더 일반적이고 유의미한 양상이 되었으며, 지식의 위계적 의의보다는 지식의 총괄성이 더욱 필요하게 되었다. 따라서 학문간에도 융복합이 요구되었으며, 교육적 수요도 바뀌어 다학문적 학업을 통한 다양한 지식의 습득이 필요하고, 창의적 사고력과 종합적 · 조망적 안목의 함양이 필요하게 되었다. 이제 그 배경을 살펴보자.

2) 새로운 교육수요의 내용[2]

'정보통신기술'(ICT)의 혁명적 발전으로 인해 커뮤니케이션을 중심으로 한 문화적 삶의 영역에서 큰 변화가 일고 있다. 시공체험의 양식이 근본적으로 변모함에 따라 인간의 욕구체계 및 이의 충족 양식도 크게 변화하게 된다. 자연적 · 물리적 세계의 시간적 순차성(順次性)과 공간적 배타성을 뛰어넘는 디지털 기술은 '거리(距離)의 소멸'과 '시간의 증발'을 그 결과로 가져온다. 그리고 이 현상은 사람들로 하여금 순차와 단계를 무시한 채 동시적 총체적 욕구충족을 기대하게 만든다. '기술의 융복합'과 이에 기초한 '산업의 융복합'이 이 기대에 부응해 복합적 욕구충족을 실현시킨다. 이런 트렌드가 경제활동에서 대세를 이룬다. 기업이란 소비자의 물질적 문화적 욕구를 충족시키는 산업을 추구하게 마련이기 때문이다. 정보시대의 현대인이 융복합적 욕구충족을 요구하는 이상 산업형태도 융복합적 기술을 활용하여 이에 걸맞는 변신을 하는 것이 당연하다. 이를 실현시키는 알고리즘(algorithm)의 개발이 산업의 중추가 된다. '지식산업'이라 일컫는 것이 바로 그것이다.

특히 커뮤니케이션의 양식이 달라짐에 따라 인간의 공동체적 삶의 방식에도 변화가 온다. 무엇보다도 각급의 조직이 구성되고 운영되는 방식이 달라져, 공동체적 삶의 '유목화' 현상이 나타난다. 계층이 다원화, 분산화되고, 사회조직이 탈위계화, 네트워크화된다. 중앙이 주변을 통제하고 지시하는 중앙집중적 조직이 정보를 골고루 공유하는 '노드'(node)들이 횡적으로 연결되는 분산적 네트워크로 바뀐다(탈중심화). 그 결과, 사회적 활동 영역의 경계가 흐려지고(탈영토화), 사회 조직의 폐쇄적 독자성이 와해되는 가운데 개방적 관계가 확산된다. '세계화'란 이 현상이 가장 넓은 영역에서 일어나는 모습이라 할 수 있다.

디지털 혁명이 초래한 사회문화적 파장을 감안하면 지식사회의 지형이 변하지 않는다는 것은 생각하기 어렵다. 지식의 본성 및 형태, 창

---

2 이하 앞서 I부 1, 2장에서도 이미 언급한 내용임. 논의의 흐름을 위해 재기술함.

출 및 전파 방식, 사회적 역할 및 파장 등에도 심대한 변화가 오는 것은 너무나 당연하다.

시간적 순차성과 공간적 배타성을 뛰어넘는 시공체험의 방식이 동시적 총체적 욕구 충족을 기대하게 하므로, 이에 요구되는 지식도 융복합적 성격을 띠지 않을 수 없게 된다. 달리 말하자면, 정보사회에서 해결을 요구하며 주어지는 문제는 복합적 지식에 의해서만 해결될 수 있다는 말이다.

분업으로 생산성을 극대화시켜야 했던 산업사회에서는 요구되는 지식도 전문분과적인 것이었다. 그러나 복합적 욕구충족을 위한 복합적 산업활동이 전개되는 정보사회에서는 지식 또한 복합적이고 총체적인 것이 되어야 그 역할을 다한다. 하나의 상품을 개발하는 데도 거기엔 정치경제적 사회의 변화, 그 기초를 이루는 문화의 흐름, 시대의 사상적 기조 등에 대한 이해, 더 나아가 규범적 가치론적 문제에 대한 인문적 소양 등등이 동시에 함께 요구된다.

3) 대학교육의 새로운 정향[3]

이런 변화와 더불어 지식-정보의 역할이 그 어느 때보다도 결정적인 것이 된 '지식기반사회', '지식산업사회'에서 그 변모된 지적 지형에 맞게 대학의 연구와 교육이 변신해야 함은 당연한 일이다.

이제 교육은 기성 지식의 전달-전수가 아니라, 지식을 스스로 창출하고, 응용하고, 적응할 수 있는 기초능력을 길러주는 일이어야 한다. 정보의 홍수 속에서 적실성 있는 유용한 정보를 선별할 수 있는 비판적 사고의 능력, 새로운 정보를 산출하는 창의적 사고의 능력, 자신의 사유 내용을 공동체 구성원과 공유할 수 있는 사회적 의사소통능력 등 기초 능력을 길러내는 교육이어야 한다. 그리고 더 나아가 이제 대학교육은

---

3 이하 앞서 III부 1장 1절에서도 언급한 내용임.

세분화된 분야들의 위상을 전체 속에서 가늠하는 안목과 통찰력을 함양하는 교육으로 바뀌어야 한다. 총체적 · 종합적 사유가 아니고선 여러 분야에 걸쳐 있는 복합적인 문제를 해결할 수 없기 때문이다. 그러기에 대학교육도 다학문적 · 학제적 융복합교육으로 전환되어야 한다.

이 융복합적 교육에는 '이성과 감성을 넘나드는' 능력을 함양하는 교육도 포함된다. 사유와 감각을 융합 호환하는 디지털 기술을 활용하여 새로운 콘텐츠를 개발할 수 있기 위해서는 합리적인 과학적 · 수학적 사유의 능력뿐 아니라 예술적 감수성, 인문학적 직관, 도덕적 성찰 등이 함께 어울어져야 하기 때문이다.

4) 교육과정의 쇄신: 기초학문 중심, 융복합교육의 강화

그렇다면 융복합교육의 시행을 위해 필요한 것은 무엇인가? 융복합교육의 실현을 위해 일차적으로 해야 할 일은 교양기초교육의 강화 및 심화다. "세분화된 분야들의 위상을 전체 속에서 가늠할 수 있는 총체적 · 종합적 사유의 능력"을 기르는 교육, "정서적 감응능력과 합리적 사고능력"을 함께 길러 "사유과 감각을 호환 및 융합케 하는" 능력을 토대로 "이성과 감성을 넘나들게" 해주는 교육이야말로 본래 전인교육을 목표로 하는 교양기초교육이기 때문이다.

여기서 우리는 먼저 "교양기초교육"에 대한 왜곡된 통념을 버려야 한다. 교양기초교육이란 학문적 깊이가 없는, 입문적인 초급 수준의 교육이거나, 학문적 성격은 약한 취향지향적인 여분의 교육이거나, 그렇지 않다 하더라도 전공교육에 비해 볼 때 받아서 나쁠 것은 없으나 꼭 필요한 교육은 아니라는 피상적 편견이 바로 그런 통념이다. 진정한 의미에서 교양기초교육은 전공교육과 나란히 대학교육의 핵심을 이루는 것으로 그 학문적 깊이와 성과가 오히려 전공교육보다도 더 높은 수준의 것이어야 한다.

교양기초교육을 강화하고 내실화하기 위해서는 ① 우선 이를 학적 보편성이 강한 기초학문 분야가 전담하도록 하고, ② 기초학문분야의 다양한 모든 영역, 인문학, 사회과학, 자연과학이 균형을 잃지 않도록 각 영역이 두루 참여하도록 해야 한다. ③ 그리고 그 학업의 양은 적어도 전체 학업량의 3분의 1 이상이 되도록 해야 하며, ④ 그 교육 내용이 학문적 깊이가 있으면서도 새로운 문화적 현실에 부응하도록 지속적으로 쇄신해 나아가야 한다.

특히 중요한 것은 기초학문 분야의 깊이 있는 학술적 연구 내용을 교과목으로 빚어내는 교육적 노력이다. 기초학문 분야에서는 학문적 연구가 현행처럼 단순히 전공 교육에만 기여하는 것이 아니라 교양기초교육에도 심도 있게 기여해야 한다. 이를 위해서는 우선 해당 분야 각 전공 교과과정에 교양과목으로도 활용될 수 있는 전공과목들을 선별 혹은 개발하여 전공과 교양 영역에서 "중복 설강"(Double Listing)을 하는 것이 현실적으로 바람직하다.

교양기초교육만으로는 융복합교육의 목표를 달성하기 어려울 것이다. 따라서 전공교육의 영역에서도 상이한 전공을 복수로 선택해 수학하게 하는 것이 요구된다. 학사과정 전체를 전공의 획정 없이 여러 학문분야에 걸쳐 학업을 이행하는 학부대학의 경우가 아니고서는 복수전공 혹은 부전공제도가 융복합교육의 구현을 위해 꼭 필요한 제도다. 그런데 여기서도 '융복합교육'의 취지를 잘 살리기 위해서는 지켜져야 할 것이 있다. 즉 복수/부전공은 의무적으로 하도록 하되, 가급적 본 전공과는 다른 이질적인 학문영역에서 찾도록 해야 한다. 특히 응용학문 분야에서 제1선택을 하는 경우 의무적으로 기초학문분야에서 제2선택을 하도록 해야 한다. 대체로 응용학문분야의 학생들은 복수/부전공을 하는 경우가 거의 없고, 기초학문분야, 즉 인문학 분야나 사회과학 분야의 학생들이 취업을 염두에 두고 응용분야 중 어느 학과를 선택하는 경우가 대부분이기 때문이다. 사실 이는 융복합교육의 기본 취지와는 거리가 있는 것이다.

몇몇 학문들의 복합으로 교육과정을 특정 주제에 초점을 맞추어 재구성하여 이를 새로운 전공으로 이수하게 하는 방법이 연계전공인데,

이 방안도 다양하게 개발하고 교육지원을 충실히 한다면, 융복합적 교육이라는 목적을 달성하는 데 크게 기여할 것이다.

고등교육의 새로운 정향에 맞추어 융복합 교육 이념을 충실히 구현하기 위해서는 교과과정의 개선에만 머물게 아니라 장기적인 안목을 갖고 교육의 기본적인 제도적 틀인 학사구조 자체까지도 본격적으로 재구조화하는 것이 필요히다. 재구조화의 초점은 여러 분야의 교육 프로그램을 하나의 평면 위에 병치시키는 현재의 틀에서 벗어나 학업 목적과 학문분야별 특수성을 충분히 반영하여 다양한 형태로 성층화시키는 데에 있다.

5) 학부대학의 본래 과제

앞에서 설명했듯, 본래 학부대학(college)은 '학부'(faculty)들을 광범하게 통합한 교육 · 연구 기관이다. 물론 '학부'는 '학과'(department)들을 통합한 것이다. 따라서 학부대학은 전공학과의 구별 없이 여러 학문분야의 학업을 두루두루 편중 없이 교육 · 연구함에 아무 제약이 없는 기관이어야 한다. 이렇게 보면 융복합교육이 요구되는 21세기 정보사회에서 학부대학이 어떤 역할을 해야 하고, 또 할 수 있는지는 분명해진다.

지도자를 양성하는 '고등교육'은 본래 통합적인 교육이었다. 세미나리(Seminary), 칼리지(College), 태학, 성균관 등 교회의 지도자인 성직자나 국정을 담당할 관료 양성을 목표로 하는 고등교육기관에서는, 동서를 막론하고 '통합적' 교육이 필수적이었다. 특정 직업활동을 위한 직능교육은 이와 구분되는 것으로 고등교육은 아니었다. 산업화 과정에서 진행된 실용학문의 분화로 인해 오늘에 와서는 직업교육으로 변형된 '전공'교육이 대학교육의 주조를 이루게 되었지만, 이제 정보화 시대에 들어서면서는 사정이 달라져 직업활동에서도 수월성을 갖추어 지도적 역할을 하려면 융복합 교육을 받을 필요가 커진 것이다.

단순히 편제상 학과들을 병렬해 묶어 놓고 '학부'라고 일컫는 당시의 한국 대학 실정에서는 '학부대학'은 너무 멀리 있는 이상적 형태로 보이겠지만, 적어도 교양기초교육의 담당기관으로서는 우선 그 최소한의 역할을 잘 할 수 있다고 본다. 학부대학이 시대정신에 부응하는 그 교육적 과제를 완수하기 위해서는 ① 그 첫 단계로 먼저 교양기초교육을 충실히 수행해야 하고, ② 둘째 단계로는 전공학업으로서도 기초학문교육을 실시해야 한다.

첫 단계인 교양기초교육의 내실화 작업도 응용 · 실용 학문분야가 아닌 기초학문분야의 연구 성과로써 교육내용을 채워야만 특정 전공을 택하는 학생들에게 소극적이나마 융복합교육의 토대를 제공해 주는 셈이 될 것이다. 이는 응용학문보다는 기초학문이 보편적 내용을 담고 있어 그 지적 자산의 범용성을 보장할 수 있기 때문이다.

그 다음 단계로는 더 적극적으로 전공학업과정에서도 기초학문교육을 시행해야 할 것이다. 기초학문 분야에서 '교양'교육과 '전공'교육이 분리되지 않고 통합되는 것이 바람직하다면, 이 분야의 교육 전체가 학부대학의 큰 울타리 안에서 자리 잡는 것이 온당한 일일 것이다.

6) 국내 학부대학의 현실과 비젼

그러나 한국의 대학에서는 이러한 이상적인 학부대학의 모습을 찾아보긴 어렵다. 융복합 교육의 시대적 요청을 인지하고 이를 구현할 교육적 전략을 세우는 과정에서 학부대학(또는 이와 유사한 명칭의 교육기관)의 위상을 새로이 정립하고 이 방향에 맞추어 교육과정을 획기적으로 개선하는 대학이 있기는 하지만, 아직도 그 실체가 교내외에 구체적으로 알려진 대학은 찾아보기 어렵다.

국내 학부대학(또는 이와 유사한 명칭의 교육기관)들의 현실을 보면 대체로 다음과 같은 활동을 하고 있는 것으로 파악된다.

① 교양기초교육의 강화 · 심화를 위한 프로그램 개발

② 이의 구현을 위한 교양기초교육 총괄
③ 교양기초교육을 받는 학생들 중 다수를 차지하는 1학년 신입생들의 생활 및 학사지도
④ 특별한 학업지향을 갖는 특정 그룹의 우수 학생들에게 특별한 교육과정을 제공하는, 일종의 'Honors Program' 운영

①항에 머물러 있는 대학도 있지만, 대개는 ①, ②항의 활동을 하는 대학이 많으며, ③항의 활동까지도 하는 대학은 적고, 특히 ④항의 활동을 하는 대학은 아주 드문 형편이다.

문명의 전환기에서 변화를 겪는 새로운 교육 수요의 성격에 대한 통찰이 얼마나 깊은지, 그에 부응하는 새로운 교육의 실천에 대해 교내 구성원의 집단의지가 얼마만큼 확고한지, 그 정도에 따라 학부대학의 발전을 지렛대로 하여 대학 전체의 선진화를 추진하려는 기획에도 수준 차이가 있다고 해야 할 것이다.

10여 년 전에 이른바 '자유전공학부'라는 것이 대학가에 등장한 적이 있었다. 그 배경은 법학전문대학원을 설립하는 대학에서 학사과정 법학과에 신입생을 모집하지 못하게 됨에 따라 그 대체 신입생 모집단위로 '자유전공학부'를 설치하게 된 것이다. 그러나 그렇다 하더라도 운영의 묘를 살리면 융복합교육을 지향하는 학부대학의 앞날에 현실적인 디딤돌 역할을 할 것으로 보여 기대되는 바가 컸다.

'자유전공학부'의 본래 교육 목표는 학생들로 하여금 문자 그대로 '자유롭게' 공부하도록 함으로써 새로운 시대가 요구하는 교육수요에 부응하는 것이다. 만일 이 학생들에게 마음대로 전공을 선택하게 할 뿐 아니라, 기존의 전공 구분에 구애 받지 않고 이 전공분야들을 가로지르며 '자유롭게' 공부할 수 있게 한다면, 이는 융복합 교육의 실현을 위해 바람직한 일이 될 것이다.

자유전공학부를 단순히 우수학생을 유치하기 위한 모집단위로서만 취급하지 말고 독자적인 교육과정을 갖는 교육기구로 정착시켜, 여기에서 융복합교육이 구현될 수 있는 교육과정을 제공한다면, 이는 기존의

학사구조나 교육과정을 재구조화하는 어려움 없이 새로운 교육이념을 구현할 수 있는 좋은 계기가 될 것이다. 근시안적 이해타산에 사로잡혀 이를 오직 특정 전문교육기구로만 생각한다면, 이는 대학교육의 선진화를 도모할 수 있는 좋은 기회를 다시 잃고 마는 일이 될 것이다.

비록 그 출현의 직접적 계기가 법학전문대학의의 설립과 관계가 있다 하더라도, 그리고 실제로 법학전문대학원에 진학할 학생들이 이 과정에 많이 입학한다 하더라도, 그들의 학업지향에 부응하기 위해서라도 그 교육내용은 앞서 말한 융복합적 · 다학문적 학제적 성격을 띠는 것이어야 할 것이다. 그렇게 된다면 기초학문 교육을 담당한다는 학부대학의 두 번째 단계 목표를 달성하는 데에 한 걸음 다가서는 것이 될 것이다. 즉, 이 자유전공학부의 교육적 성취가 교내 다른 학부로 확산되어 교육내용 및 교육과정에 변화가 온다면, 이는 매우 기대할 만한 일이다. 그리하여 이 변화가 학사구조의 변화에까지 이르러 70년대 중반까지 각 대학마다 존재했던 '문리과대학'이 새로운 모습으로 '부활'한다면, 이는 매우 바람직한 일이다. 결국 학부대학 내의 작은 '자유전공학부'가 큰 '문리과대학'의 모판 역할을 하게 되는 것이요, 학부대학이 이런 지렛대 역할을 하여 대학 전체의 전진에 결정적 힘을 원천이 되는 것이다.

이런 점에서 각 대학 당국은 새로운 시대정신을 읽어내는 지혜를 지니고, 새로운 융합적 교육이념을 구현하는 대승적 자세를 갖추어, 학부대학을 단발성 실험이 아닌 장기적 포석으로 보고 그 발전을 위해 다각적인 노력을 해야 할 것이다.

3 대학교육의 이중과제와 교육구조개혁의 방향

1) 상충하는 두 가지 요구

오늘 한국의 대학이 감당해야 하는 고등교육의 과제에는 두 가지 서로 상충하는 것이 공존하고 있다. 대학교육에 대해 서로 상반되는 요청이 충돌하고 있다는 말이다. 다음의 신문 기사를 보자.

> 교육부와 한국연구재단은 지난 24일 서강대에서 '인문학 진흥방안 모색을 위한 종합 심포지엄'을 개최했다. (중략)
>
> 정부는 산업 수요 중심의 학과 개편과 정원 조정을 압박하고, 이를 빌미로 대학은 '돈 안 되는' 학과 통폐합을 밀어붙이려는 현실을 인문학자들이 강하게 비판하고 나섰다. 김혜숙 이화여대 교수(철학과, 한국인문학총연합회 초대 대표회장)는 "교육부와 대학 당국의 일방통행식 대학 구조조정은 인문학과 인문대학의 황폐화를 초래할 것"이라고 경고했다. 김 회장은 "학문 기반은 한 번 무너지게 되면 회복하기 매우 어렵기 때문에 구조조정이 건실한 인문대학과 인문학 연구의 기반을 무너뜨려서는 안 될 것"이라고 강조했다. (중략)
>
> 강영안 서강대 명예교수(철학)는 "인문학 학회에 가면 30 · 40대가 없다. 10년만 지나면 인문학자가 사라질 것"이라고 우려했다.

류병래 충남대 인문대학장(전국국공립인문대학장협의회장, 언어학과)은 한 지역 국립대에서 2008년 이후 6년간 교수가 22명 늘었는데도 인문학 교수는 14명 준 사례를 들었다. 그는 "이대로 가다가는 '인문학의 위기'가 아니라 '인문학의 고사'가 눈에 보이듯 뻔하다"라고 말했다. (중략). (교수신문, 2015.3.30)

이상의 주장은 단순히 인문학 분야에만 국한되는 것이 아니다. 다소 정도의 차이는 있겠지만 직업교육의 성격을 띠지 않는 기초학문분야의 교육에 대해 이러한 주장은 모두 적용될 것이다.

그런가 하면 다른 한편에선 고등교육에 대한 사회적 수요를 진지하게 수용하여 직업교육 성격의 응용학문 분야의 교육을 더욱 확장, 강화해야 한다는 주장이 큰 호응을 얻고 있다. 같은 심포지움에 참석했던 교육부 수장의 언급에서 이러한 상반된 입장을 확인할 수 있다.

"인문학은 모든 학문의 토대로 굳건히 자리잡아야 한다. 인문학 지원을 더 강화할지언정 조금도 후퇴하는 일은 없을 것이다." 황우여 사회부총리 겸 교육부 장관은 이렇게 강조했다. 그러면서도 지난 26일에는 내년부터 추진하는 '산업연계 교육 활성화 선도대학(PRIME)' 사업의 기본계획을 5월까지 마련하겠다고 밝혔다. 그 안에서는 산업수요 중심의 학과 개편과 더불어 인문학이나 기초학문 학과의 통폐합이 암시되고 있다.

그는 "학문 연구와 산업 수요 두 가지를 잡기 위해 다각적인 방안을 마련할 것"이라고 강조했다. "어떻게 보면 우리가 두 마리 토끼를 쫓는 것이다. 그런데 이쪽(취업)이 지금 굉장히 화급하다. 그래서 여기도 대대적인 재정 투여를 하려는 것이다. (중략) 교육부가 바라는 것은, 학생들이 공부하는 자유를 좀 보장해 주고 싶은 것이다. 그러면서 교수들이 바라는 학문을 하는 자유와 권한, 이런 것을 보장해주는. 어떻게 보면 투 트랙이다. 산업 수요를 무시할 수도 없고, 그렇다고 학문 기반이 무너지면 그건 더 큰 손실이다. 어렵지만 해내야 하는 투 트랙이다."(교수신문, 2015.3.30)

학생들이 원하는 학업, 그것은 현실적으로 취업에 유리한 학업이다. 사회적 현실이 이를 말해 주고 있다. 이를 부인하기 어렵다. 교육부 장관은 대학을 향해 이런 호소도 한다.

> 황우여 사회부총리 겸 교육부 장관은 26일 부산롯데호텔에서 열린 '2015년 전국 국공립대학교 총장협의회'에 참석해 "대학이 산업수요에 맞게 인력을 양성할 수 있도록 국공립대가 앞장 서 변화를 주도해 달라"고 주문했다. 황 부총리는 "현재 대학교육과 산업 수요가 맞지 않은 점이 문제다. 가령 사범대학 졸업생은 2만 3000명인데 이 중 4600명 정도만 임용된다. 나머지 1만 8000명은 어디로 가야 하나. 반면 이공계 인력은 30만 명이 더 필요하다. 산업수요에 맞게 대학의 시설이나 교원을 재배치해야 한다"고 말했다.(국제신문, 2015.3.26)

안타까운 것은 대학 안에 몸담고 있는 교수들은 대체로 기초학문의 중요성을 강조하는 반면 대학 밖의 인사들은 대학 졸업생의 직업능력 배양을 강조하고 있다는 점이다. 문제는 대학교육의 담당자들이 대학 안의 교수들이라는 데 있다.

2) 대학사회 전체의 재구조화

이 상충하는 요구를 충돌하지 않도록 정리하기 위해 취할 수 있는 가장 손쉬운 방법은 대학들은 두 진영으로 나누어 기초학문의 탐구와 교육을 전담하는 대학과 직업능력을 배양하여 산업인력을 양성하는 대학으로 구분하여 각기 별개로 그 과제를 수행케 하는 것이다.

사실 2년제 전문대학과 4년제 일반대학을 구분하여 고등교육을 시행해 왔던 것이 바로 이러한 발상에서 나온 정책이요, 제도였다. 산업화 과정에서 이 제도는 제 역할을 상당 수준 해 온 것이 사실이다. 그러나 근래 전문대학들이 수업연한을 자유롭게 하여 전문대학에서도 4년 이상 학업을 이행하고 학사학위를 취득하여 졸업하는 사람들이 나오게끔 하자는 주장이 크게 강화되고 있는 형국이다. 한편으론 많은 대학진학자들이 직업교육을 기대하고 있다는 현실도 직시해야겠지만, 다른 한편으로는 직업능력을 배양 하는 교육도 학술성을 배제할 수는 없음을 암암리에 말해주는 것이라고 생각한다.

400개에 달하는 고등교육기관들을 이렇게 두 가지로만 구분하여 서로 다른 교육을 담당케 하는 것이 지극히 평면적이고 일차원적이서 고등교육의 과제를 충실히 감당해 낼 수 없게 되었음을 말해주는 것이라 할 수 있다. 그만큼 한국 사회가 복잡하고 다양해졌으며 그에 따라 직업세계의 구도도 달라졌고 요구되는 직업능력도 새로워졌다고 보아야 할 것이다.

기왕 대학들을 차별화하여 그 교육과제를 보다 더 다양하게 현실화시키고자 한다면, 차제에 대학들을 그 교육목표에 따라 두 가지보다는 많은 여러 가지 유형으로 분류하는 일이 바람직할 것이다. 직업교육성격의 응용학문 교육에 역점을 둘 것인지, 고전적인 대학교육의 이념에 따라 기초학문 교육에 더 역점을 둘 것인지, 그 정도의 차에 따라 점이적(漸移的)으로 여러 가지 유형의 대학을 구별하는 것이 필요할 것이다.

그 유형에 따라 대학교육의 기본 방침이 달라지고 그에 따라 교육내용도 달라진다면, 학생들도 자신의 학업 목표에 비추어 대학을 선택함으로써 기대하는 학업을 수행하고 그 결과에 대해서 더 만족하게 될 것이다. 이렇게 되면, 이른바 교육공급과 수요 사이의 '미스매치'도 최소화될 것이다.

3) 교육과정의 재편성

그러나 앞서 말한 저 두 가지 요구는 양자택일할 수밖에 없는 배타적인 요구일까? 두 가지는 과연 수렴될 수 없는 것이고, 종합할 수 없는 것일까? 대학을 그 교육목적에 따라 구분한다 해도 다수의 대학들은 경중의 차이는 있겠지만, 이 두 가지 요구를 함께 수용하고자 할 것이요, 그중 어느 하나만을 수용하는 대학은 많지 않을 것이다. 그렇다면 대학의 구분도 물론 유의미한 전략이지만 그것이 외형적인 대책이라면, 그보다도 대학의 교육과정에 두 요구를 적절히 균형 있게 수용하는 내부적인 대책이 모색되어야 할 것이다.

여기서 우리는 앞서의 인용에서 김혜숙 교수가 "대학 구성원들의 자발적 참여 속에 교육과정의 변화가 주체적으로 이뤄질 수 있어야 한다"고 말한 것에 주목해야 한다. 교육과정을 어떻게 변화시켜야 할까? 어떻게 재편성된 교육과정(=커리큘럼)이 "산업 수요도 무시하지 않고, 학문 기반도 무너지지 않게 하여 '투 트랙'을 다 살리는"(앞서 인용된 황 장관의 표현) 길이 될 수 있을까?

답은 간단하다: 산업 수요에 부응하여 직업지향적 응용학문 교육을 받는 모든 학생들이 기초학문분야의 교육도 함께 받을 수 있도록, 아니 받지 않으면 안 되도록 교육과정을 편성하면 되는 일이다.

다수의 학생이 원하고 사회적 수요에도 부응하는 교육은 직업지향적 응용학문분야의 교육이다. 대부분의 학생들은 직업적 전망이 어두운 기초학문분야의 학업은 기피한다. 그러기에 기초학문분야의 교육이 위축되고, 이에 따라 기초학문분야의 학문적 기반에 대한 요구도 감축된다. 대학의 교육현장에서 보면 앞서의 인용에서 보듯, ① 인문학을 비롯한 기초학문분야의 '전공학과'가 폐쇄되고, ② 이 분야의 학자가 교수직을 얻지 못해 국가적 차원에서 볼 때 마땅히 수행해야 할 일, 즉 연구와 교육을 하지 못하며, ③ 그 여파로 소위 학문후속세대가 고갈되어가고 있다. 한마디로 말해 기초학문 분야의 학문적 기반이 총체적으로 붕괴되어 가고 있는 것이다.

이상이 정직한 현상 진단이다. 그러나 과연 기초학문분야의 학문적 기반이 붕괴되고 난 터전 위에서 응용학문은 융성할 수 있고 응용학문분야의 교육은 성과를 거둘 수 있을까?

이러한 상황을 반전시킬 길은 과연 없을까? 있다. 직업적 전망이 밝은 응용학문분야의 학업을 하고자 하는 대다수의 학생들로 하여금 기초학문분야의 교육을 '강제로라도' 받게 하면 된다. 기초학문분야의 교육이 강화, 확대되면, 이 분야의 교수진도 더 증대되고, 따라서 학문후속세대도 더 두터워질 것이다. 한마디로 기초학문분야의 학문적 기반이 튼튼해질 것이다.

이 방책이 실현되기 어려운 이유는 무엇일까? 문제는 기초학문분야의 '전공학과'에 있다. 대학이 전체적으로 전공학과 중심으로 신입생도 모집하고 교과과정도 운영하는 가운데 기초학문분야의 학과들도 같은 방법으로 그렇게 하고 있으니, 학생들은 이 학과들보다는 직업적 전망이 밝다고 보는 응용학문분야의 학과들을 선택하게 되는 것이다. 현실적으로 당연한 일이다. 학문후속세대의 양성에 역점을 두는 일부 극소수 대학을 제외하고선, 전공학과 중심으로 대학교육 전체를 운영하는 체제에서는 기초학문분야의 '전공학과'를 거점으로 기초학문분야의 학문적 기반을 보전, 강화시킨다는 전략은 이 때문에 성공하기 어렵다. 대부분의 대학에서 이 분야의 '전공학과'를 폐쇄하지 말라는 요구는 학생들에게 타의적으로 특정 기초학문을 '전공하라'는 요구가 되는 것이므로, 더 이상 교육적이지도 않다.

4) 교육구조의 재구조화

이렇게 볼 때, 한국의 대학은, '투 트랙'의 교육을 함께 하려 한다면, 앞서 말한 그런 교육과정을 편성 · 운영할 수 있는 구조적 장치로서 교육구조를 변화시키지 않으면 안 된다. 이 새로운 교육구조의 도입을 위해 전제가 될 요건으로 필자는 대학교육행정의 새로운 기본정책 중 하나로 다음 세 가지 단위를 별개로 취급하여 탄력적으로 운영할 것을 제안한다. 즉 ① 교수가 소속된 교무행정 및 교수활동의 단위인 **학과**와, ② (전공-부전공-복수전공-연계전공 등으로 다양한) 학생의 **학업 트랙**, 그리고 ③ (학과단위, 소계열, 대계열 등으로 다양한) **신입생 모집단위**를 별개로 취급하자는 것이다. 이제까지의 통념대로 이 세 단위를 동일한 것으로 운영해야만 하는 것은 아니다.

이 방침을 수용하면, 기초학문분야에서는 그 특정 학과에 '전속'되어 그 학문을 '전공'으로 학습해야 하는 학생이 없다 하여도 교수가 속한 그 학과는 유지된다. 그 대학에 그 학과의 교수들이 제공하는 기초학문분야의 교과를 배울 학생이 있는 한, 그러하다. '전공학생'이 없더라도 전교생을 상대로 기초학문분야의 교육을 해야 한다면, 교수진은 오히려 더 확충되어야 할 필요가 있다. 응용학문분야의 교육을 받는 다수의 학생들에게 기초학문분야의 교과목을 수강하지 않으면 안 되도록 교육과정을 편성하면 되는 일이다.

이 **'학사운영의 유연화'** 방침과 더불어 **'교육과정의 성층화'** 방침을 채택하여 기초학문 분야 학업을 토대로 하고 그 위에서 특정 응용학문분야 학업을 수행하도록 교육과정을 '성층적' 구조로 편성하면 되는 것이다. 이렇게 한다면, 산업수요에 부응하는 직업지향적 학업을 수행하는 다수의 학생들도 불가피하게 기초학문분야의 교육을 받게 되고, 이 교육의 영역이 확장됨에 따라 인문학을 비롯한 기초학문 분야의 학문적 기반도 확실해질 수 있게 된다.

전공학과의 구획이 엄격한 현행의 '단층형' 교육구조는 기초학문분야 전공과 응용학문분야 전공을 평면에 병렬시켜 놓고 양자 중 하나를 선택하도록 하고 있어, 앞서 말한 '투 트랙'을 상호 배제토록 할 뿐 이들을 종합할 방도가 없다. 대학이 '하드웨어'인 '학과' 중심의 교육을 개선하여 '소프트웨어'인 '교육과정' 중심의 교육으로 변모해야만, 기초학문분야는 비로소 그 학문적 · 교육적 역할을 다할 수 있을 것이라는 기대를 가질 수 있다.

기초학문분야의 교육기관과 응용학문분야의 교육기관을 '전공학과'라는 동일한 형태의 것으로 획일화시킬 필요 없이 그 변화된 양태들을 수용하는 **'교육구조의 다양화'** 방침을 채택한다면, 상충하는 교육수요를 함께 충족시켜 '투 트랙'의 고등교육을 실현시킬 수 있다. 즉, 기초학문 분야 교육기관과 응용학문 분야 교육기관을 병치시켜 놓되, 전자는 전교의 모든 학생을 상대로 교육하도록 하는 것이다.

이러한 점을 감안할 때 가장 이상적인 교육구조는 미국식 *University College*(학부대학) 또는 *Liberal Arts College*(자유학예대학) 등의 교육구조다. 이는 학사과정에서는 학생을 '전공학과'에 '전속'시키지 않고 기초학문 분야에서 여러 학문을 다양하고 균형 있게 교육받게 하는 구조다. 그러나 한국의 대학현실에서 이러한 모형을 그대로 구현하는 대학을 설치, 운영하기 어려울 것이다. 따라서 상충하는 교육수요를 함께 충족시키는 현실적인 방안으로는 다음과 같은 것을 기획할 수 있을 것이다.

① 직업교육의 성격이 강한 응용학문 분야의 전공 학생에게 기초학문 분야에서 제2전공 또는 부전공을 택하도록 의무화하는 것 (복수전공, 부전공)
② 응용학문분야의 학업과 기초학문 분야의 학업을 긴밀히 '연계' 시켜 복합적으로 학업을 수행토록 하는 것(연계전공)

복수전공, 부전공, 연계전공 등의 제도적 장치가 한국의 대학에도 이미 널리 활용되고 있는 것은 사실이다. 그러나 그 실상을 보면, 이들은 기초학문 분야의 학업을 필수적으로 하도록 하는 데 활용되는 게 아니라, 오히려 그 반대로 기초학업을 전공으로 하는 학생이 직업적 전망을 고려해 응용학문 분야의 학업을 추가적으로 하는 경우가 대부분이다.

이 방안들보다도 더 용이하게 시행할 수 있는, 따라서 최소한의 필수적인 일반적 방안으로서는 다음을 생각할 수 있다.

③ 기초학문 분야에서 균형 잡힌 학업을 수행하도록 '교양교육'을 그 본래 이념대로 정상화, 내실화, 강화하는 것

기초학문분야에서는 전공교육과 교양교육을 점차 통합시켜 그 구별 자체를 없애는 방향으로 나아가고, 그 교육내용을 응용학문분야의 학생들 모두에게 제공하는 것이다. (기초학문분야에서 특정 학문을 '전공'하려는 학생은 이를 대학원 교육에 연계하여 학문후속세대 후보로 양성하도록 해야 할 것이다.)

물론 이때 '교양교육'을 그 본래의 모습대로 '기초학문 분야의 균형 잡힌 융복합 교육'으로 재정립하는 것이 필수적이다.

5) 지식사회의 지형변화

'투 트랙'을 함께 가기 위해, 즉 학문적 기반을 보전하고 강화시키기 위해 응용학문 분야의 학업을 수행하는 학생들에게까지 기초학문 분야 교육을 시키는 것이 꼭 필요한 것일까? 앞서 "기초학문분야의 학문적 기반이 붕괴되고 난 터전 위에서 과연 응용학문은 융성할 수 있고, 응용학문분야의 교육은 성과를 거둘 수 있겠냐?"고 반문했지만, 직업교육 지향적인 교육을 기대하는 학생들에게 기초학문분야의 교육을 '강요'하는 것은 현실을 외면한 '학문적 관심'의 발로가 아닐까? 즉 학문 그 자체의 존립을 위해 불필요한 교육을 강요하는 것은 아닐까?

사정은 전혀 그렇지 않다. 그 반대다. 기초학문의 문화적 힘에 대해 원론적인 논변을 펴는 것은 유보한다 하더라도, 21세기 정보사회에서 기초학문 교육이 직업교육을 위해서도 꼭 필요함을 밝히는 것은 불가피한 일이라고 본다.

21세기 초는 선진적 인류문명이 산업사회에서 정보사회로 이행해가는 시대적 전환기다. 문화사회적 시대상이 획기적으로 변화하는 시기다. 이른바 '디지털 혁명'이 '정보화'를 전 지구촌에 걸쳐 광범하게 그리고 급속히 촉진하는 시기이다. 정보화가 문명의 '글로벌화'를 동반하게 된 것은 불가피한 일이다.

이 '정보화'는 의사소통의 방식에 근본적인 변화를 불러온다. 디지털 기술에 힘입어 의사소통 활동에서 시공적 제약이 거의 없어지게 된 것이다. 그런데 시공적 제약의 극복은 인간의 욕구의 성격을 변화시킨다. 즉 욕구 자체가 복합적으로 바뀌고 순차적 단계적 욕구충족의 방식도 바뀐다. 여러 가지 대상을 한꺼번에 욕구하고, 또 동시적 · 총체적 욕구충족에 대한 기대가 커지고 보편화된다. 이러한 동시적 · 총체적 욕구를 충족시킬 수 있는 첨단의 기술이 연이어 개발된다. '디지털기술'이 기반이 된 융합기술은 이러한 변화의 원인이면서 동시에 결과가 되어, 욕구의 증폭 및 확산과 기술의 발달 사이에 가속적인 순환구조가 형성된다.

이러한 인간의 내면적 삶과 외형적 삶의 순환구조는 자연히 그 진폭을 확장시켜 산업의 구조와 지형도 바꾸어 놓는다. 기술의 융복합이 산업의 융복합으로 이어지고, 이에 따리 직업세계도 큰 변화를 겪게 된다. 카알 베네딕트 프레이 교수는 〈고용의 미래〉 보고서(2013)에서 "자동화와 기술의 발전으로 20년 이내에 현재 직업의 47%가 사라질 것"이라고 예언할 정도다. 미국의 경우지만, 현재의 대학생은 대학 졸업 후 4~5회에 걸쳐 직업이 변경될 것이라고까지 말한다.

문화사회적 사회상이 이렇게 격변하는 마당에 교육 · 연구의 지반인 지적 지형에 변화가 없을 수 있을까? 지식 · 정보의 산출, 복제, 유통이 디지털 기술에 힘입어 현격히 용이해지고, 산출되는 지식 · 정보의 양이 천문학적으로 급증한다. 게다가 산출되는 지식 · 정보의 유통에 시간적 · 공간적 제약이 거의 없어져 지극히 미미해진다. 그런가 하면 새로이 산출되는 지식 · 정보의 효용기간이 급속히 단축히 단축된다.

이러한 외적 현상의 변화보다도 더 심각한 것은 인간의 인지활동 가운데서 감각적 지각작용이 논리적 사유 활동보다 우세해진다는 점이다. 선형적(線形的) 사유활동이 능동적 긴장을 요하는 반면에 '모자이크적' 지각작용은 수동적 이완을 허용하기 때문이다. 안이한 길을 마다하고 굳이 곤란한 길을 택하지 않는 것이 인간 행동의 자연적인 경향이다. 물론 이 모든 현상은 디지털 기술이 인공지능(AI) 기술인 정보기술(IT)과 지각작용의 범위를 광대역으로 확장시킨 통신기술(CT)을 호환하고 융합하는 기술을 개발했기 때문에 가능해진 것이다. 이러한 경향에 순응하는 인지적 활동에서는 원인을 탐구해 들어가거나 연원을 추적해 얻는 체계적이고 맥락적인 지식(con-text)보다는 파편적이고 탈맥락적 · 무기원적(無起源的)인 지식(hyper-text)이 선호의 대상이 된다.

6) 대학교육의 새 방향

정보화가 불러온 사회문화적인 외적 변화와 지식사회 및 그 속에 자리잡는 인지활동의 변화 등은 대학의 고등교육에 어떤 변화를 요청할까? 외적으로는 기술 및 산업의 융복합 현상이, 그리고 내적으로는 사유활동에 대한 지각작용의 우세 및 파편적 지식의 범람 현상이 뚜렷하다. 이런 현상은 대학교육에 대한 새로운 도전이다. 대학은 이 도전에 대해 어떻게 응전해야 할까? 당연히 학생들에게 이런 현상에 맞서는 능력을 길러줘야 할 것이다. 능동적 · 생산적 활동에 종사하여 새로운 가치를 창출함으로써 보다 나은 삶을 영위하려는 교육받은 사람이라면 그저 수동적 · 소모적 안락에 빠져 감각적 유흥을 즐기려 해서는 안 될 것이기 때문이다. 먼저, 예상치 못했던 새로운 문제상황에 대처할 수 있도록 비판적 사고능력, 합리적 의사소통능력, 창의적 문제해결능력을 길러야 할 것이다. 그리고 이러한 능력들을 발휘하게 할, 여러 영역을 조망하는 넓은 시야 및 깊은 통찰력을 갖추도록 융복합적 교육을 해야 할 것이다. 다학문적 · 학제적 · 융복합적 연구가 중요해지는 이유도 여기에 있다.

직업지향적인 응용학문 분야의 교육이 대학교육의 대부분을 차지하게 된 것이 오늘의 현실이라 하더라도, 기초학문 분야의 교육은 바로 저 교육의 수월성을 위해서도 꼭 필요한 것임을 인식해야 할 것이다. 전문 분야의 직업능력 배양이 중요하다 하더라도, 정보사회에서는 특정 영역의 기성지식 습득은 점차 그 의미가 약해지는 반면 예측하기 어려운 상황에 대처하는 기초적인 능력과 안목의 함양이 더욱 중요해졌고, 이러한 능력의 함양은 항상 근본적인 문제를 다루는 기초학문의 연마를 통해 성취될 수 있기 때문이다. 대학 졸업 후의 자기개발을 위한 '평생학습능력'이라는 것도 바로 이를 통해 길러지는 것이다.

대학교육이 현재 교양교육과 전공교육으로 구분되어 있으며, 학령인구의 감소로 인해 전공교육의 대부분을 직업지향적인 응용학문 분야의 교육이 차지하게 될 것이라면, 교양교육을 수준 높은 기초학문 교육으로 상향 혁신하는 일은 향후 한국의 대학교육이 불가피하게 선취해야 할 방향임에 틀림이 없다. 이를 가능하게 하는 교육구조의 개혁 또한 마찬가지의 운명 아래 놓여 있다고 본다.

4 교양교육 공유사업의 의의와 과제

1) '공유대학' 기획의 취지: 배경, 필요성, 기대효과

'공유대학'의 기획이 범 대학 차원에서 본격적으로 구체화된 것은 아마도 교육부에서 2021년 2월 〈혁신공유대학 사업 기본계획〉을 발표한 때부터라고 볼 수 있다.

그 이전에도 이미 오래전부터 국립대학 간, 혹은 각 지역별로 소위 "대학 간 학점교류" 활동이 있어왔지만, 이는 실제로는 극소수 학생들 각자의 의향에 맡기는 매우 소극적인 활동이어서 '공유대학'이라는 이름을 붙이기엔 너무 미미한 것이라 하겠다.[1]

---

1 국립대학들은 국립대학끼리 교류 협정이 맺어져 있어서, 계절학기를 타 대학에서 들을 수도 있고 아예 학기 전체를 다른 학교에서 이수할 수도 있다. 가장 대표적이고 인원도 많은 것은 경북대/부산대와 전남대/전북대 간 영호남 교류학생(각 20명) 제도이다. 일부 대학(고려대학교, 한국외국어대학교)은 한국예술종합학교와 교양학점 교류를 하고 있다.
거점국립대학간(https://www.knu9.or.kr)에도 학점교류를 시행하고 있는데, 타 대학까지 가서 강의를 들어야 했던 기존 학점교류 방식과는 달리 신규로 학점교류 시스템을 만들어 온라인 상에서 학점교류가 가능하다. (강원대, 경북대, 경상대, 부산대, 전남대, 전북대, 제주대, 충남대, 충북대 9개 대학 간, 2021년 2학기 현재 총 25개 강좌)
서울대는 (2020년 6월 기준) 국내 46개 대학(원)(가천대학교, 강원대학교, 건국대학교, 경북대학교, 경상대학교, 경찰대학, 경희대학교, 계명대학교, 고려대학교, 공주대학교, 과학기술연합대학원대학교, 국방대학교, 금오공과대학교, 대구경북과학기술원, 동국대학교, 명지대대학원, 부경대학교, 부산대학교, 서강대학교, 성균관대학교, 세종대학교, 숙명여자

[공유대학 기획의 배경] 정보통신 기술의 획기적 발전에 힘입어 일정한 형식에 담긴 시청각 대상의 교육내용, 즉 '동영상 강의'를 '가상공간'이라는 '공유지'에 제공함으로써 시간적 · 공간적 제약을 뛰어 넘어 대학의 강의를 불특정 다수의 '수강생'에게 제공할 수 있게 되었다. 이 기획이 시스템으로 정착되면서 '공유대학'의 실현가능성은 훨씬 더 커지게 된 것이다. 그럼에도 불구하고 그것이 대학사회에서 현실화되는 데는 한계가 있었다. 2008년 설립된 〈국가평생교육진흥원〉에서 2015년 K-MOOC(Korean Massive Open Online Course) 사업을 시작했지만, 이것이 각 대학에서 수용되어 대학교육의 공유화에 기여한 성과는 그리 크지 않다고 본다.[2]

'대학교육의 공유'가 이렇듯 구현되지 못하고 미미했던 데는 이유가 있다.

첫째, 대학교육의 '공유'라는 개념 자체가 생소한 것이어서 이에 대해 진지한 검토가 부족했다.

둘째, '공유'는 '협력'을 전제로 하고 협력은 '개방'을 전제로 하는 것인데, 각 대학들은 서로 경쟁 관계에 있어 이 개방과 협력을 현실적으로는 꺼려 왔다. 경우에 따라서는 자신감 부족으로 인해 개방에 대한 우

대학교, 순천대학교, 아주대학교, 연세대학교, 울산과학기술원, 울산대학교, 육군사관학교, 이화여자대학교, 인제대학교, 인하대학교, 전남대학교, 전북대학교, 제주대학교, 중앙대학교, 창원대학교, 충남대학교, 충북대학교, 포항공과대학교, 한국과학기술원, 한국교원대학교, 한국어외국어대학교, 한국학중앙연구원, 한국항공대학교, 한양대학교, 홍익대학교)과 교류협정을 맺고 있다.

지역 내 대학끼리의 학점교류도 시행되고 있다. 국립대/사립대 구별없이 서울, 부산, 대구, 인천, 대전, 광주 등 주요 대도시의 대학은 대부분 이런 방식의 학점교류를 시행하고 있다. 미션스쿨인 기독교계 대학교들은 대부분 상호 학점교류가 가능하다. 대표적으로 연세대, 이화여대를 비롯하여 한남대, 계명대 등을 들 수 있다.

2 K-MOOC로 시행된 누적 강좌수가 2020년 현재 999개에 이르고 누적 방문자수가 1700만에 이르고 있는 것으로 집계되고 있지만, 이것이 대학의 정규교육 영역에서 얼마나 공유화에 기여하고 있는지는 미지수다. 이 기관에서 시행하고 있는 학점은행제를 통해 학위를 취득한 사람이 2020년 현재 누적 8만4천 여명에 이르고 있는데, 이 점이 대학의 고등교육에 어떤 기여를 하는 지도 미지수다. 〈국가평생교육진흥원〉(https://www.nile.or.kr) 사업소개 란

려가 그 필요성에 대한 이해를 막았다.

셋째, 사실 이 '공유'는 각 교수진의 자발적 참여를 요구하는 일인데, 대학의 운영 전체를 살펴볼 계기는 별로 없이 자신의 연구 및 학과 소속 학생의 교육에만 몰두해 온 대부분의 교수들에게는 이 일이 '강 건너 불'로 여겨져 왔다.

2020년, 2021년에 들어서서 '공유대학'의 기획이 힘을 받게 된 것은 이상의 이유들이 약화되고 그 반대 측면이 강해졌기 때문이다. 결정적인 가시적인 이유는 대학마다 입학 지원자가 급감하는 현상을 대학 운영의 위기로 절감하게 된 것인데, 이 뼈아픈 현실 인식이 그간 견지해 왔던 폐쇄적 배타적 '각자도생'(各自圖生)의 전략에 수정을 가해 '공동생존'의 길을 모색하게 된 것이다. 그간 경주해 온 '경쟁'만으로는 학령인구 감소가 불러온 재정 악화나 코로나19가 초래한 교육 현장의 급격한 변화에 성공적으로 대처하기가 어렵다는 점을 진지하게 인식한 결과라 하겠다.

이러한 인식의 전환을 기초로 선도적 시범을 보여준 사례로 다음의 시도들을 주목할 만하다.

① 서울 동부권 5개 대학(경희대, 고려대, 성균관대, 한국외대, 한양대)이 2020년 2월 '디지털 기반 교육 혁신' 선도를 위해 교육 콘텐츠 및 기술 공유를 목표로 '혁신공유교류' 협정을 체결했다. 글로벌 교육환경 변화에 능동적으로 대처하고 4차 산업혁명 시대 미래 인재 양성과 혁신가치 창출을 위해, 대학 간 실질적 교류 강화를 통한 공유·협력의 새 모델을 구축해 나간다는 방침이다.

② 전국 6개 전문대(대전보건대와 영남이공대, 울산과학대, 인덕대, 전북과학대, 제주한라대)가 지난 2월 '6 UNICON'(6 UNIversity CONsortium)이라는 이름으로 각 대학의 특성화된 원격 강좌를 상호 제공하고 교육 프로그램과 콘텐츠 기획 및 개발을 공동 진행하기로 하는 내용의 업무협약을 맺었다.

③ 거점 국립대 간 '학사 교류'도 올해부터 본격적으로 시행된다. 강원대, 경북대, 경상국립대, 부산대, 서울대, 전남대, 전북대, 제주

대, 충남대, 충북대 등 10개 대학은 지난해 10월 국가 거점 국립대 간 학생 교류 활성화와 상호발전을 위한 업무협약을 체결했다.

④ 경남 17개 대학이 연합해 혁신인재 양성을 위해 우수자원을 공유하고 융복합과정을 운영하는 경남공유대학(USG: University System of Gyeongnam)은 올 3월 학생 모집을 시작으로 본격적인 운영에 들어갔다. 이 기구는 지자체와 대학의 협력을 기반으로 하여 지난해부터 운영되고 있는 지역혁신사업인 '경남지역혁신플랫폼' 사업의 하나다.

[공유대학 기획의 필요성] 논리는 복잡하지 않다. 대학이 학생을 선발하던 시대에서 학생이 대학을 선택하는 시대로 상황 변화가 확실해졌다. 학생에게 매력적인, 학생이 선호하는 대학이 되기 위해서는 본질적으로 '교육을 잘하는 대학'으로 인정받아야 한다. 그러기 위해서는 현재의 학교 상태를 토대로 하는 홍보만으로는 부족하다. 대학이 학생 교육의 내실을 기하기 위해 어떻게 변하고 있는지 알려야 하고, 대학의 개선 노력이 어떻게 구체적 성과를 거둘 것인지 적어도 그 계획이라도 제시해야 한다. 홍보가 문제가 아니라 '교육의 수월성(秀越性)' 자체를 기해야 한다는 것이다.

그런데 교육 여건을 개선하는 데는 재정적 지원이 필수적이다. 교수진의 충원, 교육내용의 쇄신, 교육환경의 개선, 학생 복지를 위한 대책 등 모든 개선 노력에는 크고 작은 재정적 지원이 필요하다. 학생의 등록금에 크게 의존하는 대부분의 사립대학들의 경우, 특히 입학 지원자가 급감하는 지방의 대학들에서는 그 사정이 더욱 나쁘다. 재정 악화와 신입생 감소가 일종의 악순환 구조를 이룬다.

재정적인 부담을 덜 안으면서도 교육 여건을 개선하여 교육의 질을 높히기 위해 같은 사정에 처해 있는 대학들이 서로 협력한다면 이런 난국에서 어느 정도 벗어날 수도 있을 것이다. 대학마다 강점과 취약점이 있을 텐데, 상호 협력하여 한 대학의 취약점을 다른 대학의 강점으로 보강함으로써 협력하는 대학들이 각기 취약점을 극복할 수 있을 것이기 때문이다.

교육부에서 발표한 〈혁신공유대학 사업 기본계획〉(2021.2.21.)을 보더라도 이 점은 분명하다. 이 기본계획은 '신기술 분야' 교육의 강화에 초점이 맞추어져 있긴 하지만,[3] 그 강화책으로 제시하는 것이 바로 '협력을 통한 공유대학의 실현'이다. '사업의 범위'에 대한 기술에서 "최근 신기술분야 관련 정부지원 사업 확대를 고려, 기존 사업에서 지원되지 못하는 공유대학 체계 구축 등 지원 필요"라고 적고 있으며, "대학 간 학사제도에 대한 협의와 유익한 컨텐츠 개발"을 추진할 "공유 플랫폼 운용"을 요구하고 있다. "기업·산업체 전문성 중심 교육과정 개발을 통한 대학 간 공유·협력"의 필요성을 강조하고 있다.

[공유대학 기획의 기대성과] '공유대학'의 취지가 온전히 구현된다면, "지역 간, 대학 간 역량 차이를 근본적으로 해소하고 정원과 소속 대학의 벽을 뛰어넘어" 전체적으로 교육의 성과를 극대화시키고 이로써 우수 인재의 양성에 기여할 것이다. 지역별 분야별 대학별 역량의 편중 현실을 극복할 수 있는 길이 바로 여기에 있다 하겠다.[4]

구체적으로 말해 "대학별로 한정된 교수와 자원을 공동으로 활용함으로써 보다 다양한 교육 콘텐츠를 개발할 수 있고, 새로운 교육매체 제작에 소요되는 막대한 비용을 절감하면서도 학생들에게는 보다 좋은 교육을 제공할 수 있게 되는" 것이다.

이 공유교육의 기획은 코로나19로 인해 부득이 온라인 교육을 시행하게 된 상황에서 '온라인 교육의 위기'를 교육확산의 기회로 역전시키는 명분이 되기도 했다. 이 낯선 방식(?)의 교육에 대한 부적응 내지 불만을 잠재우는 '대의'로 역할을 한 것이다. 시공간적 제약으로부

---

3 주지하다시피 이 사업은 ① 인공지능, ② 빅데이터, ③ 차세대(시스템/지능형)반도체, ④ 미래자동차, ⑤ 바이오헬스, ⑥ 실감미디어(콘텐츠), ⑦ 지능형 로봇, ⑧ 에너지 신산업(신재생 에너지) 등 8개 신기술/산업 분야의 인력양성을 목표로 한다.

4 이상 인용, 〈기본계획〉 중. 교육부의 이 사업은 앞의 주석에서 보듯 신기술분야의 우수인재 육성에 초점이 맞춰져 있어, 이 사업의 성공은 대학뿐만 아니라 산업체, 연구기관, 학회, 민간기관 등이 참여하는 공유 플랫폼을 구축하고 인재양성을 위한 산학연계 협력의 장을 마련한다는 성과도 기대한다.

터 벗어날 수 있다는 강점이 이를 가능하게 한 반대 국면이다. 좀 더 심층적으로 생각해 보면, 이는 실은 코로나 사태와 무관하게 전개될 교육매체의 획기적 변화에 선제적으로 대응하는 일이 되기도 한다. 즉, 코로나19 사태는 '디지털 전환'이라는 문명사적 변전(變轉)에 발맞춰 대학의 고등교육이 나아가야 할 새로운 방향을 서둘러 앞당겨 맞아들이게 한 계기가 되었다고 긍정적으로 평가할 수 있다. 코로나19 사태로 인해 대면 수업을 부득이 온라인 수업으로 대체할 수밖에 없는 상황에 처해 온라인 수업의 강점을 살려 대면 수업에서는 어려웠던 수업의 '공유'를 시도하자는 공감대가 형성된 것이다.

물론 이 기획은 학생들에게서 결실을 맺어야 할 교육성과의 증대에 큰 기여를 한다. 학생들에게 "자신의 '대학', 자신의 '전공'에 국한돼 있던 학습영역을 유연하게 더 넓힐 기회"[5]를 제공하게 되기 때문이다. 이것이 교육의 최종 목표 아니겠는가.

[공유대학 기획의 근본 취지] 요약컨대 '공유대학' 기획의 근본 취지는 교육주체의 단위를 각 대학에 국한시키지 않고 다수의 대학들로 구성되는 대학공동체로 확대함으로써 ① 교육에 투여하는 인적 물적 자원을 최적의 상태로 활용하여, ② 새로운 교육 노하우를 요구하는 교육환경의 변화에 공동으로 대처하고, ③ 경영상 위기에 처한 대학교육의 지속적 발전을 도모하며, ④ 교육의 질적 수월성을 높이고, ⑤ 학생들의 교육적 수요에 적극 부응하여 교육의 성과를 극대화시키는 데 있다.

이 기획이 특히 더 심각한 주제로 다가오는 대학은 실은 지방 대학들이다. 지속적인 학령인구 감소와 수도권 집중현상으로 인해 지방 대학들이 입학정원 미달사태를 겪고 있는 것은 주지의 사실이다. 문제는 뚜렷이 눈에 보이는 이 현상의 배후에 도사리고 있는 복합적이고도 뿌리 깊은 문화사회적 요인이 쉽게 해소되지 않고 있다는 점에 있다. 대학진학에서 이미 많은 지역 인재가 수도권으로 이동하는데, 이는 단순히 지방대학의 위기를 야기하는 데 그치지 않고 지역 전체의 위기를 불러

---

5 『대학저널』, 2021.3.30.

오는 요인이기도 하다.

대학을 졸업한 후에도 지방대학 출신들은 구직을 위해 가급적 수도권으로 진출하고자 한다. 수도권으로의 인구 유출은 단순히 대학의 문제에 그치는 것이 아니라, 국가의 발전에도 악영향을 미치는 중대한 문제다. 대학은 지역과 국가의 발전을 선도하는 지식 생산의 중심이자 인재를 육성하는 터전이기 때문이다. 지방 대학은 지역경제를 견인하며 지역주민의 생업과 복지를 담보하는 공공적 과제를 수행하는 역할도 해야 한다. 지방 대학의 열세를 극복하고 이런 과제를 수행하는 데 도움을 줄 수 있는 기획이 곧 '공유대학'의 기획이다. 같은 지역에 있는 대학들이 상호 협력하여 공동전선을 폄으로써 다가오는 위기를 극복하고 공존하는 길을 모색하는 유효한 시도가 이 '공유대학'의 기획이다.

2) '공유'의 대상

'공유대학'이라는 기대 만점의 신개념에서 과연 '공유'의 대상은 무엇인지 좀 더 세밀히 살펴보기로 하자. '공유대학'의 기획을 실현하기 위해 각기 독자성을 갖는 대학들은 과연 무엇을 '공유'해야 할까?

(1) 교육내용

가장 먼저 생각할 수 있는 것은 교육내용이다. 구체적으로는 교과목의 내용, 즉 수업계획서에 담기는 교안 혹은 강의안을 말한다. 복수의 대학에서 동일한 내용의 교과목을 함께 개설해 운영한다면 이는 '공유대학'을 실현하는 가장 기본적이고 기초적인 방안이다.

이 방안에도 ① 공유대학에 참여하는 각 대학의 교수들이 참여하여 하나의 교과목을 공동으로 개발하여 함께 개설하는 방법도 있고, ② 이미 설강되고 있는 강의를 여러 대학의 학생들이 함께 수강함으로써 실제로는 해당 교과목을 여러 대학이 공유하게 되는 방법도 있다. ①의 방법은 새로운 과목을 공동으로 개발하는 수고를 해야 하지만, ②의 방법은 별도의 준비 없이 실질적으로 교과목을 공유하게 하는 방법이다. 어느 대학에서든 일반적으로 개설하게 되는 기초학업과목, 이를테면 학술적 글쓰기, 특정 외국어, 기초적인 과학과목 등 보통 '도구과목'이라 불리는 과목들은 ①의 방법을 통해 공유할 수 있겠지만, 그 밖에 독자적 고유성을 갖는 대부분의 교과목들은 ②의 방법으로 공유하는 것이 적절할 것이다. 재정적인 지원을 얻어 진행되는 공유사업 중에는 ①의 방식으로 여러 대학 교수들의 교과목 공동개발, 공동개설, 여러 대학 학생들의 공동수강이라는 형태의 공유협력대학 사업이 눈에 많이 띈다. 이에 비해 사실 ②의 방식은 별도의 재정지원이 없어도 시행 가능한 것이다.

개별적인 교과목을 공유하는 데서 더 나아가 몇몇 교과목을 묶어 하나의 교육과정을 공유하는 방법도 고려해 볼 수 있다. 근래에 '마이크로 디그리'라든가 '나노 디그리'라는 이름으로 소규모 학업 트랙을 운영하는 사례가 등장하고 있는데, 이런 트랙을 대학 간에 공유하는 형태도 필요에 따라서는 시행해볼 만한 공유활동이다. 특히 'AI'라든가 'Fintech'같이 새로이 요구되는 첨단 지식의 습득을 위해서는 이 방법이 매우 유용하고 적절한 방법이 될 것이다. 이 방법으로는 신기술 분야 인재 양성을 위해 해당 분야별 강의들로 구성되는 온라인 학위과정을 공동으로 운영하는 데까지도 나아갈 수 있을 것이다.

(2) 교수진

교수진의 공유도 경우에 따라서는 필요한데, 현재 한국의 대학교육 환경에서는 기대하기 어렵다. 여러 대학의 학생들이 어느 특정 대학의 특정 강의를 함께 수강함으로써 강의 공유가 실현되는 방안에 대해 앞서 언급했지만, 강의 담당 교수가 여러 대학에서 동일한 강의를 함으로써 강의 공유를 실현할 수도 있을 것이다. 이런 경우 교수가 복수의 대학에서 강의를 담당할 수 있도록 타 대학 출강 및 복수 대학 겸직이 유연하게 허용되어야 할 것이다.

이런 제도적 변화까지는 나아가지 않더라도 교수들이 강의 공유에 참여하는 경우, 대학평가에서 교원 확보율을 산정할 때 이런 점을 고려하여 보다 유연하게 평가에 임하는 것이 필요할 것이다.[6]

(3) 교육인프라

[물적 차원] 이공계 분야에서는 이미 오래전부터 연구를 위한 실험 기자재의 공동 활용 방안을 논의해 왔고 일부 실행되고 있는 것으로 알려져 있지만, 학생 교육을 위해 실험 등에 필요한 기자재를 대학 간에 공동으로 활용하는 일이 있는지는 아직 알려진 것이 없다. 정부가 출연하는 각종 연구소에서도 연구를 위한 기자재의 공동활용 방안은 분야에 따라 비교적 활발히 모색 · 실행되고 있다고 알려져 있지만,[7] 역시 학생 교육을 위해서는 어떤 활동을 해왔는지 미상이다.

교육활동에서 물적 자원을 공동 활용하는 일은 교육과정 내지 교과목의 공유를 전제로 하는 것이기 때문에 이 점이 미비한 상태에서 물적 자원의 공유를 기대하는 것은 어려운 일이다. 이렇게 볼 때 위에서 지적한 내용은 당연한 현상이기도 하다.

[제도적 차원] 교육활동을 담아내는 틀, 즉 교육활동을 때로는 지원하고 때로는 규제하는 법적 · 제도적 장치의 차원에서 대학들이 공유하는 것은 어떤 것인가? 물론 모든 대학이 따라야 하는 대학교육 관련 법규 및 교육부를 중심으로 하는 정부의 지침 등은 당연한 공유 내용이다. 그러므로 이들 법규나 지침이 과연 대학교육의 공유를 위해 바람직한 기능을 발휘하고 있는지도 살펴봐야 할 것이다.

---

6 서울 동부권 5개 대학(경희대, 고려대, 성균관대, 한국외대, 한양대)이 2020년 2월 '혁신공유교류' 협정을 체결할 때, 공유 수업을 진행할 경우 예상되는 교원 확보율의 변화와 관련해 대학 평가시 교원 확보율 기준을 완화해줄 것을 건의하기도 했다.

7 이를테면 1988년도에 한국과학재단 부설 '기초과학연구지원센터'로 설립되어 점차 활동영역을 확장해온 '한국기초과학지원연구원'에서도 연구활동의 지원 외에 대학간 교육공유를 위해 어떤 활동을 하는지 필자에겐 아직 미지수다.

다수의 대학 관계자들은 공유대학 체제를 활성화하기 위해서는 교육환경의 급변 사태 이전에 정해진 여러 규제 내용을 크게 혁신해야 한다고 주장해왔다. 공유대학 체제에서는 여러 대학 간 교육 콘텐츠 공유가 이뤄지는 만큼 교원 확보 기준 등을 지금보다 낮게 완화할 필요가 있으며, 원격 화상 강의가 일반화되고 교육 여건에 '메타버스'의 등장까지 요구되는 마당에 교사나 교지 확보가 대학교육에 결정적 요건이 될 수 없다는 주장이었다. 교육 투자는 오히려 새로운 교육 환경 조성에 집중되어야 한다는 주장은 경청할 만한 것이었다.

이러한 상황 변화에 대한 인식을 바탕으로 교육부에서도 대학 설립과 운영의 '4대 요건', 즉 교지와 교사, 교원, 수익용 기본재산 등의 요건을 대폭 정비하기로 했다. 그동안 대학이 새로운 전공이나 교육과정을 신설 또는 확대하려면 4대 요건의 까다로운 기준을 맞춰야 했지만, 2021년도부터는 복수의 대학이 인공지능(AI), 빅데이터, 차세대 반도체 등 21개 신산업 분야의 교육과정을 공동 운영할 경우, 이런 규제를 대폭 완화한다는 것이다. 이른바 '신기술 혁신공유대학' 기획이 그것이다. 해당 교육과정의 신입생 정원도 자유롭게 정할 수 있고, 심지어는 미국의 미네르바스쿨처럼 '캠퍼스 없는 대학' 운영도 가능하다는 것이다.[8]

그러나 '공유대학'의 기획을 '신기술 혁신공유대학' 계획에 국한시키는 것은 대학이 당면한 여러 문제를 해결하는 데 있어 충분한 것은 못된다. 교육의 수요와 공급 상황에서 우선 긴급한 영역이 이 '신기술' 분야인 것은 사실이나, 대학 교육은 광범한 분야에 걸쳐 있으며 이들 간의 균형이 깨어지는 것은 국가 발전을 위한 고등교육의 장기적인 기여를 염두에 두고 볼 때 결코 바람직한 것이 아니기 때문이다. 유사한 내용의 정책을 대학교육의 전 분야에 걸쳐 적용시키도록 해야 할 것이다.

정부 차원의 제도적 장치뿐 아니라 현실적으로 역시 중요한 것은

---

8 교육부는 "AI 같은 신기술 분야의 인재 양성은 개별 대학의 역량만으로 한계가 있다"며 "국내외 교수를 폭넓게 활용해 수준 높은 교육을 제공하면, 다양한 전공자와 취업준비생이 참여할 것"이라고 보았다. 정부는 이를 통해 2026년까지 10만 명의 신기술 인재를 양성할 계획이다.

각 대학에서 정하는 학칙이 대학 간 교육의 공유를 활성화하기에 적합하도록 잘 정비돼 있는지 검토하는 일이다. 대학마다 독자성을 갖고 추구하는 교육 목표가 다르고 교육의 중심 방향이 다르기 때문에 학칙에 상이한 요소가 있을 수도 있겠지만, 그 가운데서도 그 독자성을 훼손하지 않는 범위 내에서 교육공유를 활성화하기 위해 요구되는 내용을 대학 간 협의와 조정을 통해 '공유'하는 것은 필요하다.

[교육 시스템] 학기 규정, 학점 배분, 졸업요건 등 학칙에 포함되는 것도 있겠지만, 부분적으로 그렇지 않은 내용도 있는, 교과를 운영하는 시스템 문제도 교육현장에서는 교육공유 기획을 구현하는 데 매우 중요하다. 이 시스템이란 구체적으로 말하자면 교수가 강의를 제공하고 학생이 이를 수강하는 절차, 학생의 교육 성과 및 교수진의 교육활동을 평가하는 절차 등 교무행정 절차를 시행하는 '교육 플랫폼'을 가리키는 것이다. 대학 간에 실질적으로 '교육공유'를 원활히 하기 위해서는 이 시스템을 공유할 수 있도록 개선 작업이 필요하다.

대학마다 널리 활용되고 있는 전산시스템인 LMS(Learning Management System)을 생각해 보자. 대학마다 이 LMS가 다르다면, 이들 간의 '호환'을 가능케 하는 알고리즘을 개발하는 일이 '교육공유'를 의해 필요할 것이다. 만일 여러 대학들이 동일한 LMS를 사용한다면, 이 대학들 간의 교육공유 활동은 그만큼 원활이 이루어질 것이다.[9]

(4) 교육활동: 정규 강의 및 비교과 활동

그러나 무엇보다도 '공유대학' 기획을 구현하는 본령은 역시 교육활동 그 자체에 있다 하겠다. 앞서 언급한 여러 요인들이 통합되어 실현되는 현장이 곧 강의를 중심으로 하는 교육활동 자체이기 때문이다. 교육내용의 공유, 교수진의 공유, 교육시스템의 공유 등 모든 '공유' 준비

9 '지역협력사업'을 추진하는 몇몇 거점 대학에서 이 작업을 추진 중에 있거나 거의 완료했다는 전언을 들은 바 있다.

는 여기서 현실로 구현된다.

여기에는 물론 정규 교육과정의 실행이 주를 이루겠지만, 그 밖의 비정규적인 교육활동도 포함된다. '학점교류'라 불리던 공유활동이 전자의 기본적인 형태라 한다면, 대학 간의 경계를 넘어서서 여러 대학의 학생들이 참여하는 특별 교육프로그램이 후자에 속한다고 할 수 있다. 후자에 관해서는 이 논의에서 생략하기로 하겠고, 전자에 대해서는 교양교육의 공유를 논하는 다음 절에서 그 구체적인 사항을 검토하기로 한다. 교육활동 자체의 공유를 위해 고려해야 할 사항은 교양교육의 공유를 논하는 자리에서도 자연히 등장하기 때문이다.

3) 교양교육의 공유

'공유대학'의 기획에 관해 언급한 내용과는 별도로 교양교육의 공유에 대해 언급할 내용은 그리 많지 않지만, 아래의 내용은 언급할 만하다고 생각한다.

(1) 교양교육 공유활동의 필요성

첫째, 디지털 혁명으로 인한 사회상의 격변은 산업구조 및 직업세계의 변화를 동반하므로, 이는 당연히 지식사회에도 지대한 영향을 미친다. 이러한 변화를 수용하자면 대학교육도 다학문적 학제적 융합교육을 지향하게 되는데, 기초학문 분야의 교과목들을 균형있게 가르치는 교양교육은 이러한 새 조류의 교육에 기초를 놓아주는 것으로 매우 중요한 역할을 한다.

둘째, 이러한 시대적 요청에도 불구하고 각 대학에서 아직은 교양교육에 대한 인적 · 물적 지원이 전공교육에 비해 크게 미흡한 상태이다. 특히 수도권 이외의 지역에 위치한 대학들은 학생들의 다양한 교양교육 수요를 자체적으로 충족시키는 데 일정 부분 한계가 있어 이를 극복하고 학생들의 요구를 충족시켜 학습권을 보장하는 '수요자 중심' 교양교육을 추구할 필요가 있다.

셋째, 대학마다 전교생이 모두 수강하는 교양교과목들의 다양성을 확보하고 또한 그 교육의 질을 높이기 위해서는 대학간의 교류 협력이 크게 요청된다.

(2) 교양교육 공유활동의 실행 가능성

첫째, 교양교육은 본래 '자유교육'(Liberal Education) 혹은 '일반교육'(General Education)으로서 한 대학 내에서도 전문 분야 교육의 특수성을 넘어 각 전공 학업에 병행해 이를 지원, 보완하는 '보편교육'의 성격을 지닌다. 따라서 각 대학의 특수한 교육적 지향이나 여건에 매이지 않고 시행될 수 있는 교육으로 대학 간의 '공유'에 학문적 교육적 관점에서 장애가 될 만한 요소는 거의 없다.

둘째, 기초학문 분야의 학과가 점차 위축되는 상황에서 이 분야의 교과가 중심이 되는 교양교육은 각 대학 내부의 인적 자원에만 의존하기엔 미흡한 점이 있어, 대학 간 상호협력이 요구되는 상황이다.

셋째, 근래에는 대부분의 대학에 교양교육을 전담하는 독자적인 교육기관이 있어 교류 협력이 용이할 뿐 아니라 이를 통한 '공유'의 시너지 효과도 클 것으로 기대된다.

넷째, 교육부에서 추진하는 "공유대학" 사업과 기본 정신에서 일맥상통하는 것으로 대학 당국이나 정부의 지지를 받는 데 어려움이 없을 것이다.

(3) 교양교육 공유활동의 실행 과정 및 방법

각 대학의 교양교육 담당 기관들은

① 자교의 교양교육과정 및 교과목 편성 내용을 참여 대학들에 공

개한다.

② 사전에 담당 교강사 및 학교본부(교무처)와의 적절한 협의를 거쳐 타교생들에게 제공할 수 있는 '공유' 교과목의 리스트를 작성하여 제시한다. 이 리스트에는 각 과목의 (담당 교강사, 수업 목표, 주간 수업내용 등이 포함된 통상적인) 간략 수업계획서를 함께 첨부한다.

③ 공유를 위해 별도의 강좌를 개설하는 일은 일단 차후로 미룬다. 일단 첫 출발은 각 대학이 평소처럼 강좌를 개설하고, 그 강좌에 타교생의 수강을 수용하는 방식을 취한다. 공유 교과목의 수강생수가 강좌의 수용 한계 인원을 초과할 경우, 해당 강좌에 자교생 및 타교생을 어떤 비율 수용할지는 각 대학이 자율적으로 정한다.

④ 참여대학들은 교양교육과정 편성안을 작성할 때, 타 대학에서 제공하는 공유교과목들 중 적절하다고 생각되는 과목들을 선정하여 그 편성안에 포함시킨다. 물론, 자교의 교과목 중 타 대학에 제공할 공유과목의 리스트를 공개하긴 하나, 타교에서 제공하는 공유교과목을, 불필요하다고 판단되면, 자교 교육과정에 편성해 넣지 않을 수도 있다.

⑤ 공유교과목들의 활용이 대학들 사이에 지나치게 불균형이 생긴다면, 이를 방지할 방법을 모색하여 대학 간에 사전 조정을 하도록 한다.

⑥ 참여대학들은 타교생들이 자교에서 제공하는 공유과목을 수강하는 데 불편함이 없도록 그 학생들이 수강신청 및 성적 취득에 불편함이 없도록 임시 학번을 부여하거니 성적을 통보해 주는 등 필요한 조치를 취한다.

⑦ 1학기 교육과정 편성을 위해서는 전년도 12월 말까지, 2학기 교육과정 편성을 위해서는 당해년도 6월 말까지 대학간 협의를 마치도록 한다.

⑧ 이 활동을 원활히 추진하기 위해 참여 대학의 교양교육기관장들은 돌아가며 그 행정적인 관리업무를 담당하기로 한다.

(4) 교양교육 공유활동의 기대 성과

원활히 이루어졌을 때 이 활동에 기대하는 성과는 다음과 같다.

① 각 참여대학은 자교의 인적 물적 자원의 한계를 넘어 질적으로나 양적으로나 보다 우수한 교양교육을 시행할 수 있게 된다.
② 학생들의 교과목 선택의 폭이 크게 넓어져 교양교과목의 다양성 및 질적 수준의 향상을 기할 수 있고, 자연히 학생들의 학업 만족도를 높일 수 있다. 즉 학생들을 자교의 울타리 안에 가두지 않고 더 넓은 지적 자원에 접근할 수 있는 길을 열어줄 수 있다.
③ 각 참여대학은 교양교육에 투입해야 할 경비를 경감할 수 있다. 이 활동이 더욱 확대가 되면 저비용 고효율의 교육구조를 수립하여 교육의 한계비용을 최소화하는 학습경쟁시대를 열 수 있다.

(5) 교양교육 공유활동의 장애요인 및 지원책

교양교육의 지역별 공유활동은 이처럼 필요하고 성과도 기대되나 현실적으로는 몇 가지 장애요인이 있어, 원만하게 이루어지지 않고 있는 것이 현실이다. 그 장애 요인으로 다음을 꼽을 수 있다.

① 담당 교수들은 자신의 강의를 교외로까지 공개하는 것에 대해 거부감을 갖고 소극적인 경우가 많다. 교과목 공유라는 새로운 제도가 생소한 것이어서 선뜻 찬동하기 어려워하고, 타교생들의 수강을 번거롭다고 여겨 반기지 않는다.
② 학사업무를 수행하는 절차 및 LMS 등 기술적 인프라가 각 대학마다 달라 '공유'를 위한 업무에 유기적 연계 및 통일성이 결여돼 있다. 이런 사정이 원인이 되어 교무행정적인 업무가 증대되는 것에 대해 직원들이 거부감을 갖는다.
③ 경우에 따라 대학의 운영 책임자는 이 새로운 시도가 타대학과

의 비교를 더욱 노골적으로 드러내는 양상을 띠는 것에 대해 거부감을 갖고 혹 자교에 불리한 경쟁의 와중에 들어가지 않나 우려를 한다. 이 공유활동을 원만히 추진하기 위해서는 교육인프라의 구축이 요구되는데 이것이 재정적인 부담을 줄까 걱정하기도 한다.

④ 교양교육을 강사들이 담당하는 비율이 많은 대학의 경우, 강사들은 이 제도의 도입이 혹 그들의 강의 담당 기회가 축소되지 않나 우려하여 반대의사를 표명한다.

이상의 장애요인을 해소하여 공유활동을 원활히 하기 위해서는 다음과 같은 몇 가지 지원책이 필요하다.

① 교양교육을 담당하는 교강사들의 자발적인 참여를 독려하기 위해 적절한 인센티브를 제공한다.

② 교무행정적인 업무량의 증대를 최소화하기 위해 적절한 전산시스템을 도입하도록 유도한다. 더 적극적으로는 각 참여대학들이 '공유'할 수 있는 최소 형태의 별도 기구를 창설해 필요한 모든 업무를 담당하게 한다.

③ 교양교육 공유활동에 대학 차원에서 적극 참여하여 이를 추진하는 것이 대학평가 과정에서도 유리한 평가를 받게 되도록 교양교육 공유활동에 대한 것을 평가지표에 포함시킨다.

④ 학문후속세대군에 속하는 우수 강사들에게 신분적 안정감을 주는 적절한 조치를 취하고 이 교양교육 공유활동에 참여하는 것이 본인의 학술적 성장에도 도움이 된다는 믿음을 주도록 한다.

⑤ 현실적으로 가장 필요한 것은 상기 ③항에 언급된 장애를 극복하기 위한 조치를 취하는 일이다. 아주 구체적으로 말하자면 각 대학의 학사행정을 연결시키고 호환할 수 있도록 LMS를 공유하는 일과 수강신청 기간 등 학사행정의 일정을 통일시키는 일이다.

5 〈자유학예대학〉(Liberal Arts College)의 복귀

1) 자유학예교육의 기원과 전통

자유학예교육(Liberal Arts Education)이란 자유교육(Liberal Education)과 다른 것이 아니다. 자유교육의 내용, 즉 '자유학예'(Liberal Arts)를 명시적으로 드러내는 용어일 뿐으로, 특히 중세 시대에 3학 4과(trivium, quadrivium)[1]로 그 내용이 정착되었을 때 이들을 묶어 지칭하는 'artes liberales'란 말이 통용되었던 점을 반영해 주조한 용어다. '자유교육'이 교육의 지향을 지시하는 이념적 특성을 나타내는 용어라면, '자유학예교육'이란 그 교육의 내용을 지시하는 실질적 특성을 나타내는 용어라고 볼 수 있다.

자유교육이란 문자 그대로는 '자유인'으로서의 삶의 자세를 견지할 수 있는 자질과 능력을 함양하는 교육을 일컫는다. 구체적으로 그것은 직업이나 생업과 같은 특정 목적에 수단으로서 봉사하는 지식이나 기술

1 tri-vium과 quadri-vium은 각각 '세 개의 길'과 '네 개의 길'을 뜻하는 말로, 이 일곱 개의 길들 이 교육활동이 '달려가야' 할 전체 경로를 구성한다는 뜻에서 'curriculum'이라는 말이 오늘의 '교육과정'을 가리키는 말이 되었다. 7개 영역의 교육이 모두 통합되어 이루어질 때 그 전체가 원숙한 교육을 구현한다고 본 것이다. 교육과정에 해당하는 영어의 '커리큘럼(curriculum)'은 라틴어의 '쿠레레(currere)'에서 온 말로서 '달린다'는 뜻이었고, 이것이 나중에 경마장의 경주로(race course)를 의미하는 말이 되었다. 경마장에서 말이 경주를 하기 위해 출발점에서 종착점까지 달려가야 하는 일정한 코스가 커리큘럼인 것이다.

을 습득케 하는 교육이 아니라, 그 자체로 본래적 가치를 갖는 품성을 도야하고 자기목적적 활동을 할 수 있는 능력을 기르는 교육이다. 이 교육이 지향하는 바는 직업적 목표로부터 자유로울 뿐 아니라, 특정 사상이나 이념에도 사로잡히지 않는 데 있다. 자유교육의 지향은 따라서 자율적이면서도 개방적인 능동적 주체적 인격의 도야에 있으며, 이를 통한 "인간됨"(즉 인격)의 고양에 있다. 이는 인간을 "형성 가능성"이 무한히 열려 있는 미정형의 "자유인"으로 전제하기에 가능한 것으로, 이 "자유인"은 비판적 사유를 통해 이 미정형인 자신을 "형성"시켜 나아가는 존재다.

고전시대에 자유교육은 곧 자유학예교육이었다. 고대 희랍에서부터 유래하는 자유교육은 본래 노동에 종사하는 노예와는 신분이 다른 '자유시민'이 지도자로 성장하는 데 요구되는 자질과 능력을 함양하는 교육이었다. 실제로 대부분이 문맹인 노예에게는 교육의 필요성도 기회도 없었고, 의미 있는 교육이란 곧 이 자유민의 교육이었는데, 그 내용은 '자유학예'였다. 자유학예란 이미 플라톤의 〈국가론〉 중 교육론에 등장하는데, 문법, 논리학, 수사학 외에 대수학, 기하학, 음악, 천문학이 그것이다. 이 교육 내용은 면면히 이어져 중세에는 자유학예(artes liberales)란 것이 이른바 3학(trivium) 4과(quadrivium)로 구성되어 모든 고등교육의 보편적 내용으로 정착되었다.

이런 이념적 지향을 갖는 자유교육은 근대 시민혁명 이후 오늘날에는 일반교육(general education)을 포함하게 된다. 상층부 귀족 계급의 전유물이었던 자유교육의 이념이 시민사회의 형성과 더불어 보다 광범한 시민계층의 교육수요로 확장된 것이 이 일반교육이라 할 수 있다. 이때 일반교육이란 시대상의 변화와 더불어 자유교육의 이념과는 다소 변용된 색채를 띠어 '전문교육'과 대조적이 된다. 즉, 특정분야의 전문인으로서 활동할 수 있는 특정 능력을 길러주는 교육과는 달리, 어떤 분야에서 어떤 전문적인 일을 하든 두루 두루 통용될 수 있는 일반적인 자질과 능력을 함양하는 교육을 가리킨다. 이 일반적인 자질과 능력에는 자연히 자유교육이 추구하는 교육목표와 중첩되는 요소가 많게 된다. 즉 특정의 전문적인 활동을 하는 직업인이기에 앞서 그에 얽매이지 않고 다양하고 풍부한 삶을 살아가는 전인적 인간이 갖춰야 할 자질과 능력이 그것이다. 인간이라면 누구나 전문인이기 이전에 한 인간으로서 다양한 능력을 갖추고 있어야 하며 또한 자신과 다른 전문인들 사이에서 공동체를 이루며 살아갈 수밖에 없기에 이러한 교육이 필수불가결하다.[2]

2) 자유학예교육의 현대적 변용

자유교육이 일반교육으로 확장되는 이러한 변화와 더불어 근대 이후 자유학예의 내용은 부분적으로 일반교육의 내용으로 전이되고 그 대신 전통적인 자유학예의 자리에는 인문-사회-자연 분야의 기초학문들이 자리잡게 된다. 그렇게 되니까 오늘날 고전시대의 자유학예교육은 일반교육으로 옮겨가 자리잡고 그 본래의 자유학예교육 자리에는 기초학문교육이 들어서게 된 양상으로 자유교육의 구도가 변화하게 되었다. 특히 디지털혁명으로 인해 정보와 지식의 유통이 종전과 비교할 수 없을 만큼 광범, 신속, 용이해진 21세기에 들어온 오늘날 자유교육의 양상은 이렇게 변모한다(AAC&U[3]의 서술).

	20세기까지	21세기에 들어와
특성	- 지적 인격적 성장을 지향 - 행운아에게 선택적 - 비직업적	- 지적 인격적 성장을 지향 - 모든 학생에게 필수적 - 글로벌 경제에서 각성된 시민정신을 위해 필수적
교육방법	문과 이과 학문의 학업과 저학년에서의 일반교육을 통해	중등교육과 대학교육 전체에 걸쳐 필수적인 학업을 통해
교육기관	리버럴아츠 칼리지 또는 대규모 대학교의 문리과대학에서	모든 중고등학교 대학의 전 학업영역에서

2　앞의 II부 5장 2절 참조.

3　Americsn Association of Colleges & Universities.

자유교육에 대한 정의도 이렇게 달라진다.

"자유교육이란 복잡성, 다양성, 및 변화를 다룰 수 있는 힘을 길러주는 교육이다. 자유교육은 (과학, 문화, 사회 등) 넓은 세계에 대한 폭넓은 지식을 제공하며, 마찬가지로 특별히 관심을 갖는 분야에 대한 깊은 연구 결과를 제공한다. 자유교육은 사회적 책임감을 길러주고 의사소통능력, 분석적 사고력 및 문제해결 능력 등 지적 실천적 기량을 계발해 준다."

좀 더 분명히 말하자면 "자유교육은 여러 학문분야에서의 광범한 학업과 아울러 어떤 전공에서의 심화학업을 포함한다."(AAC&U의 서술)

주목해야 할 것은 오늘날 자유교육은 전 교육과정에서 보편적으로 실시되기에 이르렀다는 사실과 그중 핵심적인 자유학예교육의 내용은 결국 인문-사회-자연 분야의 기초학문이라는 사실이다. 그런데 문제는 과연 이러한 기초학문분야의 교육을 현대사회에서 보편적으로 전 교육과정에 확산시켜 실시해야 하는가 하는 점이다. 다분히 '고전적인' 교육이념인 이 자유학예교육, 즉 기초학문 교육을 오늘같이 격변하는 정보사회에서, 특히 해결해야 할 급박한 여러 모순된 문제들을 안고 있는 한국사회에서 과연 실시해야 하는가? 실시해야 한다면 그 이유는 무엇이겠는가?

3) 대학 교육환경의 내외적 변화

(1) 21세기 지식사회의 새 지형

디지털 정보통신기술의 문화사회적 파장은 이미 살펴보았듯 심대하고 근본적이다.[4] 그리고 이러한 문화사회적 변화에는 지식사회의 지

---

4 I부 1, 2장 참조, 추가적인 상세한 설명은 II부 2장, III부 1장 참조.

형 변화가 그와 상호작용하는 핵심적 요인으로 자리한다. 새로운 기술의 출현과 발전, 그로 인한 공동체 삶의 변화 등은 지적 탐구에 광범한 영향을 주는 요인이 되기 때문이다.

그렇다면 지식사회에는 이 변화가 어떤 후속 사태를 야기시키고 있을까? 지식사회의 지형과 관련해 주목해야 할 것은 어떤 것들일까? 앞서 상론했지만,[5] 다시 정리해 보면 다음과 같다.

① 지식의 창출, 유통, 소비가 현격히 용이해졌다.
② 생산되는 정보이 양이 급증했고, 그 유통에 시공적 제약이 현격히 미약해졌다.
③ 파편화된 정보들이 홍수를 이뤄 실제 유익한 정보를 선별하기가 어려워졌다.
④ 지식, 정보의 유효기간이 짧아졌다.
⑤ 감성적 활동이 이지적 사유를 압도하게 되었다.
⑥ 역설적으로 총체적 융복합적 지식이 더 필요해졌다.

지식사회의 이런 변화는 결국 매사에서 성공적인 기획과 실천을 위해 필요로 하는 능력, 즉 교육과정에서 배양해야 할 능력의 내용에도 변화를 야기한다. 새로이 강조되는 능력들은 이런 것이다.

① 비판적 사고 및 융합적 사고의 산물로 얻어지는 창의적 사고 능력
② 주어진 상황에서 문제를 찾고 해결하는 문제 발견 및 문제 해결의 능력
③ 사회구성원과 식견을 공유하는 데 필요한 합리적 의사소통능력
④ 주어진 문제연관 전체를 조망할 수 있는 넓은 시야와 통찰력
⑤ 감성적 공감과 이지적 사유를 겸전하고 넘나들 수 있는 전인적 통합능력

---

5 I부 3장 6절 참조.

이러한 진단이 틀리지 않다면, 이러한 지적 환경에서 교육은 어떻게 이에 대응해야 하는가? 상기의 능력들을 어떻게 함양해야 할 것인가? 과연 기초학문교육이 이에 대해 해결책이 될 수 있을까?

(2) 한국대학교육의 현실과 기초학문교육의 필요성

한국의 대학에서는 학생들이 이수해야 할 교과군을 흔히 교양, 전공, 선택으로 3분하는 것이 널리 통용되어온 관례였다. 그러나 "선택교육"이라는 것이 교육내용에 주목해 보면 별도로 있을 수는 없는 일이니 실은 그것도 전공교육이거나 교양교육이었다. 따라서 대학교육은 내용적으로 볼 때 전공교육과 교양교육의 두 축으로 이루어진다. 실로 이 양자의 위상과 관계를 어떻게 설정하느냐 하는 것이 교육과정을 편성하는 데 있어 늘 문제가 되어 왔다.

전공교육의 내용에 대한 논란과 비교해 볼 때 교양교육의 내용에 대한 논란은 사뭇 격렬하고 심각하다. 그 주된 이유는 '교양'이라는 전공학문이 없기 때문에, 어느 전공학과의 교수든지 모두 일가견을 갖고 발언할 수 있다고 보며 그 견해가 전공학과들 사이에서 크게 갈려 합의점을 찾기가 쉽지 않기 때문이다. 일차적으로 드러나는 현상은 대부분의 전공학과에서 교양교육의 총량을 가급적 축소하여 전공교육의 기회를 확대시키고자 한다는 사실이다.

교양교육이 목표로 하는 자유교육, 혹은 일반교육을 통해 "일반적 보편 지성교육"을 펼치기 보다는 "특화된 전문 직업교육"에 집중하였던 한국 대학의 지금까지의 실태는 나름의 이유와 사정이 있었다.[6] 이러한 문제 상황은 상당 부분 교양교육에 대한 피상적인 편견들에 기인한다. 이 편견들이 무엇이며 이러한 편견들이 어떻게 교양교육의 본령을 위축시키는지, 그리고 전공-교양교육의 관계를 어떻게 왜곡해 왔는지,

---

6 II부 2장 2절 참조.

앞서 이미 기술한 바 있다.[7] 이제는 과거와 같이 선진국의 기술을 습득하고 적용하는 것만으로 국가발전을 이룩하고 그것을 통해 사람들의 삶의 질을 향상시킬 수 없다. 융복합적인 문제들이 새롭게 대두되고 이러한 문제를 해결하기 위해서는 본래적으로 융복합적인 성격을 지니는 교양교육이 그 본래의 위상을 되찾아야 할 때가 온 것이다.

그간 소홀히 다루어져 왔던 대학의 융합교육을 내실화하는 방법은 그 토대가 될 교양교육의 내용을 기초학문교육으로 정비하는 것이다. 그리고 이는 대학교육 전체가 기초능력교육, 다학문적·학제적 융복합교육으로 정향을 새로이 하는 것과 궤를 함께 해야 한다. 그렇다면 어떤 학술적 내용을 그 융복합교육의 내용으로 삼아야 할까? 그 내용은 우선 학문적 가치의 보편성을 고려해 인문학, 기초사회과학, 기초자연과학 등 기초학문분야의 연구성과로 구성해야 한다. 특정 영역의 직업교육과 직결되는 응용학문분야의 내용은 일단 배제되어야 함이 원칙이다. 전문직업교육과의 관계를 고려해 볼 때, 이는 꼭 지켜져야 한다. 기초학문교육이야말로 교양교육의 본체가 되어야 함은 이미 앞에서 그 상세히 논했던 바대로다.[8] 자유교육의 근본 취지는 그 어떤 특정한 직업적 요구나 특정 집단이나 상황의 요청에 매이지 않고 단지 인간으로서 훌륭한 삶을 영위하기 위해 지녀야 할 지혜와 능력과 자질과 품성을 함양하는 데 있다. 이 근본 취지에 비춰볼 때, 날로 더 복잡하고 광범해지는 복합적 문제군에 대응할 수 있는 융복합적 식견을 함양하기 위해서 교양교육이 기초학문의 탐구 성과를 그 중심 내용으로 삼는 것은 당연한 일이다. 이 점이 곧 고전적 의미의 자유학예교육이 그 변형된 형태로, 즉 기초학문교육으로 오늘날에 되살아나야 할 합당한 이유다.

7 II부 3장 4, 5절 참조.

8 I부 3장 9절 참조.

4) 자유학예교육을 위한 교육 구조: 자유학예대학

그렇다면 한국의 대학에서 이러한 교육을 충실히 이행할 수 있는 교육구조는 어떤 것일까? 기초학문 분야, 특히 인문학이나 기초 사회과학 분야의 전공교육과정에서는 학문 후속세대 양성을 목표로 하는 본래의 교과과정, 즉 대학원 교육으로 연장되는 교육과정에 변양을 가하여, 대부분 학생의 실질적 교육 수요에 부응하고자 하는 시도가 있을 수 있다. 그런데 문제는, 이렇게 변화를 가할 때, 변양된 교육과정이 과연 그 기초학문의 전공교육이 갖는 정체성을 훼손하는 일이 없겠느냐 하는 점이다. 해당 학문분야의 전공교육을 그 본래의 모습대로 지키게 되면, 대다수 학생들의 실질적 교육수요를 외면하는 꼴이 되고, 후자에 부응하자면, 본래의 전공학문 교육 자체가 변질하게 된다. 이것이 극복해야 할 문제다.

교육의 목표가 새로워지고 그에 따라 교육 내용이 변모한다는 것은 교육기능이 변화함을 뜻하는 것이다. 구조와 기능의 상관관계를 염두에 둔다면, 이제 교육구조에 대한 숙고를 해야 할 시점이다. 직업능력 함양이라는 교육적 요구에 부응하면서도 학술성의 추구라는 대학의 본래적 과제를 동시에 수행할 수 있는 교육구조를 모색, 정착시키는 것이 오늘의 한국대학이 안고 있는 과제다.

대학교육에서 전공분야가 무엇이든 기초학문교육이 더욱 필요해진 것이 21세기 정보사회의 사회문화적 상황이라면, 이를 실현할 현실적 방안 중 최적의 것은 교양교육을 정상화, 강화하는 일이다. 그리고 이의 실현은 불가불 교육구조의 구성와 연관이 된다. 사실, 대학원 연계 교육과정이 아니라 학사과정 완결형 교육과정의 수립이 핵심문제라면, 실은 이러한 학사과정에서는 학생이 원한다면 특정 '전공' 없이 기초학문교육만을 균형 있게 교육받을 수 있는 교육과정을 제도적으로 정착시킬 필요가 있다. 미국의 유명한 자유학예대학(Lieberal Arts College)들이 바로 그것인데, 이들이야말로 우리가 말하는 '교양교육'을 가장 이상적인 형태로 실시하는 교육기관들이다.[9] 이 대학들은 특정 응용학문분야의 전문교육은 전문대학원에게 맡기고 자신들은 기초학문 중심의 교양교육을 교육의 중심과제로 삼는 대학들이다. 물론 이 대학들에도 학문체계에 따라 구분되는 학과들은 있지만, 학생들이 특정 학과에 '전속'되어 그 학과의 교육만을 받도록 되어있지는 않다, 학생들은 학과의 구분에 상관없이 원하는 과목을 자유롭게 수강함으로써, 학업 도중이든 종료 후든 아무 때나 주요학업(Major)이나 부차적 학업(Minor)을 '표명'할 수 있고, 아예 그런 '표명'조차 없이 전 과정을 수료할 수도 있다.[10]

한국에서도 이와 동일하지는 않지만 학생의 자유로운 학업을 추진하려는 취지로 기획한 소위 '학부제'라는 교육프로그램이 90년대 중반 정부에서 주도한 '5.31 교육개혁' 안에 제시된 바 있지만, 당시 이 새로운 개혁 정책은 대학들의 이해 부족 및 현실적 여건의 미성숙으로 인해 실행 초기부터 왜곡되어 결국 좌초하고 말았다. 그 자유학예교육의 이념은 단순히 학과들(department)을 병합한 편제상의 학부가 아닌, 진정한 의미의 '학부'(faculty)를 구성해, 이 안에서 전공의 구분 없이 다양한 이질적인 여러 기초학문을 교육받게 하는 것이다. 더 나아가서는 계열별 학부들간의 구분마저도 없애고 이들을 통합한 '학부대학'(university college)을 그 본래적인 형태로 운영함으로써 자유학예교육을 온전히 실

---

9 2019년 평가에 따른 상위 10위권의 우수 리버럴아츠 칼리지들은 다음과 같다. (교명 다음은 소재지)

1. Amherst College, Amherst, Massachusetts
2. Williams College, Williamstown, Massachusetts
3. Pomona College, Claremont, California
4. Wellesley College, Wellesley, Massachusetts
5. Swarthmore College, Swarthmore, Pennsylvania
6. Claremont McKenna College, Claremont, California
7. Carleton College, Northfield, Minnesotta
8. Middlebury College, Middlebury, Vermont
9. Haverford College, Haverford, Pennsylvania
10. Smith College, Northampton, Massachusetts

10 '어느 한 분야를 전문적으로 연구한다'는 뜻의 '전공(專攻)'이라는 용어와 '더 많이 공부하는, 주요한'이라는 뜻의 'major'라는 용어는 그 근본 의미부터 다르다.

현하는 것이다.

교양교육의 내용이 기초학문분야의 탐구 성과로 채워져서 교양교육이 명실상부하게 기초학문교육이 되어야 함이 타당하다면, 기초학문분야 전공학과가 다수 설치돼 있는 대학에서는 교양교육을 담당하는 교육기관과 이 전공학과들 간의 관계가 제도적으로 어떻게 정해지느냐 하는 것이 심각한 교육구조의 문제로 부상된다.

무엇이 문제일까? 문제의 핵심은 한마디로 말해 '학과중심주의', '전공주의'에 있다. 한국 대학의 경우 거의 모든 대학들이 학문체계에 대한 각별한 인식 없이 기초학문과 응용학문의 상이한 학문적 본성을 고려하지 않은 채, 한편으로는 ① 기초학문분야와 응용학문분야를 구별하지 않고 동일 평면에 나란히 병행 설치해 놓고 있으며, 다른 한편으로는 ② 교육과 연구가 모두 학과의 범주를 벗어나거나 넘나들기 어렵게 학과 중심으로 제도화되어 있는 것이 현실이다. 학생들은 기초학문과 응용학문 가운데서 어느 한 쪽을 선택하게 되어 있으며, 게다가 대부분의 학생들은 기초학문분야의 학과보다는 응용학문분야의 학과를 선호한다. 그 결과 응용학문분야에서 전공을 선택하게 되는 대다수의 학생들은 기초학문교육을 받을 기회가 거의 없게 된다.

교양교육을 기초학문교육으로 실시한다면, 기초학문분야의 학과들은 마땅히 해당 학과에 소속된 학생뿐 아니라 전교생을 상대로 기초학문교육을 실시해야 할 테지만, 앞서 말했듯 교육이 학과의 벽을 넘어가지 못하도록 제도적으로 제약을 받고 있다면, 이런 제도 아래에서는 전교생을 대상으로 하는 기초학문교육, 즉 교양교육은 파행을 면치 못할 것이다.

근래에 사정을 더욱 악화시키는 것은 신입생 수가 감소하는 추세를 고려하여 대학마다 지원자가 줄어드는 학과를 변신, 통폐합, 폐쇄하고 있는데, 이런 '구조조정'을 당하는 학과가 대체로 기초학문분야의 학과라는 점이다. 이러한 조치는 1차적으로 해당 학과가 그 기초학문교육이라는 본래적 교육 목표와 내용을 외면하고 다분히 현실적인 직업교육의 성격을 띠는 것으로 변질시키는 양상으로 나타난다. 이는 나쁘게 말하자면 재직하고 있는 교수진을 보존하고 학과를 유지시키기 위해 교육목표와 내용을 변질시키는 것이다. 여기서 더 나아가 교수진이 퇴임하게 되면 그 공석을 충원하지 않음으로써 점차 교수진의 공백상태를 만들어 학과 자체를 폐쇄하는 경우가 흔한데, 이런 상황에서는 기초학문 교육은 실종될 수밖에 없게 된다.

교양교육을 그 본래의 이념대로 정상화시키고자 한다면, 바로 현행의 이러한 교육구조를 보다 유연하고 개방적인 형태로 개선해야 할 것이다. 여기서 우리는 대학마다 다양하게 상이한 교육구조를 갖고 있다는 사실에 유의하여 이를 유형별로 구분하여 문제해결을 위한 접근을 해야 하리라 본다.

대략 기초학문분야의 학과들이 어느 수준으로 설치되어 있느냐에 따라 대학을 대략 3개 유형으로 분류해 보고, 그 각각의 경우에 교양교육의 내실화를 위해 교육과정의 편성과 운영을 어떻게 해야 할지 생각해 보도록 하자.

① 기초학문분야 학과들이 인문학, 기초사회과학, 기초자연과학 분야에 걸쳐 거의 모두 설치돼 있는 대학교[11]
② 기초학문분야 학과들이 일부만 설치돼 있는 대학교
③ 기초학문분야 학과들이 거의 설치돼 있지 않은 대학교

①의 경우에는 기초학문분야 학과들이 모두 하나의 교육기관에 소속되도록 하여, 각 학과는 자과 소속 학생들에게 전공 교육을 실시하는 것과 병행해 동시에 소속 전공 학과에 상관없이 전교생을 대상으로 하는 기초학문교육, 즉 교양교육을 실시하도록 한다. 여기서 문제되는 것은 이 학과들이 자과 학생들에게 제공하는 전공교육 교과목과 타과의 전교생에게 제공하는 교양교육 교과목을 어떻게 구분지어 구성할 것인

11 인문학, 기초사회과학, 기초자연과학에는 주지하다시피 문학, 역사, 철학, 정치학, 경제학, 사회학, 심리학, 수학, 물리학, 화학, 생물학, 지구과학이 각각 포함된다.

가 하는 것이다.

해당 학과는 일차적으로 자과 학생들을 위해 가능한 한 해당 학문분야의 전 영역을 망라(網羅)할 수 있도록 커리큘럼을 구성할 것이다. 해당 학문을 '전공'하는 학생들인 만큼 이들을 위해서는 문자 그대로 전문가로서의 지식과 탐구 능력을 학습할 수 있도록 특수한 주제들까지도 다루게 할 것이다. 기초학문이라는 점을 고려한다면 이 교육과정은 암암리에 대학원 연계 교육과정으로 기획되어 있을 것이다. 그러나 이 '전공자'들 외의 타과 학생들을 위한 교양교과목으로서는 이 전공 교육과정에 편성돼 있는 교과목들 중에서도 '해당 학문분야에서 기본적이고, 그래서 핵심적이고 보편적인 주제를 다루는 교과목'들을 선별해 제공해야 할 것이다. 그렇게 되면 이렇게 선정된 교과목들은 말하자면 전공과목이면서 동시에 교양과목으로서, 2중적인 역할을 하게 될 것이다.

②의 경우에도 사정은 ①과 비슷하다. 기초학문분야의 학과가 존립하는 한 해당학과는 ①의 경우와 마찬가지로 전공교육과정에 제공되는 교과목 중 일부, 즉 '기본적이고, 그래서 핵심적이고 보편적인 주제를 다루는 교과목'들을 선별해 교양교과목으로 제공해야 할 것이다. 문제는 기초학문분야의 학과가 없는 학문분야의 교과목들을 누가 어디서 제공하느냐 하는 것인데, 이 문제에 대해서는 부득이 해당분야의 교수진을 별도로 충원하는 방식으로 대학 당국이 대처해야 할 것이다. 여기서 전향적으로 요구되는 것이 바로 '교수진이 속한 교육단위 겸 교무행정 단위로서의 학과'와 '학생의 학업과정'은 반드시 합치하지 않아도 좋다는 개방적 사고다. 학과에는 '전속(專屬) 교수'와 '전속 학생'이 '공속(共屬)'해야 한다는 기존의 통념을 깬다면, 학생 없는 학과, 즉 신입생 모집 단위가 아닌 학과도 교육단위로서 제 기능을 발휘할 수 있다는 말이다.

③의 경우는 교양교육을 전담하는 독자적인 별도의 교육기관을 설립하여, 응용학문분야의 학과들로부터 간섭받지 않고 교양교육의 교육적 정체성을 견지하면서 교양교육을 그 본래적인 이념에 충실하게 실시할 수 있도록 해야 할 것이다. 물론 이 경우에도 기초학문분야에서 학문적으로 성숙한 교수진이 있어야 함은 자명하다.

5) 한국형(?) '리버럴아츠 칼리지'

새로운 교육구조의 도입을 위해 전제가 될 기본요건으로 필자는 대학교육행정의 새로운 기본정책 중 하나로 다음 세 가지 단위를 별개로 취급하여 탄력적으로 운영할 것을 제안한다.[12]

① 교수가 소속된 교무행정 및 교수활동의 단위인 **학과**
② (전공-부전공-복수전공-연계전공 등으로 다양한) 학생의 **학업 과정**
③ (학과단위, 소계열, 대계열 등으로 다양한) 신입생 **모집 단위**

이제까지의 통념에 따르면 이 세 단위는 하나로 통합되어 있는 것이 당연한 일이지만, 꼭 그렇게 되어야만 할 이유는 없다는 것이다.

이 방침대로 하면, 기초학문분야에서는 어떤 특정 학과에 '전속'되어 그 학문을 '전공'으로 학습해야 하는 학생은 한 사람도 없다 하더라도 교수가 속한 그 학과는 존립할 수 있다. 그 대학에 그 학과의 교수들이 제공하는 기초학문분야의 교과를 배울 학생이 있는 한, 그러하다. '전공학생'이 없더라도 전교생을 상대로 기초학문분야의 교육을 해야 한다면, 교수진은 오히려 더 확충되어야 할 것이다. 응용학문분야의 교육을 받는 다수의 학생들에게 기초학문분야의 교과목을 일정량 이수하지 않으면 안 되도록 필수화시켜 교육과정을 편성하면 되는 일이다.

이렇게 학사운영을 유연하게 하면서 동시에 교육과정을 '성층화'하여 기초학문 분야 학업을 토대로 하고 그 위에서 특정 응용학문분야 학업을 수행하도록 하면 산업수요에 부응하는 직업지향적 학업을 수행하는 다수의 학생들도 불가피하게 기초학문분야의 교육을 받게 될 것이다.이렇게 기초학문 분야의 교육이 확장되면, 인문학을 비롯한 기초학문분야의 학문적 기반도 보다 튼실해질 수 있을 것이다.

전공학과들 간의 구획이 '강고'한 데다가 기초학문분야 전공과 응

---

12 이하 앞의 IV부 3장 4절 내용의 반복.

용학문분야 전공을 평면에 병렬시켜 놓고 양자 중 하나를 택하게 하는 현행의 '단층형' 교육구조에서는 학문연구와 직업교육이라는 두 가지 과제를 동시에 수행하여 소위 '투 트랙'을 양립시키는 일은 지극히 어려울 수밖에 없다. '투 트랙'이 상호 배제하도록 구조지어져 있기 때문이다. 대부분의 학생들은 후자를 택할 것이고, 그 결과 전자는 쇠퇴할 것이다. 이렇게 보면 결국 대학이 '전공학과' 중심의 교육을 개선하여 '교육과정' 중심의 교육으로 변신해야만, 기초학문분야는 그 학문적 교육적 역할을 다할 수 있게 된다.

동일한 하나의 평면에 놓인다면 서로 상충할 수밖에 없는 두 가지 교육수요를 함께 충족시킬 수 있으려면, 기초학문분야의 교육단위와 응용학문분야의 교육단위를 '전공학과'라는 동일한 형태로 설치하고 '전공교육'이라는 동일한 기능을 수행하도록 하는 데서 탈피해야 한다는 말이다. 기초학문분야 교육단위와 응용학문분야 교육단위를 두되, 전자는 전교생을 상대로 교육하는 기능도 가져야 한다.

이와 같은 교육의 토대를 마련할 수 있는 이상적인 교육구조로서 생각할 수 있는 것은 역시 학사과정에서는 학생을 '전공학과'에 '전속'시키지 않고 기초학문 분야에서 여러 학문을 다양하고 균형 있게 교육받게 하는 미국식 *University College*(학부대학) 또는 *Liberal Arts College*(자유학예대학) 등의 교육구조다.

오늘 한국의 대학교육은 직업교육에 경도되어 있는 것이 현실이다. 창의성 교육을 강조하지만, 이러한 현실을 도외시한 교육이라면 수용될 수가 없다. 창의적 사고의 함양이 균형 잡힌 기초학문교육으로 달성될 수 있음을 인정하면서도 그것이 직업교육에 도움이 되지 않는다면, 외면당하게 된다. 실제에 있어서는 직업교육의 수월성을 위해서도 기초학문교육이 필요한 것임을 시인하는 입체적 사고가 요구된다. 이러한 사정을 염두에 두고 '자유학예교육'의 실현을 위한 구체적 대안을 교육구조의 변경에 초점을 맞춰 제시해 본다.

직업능력 함양이라는 교육적 요구에 부응하면서도 학술성의 추구라는 대학의 본래적 과제를 동시에 수행할 수 있는 교육구조를 모색, 정착시키는 것이 오늘의 한국대학이 안고 있는 현실적 과제다. 우리는 이를 위해 다음을 제안한다.

① (종합)대학교 안에 인문학-기초사회과학-기초자연과학을 망라하는 학문분야 학과들로 구성된 (단과대학 중 하나로) **'자유학예대학'**(Liberal Arts College)을 설치한다. 학생 수가 적은 소규모 대학교인 경우, 이 대학만 설치할 수도 있다.

② 이 대학에서는 직업교육이 아닌 기초학문교육을 실시하되, 전교생을 대상으로 한다. 물론 이를 가능케 하는 교육과정을 편성해야 한다. 이 교육이 곧 "교양교육"이라는 이름으로 시행해 오고 있는 교육이 되도록 한다. 즉 이 대학 외의 타 단과대학에 재학하는 학생들도 이 대학 학과들의 전공교과목들 중에서 일정 수의 과목을 학문분야별로 균형을 갖춰 수강하도록 교육과정을 편성한다.

③ 이 대학 안에서는 점차 교양과목과 전공과목의 구분을 없애나가되, 가급적 많은 수의 과목이 교양교육을 위해서도 학문탐구를 위해서도 적절한 내용을 담는 과목이 되도록 교과목 개발에 각별한 노력을 기울인다. 즉 모든 학생이 수강하는 교양과목이지만 장차 대학원에 진학하여 학문탐구의 길을 가려는 학생들에게도 그 학술적 깊이가 충분히 만족스러운 내용이 되도록 교과목을 개발한다.

④ 이 대학 내의 학과들은 그 학과에 반드시 '전공학생'을 '전속'시키려 하지 않는다. 즉 신입생 모집단위를 유연하고 탄력적으로 정하여(이를테면 계열별 모집, 전 대학단위 모집 등), 전공을 정해 입학한 학생이라도 추후 자유롭게 타 학과 교육을 받을 수 있도록 전공변경을 자유롭게 하고, 부전공, 연계전공, 복수전공 등의 제도를 활성화시킨다.

이 학과들은 전공학생이 한명도 없는 경우에도 학과를 유지하고 학과 교수진도 (강좌수 등) 교육수요에 맞게 보강한다. 학문탐구의 길을 가고자 하는 학생이 있을 경우 교수별로 특별지도를 하는 제도를 마련하며, 대학원 과정에서 학문후속세대 양성을 위한 교육을 받을 수 있도록 준비한다.

한국적 현실을 고려해 볼 때, 즉 한국의 일반적인 대학 사정과 대부분 대학인의 통념에 비추어 볼 때, 미국식 '리버럴아츠 칼리지'의 원형을 그대로 수용함은 어려울 것이므로, 잠정적으로 다음과 같은 '절충안'까지도 제시해 본다.

① 신입생 모집 단위로서 학과는 유지하되, 입학 후 학생은 자유롭게 전과할 수 있도록 허용한다.
② 학생을 학과에 소속시키는 현 제도는 당분간 유지하되, 부분적으로 그 전공교육과정 대신 다양한 학문들로 구성되는 '공통의 교육과정'을 이수하게 한다.
③ 여기서 더 나아가 학생은 부전공 혹은 복수전공을 이수하도록 한다.
④ 추이를 보아 적절한 시기에 학생이 소속되는 학과를 폐지하고 신입생 모집 단위도 칼리지 전체로 확대한다.

중대규모의 종합대학교에서는 이런 형태의 '리버럴아츠 칼리지'를 설립하여 전교생의 교양교육을 담당케 하는 것이 조만간 닥칠 학령인구 반감의 시기에 선제적으로 대비하는 적절한 길이라고 본다.

6) 교육구조 혁신의 어려움

['자유학예교육'의 문명사적 의의] 우리는 앞에서 인류의 문명이 기술의 발전과 규범의 확립을 토대로 하여 구축되어 왔다는 근원 현상에 대해

비교적 자세히 살펴보았다.[13] 자연을 뛰어넘는 문명의 출발도 따지고 보면 인간에게 주어진 자연적 삶의 여건에 잠재되어 있음을 확인했었다. 신체적 결함을 보완하여 그 활동을 강화 확장함으로써 자연과 대결하는 것이 도구와 기술의 개발을 내용으로 하는 공작적 활동이라면, 무질서의 공동생활에 질서를 부여하고 그에 따라 개인 간의 행동방식에 정형을 불어넣어 주는 것은 규범을 확립해 실천하는 사회적 활동이다. 이렇게 보면 인간이 자연을 뛰어넘어 이룩해 내는 문명은 근본적으로 기술과 규범이라는 두 축을 중심으로 하여 건설되어 왔다고 할 수 있다.

도구와 기술의 영역이 되었든 규범과 제도의 영역이 되었든 인간이 형성해 낸 구조물이 현실적으로 요청되는 기능을 잘 발휘할 수 있도록 구축되어 있을 때, 인간의 삶은 자연적 결함을 극복하여 바람직한 문명적 성취를 거둔다. 그런데 문명적 삶의 현실을 보면, 요청되는 기능은 쉽게 변하지만 이 새로운 기능에 부응하도록 기존의 구조물이 변화하여 새로운 구조가 구축되는 일은 쉽게 이루어지지 않는다. 새로운 기능은 미래지향적인 예견과 희망에서 오는 것인 반면, 구조는 현실을 떠받치는 것으로서 기존의 통념과 관행을 쉽게 벗어나지 못하기 때문이다. 특히 미래지향적인 예견과 희망은 현실에서 권익을 보장받지 못하는 구성원들이나 현실의 정체성과 경직성을 뛰어넘으려는 진취적 인사들에게서 나오는 것이 보통이다. 이에 반해 구조의 변화 내지 쇄신 여부를 결정할 수 있는 의사결정권을 가진 삶들은 대체로 종래의 구조 내에서 '기득권'을 누리는 지도층 인사들이기 쉽다. 이것이 바로 '보수'와 '진보'의 대립이자 갈등이다.

이런 관점에서 보면 우리는 역사의 발전 여부를 가름하는 중요한 기준으로 구조와 기능 사이의 정합 혹은 괴리 여부를 들 수 있다. 그리고, 이 양자의 변화에 걸리는 시간 차의 장단 여부도 역사 발전의 속도를 가늠할 수 있는 중요 요인으로 생각할 수 있다. 대개는 구조의 실질적인 변화는 기능에 대한 기대의 변화보다도 더 긴 시간이 걸리기 때문

---

13 앞의 I부 4장 3절 참조.

이다.

도구와 기술의 영역에서도 기능과 구조 사이에 이와 같은 문제가 대두될 것은 부인하기 어렵겠지만, 특히 규범과 제도의 영역에서는 저 양자 사이의 괴리 문제 또는 시간차 문제가 더욱 심각하게 대두되는 게 보통이다. 우리는 이런 현실을 직시하고 변화를 기획해야 할 것이다. 우선 이 영역은 새로운 기능에 대한 요망과 기대가 진정 문명적 성취에 더 바람직한 것이라는 '신념'이 '물리적 사실'을 통해 '실증적'으로 확인되는 영역이 아니다. 실증적이고 객관적인 확증이 어렵다는 점 때문에 설사 새로운 기능에 대한 요망이 변화된 시대상이나 가치관에 부합하는 것이라 해도 의사결정권을 쥐고 있는 대부분의 '기득권' 보유자들은 이를 구실로 규범과 제도라는 구조의 개선이나 쇄신에 동참하지 않고 오히려 그에 저항하는 것이 보통이다.

대학의 교육구조를 혁신하자는 우리의 구상을 진지하게 수용한다면, 이상과 같은 근본 문제에 대한 고려를 피할 수 없을 것이다. 이런 문제를 의식하며 대학 교육의 구조 변화를 지혜롭게 추진해 나가야 할 것이다.

부록

1. 교육목적에 따른 대학의 유형화

교육목적에 따른 대학의 유형으로는 1) **직업교육 중심 대학** 2) **일반교육 중심 대학** 3) **교육중심/연구병진 대학** 4) **연구중심/교육병진 대학** 5) **연구 중심 대학** 6) **특정 전문분야 대학** 7) **자유학예대학** 8) **대학원 중심 자유학예대학**으로 나뉜다.

1) 직업교육 중심 대학

전문기능 중심의 직업교육을 교육목표로 하는 대학으로 직업교육을 추구하는 각종 전문대학이 대부분 포함된다. 4년제 일반대의 경우에도 일부 단과대학 또는 일부 학과가 여기에 포함될 수 있다.

① 교육목표

- 특정 분야 기능 중심의 직업교육

② 인재상

- 평범한 일반시민으로서 특정 기능을 갖춘 직업인

③ 교육과정 구성내용

- (전공) 특정 분야 기능직 직업교육을 위한 실용적 전문지식 및 기술
- (교양기초) 전공학업에 필요한 충실한 기초교육〔글쓰기, 외국어, 과학 등〕

☞ 심도 있는 학문적 탐구를 꼭 필요로 하지는 않으며, 특정 분야의 기성 지식 이나 기술을 습득하고 숙련하는 학업이 중심

④ 교육구조

- '기초교육학부' + 기능직 직업교육 전공학과들

2) 일반교육 중심 대학

일반적인 대학교육을 수행하지만, 실제로는 다양한 비전문직 직업 활동을 염두에 둔 교육이 이루어지고 있는 대학으로 소규모 중하위권 일반대학이 포함될 것이다.

① 교육목표

- 다양한 보통 직업활동을 하는 건전한 시민 양성

② 인재상

- '교양 있는 시민, 일반 직업인'

③ 교육과정 구성내용

- (전공) 일반적인 직업능력 배양에 기여할 다양한 전공교육
- (기초) 전공학업에 필요한 충실한 기초교육〔글쓰기, 외국어, 과학 등〕
- (교양) 추가로 핵심교양을 중심으로 한 최소한의 교양교육 과목들 운영

④ 교육구조

- '교양기초교육학부(기초학문분야 포함) + (직업능력 배양을 위한) 다양한 전공학과들'

3) 교육중심/연구병진 대학

일반적인 대학교육을 수행하지만, 실제로는 중견 전문인 양성을 염두에 둔 교육을 실시하는 대학으로 일부 학문후속세대 양성 기능도 자임하는 대학이다. 전공학과에서 특정 분야의 기성 지식이나 기술을 습득하는 학업이 중심이며 교육영역에 따라서는 학문적 탐구도 병행되는 대학이다. 다수의 중소규모 중위권 일반대학이 포함되야 한다.

① 교육목표

- 중견전문인 및 일반직업인 양성을 위한 전문분야 교육과 연구

② 인재상

- 교양 있는 일반시민 + 창의적인 중견전문인 및 일반직업인'

③ 교육과정 구성내용

- 기초교육 + 교양교육 + (직업지향적) 응용학문 분야 전공교육
  ☞ 심도 있는 학문적 탐구도 교육영역에 따라서는 병행되는 학업 과정
- 전공학과에서 특정 분야의 기성 지식이나 기술을 습득하는 학업이 중심이 되기도 하지만, 교양교육 영역에서는 학문적 탐구를 경험하는 학업이 병행됨
- 기초적인 학업, 즉 글쓰기, 외국어, 과학 등과 심화교양교육이 적절히 배분되어야 함

④ 교육구조

- '교양기초교육대학'(기초학문분야 포함) + 응용학문 전공학과들 + 응용학문분야 대학원 과정

4) 연구중심/교육병진 대학

지도적 중견 전문인 및 학문후속세대 양성을 중심 과제로 삼는 대학으로 학문적 탐구를 학업의 중심이 두되, 응용학문 분야에서는 특정 분야의 기성 지식이나 기술을 습득시킴으로써 지도급 전문인을 양성하기도 한다. 학부교육의 기반으로서 대학원생 조교를 자체 충원할 수 있는 대부분의 중상위권 종합대학들이 여기에 해당된다.

① 교육목표

- 학문지향적 연구(학문후속세대 양성)와 직업지향적 교육의 병행

② 인재상

- 교양과 학식을 갖춘 지도급 인재 + (학문후속세대 포함하는) 창의적인 고급 전문인

③ 교육과정 구성내용

- 기초교육 + 교양교육 + 기초학문 및 응용학문 분야 전공교육 + (대학원) 전공분야 연구과정
  ☞ 심도 있는 학문적 탐구를 주 내용으로 하되 직업활동을 위한 교육도 병행
- 기초학문분야든 응용학문분야든 대학원 과정까지를 염두에 둔 학업을 기조로 삼음
- 기초적인 학업, 즉 글쓰기, 외국어, 과학 등은 물론이고, 심화교양교육도 충분히, 철저히 이수해야 함

④ 교육구조

- ‘교양기초교육대학’(기초학문분야 전공학과들) + 응용학문 분야 전공학과들 + 기초학문 및 응용학문 분야 대학원

- 상기 3), 4) 유형의 대학들은 대부분 서로 다른 성격의 여러 학문 분야를 포함하는 '종합대학교'들이므로, 실제로는 단과대학별로 대학유형(교육목표와 교육과정)을 다양화해야 할 필요가 있음
- 특히 순수 학문지향적인 기초학문 분야와 직업지향적인 응용학문 분야의 구별이 필요함
- 응용학문 분야의 교육은 기초학문 분야의 교육을 기초로 하도록 교육과정이 성층화되어야 함
- 기초학문 분야 전공교육은 교양교육과 연계, 수렴, 통합이 필요함
- 기초학문 분야 전공학과 소속 교수들은 교양기초교육 기관에 겸직하여 교양기초교육을 의무적으로 담당해야 함

5) 연구 중심 대학

고급 전문직 인재 및 학문후속세대 양성을 지향하는 종합대학으로 학문적 탐구를 중심으로 하는 학업이 학사과정에서부터 주축이 된다. 그러나 심화된 전공교육은 대학원과정에서 시행한다: 기초학문의 경우는 일반대학원, 응용학문의 경우는 전문대학원에서 담당한다. '학문지향적 + 고급전문직 지향적인 중대규모 상위권 종합대학'이 포함된다.

① 교육목표

• 학문지향적 연구를 중심으로 함

② 인재상

• 교양과 학식을 갖춘 지도급 인재 + (학문후속세대 포함) 창의적인 고급전문인

③ 교육과정 구성내용

• 기초교육 + 교양교육 + 기초학문 및 응용학문 분야 전공교육 +

대학원 연구

☞ 심도 있는 학문적 탐구를 교육의 주 내용으로 함

• 기초학문분야든 응용학문분야든 대학원 과정까지를 염두에 둔 학업을 기조로 삼음
• 기초적인 학업, 즉 글쓰기, 외국어, 과학 등은 물론이고, 심화교양교육도 충분히, 철저히 이수해야 함
• 기초교육, 교양교육, 전공교육 모두를 아우르되, 심화된 전공교육은 대학원과정에서 시행함
• 기초학문의 경우는 일반대학원, 응용학문의 경우는 전문대학원 등에서 담당
• 기초학문 분야의 심도 있는 학문적 탐구가 학업의 중심이 됨(학문후속세대 양성이 주목표)
• 그리고, 학부의 기초학문분야 전공교육이 곧 교양교육이 되도록 함(기초적인 학업, 즉 글쓰기, 외국어, 과학 등 일반교육의 기초 등도 충실히 이루어져야 하지만, 더 중요한 것은 심화된 교양교육임)
• 고급전문직 지향의 학업에도 수준 높은 교양교육이 병행해야 함

④ 교육구조

• '교양기초교육대학'(기초학문분야 전공학과들) + 응용학문 분야 전공학과들 + 기초학문 및 응용학문 분야 대학원

☞ 순수 학문지향적인 기초학문 분야와 고급전문직 지향적인 응용학문 분야의 구별이 필요

• 후자의 교육은 전자의 교육을 기초로 하도록 교육과정이 성층화되어야 함
• 기초학문 분야 전공교육은 교양교육과 별개로 보지 말 것. 기초학문 분야 전공학과들 소속 교수들에게는 고급전문직의 교양교육 및 기초학문 분야의 학문후속세대 양성이 동시에 주어지는 교육과제임

☞ 선진적인 새로운 교육구조의 모습: 기초학문 분야의 전공학과에는 소속 학

생 없이도 소속교수는 있음

6) 특정 전문분야 대학

국가적 차원에서 특수 목적을 갖고 설립 운영되는 대학으로 ① 학문 연구에 집중하는 대학원 중심의 대학과, ② 특정의 사회적 실천을 목표로 하는 학부중심의 대학으로 구별된다. 특정 분야의 전공학과만으로 구성되어 있다는 점을 제외하고는 ①유형은 상기 5)유형과 같다. 과학기술대학, 해양대학, 경찰대학, 사관학교 등이 포함된다.

① 교육목표

• 학문지향적 연구 중심, 혹은 특수한 사회적 실천 중심

② 인재상

• 교양과 학식을 갖춘 지도급 인재 + 창의적인 고급전문인

③ 교육과정 구성내용

• 기초교육 + 교양교육 + 기초학문 및 응용학문 전공교육 + (대학원 연구과정)

☞ 특정 분야의 학문연구나 특정분야의 사회적 실천을 전제로 이루어진 특별 교육과정

④ 교육구조

• 교양기초교육학부 + 기초학문 및 응용학문 전문분야 전공학과 + (기초학문 및 응용학문 전문분야 대학원)

7) 자유학예대학(College of Liberal Arts & Sciences)

특정 직업활동과 무관한 심화된 교양을 갖춘 창의적 지도급 엘리트를 양성하는 대학으로 특정 전공 없이 기초학문 분야의 균형 잡힌 다학문적 교육으로 교육과정이 이루어진다. [전공교육과 교양교육의 구분이 무의미해짐] 중상위권 종합대학들이 이러한 교육목표를 암암리에 내포하고 있지만, 극소수에게만 해당된다는 이유로 이를 구현하는 교육과정이 구성되지 않고 있다. 현재 한국에는 없는 유형, 최근 등장한 '자유전공학부'가 장차 이러한 방향으로 발전되어야 할 것이다.

① 교육목표

- 탐구적이고 창의적인 다재다능한 엘리트 양성

② 인재상

- 인재상: 심화된 교양을 갖춘 창의적인 융복합적 인재

③ 교육과정 구성내용

- 기초교육 + 교양교육 + 기초학문 분야 심화교육

④ 교육구조

- 기초학문 분야 전공학과들로만 구성
- 학생이 학과에 소속되지는 않음

8) 대학원 중심 자유학예대학

상기 '자유학예대학'에 (기초학문 또는 융복합 분야의) 대학원 과정이 추가된 대학으로 학자 양성이 주 과제인 대학이다.

① 교육목표

• 탐구적이고 창의적인 학문후속세대 양성

② 인재상

• 심화된 교양을 갖춘 창의적인 탐구자

③ 교육과정 구성내용

• 기초교육 + 교양교육 + 기초학문 분야 심화교육 + 대학원 과정의 연구

④ 교육구조

• 기초학문 분야 전공학과들과 그 대학원으로만 구성
• 학사과정에선 학생이 학과에 소속되지 않음

※ 이상은 대학의 교육구조 조정 방식을 400개 가까운 전 대학에 획일적으로 적용하는 것은 온당치 못하다는 생각에서 '스케치'해 본 것에 불과하다. 그러나 단순히 수도권-지방, 국립-사립, 대형-중소형 등으로 외적 조건에 초점을 맞춰 대학을 구분하는 것보다, 어떤 인재를 양성할 것인지, 각 대학의 실질적인 교육목적에 초점을 맞춰 대학을 유형화하는 것이 바람직하다고 본다. 정원 조정도 이 각 유형의 특성에 맞춰 거시적 관점에서 윤곽을 잡아야 합당할 것이다. 각 대학별로 (한 대학 내에서도 단과대학 별로) 유형을 선택하게 하고, 학생이 적을 수밖에 없는 연구중심 학문후속세대 양성 대학(상기 5)~8) 유형)은 정부가 현실을 고려하고 국가 발전의 장래를 내다보아 적절한 재정지원을 하도록 해야 할 것이다.

2. 철학교육의 의의와 내실화 방안: 교양교육 이념의 재정립을 기조로 하여

1) 교양교육으로서의 철학교육

한국교양기초교육원에 따르면, 교양교육이란 "대학교육 전반에 요구되는 기본적 지식 및 자율적 학구 능력의 함양을 포함하여 인간, 사회, 자연에 대한 폭넓은 이해를 바탕으로 올바른 세계관과 건전한 가치관을 확립하는 데 기여하는 교육으로, 학업 분야의 다양한 전문성을 넘어서서 모든 학생들에게 요구되는 보편적 교육이다. 특히 글로벌 정보사회라는 새로운 시대상을 맞아 비판적 · 창의적 사고와 원활하고 개방적인 의사소통을 통해 공동체의 문화적 삶을 자율적으로 주도할 수 있는 자질을 함양하는 교육이다."[1]

그렇다면 철학교육은 이러한 교양교육의 이념에 부응하는가? 교양교육으로서 어떤 역할을 하며, 어떤 의의를 가질까? 철학적 사고의 특성을 먼저 되짚어 보고, 이에서 비롯하는 철학교육의 의의를 살펴보자.

(1) 철학적 사고의 특성

철학적 사고의 특성 및 철학적 탐구는 다음과 같은 특성을 갖는다.

첫째, 그것은 항상 비판적이다. 이때 비판이란 단순한 부정과 배척

---

1 http://www.konige.kr/data/general_edu.php, 한국교양기초교육원, 교양교육표준안 참조.

이 아니라 위기에 대한 경고다. "비판"(Kritik)과 "위기"(Krisis)가 근원이 같은 말임은 의미심장한 것이다. 근시적 유익을 추구하기보다 사물의 이치에 어긋나 있는 비진리를 문제로서 우리 앞에 제시하는 것이 철학적 사고의 본분이다. 지적 활동이란 근본적으로 문제를 발견하고 문제를 제기하는 것이요, 이는 비판정신에서 나오는 것인데, 비판이란 본래 위기의 극복을 위한 것이기 때문이다. 문명의 전환이란 심각한 위기를 뜻하는 것이요, 이의 극복에 비판적 사고가 요구되는 것이다.

둘째, 철학적 사고는 아무런 전제(前提)도 없이 출발하고 아무런 선결정(先決定)도 없이 진행하는 무전제의 개방적 사고이며, 자유변양(freie Variation)을 허용하는 사고다. 대상, 혹은 사태를 특정한 관점에서만 바라보지 않고 모든 가능한 관점에서 "들여다 보고" "둘러보고" "돌아보고" "내다보고" "꿰뚫어보고", 나아가 "나누어보고" "합쳐봄"으로써 주어진 자료의 모든 국면을 파악하고자 하는 사고이다. 새로운 문명의 출현은 기존의 지식체계를 넘어설 것을 요구하게 마련이므로 이러한 무전제의 개방적 사고가 요구되는 것은 당연하다.

셋째, 철학적 사고는 근본적 원리에 대한 사고이지 지엽적 구체상(具體像)에 대한 사고가 아니다. 비록 구체적 현실에서부터 시작한다 하더라도 결국은 그 구체적인 것들을 규정하고 결정하는 일반적이고 원리적인 것에로 파고 들어가는 사고이다. 세계의 궁극적 원리는 무엇이며, 그것은 현실 속의 구체적인 사물들의 존재에 어떻게 관여하는지 이를 문제 삼는다.

넷째, 원리에 대한 사고를 하기 때문에 철학적 사고는 당연히 부분이 아닌 전체에 대한 사고를 본성으로 한다. 부분을 문제 삼을 때도, 부분들 간의 관계를 문제 삼을 때도 항상 전체와의 관계 속에서 그렇게 한다. 보편적인 것이야말로 진리에 가장 가까운 것이라고 보기 때문이다. 전체란 유한한 인간이 경험할 수 있는 대상세계가 아니기 때문에, 철학적 사고는 늘 기지(旣知)의 것을 토대로 미지(未知)의 것을 파악하고자 하는 인식론적 '외삽법'(外揷法)을 활용하고, 또 경우에 따라서는 치밀한 사유실험을 하기도 한다.

다섯째, 철학적 사고는 그 대상에 사고의 주체인 자기자신도 포함시키는 것이 보통이다. 자기반성적 사고를 함으로써 세계와 자아의 관계를 파악하고 이를 토대로 자신의 행위와 때론 삶 전체를 성찰하기도 한다. 의식의 지향을 직선적으로 밖을 향하게 하는 데에 멈추지 않고, 그 지향이 지향하는 작용 자체를 거꾸로 지향하도록 하는 반성작용을 철학적 사고는 예사로 한다.

여섯째, 이 자기반성적 사고는 필경 자신의 행위에 대한 평가적 사고를 하게 되기 때문에, 급기야 자신의 규범적 실천적 지침에 대한 도덕적 사고를 수행하게 된다. 나아가 자신의 존재근거와 자신의 미지의 삶에 대해 성찰하기도 한다. 이는 세계내재적(世界內在的) 태도를 넘어서서 세계초월적(世界超越的) 태도에 이르기도 하여, 초월적 존재에 대한 성찰 또한 수행한다.

(2) 철학교육의 의의

이에 비추어 볼 때, 철학교육은 다음과 같은 교육적 의의를 갖는다.

첫째, 철학교육은 스스로 생각하여 사리를 터득하고 문제를 찾아내는 자발적 독자적 사고를 하는 데에 큰 도움을 준다. 단순히 논리적 사고만을 하는 데서 더 나아가 비논리적이면서도 의미 있는 사고도 인간의 삶과 인간의 세계체험에서 불가피하고 중요하다는 것을 깨닫게 해준다. 철학 강의에서는 도대체 어떤 사실에 대한 지식을 암기하는 것은 전혀 중요하지 않고 오직 그 지식이 왜 그러그러한 사실과 연관되어 있는지, 그 사실을 제대로 나타내 주고 있는지, 나아가 그 지식의 내용을 분석해 그 선후관계가 잘 맞는지 등등을 따져보는 작업을 주로 하기 때문에 그 자체가 사고교육이다.

둘째, 이러한 철학교육은 새로운 것을 모색하는 학업에서 적절한 주제와 적합한 방법을 제공해 줄 수 있다. 즉 창의성 함양 교육에 크게 기여할 수 있다. 철학적 탐구에서는 본래 기지의 것에 머물지 않고 그것을 기지의 것으로 확인하자 마자 그것을 출발점으로 하여 미지의 영역으로 나아가는 것이 핵심적 탐구과정이기 때문에 항상 창의적 사고를 하지 않을 수 없다. 철학적 사고란 본질적으로 창의적 사고다.

셋째, 철학교육은 사물에 대한 균형 잡힌 견해를 갖게 하는 데 도움을 주는 유의미한 제재와 방법을 제공하기에 적합하다. 철학적 사고 자체가 부분 부분에 대한 특수한 단편적 지식을 습득하는 데 멈추지 않고 항상 전체를 파악하고자 하기 때문이다. 부분을 보되 다른 부분과의 관계 속에서, 그리고 전체와의 관계 속에서 그 위상을 파악하려는 것이 철학적 사고이기 때문이다.

넷째, 철학교육은 학업 과정 전체에서 자아의 정체성을 확립하고 지정의(知情意) 모든 면에서 잠재성을 계발하여 균형 잡힌 인격을 형성하는 데에도 결정적인 기여를 할 것이다. 자기반성적 사고를 하는 학업이 바로 철학교육의 내용이 되기 때문이다. 자아의 정체성이 확립되면서 비로소 자아와 세계의 관계가 나름대로 정립되게 될 것이므로 대학생의 자아형성은 매우 중요한 교육적 사안이다. 이를 위해 철학교육보다 더 적절한 것은 없을 것이다.

다섯째, 철학교육은 공동체 의식을 키우고, 도덕성을 함양시키는 도덕교육의 핵심적 토대가 된다. 모든 도덕적 문제는 궁극적으로 철학적 문제요, 철학적 가치관, 인간관, 인생관, 세계관을 토대로 해서 해결이 모색되어야 할 문제들이다. 따라서 이미 철학교육은 도덕적 규범교육의 중핵부분을 담당하는 것이다.

철학교육이 교양교육의 핵심으로 중시되는 이유가 바로 이러한 점들에 있다. 인간의 인간다운 삶에 대한 숙고는 철학적 성찰에 이르지 않을 수 없고, 철학적 성찰을 통해서만 인간의 삶에 대한 이 인문학적 숙고는 성숙해질 수 있기 때문이다. 인문학적 사고는 그 주제의 본성상 다음과 같은 특성을 갖지 않을 수 없거니와, 철학적 성찰에서 이는 온전히 구현된다고 본다.

인문학적 사고는 첫째, 주관/주체연관적이다. 인문학이 인간을 문제 삼을 때 그 인간은 그저 객관적으로 관찰 기술되는 대상적 존재가 아니라 언제나 스스로 행위의 주체가 되는 존재라는 말이다. 즉 자유의 주체로서의 인간이 인문학의 탐구대상이 된다는 말이다.

둘째, 가치지향적이다. 인간다운 삶의 이념에는 불가피하게 그것의 실현이라는 실천적 요구가 동반하게 마련이고 이 실천적 연관에는 가치 평가가 개입하게 마련이기 때문이다.

셋째, 자기반성적이다. 인문학은 주체 자신이 상황에 개입되어 구체적 실천의 맥락 속에서 의미를 부여하고 가치를 실현하는 인간의 총체적 삶 그 자체를 문제삼으므로, 그 자체 법칙적 일반화나 실증화와는 전혀 다른 주체적 반성의 요인에 그 독자성이 있다.

철학교육이 교양교육의 이념에 부응하는 중요한 교육임은 이상의 기술만으로도 재확인된다. 굳이 문제를 삼는다면, '정보화'로 특징지어지는 21세기에 들어와서도, 즉 첨단의 디지털 기술로 인해 문화적 지형이 크게 달라진 오늘날에도 철학교육은 여전히 교양교육의 중심이 될 수 있을까 하는 점이다. 답은 물론 더욱 그러하다는 적극 긍정이지만, 왜 그런지 그 문명적 배경을 일별해 보자.

2) 21세기 정보화 시대의 지적 지형

오늘의 정보사회에서는 정보통신 기술의 혁명적 발달에 의해 세계가 하나의 촌락으로 좁아져 광범한 문화의 교류와 공존은 불가피한 것이 되었다. 이 다문화적(multi-cultural) 교류문화적(inter-cultural) 시대의 문화적 지형(地形)은 관계성, 다양성, 상대성, 가변성으로 특징지어지게 되었다.

특히 정보화와 관련해서는 온갖 정보가 매우 용이하게 산출, 복제, 유통, 소비된다는 점이 주목할만한 일이다. 정보의 유통에는 시간적 · 공간적 제약이 거의 없다는 점, 정보의 효용기간이 급속히 단축된다는 점 등은 결과적으로 지식사회가 고정된 지식의 비축과 독점에 머물 수 없고 유동적 정보의 유통과 공유를 향해 개방된다는 사실을 말해주고 있다.

정보의 유통에 시공적 제약이 거의 없어지게 되니 인간의 욕구 및 그 충족 방식 또한 시간적 순차성과 공간적 배타성에 얽매이지 않게 되어 동시적 총체적 욕구충족에 대한 기대가 일반화된다. 게다가 기술의 융복합을 토대로 한 융복합적 산업이 이에 부응하는 현상이 또한 확산된다. 지식사회의 지형이 바뀐 마당에 지식의 산출과 유통을 담당하는 대학의 연구와 교육에서 변화가 생기는 것은 당연한 일이다.

지식사회의 지형변화가 가져온 교육적 상황에서 주목할 것은 단순한 지식의 전달은 더 이상 대학교육이 될 수 없다는 사실이다. 그 이유는 첫째 생산되는 정보의 양이 방대할 뿐 아니라 항상 새로운 정보가 산출되기 때문에 이를 적시에 모두 전달해 줄 수가 없고, 둘째, 지식-정보에 대한 접근이 누구에게나 용이하며, 셋째, 정보의 효용 기간이 짧아져 제도권의 절차를 밟는 동안 학생에게 전달되는 정보가 이미 낡은 것이 되기 쉽기 때문이다.

이렇게 볼 때 이제 교육은 기성 지식의 전수가 아니라, 지식을 스스로 창출하고, 응용하고, 적응할 수 있는 기초능력을 길러주는 일이어야 한다. 유용한 정보를 선별할 수 있는 비판적 사고의 능력, 새로운 정보를 산출할 수 있는 창의적 사고의 능력, 자신의 사유내용을 공동체 구성원과 공유할 수 있는 사회적 의사소통능력, 그리고 무엇보다도 주어진 사태 속에서 핵심적인 문제를 찾고 그 문제를 해결하는 방향을 잡을 수 있는 폭넓고 깊이 있는 종합적 사고 능력과 통찰력을 등을 함양하는 교육이 요구되는 상황이다. 특히 중요한 것은 세분화된 분야들의 위상을 전체 속에서 가늠할 수 있는 총체적 · 종합적 사유의 능력이다.

정보사회에서 우리가 해결해야 할 중요문제는 대체로 여러 지식분야에 걸쳐 있는 복합적인 문제다. 이런 문제를 해결할 수 있는 다학문적 · 학제적 능력이 요구되며 이를 바탕으로 문제연관 전체를 조망할 수 있는 안목이 무엇보다 중요하다. 융복합 기술과 융복합 산업이 등장하는 오늘의 현실에서 여러 영역의 지식과 능력이 복합적으로 동시에 요구되는 것은 당연한 일이다. 철학교육의 의의를 되짚어 볼 때, 이러한 새로운 교육 수요를 감당하는 교양교육에서 철학교육은 그 역할과 의의가 더 커진다고 보아야 할 것이다.

3) 철학교육의 수요

어느 경우든 창의적인 사고는 이질적인 사고내용의 종합에서 나온다. 그것이 이론적 학습을 통해 얻은 것이든 구체적 체험에서 얻어진 것이든 서로 마찰하고 충돌하는 내용일 경우, 그리고 어떤 방식으로든 이 상충이 조정되고 화합해야 하는 경우, 거기서 새로운 사고가 움트는 법이다. 정보사회에서 이것이 더욱 더 요청되는 이유는 위에서 살펴보았듯이 정보의 유통이 자유롭고 그 범위가 광활하여, 이 상충의 정도가 더 심해지고 그 경우가 더 빈번해지기 때문이다.

근대사회의 산업화 과정에서는 과학적 합리적 사고가 사회문화적 삶의 기초를 이루었을 뿐 아니라 이러한 사고에 힘입어 심화된 분업화가 중심 트렌드였다. 분업화는 산업적 성과를 극대화하는 데 결정적 기여를 했으며, 이 과정에서 지식 또한 분화되고 전문화되었다. 학문의 분화가 촉진된 것도 이러한 사정을 배경으로 한 것이다. 그러나 오늘의 정보사회에서는 지식도, 기술도, 산업도 분화, 전문화보다는 융합, 종합화의 길을 가게 되어 있다. 오늘의 문화사회적 상황은 여러 문제들이 서로 결합되어 우리의 해결을 기다린다. 문화사회적 삶이 영역별로 분립되어 있지 않고 서로 융합되어 통합되기 때문이다. 해결해야 할 문제들이 총체적 맥락 속에서 그 맥락과 더불어 한꺼번에 다가오므로 문제해결의 방식도 종합적일 수밖에 없는 것이다.

이러한 융복합적 교육수요를 고려해 볼 때, 철학교육에 대한 수요는 그 어느 때보다도 크다 하겠다. 앞서 살펴 본대로, 철학적 사고는 항상 비판적이고 개방적이고 근원적-보편적이며, 총체적이고 자기반성적이며, 또한 가치지향적-초월적이기 때문이요, 이에서 비롯하여 철학교육은 독자적이고 창의적인 사고교육을 수행하고, 총체에 대한 균형잡힌 안목을 갖게 해 주며, 자기반성능력을 키워주며 총체적 자아의 성숙을 도모하기 때문이다.

4) 교양철학교육의 심화를 위한 방책

(1) 대학 철학교육의 현실

앞서 서술된 바와 같이 정보사회에서 특히 더 요구되는 융복합교육의 구현을 위해 오랜 전통을 이어온 대학의 철학교육은 어느 정도의 기여를 하고 있을까? 대학에서의 철학교육도 대학사회가 겪고 있는 큰 틀에서의 변화와 더불어 변모를 요구받고 있다. 변신을 통해 극복 지양해야 할 것과 이에 아랑곳하지 않고 보존되어야 할 것, 아니 이런 변화를 통해 더 강화해야 할 것을 명료히 구별할 필요가 있다.

대학의 철학교육에는 두 가지 과제가 동시에 주어진다. 철학과 또는 철학전공과정이 있는 대학에서 이는 분명하다. 하나는 전문적으로 철학이라는 학문에 종사하고자 하는 전공학도를 가르치며 지도하는 일(A)이고, 다른 하나는 철학을 전공으로 하지 않는 학생으로 하여금 대학생으로서 갖추어야 할 일반적 교양의 일부로서 일정한 수준의 사물에 대한 안목을 기르고 삶에 대한 태도를 갖게 하는 데에 기여하는 일(B)이다. 각기 '전공철학'과 '교양철학'이라고 통칭되는 이 두 과제가 동일한 교육내용으로 동일한 교육구조 속에서 동시에 성취되기 어렵다는 점이 현실적으로 오늘의 대학 철학교육이 부딪친 난관의 핵심이다.

우선 대학 철학교육의 일반적인 현실을 보면, 상기 교육목표를 구현시키는 데에 더 큰 성과를 거둘 수 있는 "교양교육"으로서의 철학교육(B)은 소홀히 하고, 전문철학자를 양성하는 것을 목표로 하는 "전공교육"(A)에 치우치고 있는 경향이 뚜렷하다. 교육수요의 측면에서 보면 전자에 대한 수요가 후자에 비해 훨씬 더 큼에도 불구하고 사정은 이러하다. 이 점은 개설 교과목 수효나 과목 담당자의 전임 교원 여부에 비추어 볼 때, 여실히 드러난다.

전공철학교육(A)의 경우, 소수의 학문지향적인 학생들을 제외하고는 전공학과 학생들조차 전공과목의 수강에 큰 관심을 갖지 않고 소극적인 태도를 취한다. 그래서 철학 전공 학생들의 학업상의 부적절성 내지 낭비가 문제된다. 이는 철학을 전공학과로 선택한 것 자체가 내적인 지적 요구에서 나온 것이 아니라 학업외적인 요인에 의해 이루어지는 경우가 많기 때문이다. 이런 학생들은 대체로 학칙이 요구하는 최소한의 전공과목 이수로 철학 학업을 떠나며, 실질적으로는 다른 실용학문 전공의 강좌를 수강함으로써 본인의 내적 요구나 외적 필요성에 부응하고자 노력한다.[2]

교양 철학교육(B)의 경우엔, 수강생들은 대체로 철학 강좌의 교수내용을 낯설고 난해한 것으로 인식하게 되는데, 그 결과 학생들의 이러한 경향에 영합해 학문적 성격이 희석된 '연성화된' 강좌들을 개발해 제공하는 경향이 있다.[3]

(2) 철학과 학생들의 차별적 교육수요

철학교육의 본래적 의의를 구현하여 새로운 흐름의 대학교육에 기여하기 위해서 우리가 먼저 해야 할 일은 학생들의 현실적인 교육 수요를 정확히 파악하는 일이다. 학생들의 자발적인 수학 의욕이 없는 한 그

---

2 "전공철학" 강좌의 경우도 철학사적 구분에 따라 철학사적 지식을 가르치거나 철학적 주제 영역에 따라 기존의 철학이론을 가르치는 "지식교육" 성격의 강좌가 주종을 이루는 것으로 보인다. 철학적 주제 영역은 논리학, 존재론, 인식론, 윤리학 등 철학의 기본적 학업 영역과 역사철학, 사회철학, 예술철학 등 '응용된' 주제영역으로 구분되는 것이 보통이며, 고학년으로 가면 '특강', '연습', '강독' 등 대학원에서의 학업으로 연결되는 것들도 있다.

3 사실 교양 철학교과를 어떤 유형의 것으로 할 것이지 논의도 많지만, 어떤 것으로 하든 학생들의 자발적인 지적 요구가 없는 한 문제는 여전하다. 교양철학 강좌를 "철학개론", "철학입문"등의 과목에서처럼 철학적 탐구의 문제와 내용을 전반적으로 개괄하고 소개하는 것으로 설정할 경우, 이런 유형의 교양 철학교육에서는 철학이라는 학문에 대한 개괄적이고 피상적인 지식을 전달할 뿐, 진정한 철학적 사유의 진수를 깊이 있게 체험하기는 어려울 것이다. 그렇다고 존재론, 인식론, 윤리학 등의 과목에서처럼 철학적 탐구 내용 중에서도 근본적인 부문으로 교양철학 강좌를 설정할 경우, 고도의 추상적 사고가 요구되는 것이기 때문에 수강생들은 그 내용을 이해하고 소화하는 데에 큰 어려움을 겪을 것이다. 이다. 그 대안으로 "성과 철학", "생명윤리", "환경철학", "정보문화의 철학" 등처럼 사회적 · 문화적 현실 속에서 지적 관심의 대상이 되는 문제를 철학적 관점에서 다루는 내용으로 교양철학 강좌를 개설할 경우, 이런 과목들은 자칫 피상적인 현실 진단이나 저널리스틱한 비평으로 흐를 가능성이 크다.

어떤 철학교육도 성공을 거둘 수 없다고 보기 때문이다. 물론 나태와 불성실에서 기인하는 학생들의 불건전한 요구를 들어주어서는 안 될 것이고, 진정한 교육적 요구를 파악해야 한다는 말이다.

먼저 우리는 학생들의 철학교육에 대한 수요가 일의적이지 않고 다양하다는 점을 수긍해야 한다고 본다. 철학을 전공학업으로 삼고 있는 학생들도 다음 세 가지 부류로 구분된다고 본다.

① 학문지향형: 철학 또 이에 친근한 학문의 길로 나아가고자 하는 학생들, 즉 학문후속세대 후보군
② 전문직업지향형: 철학 수학을 토대로 하여 다른 학업을 더 한 다음 전문직업 영역으로 진출하고자 하는 학생들. 구체적으로 말해 법학전문대학원이나 경영전문대학원 등 전문대학원 진학 예정자군
③ 일반직업지향형: 학사과정을 마치고 일반 직업영역에 취업코자 하는 학생들. 대부분의 학생들

학생들의 교육수요가 이렇게 다양하다면, 철학교육도 이 현실적인 수요에 맞추어 교육목표를 다양하게 수립하고 그 목표를 달성할 수 있도록 교육내용도 다양하게 구성해야 할 것이다. 문제의 핵심은 한편으론 (①군을 고려) 철학을 전공하는 "학문후속세대"의 양성을 강화하여 기초학문으로서의 철학을 위축시키지 않을 방책을 찾는 일이요, 다른 한편으론 철학을 전공으로 택하지 않는 다수의 학생들로 하여금 이 분야의 강좌를 수강케 하여, (②군을 고려) 그들의 전공 학업을 정초해 주는 데에도 도움을 주거나, 그렇지 않다 하더라도 (③군을 고려) 그 학업내용이 그들의 세계관, 가치관, 인생관 수립에 학문적 영향을 공급할 방도를 모색하는 일이다. 요컨대, 이 세 가지란 모두 각기 전공교육과 교양교육의 과제인데 앞에서도 말했듯 이를 동시에 수행하기는 어려운 것이 오늘의 현실이다.

어렵다 하더라도 이 과제를 수행해 내는 것이 철학교육을 활성화시

키고 이를 토대로 철학의 학문적 발전을 꾀할 수 있는 불가피한 길이다. 다양한 교육수요에 걸맞는 다양한 교육과정을 구상한다 할 때 다음 몇 가지 사항을 고려해 볼 수 있을 것이다.

첫째, ①군을 고려한 전문 철학교육과정에서는 ⓐ 고전어 및 제2외국어 학습을 강화하는 등 더욱 강도 높은 학문적 연찬을 가능하게 하는 한편, ⓑ 기성의 이론을 수용 학습하는 데서 더 나아가 독자적이고 창의적인 철학적 발상을 돕는 발표 토론식의 교과운영을 해야 할 것이며, ⓒ 나아가서는 창의적 발상을 위해 반드시 철학 이외의 다른 학문을 병행 수학하도록 해야 할 것이다.[4]

둘째, ②군을 위한 기초 학업으로서의 철학교과운영에서는 각 전문 직업교육의 지향을 살펴 그에 연관되는 주제영역의 철학교과를 선택, 집중적으로 교육시킬 수 있도록 해야 할 것이다. 법학전문대학원 진학을 고려하여 내용적으로 근친성이 있는 법철학, 사회철학, 역사철학 등의 교과를 강화하거나 분석적 · 비판적 · 평가적 사고 능력 함양을 위한 교과를 운영한다든지; 경영전문대학원 진학을 고려하여 경제철학, 기업윤리 등의 강좌를 강화하는 등의 시도를 할 수 있을 것이다.

셋째, ③군을 위한 일반 교양교육을 위해서는 교과내용이 학문적 깊이를 잃지 않도록 유의하여, 교양과목은 입문적이고 초보적인 '쉬운' 과목이라는 교양교육에 관한 통념을 불식시키는 데 앞장서야 할 것이다. 특히 현실적인 문제에 대해 통찰력을 갖게 한다는 명분 아래 시류에 편승하는 듯한 통속적 내용의 강의가 학생들의 '인기'에 영합하는 일이 없도록 각별히 학문적 긴장을 해야 할 것이다.

---

4 이를 실현하기 위해서는 복수전공 혹은 부전공제도가 대학 전체 차원에서 정착되어야 할 것이다. 그리고 그 내실을 위해 다음과 같은 사항이 지켜져야 할 것이다.

① 복수/부전공은 가급적 이질적인 학문영역에서 찾도록 한다.

② 응용학문 분야에서 제1선택을 하는 경우, 제2선택은 반드시 기초학문분야에서 하도록 한다.

③ 복수/부전공을 택하여 전체적으로 세 가지 이상의 전공을 이수하려 하는 경우 그 학업의 내실을 기한다는 뜻에서 졸업에 필요한 총 이수학점 수를 상향 조정한다.

(3) “전공철학”과 “교양철학”의 통합을 통한 교양교육 참여

이러한 여러 가지 요구를 수용한다 하더라도, 철학적 탐구의 본성 및 철학교육의 본래적 의의를 상기한다면, 철학교육과정을 서로 연관성 없는 독자적인 세 가지 유형으로 구성해서는 안 될 것이다. 어디까지나 세 가지 서로 다른 지향을 갖는 교육수요를 실질적으로 수용할 수 있도록 교과내용을 다양화하는 데에 머물러야 할 것이다.

더 근원적인 문제는 전공 교과과정 내부의 교과내용 다양화에 앞서 ‘전공 철학교육’과 ‘교양 철학교육’을 하나의 프로그램 속에서 시행할 수 있는 길을 모색하는 데 있다. 과연 이것은 불가능할까?

소수의 학생을 위해 전공철학 교육과정 전체를 별개의 것으로 운영한다는 것은 현실적으로 수용되기 어려운 일이다. 바로 이런 점 때문에 몇몇 대학에서는 철학과를 폐과시키려 한다. 만일 ‘전공철학’과 ‘교양철학’이 하나의 교과과정 안에 통합되어 운영된다면, 극단적인 예를 들어 철학을 전공하려는 학생이 단 한 명도 없는 경우에라도 철학을 전공하지 않는 다수의 학생들에게 철학교육을 실시할 과제와 기회는 여전히 상존하므로 철학 교과과정은 그대로 운영될 것이다. 따라서 철학과가 폐과될 수 없는 것은 당연한 일이다. 억지로라도 철학을 전공하는 학생을 다수 확보함으로써 철학교육의 보루(?)를 지켜보겠다고 한다면, 이는 이제 더 이상 교육적 타당성도 현실적 실현가능성도 확보하기 어려운 일이 될 것이다.

이 방책이 성공하기 위해서는 기본 요건으로서 다음의 두 가지 조치가 선행되어야 한다:

첫째, 철학 교과과정에 이른바 교양과목과 전공과목의 구별을 명목상으로나 실질적으로나 없앤다. 그 대신 철학 교과목들을 그 이론적 수준에 따라 초급, 중급, 고급 단계로 구분하여 전공학생에게나 비전공 학생에게나 차별 없이 수강토록 허용한다.

둘째, 철학을 전공할 생각이 전혀 없는 학생들에게도 지적 자극을 유발시킬 수 있는 정련된 강의 내용을 초급강좌로 개발한다.

교과목을 초, 중, 고급 단계로 구분할 때 척도가 되는 것은 이론화의 수준이다. 즉 구체적인 현실의 체험내용이나 그에 대한 사실과학적 서술 등이 차지하는 부분과 추상적인 철학이론에 관한 부분이 어느 정도의 비율로 이루어져 있느냐 하는 것이 단계를 구분하는 기준이 된다는 말이다. 그리하여 초급 강좌에서는 철학 이론이 전면에 등장하지 않고 현실의 체험, 기술(記述), 진단, 비평 등이 주된 내용을 이루다가, 학기 말쯤에 가서야 검토된 현실에 어떤 철학적 문제가 도사리고 있는지 문제를 제기하고, 이 문제를 다루는 이론들을 약간 소개하는 정도로 그친다. 물론 중급 강좌를 거쳐 고급 강좌에 이르면, 거기서는 철학적 이론들 간의 논쟁들이 주제적으로 다루어지고 이 논쟁에 대해 수강생들은 나름대로 자기 견해를 가져보도록 유도한다.

초급 강좌를 통해 현실 속에서 철학적 문제를 찾아내는 감각과 능력을 보이며 그런 일에서 즐거움을 느끼는 학생은 자연스럽게 철학을 전공하려 할 것이다. 이런 학생들은 다수는 아니겠지만 장차 '학문후속세대'로 성장할 사람들이라고 보아도 무방할 것이다. 철학을 전공으로 택하지 않는 학생이라도 어차피 '교양과목' 이수 규정에 따라 초급 철학 강좌를 수강한 것이 계기가 되어 철학적 성찰의 의의를 깨닫고 철학적 탐구의 가치를 수긍하게 된다면, 그가 어느 정도 농도 짙은 철학적인 지적 체험을 했느냐와는 상관없이, 그 강좌는 철학교육을 성공적으로 이끈 강좌일 것이다. 보편적인 고등교육이란 점에서 볼 때, 대학에서의 철학교육의 과제는 종래 '교양교육'이라 불렀던 바로 여기에 있는 것이라고 하겠다.

철학교육의 활력을 위해서는 이 초급 강좌의 역할이 매우 중요하다. 여기서 두어 가지 첨언할 것이 있다.

첫째, 젊은 강사에게 이 초급강좌를 담당케 하려는 종래의 관행을 깨야 한다. 교수, 강사의 구별 없이 자신 있게 강의할 수 있는 문제영역 또는 주제영역을 개발하여 초급 강좌를 담당해야 할 것이다.

둘째, 기존의 '교과과정표'에서 과감히 탈피하여 현실적으로 교육에 참여할 수 있는 교강사들이 자신 있게 제공할 수 있는 내용의 강좌를 탄력적으로 개설 운영하는 것이 또한 바람직한 일이다.

셋째, 현실의 삶을 강의의 출발점으로 삼아야 한다 해서, 그 주제가 너무 유행을 타는 것이거나 학생들의 취향에 영합하는 것이 되지 않도록 유의해야 할 것이다. 우리나라 대학의 신입생들은 아직 일반 교양교육에 접해 본 적이 드물어, 이들의 취향을 뒤쫓는 것보다는 오히려 이들을 선도(先導)하는 것이 교육적으로 더 합당한 일일 것이다.

철학과나 인문학부에 국한되지 않는 대학 전반의 학사구조가 이를 뒷받침할 수 있도록 조정된다면 더할 나위 없이 바람직하겠으나, 이를 기다리지 않더라도 할 수 있는 일은 시작해야 하리라 본다. 이를테면, 전공과목으로도 교양과목으로도 겸해서 활용될 수 있는 과목들을 선별 혹은 개발하여 전공과 교양 영역에서 '중복 설강'(Double Listing)을 하는 것이 바람직한 일이다. 그리고 대학 내에서 기회가 주어지면, 아니 적극적으로 기회를 만들어서라도, 철학이 포함되는 연계전공 교육프로그램의 기획 운영에 적극 참여하는 것도 필요한 일이다.

3. Liberal/General Education in the Age of Cultural Transition[5]

1) Foreword: The Changing Nature of Liberal Education

Liberal education is the education that fosters the qualities and abilities of a "free person", based on the belief that human beings are not predetermined to any particular mold, but rather infinitely open to self-formation. In this concept, "free person" is someone who construct themselves through their own activities with the guidance of creative intelligence. They are free not only from vocational goals but also from certain ideas and ideologies. Therefore, liberal education is not meant to acquire knowledge or skills for a specific vocational purpose but instead to build personality for its own sake. Its ultimate aim is the promotion of "humanity", which can be realized through an autonomous, open, active, and subjective personality.

Liberal education originally began as education for "free citizens" who were expected to become "leaders" in ancient Greece. Throughout the classical age, it was offered only to the elite and focused on the "liberal arts", which included grammar, logic, rhetoric, as well as algebra,

---

5 Presented at 〈International Forum on Liberal Education〉 held on Nov. 28, 2018 at Lotte Hotel, Seoul, under the Theme "The Future of General Education in the 21st Century"

geometry, music, and astronomy. These subjects were set up under the title of "trivium and quadrivium" and became the universal content of all higher education.

However, after the modern civil revolution, liberal education changed to include the idea of "general education". The demand for a wider citizenship in the process of forming civil society obligated liberal education, which had been exclusively given to the upper class of nobility, to meet the needs of the broader population. As a result of this change, the contents of liberal education, i.e., the liberal arts, were partially transferred to general education. Instead, the basic sciences of humanities, society, and nature occupied the place of traditional liberal arts. The framework of liberal education today is so modified that the liberal arts education in the classical period has been transferred to general education, and the education of basic pure disciplines takes the place of the former liberal arts education.

General education aims to foster the "general abilities" demanded in social life, reflecting the socio-cultural changes of the times, although its "connotation" differs somewhat from the idea of liberal education. Nevertheless, it also aims to foster the total ability of a human being who precedes any professional expertise. General education is necessary because everyone is just "human" before becoming a professional expert, and there are broader areas of cultural value that do not appear in professional life. It is the "Menschenbildung" (formation of human being), without which professional activities are meaningless and impossible. Additionally, everyone must fulfill their responsibilities in community life and recognize and realize the "common values and norms" shared by community members.

In the 21st century, with the digital revolution facilitating the free circulation of information and knowledge, liberal education has undergone further transformation. The definition of liberal education has also been modified to emphasize the preparation of individuals to deal with complexity, diversity, and change. This approach emphasizes broad knowledge of the wider world, such as science, culture, and society, as well as in-depth achievement in a specific field of interest. It helps students develop a sense of social responsibility, strong intellectual and practical skills that span all major fields of study, such as critical thinking, rational communication, creative problem-solving and collaboration. It also fosters the ability to apply knowledge and skills in real-world settings.

Liberal education is now expected to be universally practiced in the entire curriculum, while the core contents of it consist of the basic pure sciences of humanity, society, and nature. However, the question remains whether education in these basic disciplines, realizing the 'classical' educational idea, should be applied to the whole education process, especially in this contemporary "information society". In order to answer this question, we need to investigate the following issues one by one:

① The main features of the socio-cultural change caused by the "digital revolution".

② The changes in intellectual geography resulting from the digital revolution.

③ The new educational demands that inevitably followed this change.

④ The direction in which the framework of university education should be transformed.

⑤ The newly recognized meaning and role of liberal/general education in university education.

2) Integrative Desires and Convergence of Technologies and Industries

Human experience of the world is shaped by the spatio-temporal principles of succession and exclusivity: temporal ordering cannot be inverted, and two things cannot exist in the same space simultaneously. However, the digital revolution has removed these limitations through ubiquitous communication and virtual reality based on cyber-space. This has led to a change in the way we desire the world and satisfy our desires, with an expectation for integrative and immediate satisfaction without the need for spatial movements and temporal duration.

This change has resulted in the integration of plural different technologies into one, creating new convergent/integrated technologies, made possible by the digital technology. The bio-engineering technology (BT) and nano-technology (NT) are expected to be integrated with information technology (IT) into a new technology. The industrial structure is also changing to accommodate this trend, with convergence and integration becoming inevitable in contemporary industries.

Enterprises are exploring new industry fields that efficiently meet the economic needs of the time, driving this trend for their own benefit. The convergence of technologies and industries is a natural response to the revolutionary change in spatio-temporal experience, and it will continue to shape the way we interact with the world.

3) Transformation of Intellectual Geography

As the life-world changes, together with the economic field, the society of knowledge that provides new knowledge undergoes a similar transformation. Traditionally, "episteme" sought by intellectuals was the knowledge of universal validity with respect to universal, unchangeable, and necessary beings. It was a system of objective truths that could only be obtained by transcending one's direct interests by detaching oneself from the reality of everyday life. Such knowledge was not easily obtainable, but once verified under authority, its validity became the source of power with continuous influence for a long time.

However, things have changed considerably in today's information society. Today, the world is narrowed into a village community. The cultural topography in this multi-cultural and inter-cultural era is characterized by relationships, diversity, and variety. As social life runs in the form of a fluid network rather than a fixed system, the role of "knowledge", characterized by its firm substance, is carried over to "information", which suggests a flexible form for actual life in fluid.

Information is produced, reproduced, circulated, and consumed very easily compared to knowledge, which was created, inherited, and practically used only with efforts over a long term. The amount of information increases rapidly, and its circulation bears no spatio-temporal limitations. By contrast, it is not easy to select properly the information capable of enhancing or exalting the quality of life and to overcome the temptation in a flood of low-quality information deteriorating the quality of life. It is also a serious problem that the period of useful information available becomes shortened rapidly. In conclusion, the knowledge society cannot adhere to the storage and monopolization of fixed knowledge but should open itself to the circulation and common possession of fluid information.

4) New Trends in University Education: Convergent/ Integrative Education

Contemporary society is called the "knowledge-based society" or "knowledge industry society" because knowledge or information plays a central role in socio-economic progress in general. As the geography of the knowledge society changes, it is natural that research and education at universities, which are in charge of the production and circulation of knowledge, should also change.

(1) Integration of Knowledge in Different Disciplines

Considering the drastic changes in the intellectual geography mentioned above, the goal of higher education should be set anew. The principal task of education is not to deliver established knowledge to students but to cultivate their basic intellectual abilities: the ability to think critically, capable of discerning proper useful information from the rest of the enormous amount of it; the ability of rational communication, capable of sharing one's thought with other community members; and particularly, the ability of creative thinking, capable of solving new problems with a wide and deep insight that can be attained only through integrative synthetic thinking.

Among others, the last one is the most important. One should be able to overview the whole in which the subdivided parts get their meaning. The problems to be solved in the information society are usually complex ones extended over several fields of knowledge. As the given problems are entangled with each other, the specific knowledge pieces specialized in any particular fields are useless in solving the problems unless they are integrated "under the overview of the whole".

A kind of multi- and inter-disciplinary insight is required here to treat those entangled problems in the whole. It renders a "bird's-eye view" capable of taking the problematic situation comprehensively on the "intellectual linkage horizon".

The demand for university education in this new direction is similar to that of liberal/general education in its original spirit. It is not maintained that any expert knowledge in certain special fields is unimportant, but one should be able to accept them critically and connect them with each other effectively in the wide-angled "bird's-eye view".

(2) Integration of Intelligence and Emotion

In today's information society, the ability to integrate intelligence and emotion is more crucial than ever. This demand arises from the digital technology's fundamental function of converting all information, regardless of its quality, into binary codes that can be mathematically operated on and then restored to their original analog form. The need to interconnect and integrate qualitative character, which is perceived through sensation and appeals to our emotions, and quantitative relations, which are operated in mathematical thinking, is now essential.

Although digital technology has made it possible for ordinary people to enjoy a sensate life by converting cognitive data into sensible data, the ability to create new information is not only cultivated by consuming the contents produced. To create novel contents based on the mutual cooperation of intelligence and emotion, a new algorithm of interchanging and integrating both faculties must be developed. This ability can be developed through the co-work of rational thinking and artistic sensibility in certain humanistic insight. Emotional education is naturally part of liberal education, which serves to nurture a person's whole personality. However, the ability to interconnect intelligence and emotion is more important than ever.

It is now apparent that a wider sense of integrative/convergent education should be undertaken, with liberal/general education as the basis. It not only provides academic courses from various disciplines in the curriculum but also offers programs for emotional and social experiences in the extra-curriculum, with the expectation of "personal" integration.

5) New Demands of Liberal/General Education

In the industrialization process, the division of labor and industry increased productivity. However, it is worth noting that knowledge systems have also been differentiated into many specialized disciplines. In today's information society, where technologies and industries are integrated/converged, the specialization of sciences into narrow isolated fields is not desirable because the regions of socio-cultural life are not isolated but incorporated with each other. As problems are presented in the whole context and require an integrated solution, the knowledge to solve such problems must also be integrative and synthetic.

Considering the new educational demands mentioned above, liberal/general education is needed more than ever because its proper purpose of nurturing a person's whole personality meets the socio-cultural demand of the time - a time of integrity, convergence, and synthesis.

6) Reform for Promotion of Liberal/General Education

Based on our study of the new intellectual geography and the new educational demands resulting from the "digital revolution" as their socio-cultural background, we propose measures to improve university education, especially in promoting liberal/general education and reforming the educational system. (Note: some points are relevant only to the situation in Korea.)

We must correct the mistaken notion that liberal/general education merely offers introductory courses to serve the major studies. In its original spirit, liberal/general education is essential to the whole of university education. Alongside education in the student's specialized academic field, it comprises almost half of university education. It requires the same level of academic rigor as the major study, whatever it may be, and supports it to achieve the desired results.

We must innovate the contents of liberal/general education in line with the newly oriented purpose of university education, namely interdisciplinary integrative education in balance. To achieve this, we must follow several guidelines in organizing the curriculum:

① Academic content must consist, as far as possible, of basic disciplines and pure sciences, including humanities, basic social sciences, and natural sciences. This guideline is due to the universality of academic value in the classical sense and the identity of liberal/general education.

② We must maintain balance among the disciplines. Humanities students must take courses in natural sciences, while students majoring in natural sciences or engineering must take courses in humanities and social sciences.

③ Besides classical academic content, we must include new themes of the time, such as environment, artificial intelligence, digital technology, etc. Furthermore, we must include the results of new "integrative" research on complex themes extending over heterogeneous fields, such as arts and technology, philosophy and economy, literature and politics, psychology and law, etc.

④ For departments of basic disciplines, we must remove the distinction between courses for liberal education and those for major study. Most courses for major study must be open to all students outside the department for their liberal/general education.

Alongside these guidelines for the "qualitative" contents of liberal/general education, we must consider some organizational issues:

① To ensure a solid foundation for liberal/general education, we should stratify the academic organization so that undergraduate courses consist mainly of liberal/general education in basic disciplines, while expert study in a specialized field is carried out in graduate courses (as long realized in many famous colleges in the US).

② We must change the academic system in which students belong to a certain department and confine their studies exclusively to the department's curriculum. Instead, we must remove or at least lower the walls between departments so that students can select courses freely according to their own interests or demands. Study composed of heterogeneous elements is the concrete objective of integrative/convergent education (as is not relevant to many famous colleges in the US).

③ Students majoring in applied sciences must be obliged to take one or two "minor studies" in basic disciplines or pure sciences. This is also for integrative education in balance.

7) Conclusion

It is not a groundless prediction but an earnest description of a phenomenon that human civilization is in the middle of transition. Due to the "digital revolution", the mode of communication has drastically changed, bringing about a structural change in the geography of the knowledge society. Higher education at universities, the so-called headquarters of "creative intelligence", must respond to this challenge successfully.

The curriculum must be improved and the academic organization restructured at universities, well-attuned to this socio-cultural situation. The novel core idea lies in the key words of integrative/convergent education and study. As a result, liberal/general education, which is inherently integrative and convergent, must be taken even more seriously, enhanced, and deepened. The importance of liberal/general education in promoting integrative and convergent education cannot be overemphasized. It confirms its relevance in this context, as it makes a decisive contribution to the development of a balanced education in basic disciplines and pure sciences, which is essential for achieving this aim. In the age of socio-cultural integration, convergence, and synthesis, the core policy for fulfilling this objective must prioritize maintaining this balanced education.

출처(발표회 및 게재지)

총론 신문명의 도전과 한국대학의 응전: 기초학문교육 보편화의 시대적 요구(2017-03 이후/교수신문에 연재)

I-1 "디지털 유목시대"의 대학교육(2010-06/한국철학사상연구소)

I-2 변화 속의 아카데미즘과 대학의 새 과제(2003-07/대교협 고등교육연수원 신임교수 워크숍)

I-3 융합의 시대정신을 외면하는 한국 대학의 분립교육(2018-06-22/한국교육학회 년차 학술대회)

I-4 지능기술 시대의 지성교육: 인공지능과 인문지성(2020-12-16/연세대 교양교육연구소)

II-1 첨단과학기술시대의 교양교육(2013-03-18/충남대학교 기초교양교육원 개원식)

II-2 융합교육으로서의 교양교육 (2016-11-04/대구가톨릭대 프란치스코칼리지)

II-3 교양교육과 전공교육의 균형과 수렴(2010-12-10/한국교양교육학회 추계학술대회)

II-4 분과학문과 교양교육의 불협화, 그 연원과 전망(2011-05-20/한국교양교육학회 춘계학술대회)

II-5 코로나19 이후 디지털 전환 시대의 교양교육(2021-11-26/배재대 주시경교양대학)

III-1 정보사회의 지적 지형과 인문학 르네상스(2010-12-03/제 7 회 한 · 일 인문진흥정책포럼, 2013-05-30/한남대 인문과학연구소)

III-2 인문학과 인문교육의 동원성(2017-11-16/이화여대 철학연구소)

III-3 인문교육과 인문정책(2010-08/경제인문사회연구회, 〈인문정책연구〉)

IV-1 "학부제"의 구상과 좌절(2010-04/대학교육협의회, 〈대학교육〉)

IV-2 한국 학부대학의 현주소와 그 발전 방향(2010-06-11/중앙대학교 교양교육연구소 춘계학술발표회

IV-3 대학교육의 이중과제와 교육구조개혁의 방향(2015-11-27/동국대 경주캠퍼스, 제9차 ACE포럼)

IV-4 교양교육 공유사업의 의의와 과제(2021-11-27/한국교양교육학회 추계학술발표회)

IV-5 자유학예대학(Liberal Arts College)의 복귀(2016-12-15/전국대학교양교육협의회, 2019-06-18/인제대 iLAC 교양교육포럼)

참고문헌

강영안, 「근대 지식 이념과 인문학」, 『철학』, 57호(한국철학회, 1998), 95~127쪽.

______, 『인간의 얼굴을 한 지식』, 서울: 소나무, 2002.

김문조, 『융합문명론』, 나남출판사, 2013.

김영석, 「정보화 사회와 뉴미디어」, 최정호 외 편, 『정보화 사회와 우리』, 소화, 1995.

김영식, 「문과-이과 구분의 임의성과 그 폐단」, 『과학과 철학』, 4집(과학사상연구회, 1993).

김영식, 「과학의 발전과 서양학문체계의 변천」, 소광희 외, 『현대의 학문 체계』, 민음사, 1994.

김영식 외, 『과학사』, 전파과학사, 1992.

서남수, 「한국 대학 교양교육의 구조적 난점과 과제」, 『교양교육연구』, 4권 2호(한국교양교육학회, 2010), 1~18쪽.

신귀현, 「서구의 전통사회와 인문학」, 『새로운 인문학을 위하여』, 경상대학교 인문학연구소 편, 서울: 백의, 1973.

손동현, 「실증과학의 철학적 기초」, 『철학과 현상학 연구』, 13집(한국현상학회, 1999), 424~449쪽.

______, 「정보의 존재론적 구조와 특성」, 『철학연구』, 43집(철학연구회, 1999).

______, 「인문학의 변질: 실증화」, 『인문과학』, 10집(서울시립대학교, 2003).

______, 「새로운 교육수요와 교양기초교육」, 『교양교육연구』, 1권 1호(한국교양교육학회, 2007).

______, 「교양교육의 새로운 위상과 그 강화방책」, 『교양교육연구』, 3권 2호(한국교양교육학회, 2009), 5~22쪽.

______, 「융복합 교육의 기초와 학부대학의 역할」, 『교양교육연구』, 3권 1호(한국교양교육학회, 2009), 21~32쪽.

______, 「교양교육과 전공교육의 균형과 수렴에 관해」, 『교양교육연구』, 4권 2호(한국교양교육학회, 2010), 19~27쪽.

이성원, 「인문학의 특성」, 『인문학의 위기』, 성균관대학교 인문과학연구소 편.

이정전, 『시장은 정말 우리를 행복하게 하는가』, 한길사, 2002.

이종관, 『공간의 현상학, 풍경 그리고 건축』, 성균관대학교 출판부, 2012.
장재천, 『조선조 성균관교육과 유생문화』, 아세아문화사, 2000.
전국대학 인문학연구소협의회 편, 『현대사회 인문학 위기와 전망』, 민속원, 1998.
한자경, 『일심의 철학』, 서광사, 2002.

Bergson, H., *L'Évolution créatrice*, Paris, 1907.
______, *Matière et Mémoire* (1896), 최화 역, 『물질과 기억』, 자유문고, 2017.
Boole, George, *An Investigation of the Laws of Thought* (1854), facsimile of 1854 edition, with an introduction by J. Corcoran. Buffalo: Prometheus Books (2003).
Cairncross, F., 홍석기 역, 『거리의 소멸』, 세종서적, 1999.
Capra, Fritjof, *The Turning Point: Science, Society, and the Rising Culture*, Simon and Schuster, 1982.
Deleuze, Gilles/Guattari, Pierre-Félix, 최명관 역, 『앙띠 오이디푸스』, 민음사, 2000.
Dewey J., *Human Nature and Conduct* (1922), 신일철 역, 『인간성과 행위』, 문명사, 1975.
Ehrlich, Paul R., 전방욱 역, 『인간의 본성(들)』, 이마고, 2008(2001).
Gehlen, A., *Der Mensch. Seine Natur und seien Stellung in der Welt*, Wiesbaden, 1976(1940).
Hartmann, N., *Zur Grundlegung der Ontologie*, 4. Aufl. Berlin: de Gruyter 1965 (1934).
______, *Grundzüge einer Metaphysik der Erkenntnis*. Vereinigung wissenschaftlicher Verleger, Berlin 1921.
Heidegger, M., *Die Technik und die Kehre*, Tübingen, 1962.
______, 이기상 역, 『기술과 전향』, 서광사, 1993.
Innis, Harold, *Empire and Communications* (1950), *The Bias of Communication* (1951), *The Strategy of Culture* (1952).
Kurzweil, Raymond, 김명남 외 역, 『특이점이 온다』, 김영사, 2016(2005).
Lorenz, K., *Die Rückseite des Spiegels*. München/Zürich, 1973.
Lyotard, Jean-François, La Condition postmoderne : rapport sur le savoir, Paris, Minuit, 1979. 이현복 역, 『포스트모던적 조건: 정보사회에서의 지식의 위상』, 서광사, 1992.
______, *La Condition postmoderne: rapport sur le savoir*, Minuit, 1979.
______, 이현복 역, 『포스트 모던적 조건』, 서광사, 1992.

Mcluhan, M., 김성기 · 이한우 역, *Understanding Media* (1964), 『미디어의 이해』, 민음사, 2007.

______, 임상원 역, *The Gutenberg Galaxy* (1962), 『구텐베르크의 은하계』, 커뮤니케이션 북스, 2001.

Naisbitt, John, *Megatrends: Ten New Directions Transforming Our Lives*, Warner Books, 1982.

Roco, M. C. & Bainbridge,W. S., (ed.), *Convergent Technologies to Improve Human Performance*, NSF, 2002.

Scheler, M., *Die stellung des Menschen im Kosmos*, München, 1962(1928).

Schwab, Klaus, *The 4th Industrial Revolution*, Crown Business: New York, 2016.

Toffler, Alvin, *The Third Wave*, Bantam Books, 1980.

Turing, Alan, “Computing Machinery and Intelligence”, Mind 49(1950).

Yuval, N, H., 조현욱 역, 『사피엔스』, 김영사, 2013(2011).

교육부, 한국연구재단 심포지움, 『교수신문』, 2015.3.30.

“대학, 산업수요 맞춰 인력 양성해야”, 『국제신문』, 2015.3.26.

백두산, 「경상국립대 · 전남대 · 충북대, 지식재산 전문인력 양성 중심 된다」, 『대학저널』, 2021.3.30.

이승환, 「‘공유와 협력’, 대학 교육 패러다임이 바뀐다」, 『대학저널』, 2021.3.30.

손동현, 「디지털 시대에 맞춘 ‘융합 교육’ 필요하다」, 『중앙일보』, 2010.2.25.

정진농, 2001 대교협 토론회 발표자료.

하이데거 전집 8권, 1951~52의 강의 〈Was heißt Denken?〉

“DIKW”, http://en.wikipedia.org/wiki/DIKW.

Macmillan판 Encyclopedia of Philosophy, 1967, Vol. 7-8.

“W.F. Hegel”, Enzyklopädie der philosophischen Wissenschaften.

논어(論語) 안연(顔淵)편, 위정(爲政)편

〈국가평생교육진흥원〉 (https://www.nile.or.kr), 사업소개란.

교육부, 〈혁신공유대학 사업 기본계획〉, 2021.2.21.

Americsn Association of Colleges & Universities, https://www.aacu.org/.

한국교육개발원(KEDI) 소속 국가교육통계센터(KESS), https://kess.kedi.re.kr.